AF878994

Die soziale Krankenversicherung in der Volksrepublik China

Frankfurter Abhandlungen zum Sozialrecht

Herausgegeben von Ingwer Ebsen, Astrid Wallrabenstein und Ulrich Wenner

Band 12

PETER LANG
Frankfurt am Main · Berlin · Bern · Bruxelles · New York · Oxford · Wien

Yu Lou

Die soziale Krankenversicherung in der Volksrepublik China

Im Vergleich zu der deutschen gesetzlichen Krankenversicherung

PETER LANG
Internationaler Verlag der Wissenschaften

Bibliografische Information der Deutschen Nationalbibliothek
Die Deutsche Nationalbibliothek verzeichnet diese Publikation in der Deutschen Nationalbibliografie; detaillierte bibliografische Daten sind im Internet über http://dnb.d-nb.de abrufbar.

Zugl.: Frankfurt (Main), Univ., Diss., 2010

Gedruckt auf alterungsbeständigem,
säurefreiem Papier.

D 30
ISSN 0944-1263
ISBN 978-3-631-61507-2

© Peter Lang GmbH
Internationaler Verlag der Wissenschaften
Frankfurt am Main 2011
Alle Rechte vorbehalten.

Das Werk einschließlich aller seiner Teile ist urheberrechtlich geschützt. Jede Verwertung außerhalb der engen Grenzen des Urheberrechtsgesetzes ist ohne Zustimmung des Verlages unzulässig und strafbar. Das gilt insbesondere für Vervielfältigungen, Übersetzungen, Mikroverfilmungen und die Einspeicherung und Verarbeitung in elektronischen Systemen.

www.peterlang.de

Vorwort

Die vorliegende Arbeit wurde im Wintersemester 2010/2011 vom Fachbereich Rechtswissenschaft der Johann Wolfgang Goethe-Universität Frankfurt am Main als Dissertation angenommen.

Sie befindet sich auf dem Stand von Ende Oktober 2010. Das Sozialversicherungsgesetz (auf der 17. Sitzung des 11. Ständigen Ausschusses des Nationalen Volkskongresses am 28. 10.2010 verabschiedet und am 01.07.2011 in Kraft tretend), das als grundlegendes Gesetz auf dem Gebiet des Sozialrechts in der VR China gilt, wird in dieser Arbeit besonders berücksichtigt.

Meinem Betreuer Herrn Prof. Dr. Ingwer Ebsen danke ich ganz herzlich nicht nur für seine Anregung und Betreuung meiner Arbeit, sondern auch für die Anschaffung der einschlägigen Bücher und Zeitschriften in chinesischer Sprache und das Zurverfügungstellen eines Arbeitsplatzes an seinem Lehrstuhl, die für mein Doktorandenstudium und das Verfassen dieser Dissertation sehr hilfreich waren. Herrn Professor Dr. Helmut Kohl danke ich für die kurzfristige Erstellung des zweiten Gutachtens.

Frau Prof. Dr. Jia Lin, Frau Dr. Babara Darimont und Frau Dr. Wenfang Wu schulde ich Dank für ihre wertvollen Vorschläge und Anmerkungen. Gedankt sei auch Frau Dr. Susanne Plettner und Herrn Gary Vanisian für die sorgfältige sprachliche Korrektur.

Meine Frau Wei Li, meine Eltern und meine Schwiegereltern haben mich zu jeder Zeit und in aller erdenklichen Weise gefördert und unterstützt. Ohne ihren Beitrag wäre meine Promotion in Deutschland nicht möglich gewesen. Ihnen ist die Arbeit gewidmet.

Lou, Yu

Frankfurt am Main, im Dezember 2010

Inhaltsverzeichnis

Abkürzungsverzeichnis

Abs.	Absatz
Anm.	Anmerkung
Art.	Artikel
Aufl.	Auflage
Bd.	Band
BGBl.	Bundesgesetzesblatt
BSEGA	Beschluss über die Einrichtung eines Grundkrankenversicherungssystems für Arbeitnehmer in Städten und Kreisen
BVGL	Beschluss über weite Verstärkung der Gesundheitsarbeit auf dem Land
c.a.	circa
Diss.	Dissertation
DRG	Diagnosebezogene Fallgruppen
ESVG.	Entwurf von Sozialversicherungsgesetz der V.R.China
d.h.	das heißt
f.	folgende
ff.	folgende
GKV	gesetzliche Krankenversicherung
h.M.	herrschende Meinung
Hrsg.	herausgegeben
i.d.R.	in der Regel
i.H.v.	in Höhe von
i.S.v.	im Sinne von
i.V.m.	in Verbindung mit
MBSBS	Maßnahmen zur Beilegung der verwaltungsrechtlichen Streitigkeiten im Bereich der Sozialversicherung
MDA	Meinungen des Minsteriums für Arbeit über Durchführung des Arbeitsgesetzes
MEKGS	Meinungen des Gesundheits-, Finanz- und Agrarministeriums über Errichtung des neuen Kooperationsgesundheitsystem
MEKL	Meinungen über Errichtung des neuen Kooperationsgesundheitssystem auf dem Land
MENKL	Meinungen über Errichtung von neuem Kooperationsgesundheitssystem auf dem Land
MFEZASK	Meinungen zu Festlegung der medizinischen Einrichtungen und Zahlungsmaßstäbe für Arbeitnehmer in Städten und Kreisen
Mio.	Million
MKS	Meinungen über Krankenbeihilfe der Staatsbeamte

MVBASK	Meinungen zu Verwaltung der Behandlungskataloge für Arbeitnehmer in Städten und Kreisen
MVKGA	Meinungen über Verstärkung der Kostenbegleichung von Grundkrankenversicherung für Arbeitnehmer in Städten und Kreisen
Nr.	Nummer
O.	Oben
PAS	Provinz, autonome Regionen und regierungsunmittelbare Städte
RFLAB	Regelung für Frist der medizinischen Leistungen der Arbeitnehmer in Betrieben wegen Krankheit oder Verletzung vom Nicht-Unfall“
RGB	Regelung über Grundkrankenversicherung Beijing
RGBl.	Reichsgesetzblatt
RGESK	Richtlinien des Staatsrates ein Grundkranken-versicherungssystem für Einwohner in Städten und Kreisen
RVO	Reichsversicherungsverordnung
Rz.	Randziffer
s.	siehe
S.	Seite
SGB	Sozialgesetzbuch
SGG	Sozialgerichtsgesetz
s.o. /S.o	siehe oben
sog.	sogenannte
s.u.	siehe unten (r)
SVG	Sozialversicherungsgesetz
U.	unten
u.ä	und ähnliche
UNICEF	Stiftung von Frauen und Kindern der Vereinten Nationen
u.s.w.	und so weiter
u.U.	unter Umständen
VBAB	Verordnung zur Beilegung vonArbeitsstreitigkeiten im Betrieb der VR China
VFS	Verordnung von Finanzangelegenheiten des Sozial-versicherungsfonds
vgl.	vergleiche
VO	Verordnung
VVAGASK	Vorläufigen Verwaltungsmaßnahmen der zugelassenen Apotheken der Grundkrankenversicherung für Arbeitnehmer in Städten und Kreisen
VVEGASK	Vorläufigen VerwaltungsMaßnahmen der zugelassenen medzinischen Einrichtungen der Grundkrankenversicherung für Arbeitnehmer in Städten und Kreisen

VVIS	Vorläufigen Verwaltungsmaßnahmen von Investition des Sozialversicherungsfonds
z.B.	zum Beispiel
ZKP	Die Zentrale Kommunistische Partei Chinas
ZSR	Zeitschrift für Sozialreform

Literaturverzeichnis

A. Verzeichnis der chinesischsprachigen Literatur

a. Lehrbücher

Cai, Renhua (Hrsg.), Zhongguo Yiliao Baozhang Zhidu Gaige Shiyong Quanshu (Reform der chinesischen sozialrechtlichen Institutionen, Kompakt), Beijing, 1998.

Chen, Xinyong, Shehui Baozhang Fa Yuanli (Grundtheorien des Sozialrechts), Hangzhou, 2003.

Fang, Lehua, Shehui Baozhang Fa Lun, (Lehre des Sozialrechts), Beijing, 1999.

Gen, Zhongping, Shehui Baozhang Faxue Daoyin (Einführung in die Sozialversicherungslehre), Shanghai, 2004.

Guo, Chengwei/Wang, Guangbin, Gongping Liangshan Zhi Falv Guizhi, Zhongguo Shehui Baozhang Fazhi Tanjiu (Recht der Gerechtigkeit und des Guten – Erforschung der chinesischen Gesetze und der Institutionen der Sozialversicherung), Beijing, 2003.

Guo, Jie (Hrsg.), Laodong Fa Yu Shehui Baozhang Fa (Arbeits- und Sozialrecht), Beijing, 2008.

Hu, Jinguang/Han, Dayuan, Zhongguo Xianfa (Chinesisches Verfassungsrecht), 2. Aufl., Beijing, 2008.

Jiang, Ming´an (Hrsg.), Xingzheng Fa Yu Xingzheng Susong Fa (Verwaltungs- und Verwaltungsprozessrecht), 3. Aufl., Beijing, 2008.

Jiang, Yue, Shehui Baozhang Fa (Sozialrecht), Xiamen, 2006.

Lai, Daqing (Hrsg.), Shehui Baozhang Fa, Baozhang Gongmin Shengcun Quanli De Falv Xingshi (Sozialrecht, Recht zur Existenz des Volks), Chengdu, 2003.

Li, Bing'an, Laodong Yu Shehui Baozhang Fa (Arbeits- und Sozialrecht), Xiamen, 2008.

Lin, Jia (Hrsg.), Laodong Fa Yu Shehui Baozhang Fa (Arbeits- und Sozialrecht), Beijing, 2009.

Li, Jianfei (Hrsg.), Shehui Baozhang Fa (Sozialversicherungsrecht), 3.Aufl., Beijing, 2008.

Li, Jianfei (Hrsg.), Laodong Fa Yu Shehui Baozhang Fa (Arbeits- und Sozialversicherungsrecht), 2. Aufl., Beijing, 2007.

Lu, Zuxun (Hrsg.), Shehui Yiliao Baoxian Xue (Sozialkrankenversicherungslehre), Beijing, 2006.

Lv, Youren (übersetzt), Zhouli, Dasitu (Riten der Zhou), Zhengzhou, 2004.

Ma, Huaide (Hrsg.), Xingzheng Fa Yu Xingzheng Susong Fa (Verwaltungs- und Verwaltungsprozessrecht), Beijing, 2007.

Shi, Tanjing, Laodong Fa (Arbeitsrecht), Beijing, 1995.

Shi, Tanjing, Shehui Fazhang Fa Yanjiu (Forschung über das Sozialrechts), Beijing, 2000.

Sun, Guangde/Dong, Keyong (Hrsg.), Shehui Baozhang Zhidu Gailun (Grundwissen zur sozialen Sicherheit), Beijing, 2000.

Sun, Jianfu (hsrg.), Shehui Baozhang Gailun (Sozialversicherungslehre), Beijing, 2007.

Sun, Shuyun/Chai, Zhikai, Xinxing Nongcun Hezuo Yiliao Zhidu De Guifan Hua Yu Lifa Yanjiu (Forschung über die Gesetzgebung und Normierung des neuen Kooperationsgesundheitssystems auf dem Land), 2009, Beijing.

Wang, Zhanju/Ren, Fan (Hrsg.), Shehui Baozhang Fa Quanshu (Sozialrecht Kompakt), Beijing, 1995.

Xu, Chongde (Hrsg.), Zhongguo Xianfa (Chinesisches Verfassungsrecht), Beijing, 3. Aufl., 2006.

Yang, Haikun/ Shangguan, Piliang/Lu, Yongsheng, Xianfa Jiben Lilun, (Grundtheorien der Verfassung), Beijing, 2008.

Yang,Yansui, Shehui Baoxian Fa (Sozialversicherungsrecht), Beijing, 2000.

Ye, Bifeng (Hrsg.), Xingzheng Fa Yu Xingzheng Susong Fa (Verwaltungs- und Verwaltungsprozessrecht), Wuhan, 2008.

Ying, Songnian (Hrsg.), Xingzheng Fa Yu Xingzheng Susong Faxue (Verwaltungs- und Verwaltungsprozessrecht), Beijing, 2007.

Zeng, Xianshu (Hrsg.), Shehui Baoxian Yu Shehui Baoxian Zhengyi Chuli Shiwu (Sozialversicherung und Streitigkeitsbeilegung im Sozialversicherungswesen), Beijing, 1995.

Zhang, Jingping (Hrsg.), Shehui Baozhang Fa Jiaocheng (Lehrbuch des Sozialrechts), 2. bearbeitete. Aufl., Beijing, 2007.

Zheng, Bingwen/He, Chunlei (Hrsg.), Shehui Baozhang Fenxi Daolun (Einführung in die Sozialversicherung), Beijing, 2001.

Zheng, Gongcheng, Shehui Baozhang Xue, Linian, Zhidu, Shijian Yu Sibian (Sozialversicherungslehre – Idee, Institution, Praxis und Diskussion), Beijing, 2008.

Zheng, Gongcheng (Hrsg.), Shehui Baozhang Gailun (Einführung in die Sozialversicherung), Shanghai, 2008.

Zheng, Shangyuan/Li, Haiming/Hu,Chunmei, Laodong Yu Shehui Baozhang Faxue (Arbeits- und Sozialrecht), Beijing, 2008.

b. Monographien

Chen, Jiagui / **Wang, Yanzhong** (Hrsg.), Zhongguo Shehui Baozhang Fazhan Baogao (Bericht über die Entwicklung der chinesischen Sozialversicherung), Beijing, 2001.

Chen, Rongxin/Yang, Guoyi, Laodong Yu Shehui Baozhang Fa Changjian Anli Jiexi (Entscheidungen zum Arbeits- und Sozialrechts), Changsha, 2004.

Geng, Zhongping, Shehui Baozhang Xue Daoyin (Einführung in die Sozialversicherungswissenschaft), Shanghai, 2003.

Gu,Xin, Zouxiang Quanmin Yibao – Zhongguo Xin Yigai De Zhanlve Yu Zhanshu (Der Weg zur Krankenversicherung aller Bürger – Strategie und Taktik), Beijing, 2008.

Li, Guangyong, Diss., Dongya Shehui Baozhang Zhidu De Zhidu Zhuyi Fenxi (Eine institutionelle Analyse der Sozialversicherung in Ostasien), 2002.

Li, Ning/Xu, Aihua/Liu, Ting/Gong, Shijun, Shehuifa De Bentuhua Jiangou (Lokalisierung des Rechts), Shanghai, 2008.

Li, Xiaoyun (Hrsg.), Zhongguo Nongcun Qingkuang Baogao, (Bericht über das ländliche Gebiet Chinas), Beijing, 2004.

Liu, Cuixiao, Tianda De Shi, Zhongguo Nongmin Shehui Baozhang Zhidu Yanjiu (Himmelgroße Sache, Forschung über die Sozialversicherung der ländlichen Bevölkerung in China), Beijing, 2006.

Liu, Jinsong, Yiliao Shigu De Minshi Zeren (Die zivilrechtliche Verantwortung beim ärztlichen Kunstfehler), Beijing, 2000.
Lin, Jia, Shehui Baozhang Fa De Linian He Chuangxin (Ideen und Innovation im Sozialrechts), Beijing, 2002.
Lin, Yuming, Shehui Baozhang Guanli Tizhi (Verwaltungssystem der Sozialversicherung), Beijing, 2006.
Lu, Boshuang (Hrsg.), Tudi Fa Gailun (Einführung in das Bodenrecht), Shanghai,1994.
Lu, Chiwen, Diss. Zhongguo Tongchou Cengci Yanjiu (Eine Studie über die Planungsebene der chinesischen Sozialkrankenversicherung), 2007.
Jia, Hongbo, Diss. Zhongguo Yiliao Baoxian Shidu Jiaofei Lv Yanjiu (Forschung über den angemessenen Beitragssatz in der chinesischen Sozialkrankenversicherung), 2007.
MacFarquhar/Fairbank (Hrsg.), **Xie, Liangsheng** (übersetzen), Jianqiao Zhongguo Shi 1949-1965 (The Cambridge History of China 1949-1965), Beijing, 1990.
Mu, Huanzhong (Hrsg.), Shehui Baozhang Guoji Yanjiu (Forschung zur sozialen Sicherheit aus internationaler Sicht), Beijing, 2002.
Shi, Tanjing (Hrsg.), Shehui Baozhang Fa Yanjiu (Forschung zum Sozialrechts), Beijing, 2000.
Song, Xiaowu, Zhongguo Shehui Baozhang Zhidu Gaige (Reform der sozialen Sicherheit in China), Beijing, 2000.
Wang, Guangbin, Diss. Zhongguo Shehui Baozhang Fazhishi Lun (Die Geschichte des Sozialrechts in China), Beijing, 2000.
Xing, Xinmin, Shiyong Laodong He Shehui Baozhang Fagui Tiaoli (Paragraphenverzeichnis für häufig gebrauchte Gesetze und Verordnungen für Arbeits- und Sozialrecht), Beijing, 2000.
Yang, Yansui/Yan, Zhongxing, Zhengfu Yu Shehui Baozhang (Regierung und Sozialversicherung), Beijing, 2007.
Yu,Lingyun, Xingzheng Qiyue Lun (Der Verwaltungsvertrag), Beijing, 2000.
Zhang,Shuyi, Xingzheng Hetong (Der Verwaltungsvertrag), Beijing, 1994.
Zheng, Gongcheng, Guanzhu Minsheng, Zheng Gongcheng Jiaoshou Fangtan Lun (Lebensunterhalt aufmerksam verfolgen ???, Interview mit Prof. Zheng, Gongcheng), Beijing, 2004.
Zheng, Gongcheng, Zhongguo Nongmingong Wenti Yu Shehui Baohu (Wanderarbeit und Soziale Sicherheit in China), Beijing, 2007.

c. Aufsätze

Ai, Lingshan, Zeitungsbericht: Xiajuexin Jiejue Nongmin Kanbing Nan (Die schwierige Krankenbehandlung der ländlichen Bevölkerung muss verbessert werden) in „Jingji Ribao“ (Wirtschaftsjournal) am 30.5.2005.
Ba, Ling, Gedi Bingjia Gongzi Bijiao (Vergleich des Krankengeldes in verschiedenen Gebieten) in Zhongguo Laodong (China Arbeit, Zeitschrift), 2006, Heft 11.
Chang, Xiaohong, Shiye Nongmingong Diaocha (Untersuchung von arbeitslosen Wanderarbeitern) in Cangjing (Wirtschaft und Finanzen, Zeitschrift), 2009, Heft 2.

Chen, Mo, Dui Fayuan Bushouli Shehui Baoxian Zhengyi Deng Wenti De Yixie Kanfa (Die Unzugänglichkeit der Gerichtsverfahren in sozialrechtlichen Streitigkeiten) in Zhongguo Laodong (China Arbeit), 2004, Heft 10.

Chen, Shengmin, Chongfen Fahui Qiye Buchong Yiliao Baoxian De Jiji Zuoyong (Vorteile der betrieblichen zusätzlichen Krankenversicherung) in Zhongguo Laodong (China Arbeit, Zeitschrift), 2003, Heft 8.

Chen, Wen, Shangye Yiliao Baoxian Yu Bichong Yiliao Baoxian (Privatkrankenversicherung und zusätzliche Krankenversicherung) in Zhongguo Weisheng Ziyuan (China Gesundheitsresource, Zeitschrift), 2001, Heft 3.

Chen, Wen/Ying, Xiaohua/Lu, Xianzhong/Hu, Shanlian, Woguo Buchong Yiliao Baoxian De Neihan Jiqi Yunzuo Fangshi Bijiao (Die zusätzliche Krankenversicherung und Vergleich) in Zhonghua Yiyuan Guanli Zazhi (China Zeitschrift für Krankenhausverwaltung), 2004, Heft 20 (11).

Chen, Wen/Ying, Xiaohua/Lu, Xianzhong/Hu, Shanlian, Chengzhen Zhigong Buchong Yiliao Baoxian De Zuzhi Yu Chouzi Yanjiu (Forschung über die Organisation und Finanzierung der zusätzlichen Krankenversicherung für Arbeitnehmer in Städten und Kreisen) in Zhonghua Yiyuan Guanli Zazhi (China Zeitschrift für Krankenhausverwaltung), 2004, Heft 11.

Chen, Yingfang, Nongmingong: Zhidu Anpai Yu Shenfen Rentong (Wanderarbeiter: institutioneller Aufbau und Anerkennung der Indentität) in Shehui Xue Yanjiu (Sozialwissenschaft, Zeitschrift), 2005, Heft 3.

Chen, Xinyong/ Lu, Yue, Shehui Baoxian Fa Jiben Yuanze Yanjiu (Forschung über die Grundsätze des Sozialversicherungsrechts) in Zhejiang Gongshang Daxue (Journal der Zhejiang Universität für Industrie und Handel), 2006, Heft 5.

Cui, Shichen, Nongmingong Yiliao Baozhang Moshi Tantao (Diskurs über das Modell des Gesundheitsschutzes der Wanderarbeiter) in Xueshu Jiaoliu (Wissenschaftsaustausch, Zeitschrift), 2008, Heft 4.

Dai, Wei/Gong, Xun, Yidi Jiuyi Guanli Cunzai De Wenti Yu Duice (Probleme und Lösungen der Krankenbehandlung im anderen Planungsgebiet) in Yiyuan Guanli Luntan (Forum der Krankenhausverwaltung, Zeitschrift), 2007, 24,10.

Dong, Baohua, Shehui Baozhang Fa Yu Laodong Fa De Jieding (Abgrenzung zwischen Sozialrecht und Arbeitsrecht) in Huadong Zhengfa Xueyuan Xuebao (Wissenschaftszeitung des Huadong Institutes für Politik und Rechtswissenschaft), 2001, Heft 8.

Fang, Qing, Cong Jiti Baozhang Dao Shehui Baozhang (Von der kollektiven Versicherung zur Sozialversicherung), in Dangdai Zhongguo Shi Yanjiu (Forschung über die moderne Geschichte der VR China), 2002, Heft 1.

Fang, Liufang, Cong Falv Jiaodu Kan Zhongguo Shiye Danwei Gaige, Shiye Danwei Farenhua Pipan (Reform der öffentlichen Einheiten aus rechtlicher Sicht, Kritik der öffentlichen Einheit als juristische Person) in Bijiao Fa Yanjiu (Forschung zur Rechtsvergleichung), 2007, Heft 3.

Fu, Baishui, Jiejue Nongmin Shidi Wenti De Zhejiang Moshi (Das Zhejiang Modell zur Problemlösung von landlosen Bauern) in Fazhi Yu Shehui (Recht und Gesellschaft, Zeitschrift), 2004, Heft 12

Fu, Guoxiang/Sun, Shengmei, Zhejiang Daxuesheng Yiliao Baozhang Xianzhuang Diaocha (Untersuchung der Krankenversicherung der Studenten in der Zhejiang Provinz) in Zhejiang Yufang Yixue (Zhejiang Präventive Medizin, Zeitschrift), 2008, 20, Heft 7.
Fu, Mingsheng, Shenli Laodong Zhengyi Anjian Xiangguan Guiding Zhi Wojian (Die Regelungen über Gerichtsurteile bei arbeitsrechtlichen Streitigkeiten) in http://www.cn12333.com/study_view.asp?id=139.
Gu,Chenghui, Laodong Zhengyi Huajie Zhi Liangfa, Hexie Shehui Goujian Zhi Shandao (Das gute Gesetz zur Beilegung der Arbeitsstreitigkeiten, der richtige Weg zum Aufbau einer harmonisierten Gesellschaft) http://www.hpldj.gov.cn:7005/hpldj/listCategoryContents.do?categoryId=1274701&contentId=11233601.
Tao/Cai, Min, Woguo Xinxing Nongcun Hezuo Yiliao Cunzai De Wenti Ji Zhengce Jianyi (Probleme und Lösungen hinsichtlich des neuen Koorperationsgesundheitsystems in China) in Weisheng Jiji Yanjiu (Forschung der Gesundheitswirtschaft), 2006, Heft 7.
Guo, Shexian/Liu, Yujiang, Laodong Zhongcai Buyi Wei Qisu Bijing Chengxu (Die Schlichtung soll nicht als Vorverfahren der Gerichtsklage dienen) in Jiancha Ribao (Journal der Staatsanwalt) am 8.5.07.
Guo Xikun/Zou Guoxiong, Yihuan Guanxi He Yiliao Hetong Lifa Tanxi – Jiantan Dui Yiliao Jiufen De Benyuan Ezhi (Die Beziehung zwischen Arzt und Patient und die Gesetzgebung im Bezug auf den medizinischen Leistungsvertrag – Eine grundlegende Auflösung dieses Konfliktes) in Gansu Zhengfa Xueyuan Xuebao (Wissenschaftszeitschrift des Gansu Instituts für Politik und Rechtswissenschaft), 2001, Heft 4.
Guo, Zhen, Dui Shehui Baoxian Zhengyi Nengfou Zuowei Minshi Anjia Yuyi Shouli De Sikao (Die sozialrechtliche Streitigkeit als zivilrechtlicher Fall?) in http://www.sdjnlss.gov.cn/Contents/ArticleShow.asp?ArticleID=954
Han, Shiyuan, Yiliao Fuwu Hetong De Buwanquan Lvxing He Jiuji (Der unvollständige Vollzug des Vertrags der medizinischen Leistungen und dessen Rechtsschutz) in Faxue Yanjiu (Forschung der Rechtswissenschaft), 2005, Heft 6.
Hang, Shiyuan, Yiliao Fuwu Hetong De Buwanquan Lvxing Jiqi Jiuji (Die unvollständige Ausführung des medizinischen Dienstleistungsvertrags) in Faxue Yanjiu (Forschung zur Rechtswissenschaft, Zeitschrift), 2005, Heft 6.
Hao, Mo/Zhang, Bingyun/Luo, Li/Wang, Zhifeng/Yao, Quan/Hua, Ying/Zhang, Yong/ Fu, Hongpeng/Bai, Changkai, Shangshi Yiliao Feiyong Zongliang Kongzhi Jiegou Tiaozheng Zhengce Pingjia Ji Sikao Keti Gaishu (Analyse und Beurteilung der Gesundheitspolitik – „Volumenkontrolle und Strukturregulierung der Krankenkosten“ in der Stadt Shanghai) in Zhongguo Yiyuan Guanli (China Krankenhausverwaltung), 2002, Heft 22 (9).
He, Guangsheng/Liu, Yiping, Jianli Yidi Jiuyi Yitihua Xieguan Moshi, Jianli Fugai Chengxiang De Shehui Baozhang Tixi (Errichtung eines einheitlichen Verwaltungssystems im anderen Planungsgebiet) in Jianli Fugai Chengxiang De Shehui Baozhang Tixi, Di Er Jie Zhongguo Shehui Baozhang Luntan Wenji (Errichtung eines einheitlichen Sozialversicherungssystems in Städten und Kreisen und auf dem Land, Festbeiträge des zweiten chinesischen Forums für soziale Sicherheit), 2007, Beijing, S.1259ff.
He, Wenjiong, Zhongguo Yiliao Baozhang Gaige Yu Fazhan Zhanglve, Bingyou Suoyi Jiqi Fazhan Zhanlve, Zhongguo Shehui Baozhang Fazhan Zhanlve Yanjiu Fenbaogao II, (2008)

(Reform und Entwicklungsstrategie der chinesischen Krankenversicherung, der zweite Vortrag vom Forschungsprojekt der Entwicklungsstrategie für die Soziale Versicherung in China).
Hu, Suyun, Shehui Baoxian Fa, Zhengyi Beihou De Linian He Yuanze Jieding (Sozialversicherungsgesetz, Ideen und Grundsätz hinter der Kritik) in Shehui Guancha (Soziale Untersuchung, Zeitschrift), 2008, Heft 3.
Hu, Wu, Nongmingong Chengzhen Yiliao Baoxian Yu Xinxing Nongcun Hezuo Yiliao De Xianjie (Verbindung der Krankenversicherung in Städten und Kreisen und neues Koorperationsgesundheitssystem für Wanderarbeiter) in Caijing Kexue (Wirtschaftswissenschaft, Zeitschrift), 2006, Heft 5.
Huang, Haixia/Xiao, Rui, Qianxi Jianli Daxuesheng Yiliao Baozhang Tixi (Analyse eines Krankenversicherungssystems für Studenten) in Weisheng Jingji Yanjiu (Forschung zur Gesundheitswirtschaft, Zeitschrift), 2005, Heft 7.
Jiang, Shan, Yibao Jingban: Jianli Jingzheng Jizhi, Tigao Jijin Liyong Lv (Das Sozialversicherungsorgan: Einführung eines Wettbewerbssystems, Effektive Verwaltung des Versicherungsfonds) in Zhongguo Yiyao Bao (China Journal für Medizin und Pharmazie) vom 18.05.2010.
Jiang, Rijin, Yiliao Baoxian Canbao Renyuan Yidi Jiuyi Guanli De Tantao (Forschung zu den medizinischen Leistungen von Versicherten der Sozialkrankenversicherung im anderen Planungsgebiet) in Yiliao Baoxian Youxiu Lunwenji (Beiträge zur Krankenversicherung), 2005, Beijing, S.472ff.
Kong, Xiangli, Jiaqiang Dingdian Yiliao Jigou Youxiao Guanli Da Sikao (Studie über die effektive Verwaltung der zugelassenen medizinischen Einrichtungen) in Chongqing Keji Xueyuan Xuebao (Wissenschaftszeitschrift des Chongqing Institutes für Technologie), 2008, Heft 12.
Li, Changlin, Ruoshi Qunti Baohu Falv Wenti Yanjiu (Der Rechtsschutz von verletzlichen Personengruppen) in Zhongguo Faxue (China Rechtswissenschaft, Zeitschrift), 2004, Heft 2.
Li, Changlin/Lu, Li, Zhongguo Jingjifa Xiandaihua De Ruogan Sikao (Modernisierung des chinesischen Wirtschaftsrechts) in Faxue Yanjiu (Forschung der Rechtswissenschaft, Zeitschrift), 1999, Heft 3.
Li, Decheng, Chijiao Yisheng Pingshu (Kommentare von Barfüßärzten) in Zhongguo Chuji Weisheng Baojian (China Primäre Gesundheitsversorgung), 2007, Heft 21(1).
Li, Hua/Zhang, Zhiyuan, Jianli Nongmingong Yiliao Baozhang Zhidu De Sikao (Forschung über den institutionellen Aufbau des Gesundheitsschutzes für Wanderarbeiter) in Xueshu Jiaoliu (Wissenschaftsaustausch, Zeitschrift), 2009, Heft 1.
Li, Jianfei, Gaoxiao Biyesheng Jiuye Zhong De Falv Wenti (Rechtliche Fragen bei Hochschulabsolventen auf der Suche nach Arbeit), in Henan Zhengfa Guanli Ganbu Xueyuan Xuebao (Wissenschaftszeitschrift des Henan Instituts für juristische Berufsausbildung), 2007, Heft 2.
Li, Jianfei/Ouyang, Xiaoxian, Zaixiao Sheng Shixi De Quanyi Baohu (Interessenschutz der Praktikanten in Hochschulen) in Zhongguo Daxue Sheng Jiuye (Beschäftigung der Studenten, Zeitschrift), 2006, Heft 10.
Li, Qinghua/Zhao, Yongsheng, Goujian Tongyi De Daxuesheng Shehui Yiliao Baoxian Zhidu (Errichtung eines einheitlichen sozialen Krankenversicherungssystems für Studenten)

in Zhongguo Laodong Baozhang Bao (China Tageszeitung für Arbeit und Soziale Sicherheit) am 11.24.2006.

Li, Hualiang, Chengshi Jumin Shouru Chaju Pianda Zhangjia Cheng Jiangzhi Choufu Xianxiang (Zum erheblichen Einkommensunterschied zwischen den Einwohnern in Städten und Kreisen, Der Hass gegen die Reichen taucht auf) in Xinjing Bao (Neu Beijing Journal) am 7.2.2006.

Li, Wei, Zhongguo Zhuangxingqi Yiliao Baozhang Zhidu Gaige De Zhidu Jingjixue Fenxi (Analyse der Gesundheitsreform aus der institutionellen wirtschaftlichen Sicht) in Shanghai Jingji Yanjiu (Shanghai Wirtschaftsforschung), 2006, Heft 7.

Li, Zuowen, Qianxi Tongchou Cengci Dui JibenYiliao Baoxian Zhidu De Yingxiang (Analyse des Einflusses der Planungsebene auf die Grundkrankenversicherung) in Jiangxi Meitan Keji (Jiangxi Kohlen Technologie), 2005, Heft 2.

Liang, Wannian, Woguo Shequ Weisheng Fuwu De Xianzhuang He Fazhan Qushi (Überblick und Entwicklungstendenz der Gesundheitsversorgung in Stadtgemeinden in China) in Zhongguo Quanke Yixue (China Allgemeine Medizin, Zeitschrift), 2002, Heft 5.

Lin, Ningbo, Laodong Guanxi Bianxi (Analyse der Beschäftigungsverhältnisse), in Tequ Fakan (Recht der Sonderverwaltungszone), 2007, Heft 2.

Liu, Cuixiao, Woguo Shehui Baozhang Zhidu De Gaikuang (Überblick zur chinesischenSozialversicherung),http://www.iolaw.org.cn/showArticle.asp?id=898.

Liu, Cuixiao, Woguo Yiliao Baoxian De Xianzhuang He Wenti (Übersicht und aktuelle Fragen der Krankenversicherung in China) in Zhongguo Faxue Wang., http://www.cnlsslaw.com/list.asp?Unid=429, 2006.

Liu, Guoen/Dong, Chaohui/Meng, Qingxun/Yan, Lijing, Yiliao Baoxian Geren Zhanghu De Gongneng He Yingxiang (Funktion und Einfluss des individuellen Kontos in der Sozialkrankenversicherung) in Zhongguo Weisheng Jingji (China Gesundheitswirtschaft), 2006, Heft 2.

Liu, Quanying, Shehui Yiliao Baoxian Yu Shangye Yiliao Baoxian (Privatkrankenversicherung und Sozialkrankenversicherung) in Jinrong Lilun Yu Shijian (Theorie und Praxis des Fianzwesens), 2004, Heft 4.

Liu, Hongqing, Geren Zhanghu, Quxiao Haishi Wanshan? (Das individuelle Konto, abschaffen oder verbessern?) in Zhongguo Shehui Baozhang (China Soziale Sicherheit), 2005, Heft 9.

Liu Jingwei/Li Maonian, Yiliao Hetong De Tebie Guizhi (Die Sonderregelung beim medizinischen Leistungsvertrag), in Zhongguo Minshang Fawang 2003 (Website zum chinesischen Zivil- und Handelsrecht).

Liu, Junxia, Xinxing Nongcun Hezuo Yiliao Zhidu : Fansi Yu Zhengce Jianyi, (Das neue Kooperationsgesundheitssystem auf dem Land, Gedanken und Vorschläge) http://www.lunwentianxia.com/product.free.4759690.1/.

Liu, Lan, Lun Woguo Jiben Yiliao Baoxian Geren Zhanghu De Gongneng (Funktion des individuellen Kontos in der chinesischen Grundkrankenversicherung) in Zhongguo Weisheng Jingji (China Gesundheitswirtschaft), 2007, (26),7.

Liu, Wenxue, Shehui Baoxian Fa Caoan: Tiaowen Beihou De Buju (Entwurf zum Sozialversicherungsgesetz: Entwicklungstruktur der Bestimmungen) in Zhongguo Renda (China Volkskongress, Zeitschrift) am 10.2.2008.

Liu, Wenxue, Shehui Baoxian Fa Yizai Lushang (Das Versicherungsgesetz geht auf den Weg) in Zhongguo Renda (China Volkskongress, Zeitschrift) am 10.2.2008.

Luo, Zhe/ Wei, Xingmei, Lun Woguo Xianjieduan Yiliao Baoxian Geren Zhanghu Cunzai De Biyaoxing (Notwendigkeit des individuellen Kontos in der chinesischen Sozialkrankenversicherung) in Zhongguo Yaofang (China Apotheke, Zeitschrift), 2007, Heft 18,07.

Luo, Zhixian, Guanyu Jianli Wanshan Nongcun Xinxing Hezuo Yiliao Falv Zhidu De Sikao (Forschung zur Errichtung und Vervollkommnung eines neuen Kooperationsgesundheitssystems auf dem Land) in Faxue Zazhi (Zeitschrift der Rechtswissenschaft), 2008, Heft 29, 2.

Ma, Haiyan, Dui Linghuo Jiuye Renqun Yiliao Baoxian Wenti De Sikao (Forschung zur Teilnahme der flexiblen Erwerbstätigen an der Grundkrankenversicherung) in Renkou Yu Jingji (Demographie und Wirtschaft, Zeitschrift), 2004, Heft S1.

Meng, Wei, Lun Shehui Baoxian Jingban Jigou Zai Jianli Chengzhen Zhigong Jiben Yiliao Baoxian Zhidu Zhong De Zuoyong (Forschung zu den Funktionen der Sozialversicherungsorgane in der Grundkrankenversicherung für Arbeitnehmer in Städten und Kreisen) in Zhongguo Weisheng Jingji (China Gesundheitswirtschaft), 2000, Heft 19.

Mo, Jihong, Lun Dui Shehui Quan De Xianfa Baohu (Der verfassungsrechtliche Schutz der Sozialrechte) in Lin, Jia (Hrsg.), Shehui Fa Pinglun (Social Law Review), Beijing, 2008, S.1ff.

Qi, Fengwu, Shequ Weisheng Fuwu Shi Weisheng Baojian Ji Jiben Yiliao De Baozheng (Die Gesundheitsdienstleistung in der Stadtgemeinde ist die grundlegende Garantie für hygienische Versorgung und Grundkrankenversicherung) in Zhonghua Xiandai Linchuang Yixue Zazhi (China Zeitschrift für klinische Medizin), 2006, Heft 4, 18.

Qiu, Dan, Lun Woguo Shehui Baoxian Jijin Fan Qizha Jizhi De Jianli (Aufbau eines Betrugsbekämpfungssystems in den Sozialversicherungsfonds) in Xiandai Shangmao Gongye (Moderner Handel und Industrie, Zeitschrift), 2008, Heft 20 (9).

Sun, Liying/Fan, Lihua/Li, Xia, Shequ Weisheng Fuwu Naru Jiben Yiliao Baoxian Fuwu Xiangmu De Jieding (Abgrenzung der Einführung der Gesundheitsdienstleistungen in den Stadtgemeinden zu der Grundkrankenversicherung) in Zhongguo Chuji Weisheng Baojian (China Primär Gesundheitswesen), 2003, 17, 02.

Sun, Qun, Chengzhen Jumin Yiliao Baoxian Zhidu Shidian Zhong Cunzai De Wenti Ji Duice (Probleme und Lösungen in Pilotgebieten der Grundkrankenversicherung für Einwohner in Städten und Kreisen) in Guangming Ribao (Guangming Journal) am 18.1.2009.

Sun, Yunlong, Wei Tuixiu Renyuan Gouzhu Jiankang Tongdao, Tuixiu Renyuan Jiben Yiliao Baoxian Daiyu Wenti Chutan (Gesundheitsweg für Rentner aufgebaut, Forschung zu den Leistungen der Grundkrankenversicherung für Rentner) in Hainan Renda (Volkskongress Hainai, Zeitschrift), 2004, Heft 11.

Tang, Wenhui/ Wang, Hongren, Shehui Fuli Liupai Yu Zhengyi (Schulen der Sozialwohlfahrt und Kontroversen), Taiwan, 1993.

Wang, Guojun, Zhongguo Chengxiang Shehui Baizhang Zhidu Xianjie Chutan (Die Kopplung der Sozialversicherung in Städten und Kreisen und auf dem Land) in Zhanlv Yu Guanli (Strategie und Verwaltung, Zeitschrift), 2000, Heft 2.

Wang, Jiansheng, 2008, Laodong Hetong Nian Zhong De Fei Gongshang Daiyu Wenti (Probleme der Leistungserbringung bei einem Nicht-Arbeitsunfall im Jahre 2008, in dem ein neues Arbeitsvertragsgesetz verabschiedet wurde), http://article.chinalawinfo.com/Article_Detail.asp? ArticleID=41616.

Wang, Ping, Minshi Hetong Yu Xingzheng Hetong Zhi Bijiao Ji Qishi (Vergleich zwischen dem zivilrechtlichen und öffentlich-rechtlichen Vertrag und Gedanken darüber) in Wuhan Daxue Xuebao (Wissenschaftszeitschrift der Wuhan Univeristät), 2000, Heft 3.

Wang, Xiaoting/Hong, Tao, Shangye Yiliao Baoxian Yu Buchong Yiliao Baoxian Bijiao Yu Fenxi (Vergleich und Analyse der Privatkrankenversicherung und zusätzlichen Krankenversicherung) in Tianfu Xinlun (Tianfu Forum, Zeitschrift), 2004, Heft z1.

Wang, Yin, Jiujiang Shi Yigai Xinfang'an De Yunzuo Xiaoguo (Durchführung des neuen Plans der Gesundheitsreform in der Stadt Jiujiang) in Zhongguo Weisheng Jingji (China Gesundheitswirtschaft), 2004, Heft 11.

Wang, Zhenping/ Wang, Jingyin/Song, Fengxuan/Zhang, Jing/Yan, Yuhong, Woguo Chengzhen Jumin Jiben Yiliao Baoxian Zhidu Chutan (Forschung zur Grundkrankenversicherung für Einwohner in Städten und Kreisen) in Zhongguo Weisheng Guanli (China Gesundheitsverwaltung, Zeitschrift), 2007, Heft 23 (01).

Wen, Yiqun, Chijiao Yisheng Chansheng He Cunzai De Shehui Wenhua Yinsu (Soziale und kulturelle Elemente der Entstehung und Existenz von Barfußärzten), in Yunnan Minzu Daxue Xuebao (Journal der Yunnan Universität der Nationen), 2005, Heft 22 (2).

Wu, Guanghua, Geguo Yiliao Zhifu Fangshi Poxi (Analyse der Zahlungsarten der medizinischen Kosten in verschiedenen Staaten) in Guangming Ribao (Guangming Journal) vom 17.10.2007.

Wu, Hao, Qianyi Woguo De Shehui Baozhang Fa Caoan (Diskussion über den Entwurf zum Sozialversicherungsgesetzes) in Fazhi Yu Shehui (Recht und Gesellschaft), 2009, Heft 19.

Wu, Yi, Zai Guowuyuan Chengzhen Jumin Jiben Yiliao Baoxian Kuoda Shidian Gongzuo Dianshi Dianhua Huiyi Shang De Jianghua (Vortrag bei der Video- und Telefonkonferenz des Staatsrates über die Erweiterung der Pilotstädte der Grundkrankenversicherung für Einwohner in Städte und Kreise), 26.2.2008.

Xie, Qinghua, Qianyi Linghuo Jiuye Renyuan Canjia Yibao Fangfa De Zhiding (Diskurs über die Teilnahme der flexiblen Erwerbstätigen an der Grundkrankenversicherung) http://www.js.lss.gov.cn/ylsybx/yblt/200712/t20071204_14411.htm.

Xu, Feiqiong, Dui Yiliao Baoxian Shuiping De Lilun Sikao (Theoretische Analyse über das Leistungsniveau der Krankenversicherung) in Zhongguo Shehui Baoxian (China Sozialversicherung, Zeitschrift), 1998, Heft 08.

Xu, Yan, Baomingqian: Zhongguo De Gaopin Guanzhun – Shehui Banxian Fa Ershengao Zuochu Jiaoda Tiaozheng (Lebenrettungsgeld: hohe Aufmerksamkeiten in China – große Änderungen im Entwurf zum Sozialversicherunggesetz in der zweiten Fassung) in Zhongguo Renda (China Volkskongress, Zeitschrift) am 15.1.2009.

Xu, Yan, Shehui Baoxian Fa – Shehui Lingyu De Biaozhi Xing Lifa (Sozialversicherungsgesetz – ein grundlegendes Gesetz im sozialrechtlichen Gebiet) in Zhongguo Renda (China Volkskongress, Zeitschrift) am 10.2.2008.

Xue, Jun, Lita Hetong De Jiben Lilun Wenti (Grundtheorien des Vertrags zugunsten Dritter) in Faxue Yanjiu (Forschung der Rechtswissenschaft, Zeitschrift), 2006, Heft 4.

Xue, Xindong, Yibao Geren Zhanghu Dixiaolv De Jingjixue Fenxi (Ökonomische Analyse über die niedrige Effektivität des individuellen Kontos in der Sozialkrankenversicherung) in Changjiang Luntan (Yangtse-Fluß Forum, Zeitschrift), 20 08, Heft 3.

Yang, Fang/Pan, Ronghua, Nongsong Difang Wenxian Zhong de Guanyao Ju Kaoshu (Forschung zum Amt für die Verteilung von Arzneimitteln für Almosen in der Nansong Dynastie) in Zhongguo Difang Zhi (China lokale Dokumentation), 2009, Heft 5.

Yang Lixin, Lun Yiliao Shigu De Minshi Peichang Zeren (Die zivilrechtliche Verantwortung beim ärztlichen Kunstfehler) in Henan Sheng Zhengfa Ganbu Guanli Xueyuan Xuebao (Wissenschaftszeitschrift von Henan Institut für juristische Berufsausbildung), 2002, Heft 4.

Yin, Shiyou/Liu, Hao, Yindao Daxuesheng Zouxiang Jiankang Lu (Der Gesundheitsweg von Studenten) in Zhongguo Jiaoyu Bao (China Bildungsjournal) am 25.4.2005.

Yu, Lingyun, Xingzheng Qiyue Lun (Der Verwaltungsvertrag) in Luo, Haocai (Hrsg.), Xingzhengfa Luncong (Beiträge zum Verwaltungsrecht), Beijing, 1998, S.186.

Yu, Mingqin, Einführung und Entwicklung des Systems zur Aufsicht über Arbeit und soziale Sicherung in China, in China und Deutschland: Rechtsvergleichende Betrachtungen, Department of Legal affairs of the Ministry of labour and social security PRC Advisory service to the legal reform in China, Beijing, 2003, S.333ff.

Yu, Weiming, Shehui Baoxian Fa Ruogan Lilun Wenti Yanjiu (Die theoretischen Fragen in der Sozialversicherung) in Zhongnan Gongye Daxue Xuebao (Journal der Techinischen Universität Zhongnan), 2001, Heft 7, 1.

Yuan, Ling/ Zhao, Jun/Zhang, Yan/Shao, Nian, Daxuesheng Yiliao Baozhang Zhidu Tansuo (Forschung zur Krankenversicherung für Studierende) in Zhongguo Weisheng Ziyuan (China Gesundheitsressourcen, Zeitschrift) am 11.24.2006.

Zhai, Jimin, Buchong Yiliao Baoxian Wenti Chutan (Forschung zur zusätzlichen Krankenversicherung) in Shanxi Meitan Guanli Ganbu Xueyuan Xuebao (Wissenschaftszeitschrift des Shanxi Instituts für Ausbildung im Kohlenbergbau), 2008, Heft 4.

Zhao, Xiangsheng, Ping Fuyi Qijian Juti Xingzheng Xingwei Butingzhi Zhixing Yuanze (Analyse des Prinzips – Nichtaufhebung des konkreten Verwaltungsaktes im Widerspruchsverfahren) in Xingzheng Faxue Yanjiu (Forschung des Verwaltungsrechts, Zeitschrift), 1994, Heft 3.

Zhao, Weizhen/Si, Hanwu, Guanyu Jianli Nongmingong Yiliao Baozhang Zhidu De Sikao (Forschung zur Errichtung eines Gesundheitssystems für Wanderarbeiter) in Shangchang Xiandaihua (Modernisierung des Marktes, Zeitschrift), 2009, Heft 9.

Zhang, Qi/Wang, Fei, Woguo Yiliao Baoxian Geren Zhanghu Gongneng Fenxi Ji Xushi Tantao (Analyse der Funktion und Trend zum individuellen Konto in der Krankenversicherung) in Zhongguo Laodong Xuehui Laodong Kexue Jiaoyu Fenhui 2006 Nian Lunwen Ji (Beiträge der Forschungstagung für Arbeit, Zweigstelle für Ausbildung der Arbeitswissenschaft 2006), S.409ff.

Zhang, Xiaotian, Yikao Zhigong Yiliao Baoxian Jiakuai Fazhan Chengshi Shequ Weisheng Fuwu (Die Gesundheitsdienstleistungen in Stadtgemeinden sollen mit der Sozialkrankenversicherung für Arbeitnehmer entwickelt werden.) in Zhongguo Yiliao Baoxian (China Krankenversicherung, Zeitschrift), 2006, Heft 4.

Zhang, Yiyao/Shen, Jun, Yuanze Yihuo Liwai Lun Xingzheng Susong Butongzhi Zhixing Zhidu (Prinzip oder Ausnahme? Die Nichtaufhebung eines Verwaltungsaktes im Verwaltungsprozess) in Zhongguo Renmin Gong'an Daxue Xuebao (Wissenschaftszeitung der China Universität für Polizei), 2003, Heft 04.

Zhang, Yu/Zhang, Chen, Shehui Zhuyi Shichang Jingji Xia Guojia De Zuoyong (Funktion des Staates im sozialistischen Marktwirtschaftssystem) in Jingji Zongheng (Wirtschaftsforschung, Zeitschrift), 2009, Heft 6.
Zheng, Gongcheng, Shehui Baoxian Fa (Caoan) Ershen Gongzhong Guanzhu Shebao Fugai Mian (Die zweite Lesung des Sozialversicherungsgesetzes (Entwurf), die Deckung eines Sozialversicherungssystems ist von öffentlichem Interessen) in Renmin Ribao (Renmin Tageszeitung) am 24.12.2008.
Zheng, Liqiong/Chen, Siming, Woguo Xianxing Yiliao Baoxian Geren Zhanghu De Biyaoxing Jiqi Wanshan (Notwendigkeit und Vervollkommnung der Rechtsinstitution – indiviudelles Konto in der chinesischen Sozialkrankenversicherung) in Jingji Luntan (Forum der Wirtschaft), 2007, Heft 1.
Zheng, Xin/Wang, Zhidong, Linghuo Jiuye Renyuan Ruhe Rubao (Wie nehmen die flexiblen Erwerbstätigen an der Grundkrankenversicherung teil?) in Jiating Yixue (Gesundheit der Familien) 2006, Heft 5.
Zhongguo Shehui Baoxian Baozhang Tixi Yanjiu Ketizu (Forschungsgruppe für chinesisches Sozialversicherungssystem), Zhongguo Shehui Baozhang Zhidu Gaige, Fansi Yu Chonggou? (Reform der Sozialversicherungsinstitution, Nachdenken und Rekonstruktion?) in Shehui Fa Yanjiu (Sozialforschung, Zeitschrift), 2008, Heft 8.
Zhou Xiaochun, (2006), Dingdian Yiyuan Pianqu Yibao Jijin Ruhe Dingxing (Die rechtlichen Probleme des Versicherungsfondsbetrugs durch zugelassene Krankenhäuser) in Yiliao Baozhang (Krankenversicherung, Zeitschrift), 2006.6.
Zhou, Xiaonong/Tian, Jiagang, Daxuesheng Yiliao Baoxian Cuiruo Liantiao Yipeng Jiuduan (Die schwache Krankenversicherung von Studierenden) in Shangchang Bao (Marktzeitung), 2004-11-12 (5).
Zhou, Ying, Goujian Woguo Shehui Baozhang Lifa De Shidu Gongping Jizhi (Aufbau eines gerechten Sozialrechtssystems in China) in Huadong Zhengfa Daxue Xuebao (Journal der Ost-China Universität für Politik- und Rechtswissenschaft), 2008, Heft 6,61.
Zhu, Min/Wang, Delei, Jianli Tuixiu Renyuan Yiliao Baoxian Zijin Baozhang Jizhi De Sikao (Errichtung eines Garantiesystems des Krankenversicherungsfonds für Rentner) in Weisheng Jingji Yanjiu (Forschung zur Gesundheitswirtschaft, Zeitschrift), 2006, Heft 10.

d. Andere

Guojia Fagaiwei (Staatsausschuss für Reform und Entwicklung), Dui Zhongguo Chengshi Jumin Shouru Fenpei Zhuangkuang De Zongti Panduan (Beurteilung zur derzeitigen Einkommensstruktur der städtischen Einwohner in China), veröffentlicht am 5.2.2006.
Hu, Jintao, Vortrag beim 17. Kongreß der ZKP, www.xinhua.net.
Laodong Yu Shehui Baozhang Bu, Yiliao Baoixian Si (Krankenversicherungsabteilung, Ministerium für Arbeit und Soziale Sicherheit), Zhongguo Yiliao Baoxian Zhidu Gaige Zhengce Yu Guanli (Politik und Verwaltung der chinesischen Gesundheitsreform), Beijing,1999.
Shiyerenyuan Shehuibaozhang Ketizu (Forschungsgruppe zur „Sozialvericherung von Arbeitslosen"), Zhidu Yu Shijian: Shiyerenyuan Shehuibaozhang Wenti Yanjiu (Institution

und Praxis, Forschung der Sozialversicherung von Arbeitslosen) in Xuehai (Akademie, Zeitschrift), 2005, Heft 5.

Weisheng Bu (Gesundheitsministerium der VR China), Woguo Weisheng Gaige Yu Fazhan Qingkuang 2008 (Tatsachen zur Gesundheitsreform in China im Jahre 2008), veröffentlicht vom Gesundheitsministerium der VR China am 17.2.2009.

Wen, Jiabao, Zhengfu Gongzuo Baogao (Bericht des Staatsrates der VR China 2005-2010), www.xinhuanet.com.

Yao, Hong, Zai Zhongguo Shehui Baoxian Xiehui Yiliao Baoxian Fenhui Shangde jianghua, Juli, 2005. (Vortrag beim Forschungstag der chinesischen Sozialversicherung bzw. Krankenversicherung)

Zhongguo Sannong Xingshi Genzong Diaocha Zu/Zhonghan Jingji Yanjiu Suo Nongcun Fazhan Yanjiu Bu (Forschungsgruppe „Landwirt, Dorf und ländliche Bevölkerung"/Abteilung für ländliche Entwicklung am Zhonghan Institut für Wirtschaftsforschung) (Hrsg.), Xiaokang Zhongguo Tong, Laizi Diceng Zhongguo De Diaocha Baogao (Pein des „Well-off Chinas", Untersuchungsbericht aus der unteren Gesellschaft Chinas), Beijing, 2004.

Zhongguo Shehui Baozhang Yanjiu Ketizu (Forschungsgruppe „China Soziale Sicherheit), Zhongguo Shehui Baozhang Zhidu Gaige: Fansi Yu Chonggou (Reform des chinesischen Sozialversicherungssystems, Nachdenken und Rekonstruktion) in Shehuixue Yanjiu (Sozialwissenschaftsforschung, Zeitschrift), Aktien-Nr. 1-924.

Zhou, Xiaochun, Dingdian Yiyuan Pianqu Shebao Jijin Ruhe Dingxing (Probleme des Betrugs beim Sozialversicherungsfonds durch zugelassene Krankenhäuser) in Yiliao Baozhang (Gesundheitsversorgung, Zeitschrift), 2006, Heft 6.

Zeitungsbericht: Yibao Ka Chengle Gouwuka , Yiliao Baoxian Geren Zhanghu Jiang Zouxiang Hefang? (Die Krankenversicherungskarte der Grundkrankenversicherung ist zur Konsumkarte geworden. Wohin geht das individuelle Konto?), in Renmin Ribao (Volkszeitung) am 15.8.2005.

Zeitungsartikel: Ziben De Aoman Yu Canku De Xianshi (Arroganz des Kapitals und grausame Realität), in Nanfang Renwu Zhoukan (Südliche Wochenschrift des Peronals) am 12.3.2006.

Zeitungsbericht: Zhuanjia Cheng Yibao Geren Zhanghu Sheji Cuowu Youguan Bumen Yunjiang Feichu (Falsche Einführung des individuellen Kontos, die zuständige Behörde will es abschaffen), in Jingji Cankao Bao (Tageszeitung von Wirtschaftsreferenz) vom 18.12.2006.

Zeitungsbericht: Guangzhou Yibao Bumen Biaoshi Yibaoka Geren Zhanghu Buyi Quxiao (Das individuelle Konto kann nicht abgeschafft werden, meint die zuständige Behörde für soziale Krankenversicherung in Guangzhou), in Nanfang Ribao (Südtagszeitung) vom 21.12.2006.

Zeitungsbericht: Guanzhou Jijiang Tuixing Quanmin Yibao (Ein Krankenversicherungssystem aller Bürger wird in Guangzhou durchgeführt), in Guangzhou Ribao (Guangzhou Journal) am 3.3.2007.

Zeitungsbericht: Chengzhen Jumin Yibao Shidian Fangan Caoni Wancheng (Das Konzept einer Krankenversicherung für Einwohner in Städten und Kreisen für Pilotprojekte wird ausgearbeitet), in Ershiyi Shiji Jingji Baodao (Wirtschaftsbericht im 21.Jahrhundert, Zeitschrift) am 28.11.2007.

Zeitungsbericht: Shanghai Chengzhen Shiyerenyuan Keyi Canjia Yibao (Die Arbeitslosen in Shanghai können an der Krankenversicherung teilnehmen), in Jiefang Ribao (Jiefang Tageszeitung) vom 16.01.2008.
Zeitungsartikel: Xin Yibao Shishi Fangan Chutai, Tuijian Wuxian Zhongdian Gaige (Erlass eines neuen Konzeptes für Krankenversicherung, Fünf Reformen als Schwerpunkt), in Renmin Ribao (Volkszeitung) vom 8.4.2008.
Zeitungsbericht: Zhongguo Chengzhen Shiyelv Pansheng Zhi 9,40%, Nnongmin Gong Shiye Wenti Tuxian (Die Arbeitslosenquote stieg auf 9,40%, das Arbeitslosenproblem bei Wanderarbeitern taucht auf) in Zhongguo Jingji Zhoukan (China Wirtschaftswoche) vom 5.1.2009.
Zeitungsbericht: Jilin Jiben Yiliao Baoxian Kuaisu Fazhan Zhidu Baozhang Nengli Zengqiang (Die Grundkrankenversicherung für Arbeitnehmer entwickelt sich rasant und die Versicherungsfähigkeit hat sich verstärkt) in Jilin Ribao (Jilin Tageszeitung) am 8.5.2009.
Zeitungsbericht: Yibao Canbao Renshu Yidadao 13,2 Yi (Die Zahl der Teilnehmer an der Grundkrankenversicherung stieg auf 1,13 Milliarden) in China Journal der Jugend (Zhongguo Qingnian Bao) am 14.4.2009.
Zeitungsbericht: Nongmingong Zinv Canbao Kongbai Daitian (Die Lücke der Krankenversicherung bei Kindern von Wanderarbeitern ist auszufüllen) in Guiyang Wanbao (Guiyang Abendzeitung) am 3.6.2009.
Zeitungsbericht: Jiangxi Shouli Laodongzhe Zhuanggao Yongren Danwei Yiliao Jiufen An Shimo (Das gute Gesetz zur Beilegung der Arbeitsstreitigkeiten, der richtige Weg zum Aufbau einer harmonisierten Gesellschaft), http://www.hpldj.gov.cn:7005/hpldj/listCategory Contents.do?categoryId=1274701&contentId=11233601.
Zeitungsartikel: Laonianren Yidi Jiuyi Baoxiao Nan Huyu Yibao Quanguo Lianwang (Die Kostenerstattung für Ältere im anderen Gebiet ist schwierig, eine Vernetzung der Grundkrankenversicherung im ganzen Land ist erforderlich), in Renmin Ribao (Volkszeitung) vom 4.3.2009.
Zeitungsbericht: Gongli Yiyuan Ruhe Gaige? Shidian Fangan de Fangxiang You Sanzhong Moshi (Wie werden die Kramkenhäuse reformiert? Es gibt drei Modelle im Pilotprojekt) in Xiandai Kuaibao (Modern Express) vom 16.01.2010.
Zeitungsbericht: Weishenme Suqian Shi De Yiliao Shichang Hua Gaige Chenggongle? (Warum erreicht die Privatisierungsreform der Krankenhäuse Erfolg?), in Shanghai Zhengquan Bao (Shanghai Journal für Wertpapier) vom 24.03.2010.

B . Verzeichnis der deutsch- und englischsprachigen Literatur

Axer, Peter, Selbstverwaltung in der gesetzlichen Krankenversicherung, Die Verwaltung 2002, S.377ff.
Axer, Peter, Zur demokratischen Legitimation in der gemeinsamen Selbstverwaltung – dargestellt am Beispiel des Bundesausschusses der Ärzte und Krankenkassen, Funktionale Selbstverwaltung und Demokratieprinzip – Beispiel der Sozialversicherung, in Schnapp (Hrsg.), Begutachtungsseminar "Medizin und Recht", Frankfurt a. M. , 2001, S. 115.
Bank, Johannes Peter, Zum Stand der Entwicklung des Krankenversicherungsrechts in der Volksrepublik China im Vergleich zu Deutschland, in Arbeits- und Sozialversicherung in

China und Deutschland: Rechtsvergleichende Betrachtungen, Department of Legal affairs of the Ministry of labour and social security PRC Advisory service to the legal reform in China, Beijing, 2003, S.453ff.

Barr, Michael, Medical Savings Accounts in Singapore: ACritical Inquiry in Journal of Health Politics. Policy and Law, 2001, 26 (4).

Becker, Ulrich, Verfassungsrechtliche Vorgaben für die Krankenversicherung der Rentner zur Bedeutung des Gleichheitssatzes bei der Bemessung von Sozialversicherungsbeiträgen, in Neue Zeitschrift für Sozialrecht, 2001, S.283ff.

Becker, Ulrich/Darimont, Barbara, (2005), Sozialrechtliche Rezeptionsprozesse in China, 2005
http://www.mpg.de/bilderBerichteDokumente/dokumentation/jahrbuch/2005/sozialrecht/forschungsSchwerpunkt2/index.html.

Becker /Kingreen, , SGB V Kommentar, München, 2008.

Bley, Helmar/Kreikebohm, Ralf, Sozialrecht, 9.Aufl., Köln, 2007.

Darimont, Barbara, Diss., Sozialversicherungsrecht der VR China : unter besonderer Berücksichtigung der Rentenversicherung und ihrer Reformfragen, Baden-Baden, 2004.

Deber, Raisa B./ Forget, Evelyn L./ Roos, Leslie L., Medical savings accounts in a universal system: wishful thinking meets evidence. Health Policy. 2004 (70).

Ebsen, Ingwer, Krankenversicherung, in Maydell/Ruland/Becker(Hrsg.), Sozialrechtshandbuch, 4. Aufl., Baden-Baden, 2008.

Eichenhofer, Eberhard, Sozialrecht, 6.Aufl., Tübingen, 2007.

Fischer, Wolfram, Wirtschaftliche Bedingungen und Faktoren bei der Entstehung und Entwicklung von Sozialversicherung, in Zacher (Hrsg.), Bedingungen für die Entstehung und Entwicklung von Sozialversicherung, Berlin, 1978, S.91.

Fischer, Wolfram, Armut in der Geschichte: Erscheinungsformen und Lösungsversuche der "Sozialen Frage" in Europa seit dem Mittelalter, Göttingen, 1982.

Geremek, Bronislaw, Geschichte der Armut : Elend und Barmherzigkeit in Europa, München, 1988.

Gitter, Wolfgang/Schmitt, Jochem, Sozialrecht, 5. Aufl., München, 2001.

Hentschel, Volker, Geschichte der deutschen Sozialpolitik 1880-1980, Frankfurt, 1983.

Hsiao, William C, Behind the Ideology and Theory: What is the Empirical Evidence for Medical Savings Accounts? Journal of Health Politics, Policy and Law, 2001, 26(4), pp.732-737.

Hutt, Bettina, Neue Entwicklung im chinesischen Sozialrecht seit 1999, in GTZ-Materialie, 2001.

Lin, Jia, Rechtsvergleichung und Rezeption: Bedeutung für die chinesische Gesetzgebung der sozialen Sicherheit, in U.Becker/Zheng, Gongcheng/B.Darimont (Hrsg.), Grundfragen und Organisation der Sozialversicherung in China und Deutschland, Baden-Baden, 2005, S.115ff.

Krauskopf, Soziale Krankenversicherung: SGB V und Nebengesetze, Kommentar, Loseblattslg.

Kreßel, Eckhard/Wollenschläger, Michael, Leitfaden zum Sozialversicherungsrecht, 2.Aufl., Köln,1996.

Krieg, Renate/Schädler, Monika (eds.), Social Security in the People's Republic of China, Hamburg: Institut für Asienkunde, 1995.

V. Maydell, Bernd Baron/Ruland, Franz/Becker, Ulrich(Hrsg.), Sozialrechtshandbuch, 4. Aufl., Baden-Baden, 2008.

Maurer, Hartmut, Allgemeines Verwaltungsrecht, 17. Aufl., München, 2009.

Muckel, Stefan, Sozialrecht, 3., neu bearb. Aufl., München,2009.

Nipperdey, Thomas, Deutsche Geschichte: 1866-1918, Band II: Macht vor der Demokratie, München, 1993.

Peters, Horst, Die Geschichte der sozialen Versicherung, 3. Aufl., Sankt Augustin, 1978.

Peters, Karl, Die Krankenversicherung der Rentner nach der Entscheidung des Bundesverfassungsgerichts, in Neue Zeitschrift für Sozialrecht, 2002, S.393ff.

Renk, Hans-Günther, Beziehungen zwischen Krankenversicherung und Rentenversicherung, 4. Aufl., Sankt Augustin, 2001.

Schlette, Sophien/Blum, Kerstin/Busse, Reinhard (Hrsg.), Gesundheitspolitik in Industrieländern, Gütersloh, 2009.

Schneider, Günther, Chinesisches und deutsches Arbeits- und Sozialrecht: Rechtsvergleichende Betrachtung in China und Deutschland: Rechtsvergleichende Betrachtungen, Department of Legal affairs of the Ministry of labour and social security PRC Advisory service to the legal reform in China, Beijing, 2003, S.277ff.

Stollleis, Michael, Die Sozialversicherung Bismarcks. Politisch-institutionelle Bedingungen ihrer Entstehung, in Zacher (Hrsg.), Ein Jahrhundert Sozialversicherung in der Bundesrepublik Deutschland, Frankreich, Grossbritannien, Österreich und der Schweiz: Geschichte des schweizerischen Sozialversicherungsrechts, Berlin, 1979, S.387ff.

Stolleis, Michael, Hundert Jahre Sozialversicherung in Deutschland, in: Zeitschrift für die gesamte Versicherungswissenschaft, 1980, S.155ff.

Tennstedt,Florian, Sozialgeschichte der Sozialpolitik in Deutschland: Vom 18. Jahrhundert bis zum Ersten Weltkrieg, Göttingen, 1981.

Wang, Weihua, Diss., Das System der chinesischen Basiskrankenversicherung : eine Betrachtung und Analyse des Systems und der Steuerungsmöglichkeiten aus der Sicht der Verfügungsrechte, Frankfurt, 2004.

Yang, Yiyong, Rezeption eines Sozialversicherungsmodells – Problemaufriss in Bezug auf die Wahl eines Sozialversicherungsmodells in einem Entwicklungsland, in U.Becker/Zheng, Gongcheng/B.Darimont (Hrsg.), Grundfragen und Organisation der Sozialversicherung in China und Deutschland, Baden-Baden, 2005, S.97ff.

Zhang, Wei, Diss., Sozialwesen in China, Hamburg, 2005.

Einleitung

Seit Einführung der Reform- und Öffnungspolitik und insbesondere seit dem Aufbau des sozialistischen Marktwirtschaftsystems in den 1990er Jahren befindet China sich in einer Phase der Transformation von der Planwirtschaft zur Marktwirtschaft und damit der gesellschaftlichen Veränderung. Dazu gehören z.B. der Abstand in der Entwicklung von Stadt und Land und in der Entwicklung verschiedener Regionen, das Einkommensgefälle innerhalb der Gesellschaft, die Vermehrung der Arbeitslosen.[1] Zur Anpassung an die ökonomische Entwicklung und die sozialen Veränderungen werden die verschiedenen sozialen Versicherungszweige durch Gesetze und Rechtsverordnungen des Staatsrates und des Ministeriums für Arbeitskräfte und Soziale Sicherheit (das ehemalige Ministerium für Personalangelegenheiten und für Arbeit und Sozialversicherung) schrittweise aufgebaut.[2] Das Sozialversicherungsgesetzes (SVG), in dem Renten-, Kranken-, Arbeitslosigkeit-, Arbeitsunfälle-, und Geburtsversicherung vorgesehen sind, wird im ständigen Ausschuss des Nationalen Volkskongresses schon mehrmals beraten und am 28.10. 2011 erlassen.[3] Zweifellos erzielte die chinesische Sozialversicherungsgesetzgebung während des mehr als 20 Jahre andauernden Reformprozesses Fortschritte.

Als einer der wichtigsten Sozialversicherungszweige wurde die Krankenversicherung in den 1950er Jahren nach dem staatszentralisierten Sozialversicherungsmodell [4] in Übereinstimmung mit dem damaligen chinesischen

1 Vgl. Wen, Jiabao, „Zhengfu Gongzuo Baogao 2005-2009". (Bericht des Staatsrates der VR China 2005-2009), www.xinhuanet.com.

2 Dazu gehören vor allem das „Arbeitsgesetz", verabschiedet in der 8. Sitzung des 8. Ständigen Ausschusses des Nationalen Volkskongresses am 5.7.1994, Vorsitzende-VO Nr. 28. (Laodong Fa); das „Arbeitsvertragsgesetz ", verabschiedet in der 28. Sitzung des 10. Ständigen Ausschusses des Nationalen Volkskongresses am 29.6.2007, Vorsitzende-VO Nr. 65. (Laodong Hetong Fa); der „Beschluss des Staatsrats über die Errichtung eines einheitlichen Grundrentenversicherungssystems für Beschätigte in Unternehmen", erlassen vom Staatsrat, Guofa [1997], Nr.26. (Guowuyuan Guanyu Jianli Tongyi Qiye Zhigong Jiben Yanglao Baoxian Zhidu De Jueding); Beschluss des Staatsrats über die Errichtung eines Grundkrankenversicherungssystems für Arbeitnehmer in Städten und Kreisen, erlassen vom Staatsrat am 14.12. 1998, Guofa (1998), Nr.44; die Verordnung über die Arbeitslosenversicherung, erlassen vom Staatsrat am 22.1.1999, Staatsrat-VO Nr.258; die Verordnung über die Unfallversicherung, erlassen vom Staatsrat am 16.4.2003, Staatsrat-VO Nr.375.

3 Siehe Anhang. u. http://www.npc.gov.cn/npc/xinwen/syxw/2008-12/28/content_1465140.htm.

4 Weltweit betrachtet setzt sich die Krankenversicherung zurzeit aus vier Formen zusammen: dem Modell der staatlich unterstützten Selbstvorsorge, Wohlfahrtsmodell, Kapitalde-

Planwirtschaftssytem etabliert. Heutzutage beruht die gesetzliche Krankenversicherung in China auf dem Sozialversicherungsmodell – teilweise auf dem Modell der staatlich unterstützten Selbstabsicherung und teilweise gemäß dem Kapitaldeckungsverfahren.[5] Dieses Versicherungssystem setzt sich aus der Grundkrankenversicherung für Arbeitnehmer in Städten und Kreisen, der Grundkrankenversicherung für Einwohner in Städten und Gemeinden und dem neuen Kooperationsgesundheitssystem auf dem Land zusammen.

Seit Etablierung der neuen Grundkrankenversicherung im Jahre 1998 zeigt die Öffentlichkeit großes Interesse an diesem System. Viele Rechtswissenschaftler und Wirtschaftswissenschaftler haben z.B. das Versicherungsmodell, die versicherten Personengruppen, die Kombination von Individualkonto und Versicherungsfonds sowie die Stellung von Krankenhäusern als Leistungserbringer analysiert, bewertet und kritisiert.[6]

Heutzutage orientiert sich China an den Erfahrungen und Typen anderer Industrieländer, insbesondere auch Deutschlands mit seiner kontinentalen Rechtstradition, als Vorbild für die eigene Gesetzgebung. Die Einbeziehung deutscher Rechtsideen und rechtlicher Gestaltungen umfassen das Wirtschafts- und Zivilrecht[7], das Strafrecht[8], das Verwaltungsrecht[9], aber auch das Sozialrecht. Im Bereich des Krankenversicherungsrechts kann China die deutschen gesetzgeberischen Erfahrungen, insbesondere zum Verfahren der Beilegung von Streitigkeiten, aber auch die neueren Strukturreformen der gesetzlichen Krankenversicherung als Beispiel heranziehen.

1. Ziel der Untersuchung

Die vorliegende Untersuchung dient vor allem dazu, in einer internationalen Perspektive über die neueren Änderungen des chinesischen sozialen Krankenversicherungsrechts zu informieren. Darüber hinaus handelt es sich auch um eine Rechtsvergleichung zum Thema Sozialkrankenversicherung zwischen China

---

ckungsverfahren und dem Modell der Staatsversicherung. Vgl. Yang, Yiyong, (2005), S.97ff. Dies werde ich unten ausführlich darstellen.

5 Vgl. Guo, Chengwei/Wang, Guangbin (2003), S.179.;Yang, Yiyong, (2005), S.103.

6 Vgl. Zheng, Bingwen/He, Chunlei (2001), S.171ff.

7 Z.B.im Sachenrecht hat die Rechtsrezeption der deutschen zivilrechtlichen Grundgedanken eine große Bedeutung erlangt. Vgl. Sun, Xianzhong, (1997), 2.

8 Z.B.die Einführung und Rezeption der Erwartungstheorie im chinesischen Strafrecht. Vgl. Chen, Xingliang, (2006), 3.

9 Z.B. die Einführung und Rezeption des Verhätnismäßigkeitsprinzips im deutschen öfentlichen Recht, Vgl. Fan, Jianhong, (2000).10.

und Deutschland. Schließlich soll es darum gehen, in rechtsvergleichender Perspektive und unter Berücksichtigung geschichtlicher und kultureller Rahmenbedingungen einen Beitrag zur Weiterentwicklung und Vervollkommnung des Systems in China zu leisten.

2. Gang der Untersuchung

Die Arbeit gliedert sich in fünf Teile. Im ersten Teil wird es um eine allgemeine Darstellung des Wandlungsprozesses und der Entwicklungsschritte des chinesichen Gesundheitswesens und des Krankenversicherungsrechts innerhalb des Sozialversicherungssystems geleistet. In diesem Teil geht es auch um Hintergrundinformationen zu verschiedenen Modellen der Sozialversicherung, zu verfassungsrechtlichen Bezügen sowie zum chinesischen System der Rechtsquellen als Hintergrundwissen zum Verständnis des heutigen chinesischen Sozialkrankenversicherungsrechts. Im zweiten Teil werden anhand der verschiedenen Rechtsverordnungen, lokalen Regelungen und des neu verabschiedeten Sozialversicherungsgesetzes der VR China die drei Sozialkrankenversicherungssyteme, einschließlich der Zusatzkrankenversicherung für Arbeitnehmer erörtert, deren Darstellung jeweils grundsätzlich unter vier Aspekten – Versicherte, Finanzierung, Leistungen, Leistungserbringung – erfolgt. Der dritte Teil erörtert den Rechtsschutz im sozialen Krankenversicherungsrecht der VR China. In Teil vier werden aufgrund einer kurzen Darstellung des deutschen Rechts der gesetzlichen Krankenversicherung die historischen, kulturellen und institutionellen Unterschiede zwischen dem chinesischen und deutschen System aufgezeigt. Dabei erfolgt auch eine Diskussion hinsichtlich möglicher Lehren für China aus den deutschen Erfahrungen. In Teil fünf wird ein knappes Fazit gezogen.

Erster Teil: Hintergrund

1. Wandlungsprozess und Entwicklungsschritte des chinesischen Gesundheitswesens und des Krankenversicherungsrechts

In der chinesischen Geschichte existierte die soziale Sicherung schon in der *Zhou* Dynastie vor etwa 3000 Jahren.[10] Anders als die von der Kirche dominierte Armenfürsorge in der vorindustriellen Gesellschaft Europas war die soziale Sicherung in der chinesischen feudalistischen Zeit zunächst eine Aufgabe der Regierung:[11] in der *Song*-Dynastie vor über 1000 Jahren waren in Städten und Gemeinden die wohlfahrtsstaatlichen Einrichtungen – Almosenamt für Gesundheitsdienst (*Shiyi Ju*), Almosenamt für Arzneimittel (*Shiyao Ju*) – für Gesundheitspflege der Armen verantwortlich.[12] Gewissermaßen hatten die staatliche Politik und die Maßnahmen zur Beseitigung der Naturkatastrophen und Epidemien „einen positiven Einfluss auf das Alltagsleben der Kriegsgeschädigten und Armen, und gewährleisteten die Sicherstellung der Gesellschaftsordnung sowie die Stabilität der Staatsmacht".[13]

Die soziale Krankenversicherung im heutigen Sinne entstand nach der Gründung des neuen Chinas.[14] Das gegenwärtige Sozialkrankenversicherungssystem hat deshalb bereits eine Entstehungs-, Regulierungs-, Explorations- und Reform- sowie Entwicklungsgeschichte.

---

10 Nach der Aufzeichnung von „Zhou Li" (Die Ritten der Zhou) wurde aufgrund Lehre und Erfahrungen des Untergangs der letzten Dynastie von Shang die zuständige Behörde für soziale Sicherung in der Zhou Dynastie errichtet. Vgl. Zhou Li, Dasitu.

11 Vgl. dazu Fischer, Armut in der Geschichte, (1982), S.10ff.; Geremek, Geschichte der Armut, (1988), S.29ff.; Zheng, Gongcheng, (2008), S.110.; Zheng, Shangyuan/Li, Haiming/Hu,Chunmei, (2008), S.372.

12 Vgl. Yang, Fang/Pan, Ronghua, (2009), 5.

13 Wang, Guangbin, (2000), S. 3.

14 Vor Gründung der VR China führten die Regierung der Republik (Minguo Zhengfu) und „Roten Macht" der Kommunistischen Parteien die Sozialgesetzgebung aus. Insbesondere die Sozialgesetzgebung in den revolutionären Basisgebieten unter Leitung der KPC nahm einen erheblichen Einfluß auf den künftigen Aufbau des Sozialversicherungssystems. Die damalige Sozialversicherung beruhte auf dem Beschäftigungsverhältnis, und die Verantwortung der Arbeitgeber wurde stark betont. Als politische Organisaton der Arbeiter trieb die KPC „mit voller Leidenschaft" die betroffene Gesetzgebung voran. Dazu vgl. Wang, Zhanju/Ren,Fan (Hrsg.), (1995), S.1995, S.1ff.; Shi, Tanjing, (2000), S.93ff.; Fang, Lehua, (1999), S.82ff.; Shi, Tanjing, (1995), S.199ff.; Zhang, Jingping, (Hrsg.), (2007), S.20ff.

1.1 Entstehung (1949-1956)

Kurz vor Gründung des neuen Chinas wurde ein vorläufiges verfassungsrechtliches Konzept von der Politischen Konsultativkonferenz des Chinesischen Volkes verabschiedet.[15] Nach Maßgaben dieses Konzeptes sollten die revolutionären Opfer und deren Familienmitglieder, die in Armut geraten waren, von Staat und Gesellschaft bevorzugt behandelt werden.[16] Die Errichtung eines Arbeitsversicherungssystems ist auch in diesem Konzept erwähnt.[17] Gemäß § 93 des Verfassungsgesetzes der VR China von 1954[18] haben die Arbeiter das Recht auf materielle Unterstützung im Alter, in Krankheitsfällen oder bei Arbeitsunfähigkeit. Der Staat sorgt für die Entwicklung der Sozialversicherung, der sozialen Unterstützung sowie der hygienischen Dienstleistungen des Volks und für die schrittweise Ausweitung der Einrichtungen, die alle für den Genuss dieses Bürgerrechts unerlässlich sind. Das Konzept und das Verfassungsgesetz von 1954 schufen „eine gesetzliche Grundlage für die Etablierung der chinesischen Sozialversicherung".[19]

Die Sozialkrankenversicherung geht zurück auf die „Verordnung der Arbeitsversicherung der VR China betreffend die Krankenversicherung der Arbeiter" vom 26.2.1951.[20] Im Rahmen dieser Rechtsverordnung wurden durch Verordnung über den Schutz der Arbeiterinnen (Entwurf) (1956), durch Regelungen zur Festlegung der Berufskrankheiten und Berufskranken (1957) und weitere Regelungen auch eine Krankenversicherung für die betrieblich Arbeitenden geschaffen.[21] Für Beamte und Beschäftigte in öffentlichen Einheiten richtete man durch mehrere Rechtsverordnungen bis Ende 1956 die Krankenversicherung

---

15 „Das gemeinsame Konzept der Politischen Konsultativkonferenz des Chinesischen Volkes", verabschiedet vom 1. Politischen Konsultativkonferenz des Chinesischen Volkes am 29.9.1949. (Zhongguo Renmin Zhengzhi Xieshang Huiyi Gongtong Gangling)

16 §25 dieses Konzeptes.

17 §32 dieses Konzeptes.

18 Bis jetzt sind in der VR China insgesamt vier Verfassaungsgesetze erlassen worden. Im Jahre 1954, 1975, 1978 und 1982 wurde jeweils ein Verfassungsgesetz vom Nationalen Volkskongress verabschiedet. Das heute geltende Verfassungsgesetz wurde in der 5. Sitzung des 5. Nationalen Volkskongresses am 4.12.1982 verabschiedet, und jeweils im Jahre 1988, 1991, 1997 und 2004 geändert. Dazu vgl. Hu, Jinguang/Han, Dayuan, (2008), S.44ff.; Xu, Chongde, (Hrsg.), S. 69ff.

19 Zheng, Shangyuan/Li, Haiming/Hu, Chunmei, (2008), S. 372.

20 „Zhonghua Renmin Gongheguo Laodong Baoxian Tiaoli", erlassen vom damaligen Staatsrat (Zhengwu Yuan) am 26.2.1951, geändert am 2.1.1953.

21 Zheng, Shangyuan/Li, Haiming/Hu, Chunmei, (2008), S. 373.

durch öffentliche Mittel ein.[22] Auf dem verfahrensrechtlichen Gebiet wurde die erste Verordnung vom damaligen Arbeitsministerium im Jahre 1950 verabschiedet.[23]

Das Arbeitskrankenversicherungssystem war in dieser Zeit durch die alleinige Beitragszahlung der Arbeitgebereinheiten und die Verantwortung der Gewerkschaften gekennzeichnet: aufgrund des Beschäftigungsverhältnisses war der Arbeitende beitragsfrei versichert und erhielt im Krankheitsfall die medizinischen Dienstleistungen und Krankengeld. Die betriebliche Gewerkschaft war verantwortlich für die Organisation und Durchführung der Krankenversicherung ihrer Mitglieder.[24] Beamte und Beschäftigte in öffentlichen Einheiten zahlten auch keinen Versicherungsbeitrag. Deren Krankenkosten wurden vollständig vom staatlichen und lokalen Haushalt getragen. Hinsichtlich des Leistungsniveaus und der Erbringung der Leistungen gab es zwischen den beiden Gruppen grundsätzlich keine Unterschiede. Mit diesen zwei Krankenversicherungssystemen waren fast alle Arbeitnehmer in Städten und Kreisen in ein vom Staat einheitlich geplantes und finanziertes „Gesundheitsprojekt" einbezogen.[25]

Auf dem Land wurde das ursprüngliche Kooperationsgesundheitssystem während der landwirtschaftlichen Genossenschaftsbewegung im Jahre 1955 eingeführt, das vor allem durch die von Genossenschaften eingerichteten hygienischen Stationen durchgeführt wurde. In den darauffolgenden Jahren war dieses System zwecks einer grundlegenden Gesundheitsgarantie der chinesischen ländlichen Bevölkerung entwickelt worden.[26] Ein anderes medizinisches Versicherungssystem für die ländliche Bevölkerung mit niedrigeren Einkommen, das

22 Dazu gehören „Guojia Gongzuo Renyuan Shixing Gongfei Yiiao Yufang De Zhishi", erlassen von damaligen Staatsrat am 27.6.1952. (Richtlinien zur Krankenbehandlung und -vorbeugung durch öffentliche Mittel für Beamte und Beschäftigte in öffentlichen Einheiten), „Geji Renmin Zhengfu Gongzuo Renyuan Zai Huanbing Qijian Daiyu Zanxing Banfa", erlassen vom damaligen Staatsrat am 14.3.1952. (Vorläufige Maßnahmen über Leistungen an Beamte in Volksregierungen im Krankheitsfall), „Guanyu Nv Gongzuo Renyuan Shengyu Chanjia De Tongzhi", erlassen vom Staatsrat am 26.4.1955. (Mitteilung zum Geburtsurlaub der Beamtinnen) u.ä.

23 „Guanyu Laodong Zhengyi Jiejue Chengxu De Guiding", erlassen vom Arbeitsministerium am 16.1.1950. (Reglung über das Beilegungverfahren von Arbeitsstreitigkeiten)

24 Vgl. Li, Jianfei, (Hrsg.), S.27.

25 Sun, Shuyun/Zhai, Zhikai, (2009), S.25.

26 Dazu vgl. Liu, Cuixiao, (2006), S. 193ff.; Guo, Jie, (2008), S.357.

System der „Fünf-Garantien“ (*Wu Bao*), wurde ebenfalls in dieser Zeit etabliert.[27]

Während der Kulturevolution (1966-1976) wurde im Gegensatz zur Abschaffung der Sozialkrankenversicherung in Städten und Kreisen[28] das Kooperationsgesundheitssystem mit Unterstützung von “Barfußärzten“ (*Chijiao Yisheng*)[29] sogar auf einen Höchststand gebracht. Das Kooperationsgesundheitssystem bot der ländlichen Bevölkerung die primären medizinischen Dienstleistungen, und spielte zu der Zeit eine bedeutende Rolle in Gesundheitswesen auf dem Land. Das System wurde im Jahresbericht 1980-1981 von der Stiftung von Frauen und Kindern der Vereinten Nationen (UNICEF) als „Vorbild“ für die Steigerung des medizinischen Niveaus in unentwickelten Ländern empfohlen. Die Weltbank und die Welt-Gesundheitsorganisation bezeichneten es als „das einzige Vorbild für die Gesundheitsversorgung in Entwicklungsländern.“[30]

Durch die oben genannte Sozialgesetzgebung schuf die neu gegründete chinesische Regierung für ihre Bürger den grundlegenden Rahmen eines Gesundheits-

27 Elemente des Systems der „Fünf Garantien“ wurden zum ersten Mal in der „Mustersatzung für landwirtschaftliche Produktionsgenossenschaften höherer Stufe“ (Gaoji Nongye Hezuo She Shifan Zhangcheng) genannt. Diese Satzung wurde von der 3. Sitzung des 1. Nationalen Volkskongresses am 30.06.1956 erlassen. Nach Artikel 53 war die Kooperative zuständig für die Versorgung von kinderlosen Alten, Schwachen, Witwen, Witwer, Waisen, Behinderten und Arbeitsunfähigen. Sie sollte ihnen die regelmäßige Versorgung mit Lebensmitteln, Kleidung und Brennstoff garantieren und dafür sorgen, dass die Jungen eine Erziehung und die Alten nach ihrem Ableben ein angemessenes Begräbnis erhielten. Die „Regeln zur Arbeit der ländlichen Volkskommunen“ aus dem Jahr 1962, die als die „60 Artikel“ bekannt und im Dezember 1978 neu aufgelegt wurden (22.12.1978), beschäftigten sich mit der Versorgungspflicht der Kollektive gegenüber dem oben genannten Personenkreis mit Nahrung, Kleidung, Wohnung, medizinischer Versorgung und Bestattung (bao chi, bao chuan, bao zhu, bao yi, bao zang). Vgl. Krieg/Schädler, (1995), S. 41.

28 S. unten - Stillegung während der Kulturevolution (1966-1977).

29 Die medizinischen Arbeitskräfte ohne formale Ausbildung auf dem Land wurden als „Chijiao Yisheng“ bezeichnet. Denn neben den Arztberuf mussten sie sich auch ohne Schuhe mit landwirtschaftlicher Arbeit beschäftigen. Das System von Barfüßärzten spielte im damaligen China eine positive Rolle für das Vorbeugungswesen und die Wiederherstellung und Entwicklung der Landwirtschaft. Sie hatten auch einen guten Ruf unter der ländlichen Bevölkerung, weil sie meistens mit einfachen Therapien und traditionellen chinesischen Rezepten auch einige Krankheiten heilen konnten. Das System wurde Ende der 1980er Jahren schrittweise abgeschaffen. Damals wurden richtige Krankenhäuse wurden errichtet, und viele Hochschulabsolventen mit richtiger Ausbildung wurden angestellt. Vgl. Dazu Guo, Jie (Hrsg.), (2008), S.356f.; Li, Decheng, (2007), 21(1). ;Wen, Yiqun, (2005), 22 (2).

30 Guo, Jie (Hrsg.), (2008), S.356.

systems, welches in Städten und Kreisen aufgrund des Beschäftigungsverhältnisses und mit Sozialversicherung als „Kernstück" etabliert war. Das System war auf dem Land durch eine kollektive Garantie gekennzeichnet. Letztlich konnten die medizinischen Bedürfnisse der Bevölkerung befriedigt werden. Dieses System diente auch „der Wiederherstellung und Stabilität der Gesellschaftsordnung und der Entwicklung der Volkswirtschaft nach dem langjährigen Krieg". [31]

1.2 Regulierung (1957-1965)

Nach den vier Jahre dauernden „drei großartigen Transformationen" (*Sanda Gaizao*) von Industrie, Landwirtschaft und Handwerkswesen (1953-1956) wurde der umfassende Aufbau des Sozialismus in China fortgesetzt.[32] Die Regierung unter der Leitung der Kommunistischen Partei regulierte und vervollkommnete das System der sozialen Versicherung, das nicht im Einklang mit der sozialistischen Gesellschafts- und Wirtschaftskonstruktion stand. Zur Reduzierung der Verschwendungen in der Krankenversicherung durch öffentliche Mittel und in der Arbeitskrankenversicherung wurden 1965 vom Gesundheits- und Finanzministerium die „Mitteilung zur Verbesserung der Krankenversicherungsverwaltung durch öffentliche Mittel" [33] und 1966 vom Arbeitsministerium und der All-China Föderation der Gewerkschaft (*Zhonghua Quanguo Zonggonghui*) die „Mitteilung zur Verbesserung der Arbeitskrankenversicherung"[34] verabschiedet. Auch die medizinischen Leistungen an Auszubildende wurden durch Rechtsverordnung des Staatsrates reguliert.[35]

Im Großen und Ganzen entsprach das krankenversicherungsrechtliche System in diesem Zeitraum weiterhin den Grundsätzen, die Anfang der 1950er Jahren fest-

---

31 Zheng, Shangyuan/Li, Haiming/Hu,Chunmei, (2008), S.373.

32 Von 1949 bis 1952 ging es um die sozialistische Umgestaltung der Industrie, der Landwirtschaft und des Handwerkswesens von Privateigentum an Produktionsmitteln in sozialistisches öffentliches Eigentum. Vgl. MacFarquhar/Fairbank (Hrsg.), Xie, Liangsheng (übersetzen), (1990), S.790.

33 „Guanyu Gaijin Gongfei Yiliao Guanli Wenti De Tongzhi", verabschiedet durch das Gesundheits- und Finanzministerium am 27.10.1965. (65) Weiji Zhangzi Nr.809. (65) Caiwen Duzi (509).

34 „Guanyu Gaijin Qiye Zhigong Laobao Yiliao Zhidu Jige Wenti De Tongzhi", verabschiedet von Arbeitsministerium und All-China Föderation der Gewerkschaft am 15.4.1966.

35 „Guanyu Guoying, Gongsiheying, Hezuo Jingying De Qiye He Shiye Danwei De Xuetu De Xuexi Qixian He Shenghuo Butie De Zanxing Guiding", erlassen vom Staatsrat am 6.11.1957. (Vorläufige Reglung über Dauer und Unterhaltszuschlag der Auszubildenden)

gesetzt wurden. Trotz Verbreitung der extra linken Ideologie in den sechziger Jahren machte die damalige Sozialgesetzgebung „gewisse Fortschritte“. [36]

1.3 Stillstand während der Kulturrevolution (1966-1977)

Während der zehnjährigen Periode der Kulturrevolution waren die chinesischen wirtschaftlichen Verhältnisse in jeder Hinsicht chaotisch. Die arbeits- und sozialrechtliche Gesetzgebung wurde als „Produkt des Revisionismus“ angesehen.[37] Nach Maßgaben der „Meinungen zur Finanzreform in Staatsbetrieben (Entwurf)“[38] wurden die Arbeitsversicherungs- sowie Gewerkschaftsbeiträge nicht mehr erhoben. Die Organe der sozialen Versicherung wurden abgeschafft. Das bedeutet, dass die bis dahin bestehende durch einheitliche Planung gekennzeichnete Sozialkrankenversicherung durch die Kostenerstattung innerhalb eines Betriebs ersetzt wurde. Die Sozialversicherung mit Solidarität wurde in „Betriebsversicherung“ umgewandelt.[39]

Während dieser zehn Jahre erlitt die chinesische sozialrechtliche Gesetzgebung einen erheblichen Rückschlag. Und auch das Sozialversicherungswesen erlebte einen vorläufigen Rückfall.[40]

1.4 Erprobungsphase zur Anpassung an die Marktwirtschaft(1978-1992)

Nach Einführung der Reform- und Öffnungspolitik wurde die Sozialversicherung in diesem Zeitraum vor allem durch unterstützende Maßnahmen der Reform von Staatsbetrieben schrittweise wiederhergestellt. Im Jahre 1981 wurde die „Regelung zur Unterhaltsleistung im Krankheitsfall der Beamten und Beschäftigten in öffentlichen Einheiten“ vom Staatsrat verabschiedet.[41] Nach diesen Maßgaben wurde die Unterhaltsleistung an die betroffenen Personen nach dem Prinzip, je höher die Arbeitsleistung, desto höher die Unterhaltsleistung, verteilt. Auch über medizinische Leistungen und Pensionen für Soldaten, Milizsoldaten, und deren Hinterbliebene sowie diejenigen für Beamte und Beschäftig-

36 Li, Jianfei, (2008), S.300.; Zheng, Shangyuan/Li, Haiming/Hu,Chunmei, (2008), S.374.
37 Vgl. Fang, Qing, (2002),1.
38 „Guanyu Guoying Qiye Caiwu Gongzuo Zhong Jixiang Zhidu De Gaige Yijian (Caoan) “, verabschiedet vom Finanzministerium 1969.
39 Liu, Cuixiao, http://www.iolaw.org.cn/showarticle.asp?id=898.
40 Zheng, Shangyuan/Li, Haiming/Hu,Chunmei, (2008), S.375.
41 „Guojia Jiguan Gongzuo Renyuan Bingjia Qijian Shenghuo Daiyu De Guiding“, verabschiedet vom Staatsrat am am 6.4.1981. Guofa [1981], Nr.52.

te in öffentlichen Einheiten wurden mehrere Rechtsverordnungen durch das Gesundheits- und Finanzministerium erlassen.[42]

1.5 Reform- und Entwicklung (1993- jetzt)

Mit der Fortentwicklung der Wirtschaftsreform, besonders nach der Einführung des sozialistischen Marktswirtschaftssystems 1993, sind viele Probleme im Sozialversicherungssytem aufgetaucht, wie z.B. die unvollständige Deckung von versicherten Personengruppen, Planung auf regional begrenzter Ebene, begrenzte Riskoabdeckung, gesetzgeberische Mängel u.s.w. Im „Beschluß zum Aufbau des sozialistischen Marktswirtschaftssystems“[43] sind zur Sozialkrankenversicherung die folgenden Prinzipien vorgesehen:

(1) Errichtung eines Krankenversicherungssytems auf verschiedenenen Ebenen. Das umfasst Sozialkrankenversicherung, Sozialhilfe und Kapitaldeckungs- sowie Umlageverfahren;

(2) Das Leistungsniveau muss dem Niveau der Produktionskraft entsprechen;

(3) Die Sozialkrankenversicherung soll in Städten und Kreisen und auf dem Land unterschiedlich ausgestaltet sein;

(4) Die Krankenversicherungsbeiträge werden von den Arbeitnehmern und deren Betriebseinheiten gemeinsam getragen;

(5) Es soll ein gemischtes Modell von Solidarfonds mit einheitlicher Planung und individuellen Konten geben;

---

42 Dazu gehören „Ganyu Tiaozheng Junren, Jiguan Gongzuo Renyuan, Canzhan Minbing, Mingong Xisheng, Binggu Fuxujin Biaozhun De Tongzhi“, verabschiedet vom Gesundheits- und Finanzministerium am 1.8.1979. [79] Caishi Nr.9. Minfa[1979], Nr.2. (Mitteilung über die Regulierung des Pensionsstandards der Soldaten, Milizsoldaten, Zivilbediensteten, Beamten, Beschäftigten in öffentlichen Einheiten im Dienstunfall- oder Kriegsopfer), „Ganyu Tiaozheng Junren, Jiguan Gongzuo Renyuan, Canzhan Minbing, Mingong Yingong Xisheng, Binggu Yici Fuxujin Biaozhun De Tongzhi“, verabschiedet vom Gesundheits- und Finanzministerium am 27.3.1986, Min [1986], You Nr.6. (Mitteilung über Regulierung des einmaligen Pensionsstandards der Soldaten, Milizsoldaten, Zivilbediensteten, Beamten, Beschäftigten in öffentlichen Einheiten im Dienstunfall- oder Kriegsopfer), „Guojia Jiguan, Shiye Danwei Gongzuo Renyuan Siwang Hou Yishu Shenghuo Kunnan Buzhu Zanxing Guiding“, verabschiedet vom Gesundheits- und Finanzministerium am 13.2.1980. Minfa [1980], Nian Nr.5. (Vorläufige Reglung über den Unterhaltszuschlag für Hinterbliebene mit finanziellen Schwierigkeiten der Beamten und Beschäftigten in öffentlichen Einheiten) u.ä.

43 „Guanyu Jianli Shehui Zhiyi Shichang Jingji Tizhi Ruogan Wenti De Jueding“, erlassen von 3. Plenarsitzung des 14. Zentralkomitees der Kommunistischen Partei Chinas am 14.11.1993.

(6) Das Kooperationsgesundheitssystem auf dem Land soll weiterentwickelt und vervollkommnet werden.

Als „Grundlage für den Aufbau der gesamten Sozialversicherung und damit auch der Krankenversicherung "[44] wurde das Arbeitsgesetz[45] am 5.7.1994 verabschiedet, in dem die Sozialkrankenversicherung in einem einzelnen Titel – Titel 9 – in Grundzügen geregelt wird. Danach ist die Grundkrankenversicherung in Städten und Kreisen durch Rechtsverordnungen des Staatsrates und der zuständigen Minsterien[46] zunächst in den gewählten Pilotgebieten eingeführt. Seit 1998 und 2009 wurde die Grundkrankenversicherung für Arbeitnehmer und für Einwohner in Städten und Kreisen umfassend eingeführt.[47]

Die Grundkrankenversicherung schließt die verbleibende übergroße Zahl jener Chinesinnen und Chinesen aus, die vorerst noch nicht krankenversichert sind. Hier ist die ländliche Bevölkerung zu nennen, die in China etwa 60% der gesamten Bevölkerung ausmacht. Im Gegensatz zur Entwicklung der Gesundheitsreform in Städten und Kreisen in den achtzigen Jahren löste sich das Kooperationsgesundheitssytem auf dem Land sogar allmählich auf: bis 1985 existierte das System nur in 5% der Verwaltungsdörfer.[48] Der daran teilnehmende Bevölkerungsanteil liegt bei nur 6,57%.[49] Aber im Vergleich zur Entwicklung der Einkünfte nehmen die Krankenkosten seit Jahren erheblich zu. Die chinesische ländliche Bevölkerung wurde mit den hohen Krankenkosten schwer belastet. „Die leichten Krankheiten zu ertragen, bei schweren Krankheiten mit Tod

44 J.P.Bank, (2003), S.453.

45 S. Anm. 259.

46 Dazu gehören „Guanyu Chengzhen Zhigong Yiliao Zhidu Gaige De Yijian", verabschiedet von Staatsauschuss für institutionelle Reform sowie Finanz-, Arbeits-, und Gesundheitsministerium am 14.4.1994. [1994], Nr.51. (Meinungen über die Gesundheitsreform für Arbeitnehmer in Städten und Kreisen), „Guanyu Zhigong Yiliao Baozhang Zhidu Gaige Kuoda Shidian De Yijian", verabschiedet von Staatsauschuß für institutionelle Reform, Finanz-, Arbeits-, und Gesundheitsministerium am 22.4.1996. Guoban Fa [1996], Nr.16. (Meinungen über die Erweiterung der Piloteregionen der Gesundheitsreform für Arbeitnehmer in Städten und Kreisen), „ Chenzhen Jumin Jiben Yiliao Baoxian Zhidu Shidian Fang'an ", ausgearbeitet vom Ministerium für Arbeit und soziale Sicherheit, dem Gesundheitsministerium und dem Ausschuß für Reform und Entwicklung, 2007(Konzept für Pilotregionen der Grundkrankenversicherung für Einwohner in Städten und Kreisen).

47 Vgl. Unten - Zweiter und Dritter Teil.

48 Zitiert aus Cai, Renhua (Hrsg.), (1998), S.346.

49 Zitiert aus Li, Xiaoyun (Hrsg.), (2004), S.139.

zu rechnen“ (*xiaobing kaoai, dabingdengsi*) ist der allgemeine Zustand auf dem Lande.[50]

Im Jahre 1994 wurde die „Verordnung über den Unterhalt der 'Fünf Garantien'-Familien auf dem Land“[51] über Gesundheitssicherung für diejeniegen Familien[52] vom Staatsrat bekanntgegeben. Im „Beschluß über die weitere Verstärkung der Gesundheitversorgung auf dem Land“[53] und den „Richtlinien über die Verbesserung des Pilotprojektes zum Kooperationsgesundheitssystem auf dem Land“[54] wird darauf hingewesen, dass das neue Kooperationsgesundheitssystem mit Konzentration auf die schwierigeren Krankheiten als Schwerpunkt schrittweise auf dem Land etabiliert werden sollte. Nach einer Statistik des Gesundheitsministeriums der VR China wurde das neue Kooperationsgesundheitsystem bis September 2009 in 2729 Pilotkreisen (Stadtbezirke) eingeführt. 814 Mio. Personen der ländlichen Bevölkerung haben danach freiwillig an der Krankenversicherung teilgenommen. Der versicherte Anteil beläuft sich auf 91,50%.[55]

Zweifellos erzielte die chinesische Sozialversicherungsgesetzgebung während des mehr als 20 Jahre andauernden Reformprozesses Fortschritte. Erst dadurch wurde ein „adäquater institutioneller und rechtlicher Rahmen“ als Vorausset-

---

50 Von 1990 bis 1999 stiegen die durchschittlichen Einkünfte der ländlichen Bevölkerung pro Kopf von ¥686,31 auf 2219,34 Yuan, also um 2,2fache. Aber die ambulanten und stationären Krankenkosten stiegen von jeweils ¥10, 90 und 473,30 Yuan auf ¥79,00 und 2891,00 Yuan, also um jeweils 6,2 und 5,1fache. Der Anteil der ländlichen Kranken, die wegen fehlender finanzieller Tragfähigkeit nicht zum Arzt gehen, belief sich auf 72%. Der Anteil bei den stationär Behandlungsbedürftigen betrug sogar 89%. Die staatliche Subvention in Gesundheitswesen sank von 100 Mio. im Jahr 1979 auf 35 Mio. im Jahr 1992. Auf jeden Landbewohner entfielen nur 4 Cent. Zu dieser Statistik s. Ai, Lingshan, „Xiajuexin Jiejue Nongmin Kanbing Nan“, in „Jingji Ribao“ am 30.5.2005. (Zeitungsbericht: „die schwierige Krankenbehandlung der ländlichen Bevölkerung muss verbessert werden“, in „Wirtschaftsjournal“ am 30.5.2005); Forschungsgruppe von „Landwirt, Dorf und ländlicher Bevölkerung“/Abteilung für ländliche Entwicklung in Zhonghan Institut für Wirtschaftsforschung (Hrsg.),(2004), S.190.

51 „Nongcun Wubao Hu Gongyang Gongzuo Tiaoli“, erlassen vom Staatsrat am 23.1.1994, VO-Nr.141.

52 Zu „Fünf Garantien“ vgl. Anm.27.

53 „Guanyu Jinyibu Jiaqiang Nongcun Weisheng Gongzuo De Jueding“, erlassen von der zentralen KP Chinas und dem Staatsrat am 30.10.2002. Zhongfa [2002], Nr.13.

54 „Guanyu Jinyibu Zuohao Xinxing Nonhcun Hezuo Yiliao Shidian Gongzuo De Zhidao Yijian“, erlassen vom Staatsrat am 13.1.2004. Guoban Fa [2004], Nr.3.

55 Vgl. Tatsache über Gesundheitsreform in China im Jahre 2008, (Woguo Weisheng Gaige Yu Fazhan Qingkuang im Jahre 2008), veröffentlicht vom Gesundheitsministerium der VR China am 17.2.2009.

zung für ein Sozialkrankenversicherungsystem mit Deckung der gesamten chinesischen Bevölkerung geschaffen.[56]

1.6 Das Sozialversicherungsgesetzes

Ende Dezember 2008 veröffentlichte der Nationale Volkskongress diesen Gesetzesentwurf zur Sozialversicherung auf seiner Website mit dem Ziel, die ganze Gesellschaft an der Diskussion zu beteiligen.[57] Da es sich um ein wichtiges Thema und einen langen Diskussionszeitraum[58] handelt, gab es eine große Resonanz auf diese Einladung zur Beteiligung.[59] Zurzeit wird der Entwurf für ein Sozialversicherungsgesetz (ESVG), in dem die drei unabhängigen Krankenversicherungssysteme kodifiziert werden, im dem ständigen Ausschuss des Nationalen Volkskongresses schon zum vierten Mal gelesen und Ende 2010 erlassen. Die Ausarbeitung und Verabschiedung des Sozialversicherungsgesetzes ist Ausdruck „des Übergangs der chinesischen Sozialversicherung von der Pilotphase zu derjenigen der institutionellen Gestaltung“.[60]

Die neue Entwicklung der Sozialversicherungsgesetzgebung muss nützlich für den Aufbau eines Rechtsstaates und die Vervollkommnung der sozialistischen Marktwirtschaft und Verwirklichung des gesellschaftlichen Wohlstandes sein. Konkret gesagt, ist die Gesetzgebung darauf gerichtet, die mittlerweise bereits zahlreichen Erlasse und Mitteilungen auf Regierungs- bzw. Ministerialebene und die unterschiedliche Entwicklung in den einzelnen Regionen in ein verbindlich durch Gesetz geregeltes System zu transformieren, das zumindest in den

---

56 Vgl. Zheng, Shangyuan/Li, Haiming/Hu, Chunmei, (2008), S. 380.

57 http://www.npc.gov.cn/npc/xinwen/syxw/2008-12/28/content_1465140.htm.

58 Entwurf zu einem Sozialversicherungsgesetz wurden schon zu Beginn der 90er Jahre erstellt. Jedoch nach fast zwanzig Jahren, also am 28.10.2010 wird es endlich von dem Volkskongress verabschiedet und erlassen. Vgl. „Zhongguo Laodong He Shehui Baozhang Bao“ vom 20.5.2000. (China Tageszeitung für Arbeit und Soziale Versicherung).

59 Nach einem Zeitungsbericht hat die Website des Nationalen Volksongresses von der Bekanntgabe an am 28.12.2008 bis 12.00 Uhr, 31.12.2008 insgesamt 28 667 Anregungen und Kommentare erhalten, was den bisherigen Rekord von Rückmeldungen zu einem Gesetzesentwurf gebrochen hat. Vgl. Xu, Yan, „Baomingqian: Zhongguo De Gaopin Guanzhun - Shehui Banxian Fa Ershengao Zuochu Jiaoda Tiaozheng“, in „Zhongguo Renda“ am 15.1.2009. („Lebenrettungsgeld: hohe Aufmerksamkeiten in China - große Änderungen im Entwurf zum Sozialversicherunggesetz in der zweiten Fassung“ in „China Volkskongress“).

60 Xu, Yan, „Shehui Baoxian Fa - Shehui Lingyu De Biaozhi Xing Lifa“ in „Zhongguo Renda“ am 10.2.2008. („Sozialversicherungsgesetz - ein grundlegendes Gesetz im sozialrechtlichen Gebiet“ in „China Volkskongress“).

Grundelementen für landesweit einheitliche Verhältnisse sorgt.[61] Allerdings werden die Uneffektivität und Undeutlichkeiten im Entwurf in der Literatur in vieler Hinsicht kritisiert.[62] Am wichtigsten ist es, dass klare Leitsätze und Grundgedanken an diesem Entwurf fehlen. Auch mangelt es an angemessener Koordinierung der Interessen der verschiedenen staatlichen Stellen und an klaren Behördenzuständigkeiten. Dementsprechend sind Rechtsvorbehalte und Gegenstände der Ermächtigung nicht klar vorgesehen. Der ESVG scheint, wie in der wissenschaftlichen Literatur betont wurde, nur „Rahmenrichtlinien von Rechtsinstituten der Sozialversicherung" zu schaffen.[63]

Es ist augenblicklich sowieso unrealistisch, ein perfektes Gesetz zu erwarten. Dies hätte vorausgesetzt, dass die tatsächliche Entwicklung des Sozialversicherungswesens und der Gesundheitsreform beschleunigt und die schon geltenden Regelungen vervollkommnet worden wären. Darauf kann man aber nicht warten. Erstens besteht die dringende Notwendigkeit, die Weiterentwicklung des Sozialversicherungssystems und der Gesundheitsreform in China auf eine gesetzliche Grundlage zu stellen. Derzeit wird die Sozialversicherung durch verschiedene einzelne Rechtsverordnungen und sogar durch politische Vorgaben der KP Chinas festgelegt und geregelt. Es mangelt deswegen an gesetzlicher Bindungswirkung. So gibt es z.B. kaum Zwang beim Beitragseinzug. Da bei den Arbeitgebern das Verständnis für den Sinn der Versicherung fehlt und sie auch die Arbeitskosten reduzieren wollen, werden die Versicherungsbeiträge sehr häufig nicht oder nicht fristgemäß gezahlt.[64] Zweitens sind die rechtlichen Stellungen der verschiedenen Organe nicht gesetzlich festgelegt. Die Solidarfonds werden in den jeweiligen Planungsgebieten von unterschiedlichen Einheiten verwaltet.[65] Ihre Verantwortungen sind nicht klar. Drittens kann nur ein Gesetz dem Volk ein Sicherheitsgefühl verschaffen. Die gesetzliche Regelung gilt als „Grundlage

---

61 Vgl. J.P.Bank, (2003), S.457.

62 Vgl. dazu, Li, Jianfei, (2005).5.; Liu, Wenxue, (2008), „Shehui Baoxian Fa Caoan: Tiaowen Beihou De Buju" am 10.2.2008. („Entwurf des Sozialversicherungsgesetzes: Entwicklung der Struktur der Bestimmungen" in „China Volkskongress"); Wu, Hao, (2009),16, u.ä.

63 http://www.npc.gov.cn/huiyi/cwh/1106/2009-01/07/content_1466442.htm.

64 S. unten - Verfahren von Beitragszahlung.

65 Vgl. dazu Liu, Wenxue, „Shehui Baoxian Fa Yizai Lushang" in „China Volkskongress" am 10.2.2008. („Das Versicherungsgesetz geht auf dem Weg" in „China Volkskongress").

für den Aufbau und das reibungslose Funktionieren eines Sozialversicherungssystems".[66]

2. Rechtsquellen

Die Rechtsnormen, welche das Sozialkrankenversicherungsrecht bilden, sind folgende Rechtsquellen zu entnehmen: internationalen Verträgen und Abkommen, Verfassung, Gesetz, Rechtsverordnungen, lokalen Regelungen sowie dem Richterrecht. Hinzu treten die politischen Richtlinien und Beschlüsse der Nationalen Kommunistischen Partei, die als „soft law" bei der Errichtung und der Reform des Krankenversicherungssystems eine bedeutende Rolle spielen. Zwischen den verschiedenen Rechtsquellen besteht eine bestimmte Rangordnung, die vereinfachend als Normenpyramide zu beschreiben ist.

2.1 Arten der Rechtsquellen

2.1.1 Verfassung

Die Verfassung als „grundlegendes Gesetz des Staates" wird auch als Grundlage der sozialversicherungsrechtlichen Gesetze sowie der anderen Vorschriften zur Durchführung des Krankenversicherungssystems angesehen. Die heute geltende Verfassung wurde in der 5. Sitzung des 5. Nationalen Volkskongresses am 4.12.1982 verabschiedet, und jeweils in den Jahren 1988, 1991, 1997 und 2004 geändert.[67]

Durch die letzte Änderung 2004 ist die Aufgabe der „Etabilierung eines Sozialversicherungssystems zur Anpassung des wirtschaftlichen Entwicklungsniveaus" in die Verfassung eingefügt worden (Art.14 Abs.4). Die Respektierung und der Schutz der Menschenrechte durch den Staat sind ebenfalls in dem Verfassungszusatz enthalten. Gemäß Art. 45 haben die Bürger der Volksrepublik China das Recht auf materielle Unterstützung von Seiten des Staates und der Gesellschaft im Alter, in Krankheitsfällen oder bei Arbeitsunfähigkeit. Der Staat sorgt für die Ausweitung der Sozialversicherung, der sozialen Unterstützung und der medizinischen und hygienischen Dienstleistungen, die alle für den Genuss dieses Bürgerrechts unerläßlich sind. Nach Art. 44 führt der Staat gemäß den gesetzlichen Bestimmungen das Ruhestandssystem für die Arbeiter und Angestellten der Betriebe und Institutionen und für die Funktionäre der Staatsorgane

66 Vgl. Zheng, Gongcheng, (Hrsg.), (2008), S.121.
67 Über Geschichte der chinesischen Verfassung vgl. Anm. 19.

durch. Der Lebensunterhalt der Menschen im Ruhestand wird durch den Staat und die Gesellschaft gesichert. Der Staat und die Gesellschaft sichern den Lebensunterhalt von invaliden Armeeangehörigen, gewähren den Familienangehörigen der gefallenen Soldaten Beihilfe und behandeln die Familienangehörigen des militärischen Personals mit Vorzug. Wenn man nur den Wortlaut des Gesetzes betrachtet, sind nur Arbeiter und Angestellten die hauptsächlich geschützten Personen. Allerdings wird zur Überwindung dieser Einschränkung der Verfassungstext häufig erweiternd ausgelegt.[68]

Es ist von einem Rechtswissenschaftler darauf hingewiesen worden, dass die verfassungsrechtlichen Gewährleistungen zum Sozialrecht in China im Wesentlichen aus diesen Grundrechten und Gesetzgebungsaufträgen bestehen, obwohl die Sozialrechte in der Verfassung ausdrücklich vorgesehen sind, und die staatliche Verantwortung für diese auch verfassungsrechtlich gewährleistet ist.[69] Nach der herrschenden Meinung besteht die verfassungsrechtliche Gewährleistung von Sozialrecht vor allem in der Verpflichtung der Gesetzgebung, geeignete Lebensvoraussetzungen für schutzbedürftige Personen zu schaffen. Bei fehlender Gesetzgebung ist den Bürgern aber kein subjektives Recht eingeräumt. Es bleibt indes die objektive Rechtspflicht des Gesetzgebers zu „aktiver Ausführung". Nur in einigen Bereichen – beispielsweise hinsichtlich undiskriminierender Ausübung von Kompetenzen und verfahrensrechtlichen Schutz haben die genannten Verfassungsbestimmungen eine gewisse Qualität eines subjektiven Rechts.[70] Dessen Verwirklichung hängt von der institutionellen Entwicklung ab, besonders vom Aufbau und der Vervollkommnung verfassungsgemäßer Verfahren.[71]

2.1.2 internationale Verträge und Abkommen

Das Verhältnis zwischen dem Völkerrecht und nationalen Recht sowie die Stellung des Völkerrechts ist im chinesischen Rechtssystem weder im „Verfassungsgesetz der VR China" noch im „Gesetzgebungsgesetz" oder „Verfahrensgesetz über den Abschluß eines internationalen Vertrags"[72] festgeschrieben. Allerdings wird nach Maßgaben des „Verfassungsgesetzes" und der oben genann-

68 Vgl. Yang, Haikun/ Shangguan, Piliang/Lu, Yongsheng, (2008), S.199.
69 Vgl. Mo, Jihong, (2008), S.24.
70 http: //blog.dahe.cn/user1/5027/archives/2006/31360.htm.
71 Vgl. Mo, Jihong, (2008), S.25.
72 „Dijie Tiaoyue Chengxu Fa", verabschiedet von der 17. Sitzung des 7. Ständigen Ausschuß des nationalen Volkskongresses am 28.12.1990, Vorsitzende-Nr 37.

ten zwei Gesetze das Verfassungsgesetz vom nationalen Volkskongress verabschiedet und abgeändert. Die Ratifizierung der internationalen Verträge und Abkommen stehen dem ständigen Ausschuß des nationalen Volkskongresses zu. Die internationalen Verträge und Abkommen sollten dementsprechend eine untergeordnete Stellung im Vergleich zum Verfassungsgesetz haben oder nach Maßgaben des „Zivilverfahrensgesetzes“[73], „der Allgemeinen Grundsätze des Zivilrechts der Volksrepublik China“[74] hat das Völkerrecht einen grundsätzlichen Anwendungsvorrang vor dem nationalen Gesetz: Stehen die von der VR China ratifizierten Verträge und Abkommen inhaltlich nicht mit dem nationalen Gesetz in Einklang, gilt das Völkerrecht im innerstaatlichen Bereich, es sei denn, dass ein rechtlicher Vorbehalt ausdrücklich erklärt worden ist.

Die internationalen Verträge und Abkommen, die von den internationalen Organisationen (z.B.International Labour Organization, the United Nations) mit Zustimmung der chinesischen Regierung erlassen werden, haben nach Ratifizierung des Nationalen Volkskongresses eine gesetzliche Wirkung. Dazu gehören der „Internationale Pakt über wirtschaftliche, soziale und kulturelle Rechte“,[75] der „Pakt über Sozialversicherung der Seeleute“ der ILO[76] und der„Pakt über Sozialversicherung (niedrigstes Niveau)“ der ILO[77].

2.1.3 Formelle Gesetze

Gesetze im formellen Sinne sind die Rechtsvorschriften, die von dem höchsten legitimierten Gesetzgebungsorgan – dem Nationalen Volkskongress und dessen ständigem Ausschuss erlassen werden. Das grundlegende Gesetz (nicht die Verfassung), in dem die grundlegenden gesellschaftlichen Verhältnisse umfassend geregelt sind, wird gemäß § 7 Gesetzgebungsgesetz[78] nur vom Nationalen Volkskongress selbst ausgearbeitet und geändert. Andere konkretere Regelun-

73 S. unten Anm.551.

74 S. unten Anm.381.

75 „Covenant on Economic, Social and Cultural Rights“, erlassen von der Generalversammlung der Vereinten Nationen am 16.12.1966. („Jingji, Shehui, Wenhua Quanli Guoji Gongyue) “Nach Maßgaben dieses Paktes hat jeder Bürger der teilnehmenden Staaten das Recht, die soziale Sicherheit zu genießen, einschließlich der Sozialversicherung.

76 „Social Security (Seafarers) Convention“, verabschiedet von der Allgemeinen Konferenz der Internationalen Arbeitsorganisation (The General Conference of the International Labour Organization) am 10.9.1987.

77 „Social Security (Minimum Standards) Convention“, verabschiedet von der 35. Sitzung der Versammlung der internationalen Organisation für Arbeiter am 28.6.1952. (Shehui Baozhang (Zuidi Biaozhun) Gongyue).

78 S. Anm. 304

gen werden in den vom ständigen Ausschuß ausgearbeiteten und geänderten „normalen Gesetzen“ getroffen.

In China gibt es bis jetzt im sozialrechtlichen Bereich schon ein vom Nationalen Volkskongress erlassenes grundlegendes Gesetz – das Sozialversicherungsgesetz, obwohl viele sozialversicherungsrechtlichen Bestimmungen noch nicht in diesem Gesetz kodifiziert und einige davon durch Ermächtigung des Staatarates festgesetzt sind.

2.1.4 Rechtsverordnungen

Die Rechtsverordnungen werden in China von den höchsten Exekutivorganen – dem Staatsrat und dessen Ministerien und unmittelbar angehörigen Behörden– ausgearbeitet und verabschiedet. Die Rechtsverordnung des Staatsrates wird in der Literatur als „Xingzheng Fagui“ bezeichnet. Diejenige der Ministerien trägt den Namen „Bumen Guizhang“. Beides sind nichtamtliche akademische Bezeichnungen.

Nach Maßgabe der „Verordnung über das Verfahren zur Ausarbeitung der Rechtsverordnungen“[79] werden die Rechtsverordnungen des Staatsrates in der Praxis als Verordnung (*Tiaoli*), Bestimmung (*Guiding*) oder Maßnahmen (*Banfa*) bezeichnet. Allgemein gesagt, wird in der Verordnung umfassend und systematisch eine Verwaltungssache geregelt. Die Regelungen der verschiedenen Ministerien und der lokalen Regierungen können nicht als „Verordnungen“ bezeichnet werden. Die Verordnung sieht eine Verwaltungssache in einem bestimmten Gebiet vor, und in der Maßnahme wird diese relativ konkret bestimmt. Übrigens werden auch „Beschlüsse“ (*Jueding*), und „Befehle“ (*Mingling*) mit einer starken politischen Neigung vom Staatrat erlassen.

Das Sozialversicherungsrecht ist im heutigen China zum überwiegenden Teil durch Rechtsverordnungen der zuständigen Ministerien, Ausschüsse und anderen Stellen verwirklicht. Denn das chinesische Sozialversicherungswesen steht noch am Anfang: viele Rechtsinstitutionen müssen in der Praxis durch Pilotprojekte getestet und schließlich festgesetzt werden. Im Vergleich zu anderen Rechtsverordungen können solche „Bumen Guizhang“ durch ein einfacheres Verfahren ausgearbeitet, geändert und abgeschafft werden. Allerdings besteht die „dringende Notwendigkeit“, diesen Zustand zu ändern, weil die aktuelle

79 „Xingzheng Fagui Zhiding Chengxu Tiaoli“, erlassen vom Staatsrat am 16.11.2001. VO-Nr.321.

Rechtssetzung auf den niedrigeren Ebenen einen negativen Einfluß auf die Stabilität und Autorität der betroffenen Rechtsinstitutionen ausübt.[80] Die zahlreichen Rechtsverordnungen der Ministerien und anderen Behörden des Staatsrates sollten künftig systematisiert werden und, soweit erforderlich, Gesetzescharakter erlangen.[81]

2.1.5 Lokale Regelungen

Wegen der großen Unterschiede zwischen den Regionen, zwischen den entwickelten Städten und Provinzen und des Gefälles zum ländlichen Bereich sollte sich die sozialversicherungsrechtliche Gesetzgebung in China auf eine Rahmengesetzgebung konzentrieren. In den Städten und Provinzen können dann die ausfüllenden Bestimmungen erlassen werden, die auf die spezifischen lokalen Verhältnisse der Regionen Rücksicht nehmen.

Die von den PAS-Volkskongressen sowie deren ständigen Ausschüssen erlassenen lokalen Regelungen werden als „lokale Rechtsverordnungen" (*Difang Fagui*) bezeichnet, die in der Praxis in Gestalt von „Tiaoli" (*Verordnungen*), „Guiding" (*Bestimmungen*), „Banfa" (*Maßnahmen*), „Shishi Xize" (*detaillierten Regelungen*) erlassen werden. Die von den Volksregierungen auf der Ebene von Provinz, Provinzhauptstadt, größerer Stadt und wirtschaftlicher Sonderverwaltungszone[82] erlassenen lokalen Regelungen heißen „Difang Guizhang". Allgemein betrachtet, werden die meisten lokalen Regelungen im Bezug auf Sozialversicherung von Regierungen auf PAS-Ebene erlassen, was in gewisser Weise den „rückständigen Zustand" der sozialrechtlichen Gesetzgebung in China anzeigt.[83]

2.1.6 Amtliche Auslegung des Gesetzes

In China können der Nationale Volkskongress und dessen ständiger Ausschuß, die nationalen rechtssprechenden Organe (das Oberste Volksgericht und die Staatanwaltschaft), der Staatsrat und die lokalen Volkskongresse und Regierun-

---

80 Zheng, Gongcheng (Hrsg.), (2008), S.114.

81 Vgl. J.P.Bank, (2003), S.495.

82 Nach Maßgabe des Gesetzgebungsgesetzes können Volksregierungen auf der Ebene von Provinz, Provinzhauptstadt, größerer Stadt und Sonderverwaltungszone eine lokale Regelung erlassen. Der Staatsrat hat im Jahre 1984, 1992 sowie 1993 insgesamt 18 größere Städte festgelegt. Im Jahre 1980 und 1988 hat der Staatrat insgesamt fünf Städte und Provinz als wirtschaftliche Sonderverwaltungszone festgelegt, in denen die flexiblere wirtschaftliche Politik durchgeführt ist.

83 Zheng, Gongcheng (Hrsg.), (2008), S.114.

gen eine Gesetzesauslegung erlassen. Allgemein gesagt, hat die Auslegung des gesetzgebenden Organs einen Geltungsvorrang vor diejenigen von der rechtssprechenden und ausführenden Organe. Im Vergleich zu den Verwaltungsbehörden hat die Auslegung durch die Judikative einen Geltungsvorrang. Da der Nationale Volkskongress in sehr seltenen Fällen ein Gesetz auslegt, spielt die Auslegung des Obersten Volksgerichts in der Rechtspraxis die bedeutendeste Rolle. Dazu gehört z.B. die „Antwort zur Zahlungsfrist der Sozialversicherungsbeiträge in den Konkursunternehmen mit Sozialversicherungssystem".[84]

Anders als das Richterrecht im angloamerikanischen Rechtskreis besitzen die Gerichtsurteile in China keine über den konkret entschiedenen Fall hinausgehende rechtliche Verbindlichkeit. Aber die vom Verhandlungsausschuss des höchsten Volksgerichts überprüften und bestätigten Urteile, die in „Bekanntmachung des höchsten Volksgerichts" veröffentlicht werden, können auf die Verhandlung der niedrigeren Instanzen mit einer anleitenden Funktion einwirken.[85]

2.1.7 „soft law"

In der Transformationszeit befinden sich die sozialversicherungsrechtlichen Verhältnisse in einem ziemlich komplizierten und häufig geänderten Zustand. Als „Erprobung" oder „Konkretisierung" der formellen Rechtsquellen spielt das sogenannte „soft law" in China eine wichtige Rolle: es wird als „politische Prioritätssetzung" für die ohne weitere Verzögerung vorzunehmende Errichtung der Rechtsinstitutionen der Grundkrankenversicherung betrachtet.[86] Das „soft law" wird i.d.R. in Form von „Zhidao Yijian" (*Richtlinien*), „Mitteiliung" (*Tongzhi*), „Konzept" (*Gangyao*) und „Anleitung" (Zhishi) von der zentralen KP Chinas und dem Staatsrat sowie dessen Ministerien erlassen. Bei Fehlen der oben genannten formellen Rechtsquellen werden diese normativen Dokumente in der Praxis auch als „wichtige Grundlagen" für Verwaltung und Verhandlung angewandt.[87]

84 „Guanyu Shixing Shehui Baoxian De Qiye Pochan Hou Gezhong Shehui Baoxian Tongchou Feiyong Ying Jiaona Dao Heshi De Pifu" , erlassen vom höchsten Volksgericht am 12.11.1996. Fafu [1996], Nr.17.

85 Dazu vgl. Jiang, Mingán, (Hrsg.), (2008), S.59.

86 Vgl. J.P.Bank, (2003), S.464.

87 Vgl. dazu Guo, Jie (Hrsg.), (2008), S.333f.

2.2 Normenhierarchie

Zwischen den verschiedenen Rechtsquellen besteht in China auch eine Rangordnung. Ähnlich wie in Deutschland gelten die Grundsätze: Lex superior derogat legi inferiori (das höherrangige Gesetz verdrängt das niederrangige Gesetz), lex posterior derogat legi priori (das spätere Gesetz geht dem früheren Gesetz vor), und lex specialis derogat legi generali (das spezielle Gesetz geht dem allgemeinen Gesetz vor)[88].

Nach Art.5 Abs.2, Art.67 Abs.7f. Verfassungsgesetz und §86 Abs.2 Gesetzgebungsgesetz können die Rechtsquellen im Überblick leicht vereinfachend folgendermaßen geordnet werden:

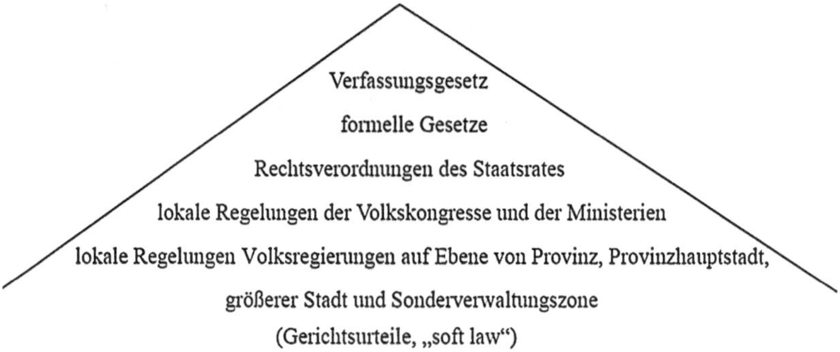

Schaubild I

3. Modelle der Sozialversicherung

International betrachtet, setzt sich die soziale Krankenversicherung im modernen Staat nach Art der Leistung grundsätzlich aus drei Formen zusammen: Nationaler Gesundheitsdienst sowie Krankenversicherung nach dem Dienstleistungs- und nach dem Kostenerstattungsprinzip.[89] Ähnlich wie die Leistungserbringung in Deutschland dominiert in China die Grundkrankenversicherung in Städten und Kreisen nach dem Sach- und Dienstleistungsprinzip, d.h. grundsätzlich steht dem Versicherten ein Anspruch auf unentgeltliche Inanspruchnahme von medizinischen Leistungen der zugelassenen Leistungserbringer zu. Deren Tätigkeit

88 Vgl. H. Maurer, (2009), S.65f.
89 Dazu vgl. Eichenhofer, (2007), S.58.

und Krankenkosten wird vor allem durch Beitragszahlung der Versicherten finanziert. Auf dem Land bemüht sich das neue Kooperationsgesundheitssystem, nach dem Kostenerstattungsprinzip die Sicherstellung einer Grundversorgung zu organisieren.[90]

Hinsichtlich der Finanzierung kann man die Krankenversicherung in vier Modelle aufteilen: das Modell der Sozialversicherung, des Wohlfahrtsstaates, das Kapitaldeckungsverfahren und das Modell der Staatsversicherung.[91] Die Wahl der verschiedenen Finanzierungsmodelle hängt vom Wirtschaftssystem, Entwicklungsstand und kulturellen Traditionen ab, was unten noch ausführlich dargestellt wird.[92]

Kurz nach Gründung des neuen Chinas wurde in den fünfziger Jahren eine Arbeitsversicherung in Städten und Kreisen zur Anpassung des damaligen Planwirtschaftssystems etabiliert. Diese Krankenversicherung wird als ein staatliches System errichtet, und ist dadurch gekennzeichnet, dass die medizinischen Aufwendungen vollständig von der Regierung und Unternehmen getragen werden. Der Versicherte konnte kostenlose Leistungen beanspruchen.

---

90 S. unten - Sach- und Dienstleistungsprinzip u. Auszahlung der Krankenkosten.

91 Das Sozialversicherungsmodell (Umlageverfahren) wird aufgrund der von der Regierung veabschiedeten Gesetzgebung ausgeführt. Deren Kosten werden von dem Einzelne Versicherten, dem Arbeitgeber und der Regierung gemeinsam getragen.Es handelt sich um eine Pflichtversicherung, und der Deckungsgrad ist deswegen umfangreich. Dieses Modell wurde ursprünglich in Deutschland etabliert und später nahmen es sich Westeuropa und Japan zum Vorbild. Das Modell des nationalen Gesundheitssystems wird gemäß der Sozialversicherungspolitik und den gesetzlichen Bestimmungen durchgeführt. Die Wohlfahrtsleistungen werden grundsätzlich von Unternehmen und Regierung getragen. Der Arbeitnehmer zahlt keine Beiträge. Das Versicherungsniveau ist hoch, und alle Bürger sind in das Sicherungssystem einbezogen. Dieses Modell stammt aus England, und später übernahmen es nacheinander die anderen europäischen und nordamerikanischen Länder. Nach dem Kapitaldeckungsverfahren werden die Arbeiterschaft allein oder Arbeitnehmer und Arbeitgeber verpflichtet, die Beiträge zu bezahlen, die von einem bestimmten Amt zur Aufbewahrung geleitet und in die individuellen Konten überführt werden. Dieses Modell stellt eine Selbsthilfe dar, und ist durch ein begrenztes Versicherungsniveau und geringe Solidalität gekennzeichnet. In Singapur und anderen südasiatischen Staaten wird das Modell angewandt. Es wird auch als Singapur-Modell bezeichnet. Das Modell der Staatsversicherung findet Anwendung in einigen Staaten mit Planwirtschaftssystem. Die Aufwendungen für die Sozialversicherung werden von der Regierung und den Unternehmen getragen. Der Arbeitnehmer und deren Familienmitglieder zahlen keine Beiträge und haben Ansprüche auf die Leistungen. Die frühere Sowjetunion ist Repräsentant dieses Systems. In den fünfziger Jahren ist in China eine Arbeiterversicherung in Übereinstimmung mit diesem Modell etabliert worden. Dazu vgl. Yang, Yiyong, (2005), S.97ff.; Zheng, Bingwen, (2000), S.146.

92 S. unten -Modell der Sozialkrankenversicherung.

Nach der Gesundheitsreform in den neunziger Jahren hat China sich letzlich für ein gemischtes Modell von Sozialkrankenversicherung und Kapitaldeckungsverfahren entschieden, das durch das individulle Konto (auch Familienkonto) und die Solidarfonds gekennzeichnet ist. Dessen Vorteile und Nachteile werden auch in dieser Dissertation diskutiert.[93]

93 S. unten - Institutioneller Aufbau und Kritik.

Zweiter Teil: Die drei Systeme der Sozialkrankenversicherung

Die Soziale Grundkrankenversicherung wird im 3. Kapitel des Sozialversicherungsgesetzes der VR China (SVG) geregelt. Gemäß §§23ff. SVG setzt sich die Grundkrankenversicherung aus der Grundkrankenversicherung der Arbeitnehmer, der Grundkrankenversicherung der Einwohner in Städten und Kreisen und dem neuem Kooperationsgesundheitsystem auf dem Land zusammen. Außerdem ist es nach dem „Beschluss über die Errichtung eines Grundkrankenversicherungssystems für Arbeitnehmer in Städten und Kreisen“ erlaubt, innerhalb des Betriebs eine zusätzliche Krankenversicherung aufzubauen. Jeder Bürger kann nach seinem Status an einem oder mehreren bestimmten Versicherungssystemen teilnehmen.

Die Reform der Sozialkrankenversicherung stellt sich als die schwierigste der Sozialreformen in China dar. Die Diskussion über den Reformbedarf des Gesundheitswesens konzentriert sich vor allem auf die unvollständige Erfassung der Personenkreise und die unterschiedliche Behandlung der Versicherten.[94] Die Grundkrankenversicherung für Arbeitnehmer in Städten und Kreisen, die seit ihrer Errichtung am häufigsten zum Diskussionsthema geworden ist, bietet im wesentlichen lediglich einen Gesundheitsschutz für eine bestimmte Personengruppe auf einem unterschiedlichen Beitrags – und Leistungsniveau, während die anderen großen Personengruppen – Einwohner in Städten und Kreisen (insbesondere nicht erwerbstätige Familienangehörige von Arbeitnehmern), Wanderarbeiter und ländliche Bevölkerung zur Zeit nur mit Schwierigkeiten in dasselbe Krankenversicherungssystem einbeziehbar sind. Dabei geht es nicht nur um eine institutionelle Frage der verschiedenen Ebenen, sondern auch um die Inhomogenität des Systems für verschiedene Gruppen. Die Zielsetzung der neuen Reform der Grundkrankenversicherung ist deshalb, das traditionelle einfache staatszentralistische Sozialversicherungsmodell zu durchbrechen, und ein neues differenziertes Gesundheitsystem mit verschiedenen Leistungsniveaus aufzubauen.[95]

Im 17. Kongreß der ZKP vom 24. 10. 2007 ist ein politischer Entwurf für das Gesundheitswesen formuliert worden. Bis zum Jahr 2020 ist in China folgendes Entwicklungsziel zu erreichen: Jeder Bürger kann Grundkrankenheitsversorgung und öffentliche hygienische Versorgung genießen.[96] „Das ist das erstemal im

94 Zhang, Wei, (2005), Diss., S.167f.
95 Vgl. Zheng, Gongcheng, (2004), S.428.
96 Hu, Jintao, Vortrag im 17. Kongreß der ZKP, www.xinhua.net.

Kongreß der ZKP sowie in der chinesischen Geschichte, dass der schrittweise Beitritt Chinas zur Gruppe der Staaten mit umfassender Einbeziehung aller Bürger in eine Krankenversicherung als Ziel genannt ist."[97]

1. Grundkrankenversicherung für Arbeitnehmer

Am 14.12.1998 hat der Staatsrat den „Beschluss über die Errichtung eines Grundkrankenversicherungssystems für Arbeitnehmer in Städten und Kreisen" (BSEGA)[98] verabschiedet. Danach wurden von dem ehrmaligen Ministerium für Arbeit und Soziale Sicherheit[99] und dem Amt für Medikamenten-Kontrolle einige Bestimmungen über die Konkretisierung des Bechlusses verkündet[100]. Nach Maßgabe des ESGV sind alle Arbeitnehmer, die sowohl in Städten und Kreisen als auch auf dem Land beschäftigt sind, in der Grundkrankenversicherung versichert.

1.1 Der versicherte Personenkreis

Unter dem versicherten Personenkreis der Krankenversicherung versteht man, welche Bevölkerung in die gesetzliche Krankenversicherung (GKV) einbezogen ist. Das bedeutet, ob die GKV frei zugänglich oder zugangsbeschränkt ist.[101] Im

97 Gao, Qiang, Interview bei Xinhua Agentur, 28. 10. 2007.

98 „Guanyu Jianli Chengzhen Zhigong Jiben Yiliao Baoxian Zhidu De Jueding", Quelle: GGB (1998), S.1250ff. Die deutsche Übersetzung s. B. Darimont, Diss., (2005). S.213ff.

99 Seit 2008, Das Ministerium für Arbeitskräfte und Soziale Sicherheit.

100 „Chengzhen Zhigong Jiben Yiliao Baoxian Dingdian Lingshou Yaodian Guanli Zanxing Banfa", erlassen vom Ministerium für Arbeit und soziale Sicherheit, (1999) Nr. 16, (Vorläufige Maßnahme zur Verwaltung der zugelassenenen Einzelhandelsapotheken der Grundkrankenversicherung für Arbeitnehmer in Städten und Kreisen); „Chengzhen Zhigong Jiben Yiliao Baoxian Dingdian Yiliao Jigou Guanli Zanxing Banfa", erlassen vom Ministerium für Arbeit und soziale Sicherheit, (1999) Nr.14, (Vorläufige Maßnahme zur Verwaltung der zugelassenen medizinischen Einrichtungen der Grundkrankenversicherung für Arbeitnehmer in Städten und Kreisen);„Chengzhen Zhigong Jiben Yiliao Baoxian Yongyao Guanli Zanxing Banfa", erlassen vom Ministerium für Arbeit und soziale Sicherheit, (1999) Nr. 15, (vorläufige Maßnahmen zum Arzneimittelverzeichnis für Arbeitnehmer in Städten und Kreisen); „Guanyu Queding Chengzhen Zhigong Jiben Yiliao Baoxian Zhenliao Xiangmu, Fuwu Sheshi Fanwei He Zhifu Biaozhun De Yijian", erlassen vom Ministerium für Arbeit und soziale Sicherheit, (1999), Nr.22, (Meinungen zu Festlegung der Behandlungskataloge, medizinischen Einrichtungen und Zahlungsmaßstäbe für Arbeitnehmer in Städten und Kreisen); „Guanyu Shixing Guojia Gongwuyuan Yiliao Buzhu De Yijian", erlassen vom Staatsrat, (2000), Nr.45, (Meinungen über den Krankenzuschuß für die staatlichen Beamten).

101 Wang, Weihua, Diss., 2004, S. 63.

Sinne der GKV ist einerseits zu unterscheiden zwischen der Versicherung kraft Gesetzes, d.h. der Versicherungspflicht mit einigen Ausnahmen der Versicherungsfreiheit, und andererseits der Versicherungsberechtigung, also der freiwilligen Versicherung.[102]

Die Grundkrankenversicherung für Arbeitnehmer ist in China eine Zwangsversicherung: alle in Gesetzen oder Beschlüssen des Staatsrates erfassten Personen sind in der GKV pflichtversichert. Beispielsweise haben gemäß Nr.1 Abs.2 BSEGA alle Arbeitnehmer in Städten und Kreisen an der Grundkrankenversicherung teilzunehmen.

Dies entspricht einem der wichtigsten Prinzipien der Sozialversicherung in China – dem Pflichtprinzip[103]. Bei Vorliegen der gesetzlichen Tatbestandsvoraussetzungen (z.B. Beschäftigungsverhältnis) entsteht kraft Gesetzes ein Zwangsversicherungsverhältnis, das unabhängig vom Willen der Teilnehmer ist. Ebenso entsteht die Beitragspflicht. Das Prinzip spielt für die Sicherung der Finanzierung des Sozialbeitragsfonds eine erhebliche Rolle: einerseits konnte die Beitragzahlung der Arbeitgebereinheit für ihre Arbeitnehmer ohne gesetzlichen Zwang nicht gewährleistet werden; andererseits konnte es in der Praxis ohne Zwang auch nicht durchgesetzt werden, dass die Arbeitnehmer trotz der Vorteile für ihre Gesundheit und bei der Risikoverteilung bei Krankenfällen freiwillig an der Krankenversicherung teilnehmen und den Versicherungsbeitrag fristgemäß entrichten, weil die Gesundheitslage und der Verdienst bei verschiedenen Arbeitnehmern unterschiedlich sind. An der freiwilligen Versicherung nahmen lediglich die Arbeitnehmer mit größeren gesundheitlichen Risiken teil, die die hauptsächlichen Versicherungskosten verursacht haben.[104]Damit konnte ein Solidarausgleich, also der finazielle Ausgleich zwischen Gesunden und Kranken, zwischen Besserverdienenden und Geringverdienern, zwischen Aktiven und Rentnern,[105] nicht stattfinden.

1.1.1 Arbeitnehmer

Gemäß Nr. 2 Abs. 1 BSEGA haben alle Einheiten, die Arbeitnehmer einstellen – dies umfasst Unternehmen (Staatsunternehmen, Kollektivbetrieber, Unternehmen mit ausländischem Kapital, Privatbetriebe usw.), Institutionen, öffentliche

102 S.Muckel, (2009), S.62.
103 Yu, Ming (2001), S.87.
104 Chen, Xinyong/ Lu, Yue (2006), S.22f.
105 V. Maydell/Ruland/Becker(Hrsg.), 2008, Baden-Baden, I.Ebsen, S.705.

Einheiten, gesellschaftliche Vereinigungen, gemeinnützige Einrichtungen – und deren Arbeitnehmer an der Grundkrankenversicherung teilzunehmen. Seit 1998 wurden die Personengruppen zunächst im Osten und danach schrittweise in der Mitte und im Westen Chinas in die Grundkrankenversicherung einbezogen worden. Aufgrund der positiven Erfahrungen sind zurzeit alle Arbeitnehmer, die sowohl in Städten sowie Kreisen, als auch auf dem Land (vor allem in den vom Dorf gegründeten Unternehmen)beschäftigt sind, nach §23 SVG als Pflichtige in der Krankenversicherung versichert. Nach der neueren Statistik sind bis Ende 2007 180,20 Mio. Arbeitnehmer in Städten und Kreisen in die Grundkrankenversicherung einbezogen.[106]

Um das medizinische Leistungsniveau, das einige spezielle Branchen für ihre Arbeitnehmer bereits etabiliert haben, nicht zu senken, steht jeder Arbeitgebereinheit auch zu, ihrer Betriebs- und Finanzsituation entsprechend ein zusätzliches Krankenversicherungssystem für ihre Arbeitnehmer aufzubauen. Es ist eine „vorläufige Maßnahme unter der Voraussetzung der Teilnahme an der Grundkrankenversicherung" (Nr.6 Abs.5 BSEGA). Das zusätzliche Krankenversicherungssystem für ihre Arbeitnehmer tauchte erstmals im Jahre 1996 in einigen Pilotstädten auf.[107] Nach den Grundtheorien der Sozialversicherung gehört das zusätzliche Krankenversicherungssystem zu der freiwilligen Hilfskrankenversicherung. Ob es sich bei dieser Krankenversicherung um eine Sozialkrankenversicherung handelt, ist sehr umstritten.[108]

1.1.1.1 Krankenversicherung aufgrund eines Beschäftigungsverhältnisses?

Gemäß §58 Abs.1 SVG soll die Arbeitgebereinheit innerhalb von 30 Tagen ab dem Tag der Einstellung der Arbeitnehmer für diese die Sozialversicherung i.S.v. §17 Nr.7 des Arbeitsvertragsgesetzes vom 29.6.2007[109] beim zuständigen Sozialversicherungsorgan melden. Wenn die Arbeitgebereinheit den Versicherungsbeitrag nicht, nicht fristgemäß oder nicht in ausreichender Summe zahlt, kann das Finanzierungsorgan nach §63 Abs.2 SVG deren Konto bei der Bank und anderen Finanzinstituten überprüfen; und das Organ kann auch bei der zu-

106 Die Statistik aus „2007 Nian Laodong Yu Shehui Baozhang Shiye Fazhan Tongji Gongbao". (Bekanntmachung der Entwiscklung vom Arbeits- und Sozialversicherungswesen im Jahr 2007).

107 Shi, Meixia/Yang, Zilin/Gao, Xiaoli, (2001), 3.

108 Vgl. Chen, Wen/Ying, Xiaohua/Lu, Xianzhong/Hu, Shanlian, (2004), 11.; Shi Meixia/Yang Zilin/Gao Xiaoli, (2001), 3.

109 „Laodong Hetong Fa", verabschiedet von der 28. Sitzung vom 10. Ständigen Ausschuß des Nationalen Volkskongresses am 29.6.2007. Vorsitzende-VO. 65.

ständigen Behörde über Kreis Ebene einen Antrag zur Überweisung der Sozialversicherungsbeiträge stellen und der Bank und anderen Finanzinstituten über die Überweisung schriftlich benachrichtigen. Auch kann es nach §63 Abs.3 SVG einen Antrag beim Volksgericht stellen, Eigentum des Arbeitgebers im Wert des zu zahlenden Sozialversicherungsbeitrags einzuziehen und amtlich zu beschlagnahmen, um dieses zu versteigern und den Sozialversicherungsbeitrag dadurch abzutragen. Die Arbeitnehmer haben in diesem Fall auch das Recht, den Arbeitsvertrag gemäß §38 Abs.3 des Arbeitsvertragsgesetzes zu kündigen.

Die Krankenversicherungspflicht der Arbeitnehmer scheint in China also von der Beschäftigung bzw. dem Beschäftigungsverhältnis abzuhängen.[110] Diesen beiden Begriffen kommt damit für das gesamte Krankenversicherungsrecht wesentliche Bedeutung zu.[111] Allerdings werden die Begriffe weder in Gesetzen oder der Rechtsprechung noch in der Arbeitsrechtstheorie klar definiert.[112]

Nach dem Entwurf des Arbeitsvertragsgesetzes vom 24.3.2006 entsteht das Beschäftigungsverhältnis im Arbeitsvertragsrecht mit der Anstellung eines Arbeitnehmers, aus der sich Rechte und Pflichten der Arbeitnehmer im Hinbick auf Entgeldzahlung und Beschäftigung ergeben. Aber im offiziellen Arbeitsvertragsgesetz existiert diese Rechtsvorschrift nicht mehr.

Gemäß §10 Abs.1 des Arbeitsvertragsgesetzes setzt das Beschäftigungsverhältnis mit dem Abschluß des schriftlichen Arbeitsvertrags ein. Das Beschäftigungsverhältnis beginnt an dem Tag der Anstellung der Arbeitnehmer (§7 des Arbeitsvertragsgesetzes). Die neuere Rechtsprechung zeigt, dass das Sozialversicherungsverhältnis beginnt, wenn ein tatsächliches Beschäftigungsverhältnis zwischen Arbeitgebereinheit und Arbeitnehmer vorliegt.[113] Mit dem Eintritt in das Beschäftigungsverhältnis hat der Arbeitnehmer an der gesetzlichen Krankenversicherung teilzunehmen und die Arbeitgebereinheit muss den Grundkrankenversicherungbeitrag nach dem vom Staat vorgeschriebenen Verhältnis der Gesamtlohnsumme der Arbeitnehmer zahlen.[114]

110 Vgl. Lin, Ningbo, (2007), 2.
111 Gitter/Schmitt, 2001, S.48.
112 Vgl. Lin, Ningbo, (2007), 2.
113 Vgl. Haizhongfa Minyizhong Zi, Minshi Panjueshu Nr. 89, 2005, Haikou Shi Zhongji Renmin Fayuan. [Gerichtsentscheidung in Zivilsachen der letzten Instanz I, Nr. 89, Volksgericht der mittleren Instanz in Haikou Stadt, 2005]
114 Vgl. § 23 SVG.

1.1.1.2 Wartezeit

Wartezeiten zählen in den staatlichen Gesundheitssystemem zu den sichtbarsten Zugangsbarrieren.[115] Es fehlt in China bisher eine staatlich einheitliche Regelung im Bezug auf Beitragszahlung und Mitgliedschaft der Versicherten. Angesichts des unterschliedlichen lokalen Entwicklungsstandes der Krankenversicherung gibt es in den meisten Provinzen und Städten eine Wartezeit. [116] Leistungsansprüche der Pflichtversicherten hängen davon ab, ob bereits Beiträge in einem bestimmten Zeitraum ununterbrochen gezahlt wurden oder nicht.

In Xinxiang, einer Stadt in der Provinz Henan, ist z.B. gemäß §3 Abs.1 der Mitteilung der Volksregierung Xinxiang über die Grundkrankenversicherung der Arbeitnehmer in Städten und Kreisen[117] für neu pflichtversicherte Arbeitnehmer, die ununterbrochen mehr als 90 Tage (einschließlich 90 Tage) keinen Versicherungsbeitrag zahlen oder deren Arbeitgebereinheit im Verhältnis zu den anderen Arbeitgebereinheiten im Zahlungsverzug ist, eine Wartezeit für die Krankenheitsbehandlung vorgesehen. Ab dem nächsten Tag i.S.v §2 Abs.1 entfallen die Leistungen der Krankenversicherung aus dem Sozialversicherungsfonds. Innerhalb von 180 Tagen ab dem Tag, ab welchem wieder Beiträge gezahlt werden, steht dem Versicherten nur das individuelle Konto zur Verfügung. Erst nach Ablauf dieser Wartezeit von 180 Tagen steht dem versicherten Arbeitnehmer wieder die Krankenversicherung aus dem Sozialversicherungsfonds zu (§2 Abs.1 dieser Mitteilung).

1.1.1.3 Keine Leistungen aus dem Sozialversicherungsfonds trotz bestehenden Beschäftigungsverhältnisses

Trotz eines bestehenden Beschäftigungsverhältnisses und der Mitgliedschaft sind Leistungsansprüche aus dem Sozialversicherungsfonds dann ausgeschlossen, wenn ein Tatbestand nach §30 Abs.1 Nr. 1ff. SVG vorliegt. Das Ruhen der Leistungsansprüche tritt dabei unabhängig vom Willen der Beteiligten kraft Gesetzes ein. Die nicht vom Krankenversicherungsfonds gezahlten Krankenkosten sind diejenigen, die

(1) aus dem Unfallversicherungsfonds gezahlt werden sollen;
(2) aus dem Geburtsversicherungsfonds gezahlt werden sollen;

115 Vgl.S.Schlette/K.Blum/R.Busse (Hrsg.), 2009, S.87.
116 Xing, Lijun/Dong, Lixin/Zhu, Xinmin, http://www.yiliaobaoxian.org/show.php?tid=145.
117 Xinxiang Shi Renminbi Zhengfu Guanyu Jinyibu Wanshan Chengzhen Zhigong Jiben Yiliao Baoxian Zhidu De Tongzhi, Xinzheng Wen [2003], Nr.104.

(3) von einem Dritten gezahlt werden sollen;
(4) bei einem Aufenthalt im Ausland entstehen.

Um den Verletzten zu schützen, sollen gemäß §30 Abs.2 SVG die vom Grundkrankenversicherungsfonds im Voraus bezahlt werden, wenn der Dritte die Zahlung der von ihm zu tragenden medizinischen Kosten verweigert, oder der Dritte nicht zu bestimmen ist. Nach der Zahlung hat die zuständige Behörde gegenüber dem Dritten das Recht auf Ersatzzahlung.

In China sind zwei Kategorien von Praktikanten zu unterscheiden. Zum einen kann tatsächlich ein Beschäftigungsverhältnis im Sinne des Arbeitsrechts bestehen, in welchem die Praktikanten gegen Entgelt die betriebliche Grundausbildung für einen Beruf erhalten. Dieses Beschäftigungsverhältnis wird im Arbeits- und Sozialversicherungsrecht geregelt.[118] Zum anderen gibt es die Ausbildung im Betrieb ohne Entgeltzahlung, die in China als Erstreckung der schulischen Ausbildung angesehen wird. Diese Ausbildung enthält sowohl Elemente eines Beschäftigungsverhältnisses als auch solche eines Erziehungsverhältnisses. Mache vertreten die Ansicht, dass es sich bei diesem Ausbildungsverhältnis um ein dem Beschäftigungsverhältnis ähnliches Verhältnis handelt, für welches darum das Arbeits- und Sozialrecht gelten sollte.[119]

In der Praxis entsteht ein Versicherungsverhältnis in erstem Fall zwischen dem Auszubildenden und der Arbeitgebereinheit kraft Gesetz, d.h. auch ohne ausdrückliche Vereinbarung über die Sozialversicherung im Ausbildungsvertrag können die Praktikanten einen Leistungsanspruch haben. Wenn die Arbeitgebereinheit nicht oder nicht fristgemäß nach §58 Abs.1 SVG bei den lokalen Sozialversicherungsorganen einen Antrag stellt, den Praktikanten für die Sozialversicherung zu melden, hat dieser gemäß §82 Abs.1 SVG das Recht, bei Verstößen gegen Gesetz und Rechtsverordnung der Sozialversicherung bei der zuständigen Behörde eine Beschwerde einzureichen.

Ob die Beschäftigung zur Berufsausbildung ohne Entgeltzahlung auch eine Versicherungspflicht begründet, ist im Gesetz nicht geregelt. Meistens sind die Auszubildenden nicht Mitglieder der GKV und haben auch keinen Leistungsanspruch. Manche vertreten die Ansicht, dass die Praktikanten ohne Entgeltzahlung noch eingeschriebenene Studenten sind und als freiwillige Versicherte an

118 Li, Jianfei (Hrsg), (2007), S. 78.
119 Li, Jianfei, (2007), 2.

der Grundkrankenversicherung teilnehmen können.[120] In einigen Pilotprovinzen, z.B. Zhejiang sind solche Praktikanten ohne Entgelt in die Krankenversicherung für Einwohner in Städten und Kreisen einbezogen.

1.1.2 Rentner

In China besteht Versicherungspflicht in der Krankenversicherung der Rentner grundsätzlich für Personen, die die Voraussetzungen für den Anspruch auf eine Rente aus der gesetzlichen Rentenversicherung i.S.v. §16 SVG erfüllen und das Grundrentengeld monatlich abheben. Nach §16 SVG sind die Voraussetzungen für Versicherungsschutz, dass der einzelne Versicherte nach den vom Staat vorgeschrieben Regelungen den Grundrentenversicherungsbeitrag zahlt, der vom Staat festgesetzte Bezugsdauer und das vom Staat festgesetzte Jahreminimum für den Bezug des Grundrentengeldes erreicht hat oder die Voraussetzung der Gesamtbeitragszahlung von 15 Jahren erfüllt. Außerdem sind gemäß § 27 SVG versicherungspflichtig in der Krankenversicherung „pensionierte Arbeitnehmer" i.S.v. §16 SVG, d.h. die Personen, deren Gesamtzahlung der vom Staat festglegten Frist entspricht.

Die pensionierten Arbeitnehmer (*Tuixiu Zhigong*) sind in China eine besondere Personengruppe. Als sie jung und tätig waren, galt zu jener Zeit in China ein an der Planwirtschaft orientiertes Sozialversicherungssystem, das durch niedriges Einkommen und relativ hohe Sozialwohlfahrt gekennzeichnet war. Die meisten dieser Rentner haben nicht ausreichend für Krankenbehandlung und Altenpflege vorgesorgt. Allerdings vermehrt sich das Krankheitsrisiko im Alter. Angesichts ihres Beitrags zum staatlichen Aufbau und der finanziellen Schwierigkeiten sind die pensionierten Arbeitnehmer bei den Versicherungsbeiträgen bevorzugt.[121] Sie brauchen keinen Versicherungsbeitrag zu zahlen und erhalten die vom Staat festgesetzten Leistungen der Grundkrankenversicherung.

Die krankenversicherungsrechtliche Situation von Rentnern ist in mancher Hinsicht unklar. Es fehlen bis jetzt staatlich einheitliche Regelungen über die Stellung des Rentenantrags, die Mitgliedschaft von Rentnern aufgrund einer Pflichtversicherung, die Art der Renten usw. Die daraus erwachsenden Probleme werden von verschiedenen Provinzen und sogar Städten durch regionale Beschlüsse und vorübergehende Maßnahmen selbst gelöst. Die Krankenversicherungsre-

---

120 Pan, Ming, (2004), 25(6) .

121 Vgl. Zeitungsbericht, Zhongguo Laonian Bao, (2004), 9.

form von Rentnern stellt in China auch ein heikles Problem dar, was unten ausführlich erläutert wird.[122]

1.1.2.1 Die Rentner als Versicherungspflichtige in Beijing als Beispiel

In Beijing z.B. sind gemäß § 11 Abs. 1 der Regelung über die Grundkrankenversicherung Beijing (RGB) die Rentner, die vor Inkrafttreten dieser Regelung schon in den Ruhestand getreten sind, in Übereinstimmung mit §27 SVG und Nr. 6 Abs.3 BSEGA beitragsfrei.
Die Rentner, die nach den betroffenen Gesetzen oder Verordnungen fristgemäß einen Rentenantrag gestellt haben und monatlich Grundrentengeld und Rentenversicherung beziehen, können ohne Zahlung des Krankenversicherungsbeitrags an der GKV teilnehmen (§ 11 Abs. 2 RGB), wenn sie nach Inkrafttreten dieser Regelung eine Erwerbstätigkeit aufnehmen und bis zur Stellung des Rentenantrags mindestens 25 Jahre (männlich) bzw. 20 Jahre (weiblich) aufgrund einer Pflichtversicherung als Mitglied versichert sind. Die persionierten Arbeitnehmer, die vor Inkrafttreten dieser Regelung eine Erwerbstätigkeit aufgenommen haben und nach Inkrafttreten in den Ruhrstand treten, wenn sie den Zeitraum i.S.v § 11 Abs. 2 RGB nicht erfüllen, können nach einmaliger Zahlung des Grundkrankenversicherungsbeitrags an die Grundkrankenversicherung ohne weitere Zahlung teilnehmen. Erfüllt die ununterbrochene Arbeitszeit die von der Arbeits- und Sozialversicherungsbehörde festgelegten Voraussetzungen, können die medizinischen Leistungen der Grundkrankenversicherung erbracht werden.

1.1.2.2 Mitgliedschaft der Rentner wegen Beitragszahlung der Arbeitgebereinheit

Wenn man nur das Sozialversicherungsgesetz betrachtet, hat die Mitgliedschaft der Rentner mit der Beitragszahlung der Arbeitgebereinheit grundsätzlich nichts zu tun. Allerdings ist beides in der Praxis in einigen Provinzen und Städten (z.B. Provinz Hainan, Stadt Ji'nan der Provinz Shangdong) eng verbunden, d.h. zahlt die Arbeitgebereinheit keinen Versicherungsbeitrag, erhalten ihre Rentner keine Krankenbehandlung zu Lasten der Grundkrankenversicherung. Und auch wenn bei Konkurs, Aufhebung und Auflösung der Arbeitgebereinheit der Grundkrankenversicherungsbeitrag als vorrangig vor anderen Forderungen zu entrichten ist (§113 Abs.1 Nr.1 Konkursordnung der Unternehmen der VR China vom

---

122 S. unten –Rechtsvergleich und Bewertung.

27.8.2006), sind ihre Rentner bei Zahlungsunfähigkeit der Arbeitgebereinheit ebenfalls nicht versichert.

In der Provinz Hainan, der südlichsten Provinz in China, z.B. ist nach dem lokalen Regierungsbeschluß der Krankenversicherungsbeitrag der Rentner bei Zahlungsunfägigkeit der Arbeitgebereinheit von Staat und Sozialversicherungsfonds zu übernehmen.Jedoch sieht dies in der Praxis ungünstiger aus: bis Ende 2003 hatten 330 000 Arbeitnehmer die Voraussetzungen für den Anspruch auf eine Rente aus der gesetzlichen Rentenversicherung erfüllt und an der Grundrentenversicherung teilgenommen. Davon waren aber 140 000 Rentner wegen Konkurses der Arbeitgebereinheit nicht in der Grundkrankenversicherung versichert.[123]

1.1.3 Beamte

Beamte i.S.v § 2 des Beamtengesetzes der VR China vom 27.4.2006 sind die Bediensteten, die dem öffentlichen Dienst im Sinne des Beamtengesetz angehören und in den staatlichen Stellenplan einbezogen sind. Deren Arbeitsentgelt und Versorgung werden von den öffentlichen Finanzen getragen. Nach der Verwaltungsverordnung über die Krankenbeihilfe der Beamten vom 29.4.2000[124] gelten auch die persionierten Beamten (*Lixiu*) und die Bediensteten sowie die Rentner (*Tuixiu*)[125] in öffentlich-rechtlichen Einrichtungen, Parteiorganisationen, lokalen und zentralen Volkskongressen, Betriebs- und Handelskammern und Gerichten sowie Anwaltschaften als Beamte im Sinne der Grundkrankenversicherung.

Die Mitgliedschaft von Beamten begründet grundsätzlich die gleiche Rechtsposition wie die Grundkrankenversicherung der Arbeitnehmer in Städten und Kreisen. Neben der Grundkrankenversicherung können Beamte ähnlich wie die Arbeitnehmer im Betrieb eine Krankenbeihilfe erhalten, damit das Leistungsniveau der Krankenversicherung der Beamten nicht unterschritten wird. Die Beamten gehören zu den Personengruppen, die mit dem staatlichen Dienst beauftragt sind und die staatliche Politik ausarbeiten und deren Durchführung kontrollieren. Die

---

123 Sun, Yunlong, (2004), S. 29f.

124 „Guyu Shixiang Guojia Gongwuyuan Yiliao Buzhu Yijian De Tongzhi", erlassen vm Staatsrates am 20.5.2000, Guofa Ban [2000], Nr.37.

125 Nach Maßgaben der zwei Akte des Staatsrates -(1978) Nr. 104 und (1982) Nr.62 sind die pensionierten Arbeitnehmer, die vor 1.10.1949 einen Dienst angefangen haben, als pensioniertes Personal (Li Xiu) und diejenigen nach 1.10.1949 als Rentner (Tui Xiu) zu bezeichnen. In vieler Hinsicht, z.B. Rente, Leistungsniveau der Krankenversicherung, Zuschuß für Wohnungskauf u.Ä, werden die zwei Personengruppen sehr unterschiedlich behandelt. In aller Regel werden die pensionierten Beamten bevorzugt.

Stabilität, Effizienz und Redlichkeit der Beamtengruppe sollte deshalb gewährleistet werden. Die Gesundheit der Beamten hat Auswirkungen auf den Betriebszustand der Staatsorganisationen; andererseits kann das Entgeltniveau der Beamten nicht in kurzer Zeit erhöht werden und können dewegen die Krankheitskosten nur in beschränktem Maße vom Staat getroffen werden.[126] Um die Gesundheit der Beamten und den reibungslosen Betrieb der Staatsorganisationen zu garantieren, ist darum der Krankenversicherungszuschlag der Beamten im Nr. 4 BSEGA vorgesehen.

1.1.4 Sogenannte „flexible Erwerbstätige"

„Flexible Erwerbstätige" sind durch unfeste Erwerbstätigkeit gekennzeichnet. Dazu gehören hauptsächlich Selbständige und in einem Beschäftigungsverhältnis stehende Arbeitnehmer, die nicht ständig an einem Ort oder oder ohne feste Arbeitszeit, oder ohne festes Arbeitsentgelt beschäftigt sind.[127] Seit Einführung der Reform- und Öffnungspolitik, insbesondere seit der Restrukturierung, dem Zusammenschluß und dem Konkurs von Staatsunternehmen in den 90er Jahren gibt es immer mehr „flexible Erwerbstätige" auf dem Arbeitsmarkt, die einen wertvollen Beitrag zur wirtschaftlichen Entwicklung geleistet haben. Ob Kleinunternehmer sowie von denen flexibel eingestellte Mitarbeiter an der Grundkrankenversicherung für Arbeitnehmer in Städten und Kreisen teilnehmen, wird gemäß Nr. 2 Abs. 1 BSEGA von den verschiedenen PAS-Volksregierungen selbst festgelegt. Zurzeit werden in vielen Pilotprovinzen der Krankenversicherungsreform sozialpolitische Konzepte und Regierungsbeschlüsse für die Teilnahme und Mitgliedschaft flexibler Erwerbstätiger an der Grundkrankenversicherung für Arbeitnehmer oder Einwohner in Städten und Gemeinden ausgearbeitet.[128]

In Xi'an, einer Stadt in der Provinz Shaanxi, sind flexible Erwerbstätige in Städten und Kreisen vor allem diejenigen innerhalb der Stadt Xi'an und ihrer Bezirke und Kreise, deren Akten in von den Arbeits-, Sozialversicherungs- und Personenbehörden anerkannten Organisationen für Berufsvermittlung und Arbeitskräfteaustausch verwahrt werden[129]:

---

126 Yu, Wanxing, (2001), 3.

127 Zheng, Xin/Wang, Zhidong, (2006), 05.

128 Zhang, Wei,(2008),14.

129 In der Stadt Xi'an der Provinz Shaanxi ist die Krankenversicherung von flexiblen Erwerbstätigen als Arbeitnehmer in Städten und Kreisen typischerweise ausdrücklich

(1) Selbständige in Städten und Kreisen, einzelne Unternehmer sowie von denen eingestellte arbeitsfähige Mitarbeiter, die das gesetzliche Arbeitsjahr vollendet haben;
(2) Arbeitsfähige Einwohner in Städten und Kreisen, die das gesetzliche Arbeitsjahr vollendet haben und danach aus dem Beschäftigungsverhältnis ausgeschieden sind, einschließlich ausgegeliederten Arbeitnehmern in Staats- und Kollektivbetrieben (*Xiagang Zhigong*)[130], in Hochschulen und Fachberufsschulen eingeschriebenen Arbeitnehmern, in einem anderen Ort beschäftigten, im Ausland studierenden und sich fortbildenden Arbeitnehmern ;
(3) Arbeitnehmer und Rentner, deren Beschäftigungsunterlagen bei den Organisationen für Berufsvermittlung aufbewahrt werden.
Die flexiblen Erwerbstätigen, die mit einer Arbeitgebereinheit in einem Beschäftigungsverhältnis stehen, sind nach Nr.2 Abs.4 der Richtlinien des Minsteriums für Arbeitskräfte und Sozialversicherung über die Teilnahme von flexiblen Erwerbstätigen an der Grundkrankenversicherung in der Regel in der Grundkrankenversicherung für Arbeitnehmer pflichtversichert. Andere flexible Erwerbstätige können sich als Einwohner in Städten und Kreisen freiwillig in der Grundkrankenversicherung versichern.

1.1.4.1 Zugangsbeschränkungen für flexible Erwerbstätige in der Grundkrankenversicherung

Gemäß den lokalen Regierungsbeschlüssen gibt es meistens drei Zugangsbedingungen für flexible Erwerbstätige zur Grundkrankenversicherung: erstens müssen sie an der Rentenversicherung teilnehmen; zweitens dürfen sie nicht eine bestimmte Jahresgrenze überschreiten; drittens müssen sie vor der Teilnahme an der Grundkrankenversicherung eine körperliche Untersuchung absolvieren.[131]

---

von den lokalen Bestimmungen festgeschrieben. Deshalb habe ich die Stadt Xi'an als Referenzstadt zur Darlegung dieser Frage gewählt.

130 Die ausgegeliederten Arbeitnehmer sind diejenigen Arbeitslosen, deren Arbeitsverhältnis mit den Einheiten (meistens Staats- und Kollektivenbetrieben) nicht aufgelöst wurde. Deren Akten sind noch in den Einheiten gespeichert. Nach der amtlichen Statistik sind von 1998 bis 2000 21,37 Mio. Arbeitnehmer von ihren Einheiten ausgegliedert worden. Diese Erscheinungsgründe sind: Transformation des Wirtschaftssystems, Proportionalität zwischen Angebot und Nachfrage der Arbeitskräfte, strukturelle Arbeitslosigkeit, Wandlung der Personalverwaltung innerhalb des Betriebs u.s.w.

131 Die körperliche Untersuchung dürfte nicht als Zugangsvoraussetzung der Sozialversicherung festgelegt werden. Denn das kann dem Solidalitätsprinzip nicht entsprechen: die Finanzierung und Leistungen der gesetzlichen Krankenversicherung sollten zwischen verschiedenen Personengruppen ausgeglichen werden. Anders bei der Privatversiche-

Obwohl die Krankenversicherungsträger und Rentenversicherungsträger ähnliche Funktionen erfüllen, z.B. die Sicherung des Lebensstandards oder die Rehabilitation von behinderten Menschen[132], handelt es sich doch um zwei unabhängige Versicherungszweige.[133] Werden diese beiden Systeme eng verbunden, hat dies negativen Einfluß auf die Erweiterung der Personenkreise der Grundkrankenversicherung und auf die Aktivität der Teilnahme von flexiblen Erwerbstätigen. Dass die bestimmte Jahresgrenze für die Mitgliedschaft dem Prinzip des „niedrigen Niveaus und dem umfassenden Deckungsgrad" der Grundkrankenversicherung entspricht und die körperliche Untersuchung auch das Ziel der Sozialversicherung, nämlich den Solidarausgleich, nicht erreichen kann, liegt nahe. Alternativen sind schon ausgearbeitet worden.[134]

1.1.4.2 Wartezeit

Da flexible Erwerbstätige als freiwillige Versicherte über die Teilnahme an der Grundkrankenversicherung selbst entscheiden können, besteht die Gefahr, dass sie erst im Krankheitsfall an der Krankenversicherung teilnehmen und ihre Krankenkosten sofort aus dem Sozialversicherungfonds erstatten lassen. In fast allen Pilotprovinzen ist ihrem jeweiligen lokalen Krankenbehandlungsniveau entsprechend eine Wartezeit für flexible Erwerbstätige festgelegt und gibt es eine enge Korrelation zwischen der Höhe der Leistungen und der Dauer ununterbrochener Beitragszahlung. Für erstmals versicherte flexible Erwerbstätige gibt es in der Regel eine Wartezeit bis zum Recht auf Krankenversicherungsbehandlung. Der Zeitraum beträgt normalerweise 6 Monate. Wenn flexible Erwerbstätige den Krankenversicherungsbeitrag nicht zur rechten Zeit zahlen, sind sie verpflichtet, in einem bestimmten Zeitraum alle Rückstände nachzuzahlen.

Aber von welchem Zeitraum an die 6-monatige Frist zu berechnen ist und ob der Zeitraum der nachzuzahlenden Rückstände in der Wartezeit berücksichtigt wird, ist noch nicht klar geregelt. Manche vertreten die Ansicht, dass eine neue War-

---

rung darf keine bestimmte Personengruppe, beispielsweise die Kranken oder Alten mit Einschränkung von der Sozialversicherung ausgeschlossen werden. Die körperliche Untersuchung ist derzeitig in der Stadt Xi´an nicht mehr als notwendige Voraussetzung festgeschrieben. Dazu s. Zeitungsbericht in Xi´an Wanbao vom (Xi´an Abendzeitung) vom 23.12.2009: „Xi´an Shi Linghuo Jiuye Renyuan Canjia Yiliao Baoxian Buzai Yu xian Tijian"(Die körperliche Untersuchung in der Grundkrankenversicherung findet für flexible Erwerbstätige in Stadt Xi´an nicht mehr statt).

132 Hans-Günter Renk, (2001), S.2.

133 Xie, Qinghua, http://www.yiliaobaoxian.org/show.php?tid=437.

134 Siehe Anm.131.

tezeit ab der erneuten Teilnahme an der Grundkrankenversicherung nach Zahlung der Rückstände eintritt. Ab wann flexible Erwerbstätige die Rückstände nachzahlen, spiele danach keine Rolle. Ansonsten könnten sie von der Wartezeit ausgeschlossen werden und sich ihre Krankenkosten gleich aus dem Solidarfonds erstatten lassen, sobald sie den Beitrag für die letzten 6 Monate nachgezahlt haben. Die Wartezeit könne in diesem Fall keine Rolle mehr spielen.[135]

1.1.4.3 Persionierte „flexible Erwerbstätige“

Persionierte „flexible Erwerbstätige“ können auch als normale Rentner an der Grundkrankenversicherung für Arbeitnehmer teilnehmen. In der Stadt Xi‘an brauchen flexible Erwerbstätige keinen Beitrag mehr zu zahlen, um Leistungen der Grundkrankenversicherung zu erhalten, wenn sie die gesetzliche Altersgrenze erreicht haben und Männer insgesamt 30 Jahre sowie Frauen 25 Jahre den Versicherungsbeitrag gezahlt haben.

Wenn flexible Erwerbstätige die gesetzliche Altersgrenze erreichen, aber die oben genannte Zahlungsfrist nicht erfüllen, haben sie den Versicherungsbeitrag in einem festgesetzten Zeitraum in Raten oder einmalig zu zahlen. Danach können sie die Leistungen der Grundkrankenversicherung für Rentner erhalten (Nr.9ff. der Mitteilung des Arbeits- und Sozialversicherungsamt Xi’an über die Teilnahme von flexiblen Erwerbstätigen an der Grundkrankenversicherung vom 06.08.2005).

1.1.5 Wanderarbeiter

1.1.5.1 Der Begriff der Wanderarbeiter (Nongmingong)

In China sind Wanderarbeiter Arbeitnehmer mit ländlicher Haushaltsregistrierung (Nongcun Hukou) in lokalen Kollektivbetrieben oder in wirtschaftlichen Organisationen in Städten und Kreisen.[136] Sie entstehen durch ein starres Aufteilungssystem zwischen Stadt (Kreis) und Land in China (Chengxiang Eryuan Tixi) und gehören zu den besonderen Personengruppen in der aktuellen Entwicklungsphase in China. Sie haben rechtlich eine doppelte Eigenschaft: Landwirt und Arbeiter. Tatsächlich sind sie in den sekundären und tertiären Industrien beschäftigte ländliche Bevölkerung.[137]

---

135 Vgl. Zhang, Wei, (2008), 14.
136 Vgl. Chen, Yingfang, (2005),3.
137 Vgl. Yang, Yan/Chen, Likun/Tang, Rong, (2005),3.

Für Wanderarbeiter gilt insofern Folgendes: Erstens besitzen sie eine ländliche Haushaltsregistrierung, sind aber in lokalen Kollektivbetrieben oder in wirtschaftlichen Organisationen in Städten und Kreisen beschäftigt; zweitens verfügen sie über ein Stück Land unter dem Familienverantwortungssystem (Jiating Lianchan Chengbao), bestreiten aber ihren Lebensunterhalt vor allem aus der Beschäftigung in Städten und Kreisen; drittens leben sie rgelmäßig in anderen Arbeitsorten. Wanderarbeiter im weiteren Sinn umfassen sowohl die ländlichen Arbeitskräfte, die in lokalen Kollektivbetrieben angestellt sind, als auch die in Städten und Kreisen arbeitende ländliche Bevölkerung. Der Begriff der Wanderarbeiter im engeren Sinne bezieht sich nur auf die letztgenannten Personen. Bis Ende 2008 betrug die Zahl von Wanderarbeitern nach amtlicher Statistik 335 Mio. Die macht einen Anteil von 34,50% der gesamten Bevölkerung und 47% der ländlichen Bevölkerung aus.[138]

1.1.5.2 Teilnahme von Wanderarbeitern an der Krankenversicherung

Die Teilnahme von Wanderarbeitern an der Grundkrankenversicherung ist in dem neu verabschiedeten Sozialversicherungsgesetz vorgesehen (§95 SVG). Nach Nr.18 der Meinungen des Staatsrates über Fragen der Wanderarbeiter sind schon jetzt alle Wanderarbeiter, die Unternehmen (einschließlich Staatsunternehmen, Kollektivunternehmen, Privatunternehmen und Joint-Ventures), öffentlich-rechtlichen Einrichtungen, gesellschaftlichen Vereinigungen und gemeinnützigen Einrichtungen in Städten und Kreiseneingestellt sind, in das Krankenversicherungssystem einbezogen. Nach dem Prinzip des „niedrigen Beitragssatzes und der Versicherung von schweren Krankenheiten“[139] können zunächst die Wanderarbeiter in Privatunternehmen in Städten und Kreisen, insbesondere diejenigen in Fertigungs- und Produktionsbetrieben, Bau- und Bergbauunternehmen und anderen, viele Wanderarbeiter beschäftigende Unternehmen in das Krankenversicherungssystem einbezogen werden.

In dem genannten Dokument wird darauf hingewiesen, dass Wanderarbeiter auf zwei Wegen an der Krankenversicherung teilnehmen können: die Wanderarbeiter in Städten und Kreisen mit einem Arbeitsvertrag sind in der Grundkranken-

138 Nach amtlicher Statistik des Staatsausschusses für Entwicklung und Reform. (Guojia Fazhan Yu Gaige Weiyuanhui).

139 S. Nr.2 Abs.1 „Guanyu Kaizhan Nongmingong Canjia Yiliao Baoxian Zhuanxiang Kuomian Xingdong De Tongzhi“ (Mitteilung über verstärkerte Einbeziehung der Wanderarbeiter an der Grundkrankenversicherung), erlassen vom Ministerium für Arbeit und Soziale Sicherheit am 16.5.2006, Laoshebu Fa [2006], Nr.11.

versicherung für Arbeitnehmer versichert; die häufig umherziehenden Wanderarbeiter können ihrer Haushaltsregistrierung entsprechend am neuen Kooperationsgesundheitssystem teilnehmen (Nr.6 Abs.19 der Meinungen des Staatsrates zur Fragen der Wanderarbeiter).

1.1.5.3 Wartezeit

Die Beschäftigung von Wanderarbeiter ist durch regelmäßige Mobilität gekennzeichnet. Kaum ein Wanderarbeiter kann an einem Arbeitsort oder in einem Unternehmen ständig mehr als drei Monate beschäftigt sein. Dennoch ist in fast allen Pilotprovinzen eine Wartezeit von drei Monaten für die Krankenversicherung von Wanderarbeitern vorgesehen: Wanderarbeiter erhalten ihre Krankenkostenerstattung durch das Versicherungsorgan, wo sie eigentlich versichert sind, oder unmittelbar die medizischen Leistungen, nachdem sie und ihre Arbeitgebereinheit den Versicherungsbeitrag ununterbrochen drei Monate gezahlt haben.[140] Regelmäßig verlassen Wanderarbeiter aber schon ihr Unternehmen und den Arbeitsort, bevor ihre Wartezeit abläuft.

Es wird vorgeschlagen, die Wartezeit von drei Monaten auf einen Monat zu reduzieren. Nach dieser Frist könnte der versicherte Wanderarbeiter dann Grundkrankenversicherungsbehandlung erhalten. Darüber hinaus könnte die Versicherungsidentitätskarte dann schrittweise ohne Hindernisse in allen Pilotprovinzen benutzt werden.[141]

Bis Ende 2008 haben in China insgesamt 33 610 000 Wanderarbeiter an der Grundkrankenversicherung teilgenommen.[142]

1.2 Finanzierung der Grundkrankenversicherung für Arbeitnehmer

Geht man vom Betrieb der Sozialversicherung als Rechtsinstitution aus, so wird klar, dass der Prozess von der Aufbringung der Mittel bis hin zu deren Verwendung durch den Sozialversicherungsfonds das Hauptmerkmal der Sozialversicherung darstellt. Bei jedem Sozialversicherungszweig müssen die Geldmittel durch eine notwendige (und sogar zwangsläufige) Methode aufgebracht und dann unter den Versicherten und Leistungsberechtigten verteilt werden.[143]

140 Wang, Xiaojie, Dalian Wanbao vom 28.02.2009.
141 Vgl. Anm.34.
142 Amtliche Statistik von Ministerium für Arbeitskräfte und soziale Versicherung vom 28.12.2008.
143 Zheng, Gongcheng, (2008), S.323.

Auch der Krankenversicherungsfonds ist die wirtschaftliche Grundlage für den Betrieb der Grundkrankenversicherung. Die Grundkrankenversicherung für Arbeitnehmer wird vor allem durch Beiträge der Arbeitgebereinheiten und Arbeitnehmer sowie durch staatliche Zuschüsse finanziert.[144] Die Volksregierungen der Gemeinden (Xi'an) sollen nach dem Sozialversicherungsgesetz einen Zuschuß für den Sozialversicherungsfonds [145]gewähren, wenn die Einnahmen die Ausgaben nicht decken.[146]

Gemäß Nr.3 Abs.1 BSEGA setzt sich der Grundkrankenversicherungsfonds aus den einheitlich geplanten Fonds (sog. Solidarfonds) und den individuellen Konten zusammen. Aber anders als beim Grundrentenversicherungsfonds[147] ist in dem neu verabschiedeten Sozialversicherungsgesetz die Aufteilung des Krankenversicherungsfonds in Solidarfonds und individuelle Konten nicht ausdrücklich kodifiziert.

Der Krankenversicherungsfonds für Arbeitnehmer in Städten und Kreisen wird nach Nr.2 BSEGA im Prinzip innerhalb der Verwaltungsregionen von der regionalen Ebene aufwärts (Regionen, Städte, Bezirke und Provinzen) einheitlich geplant. Seit 2009 gibt es ein spezifisches Programm des Ministeriums für Arbeitskräfte und Soziale Sicherheit für die regionale Planung in den drei folgenden Jahren.[148] Die zeitlichen Abläufe und die Schritte der Planung des Krankenversicherungsfonds durch die Provinzen werden nach §64 Abs.2 SVG vom Staatsrat geregelt.

Die Finanzierung und Verwaltung des Krankenversicherungsfonds soll streng kontrolliert werden. Um die Sicherheit und Effektivität des Betriebs der Sozialversicherungssfonds zu garantieren, sind der Staatsrat und die Volksregie-

---

144 Zheng, Gongcheng,(2005), S.170.

145 Gemäß §64 SVG und Nr.2 Meinung des Staatsrates über das Budget des Sozialversicherungsfonds (Guanyu Shixing Shehui Baoxian Jijin Yusuan De Yijian, Guofa [2010], Nr.2) umfasst der Sozialversicherungsfonds den Grundrentenversicherungsfonds, Grundkrankenversicherungsfonds, Arbeitsunfallversicherungsfonds, Arbeitslosenversicherungsfonds und Geburtsversicherungsfonds. Für die verschiedenen Sozialversicherungsfonds werden ihren Kategorien entsprechend Konten getrennt eröffnnet und berechnet. Sie dürfen nicht voneinander abgezweigt oder untereinander ausgeglichen werden.

146 Der Zuschuß vom Staat und den lokalen Volksregierungen war früher nicht ausdrücklich gesetzlich für die Grundkrankenversicherung für Arbeitnehmer in Städten und Kreisen festgeschrieben. Vgl. Zheng Shangyuan/Li Haiming/Hu Chunmei, (2008), S.527.

147 Nach Maßgaben von§11 Abs.1, §12 Abs.2f. SVG

148 Der Vizeminister für Arbeitskräfte und Soziale Sicherheit Hu, Xiaoyi hat die Aktion am 2.3.2009 verkündet. S.http://politics.people.com.cn/GB/1027/8893332.html.

rungen in den Provinzen, autonomen Gebieten und regierungsunmittelbaren Städten (PAS-Volksregierungen) gemäß §6 Abs.2 SVG zuständig für die Errichtung und Vervollkommnung der Institutionen der Sozialversicherungsfonds.

1.2.1 Krankenversicherungsfonds

Bei dem Krankenversicherungsfonds handelt es sich um Geldmittel, die „dem Gesetz nach durch Beiträge (Steuer) von einzelnen Versicherten oder Einheiten aufgebracht und für die Versorgungskosten bei Krankenfällen von Versicherten der Krankenversicherung ausgezahlt werden".[149]

1.2.1.1 Aufbringung

Wie in der Literatur zusammengefasst wird, sollen die Mittel der Sozialversicherungsfonds nach folgenden Prinzipien aufgebracht werden: [150]

(1) Das Prinzip der Drei-Träger-Belastung: Die Grundkrankenversicherung für Arbeitnehmer soll von drei Trägern – Staat, Arbeitgebereinheiten und Arbeitnehmer – gemeinsam finanziert werden. Der Grundkrankenversicherungsfonds wird gemäß §23 SVG gemeinsam von der Arbeitgebereinheiten und dem Arbeitnehmer gezahlt. Nach § 65 Abs.2 SVG sollen die Volksregierungen zum Betrieb des Fonds einen Zuschuß geben. Das Prinzip der Dreiträger-Belastung wird „schrittweise in der langfristigen gesetzgeberischen Praxis eingeführt", und entspricht dem „Solidarausgleich der Sozialversicherung".[151] Das entspricht „dem derzeitigen wirtschaftlichen und sozialen Entwicklungstand Chinas" – die versicherten Arbeitnehmer können auch dadurch hinreichend zu eigenverantwortlichem Handeln anleitet werden.[152] Der staatliche Zuschuß für Personen, die keine Beiträge zu leisten haben (z.B. Rentner)[153]dient der Realisierung sozialer Grundrechte der Bürger und ist auch eine effektive Lösung zur Unterstützung des Sozialversicherungsfonds.[154]

(2) Das Prinzip der Grundversorgung: Die medizinische Versorgung durch die Grundkrankenversicherung für Arbeitnehmer muß nach Nr. 1 Abs.1 der Meinungen zu Verwaltung der Behandlungskataloge für Arbeitnehmer in Städten und Kreisen (MVBASK) wirtschaftlich sein und eine Basisversorgung darstellen.

---

149 Zheng, Shangyuan/Li, Haiming/Hu, Chunhai, (2008), S.527.
150 Vgl. Lu, Zuxun (Hrsg.),(2003), S.110.; Zheng, Gongcheng, (2007), S. 296.
151 Zhang, Jingping, (2007), 2. erw.Aufl., S.243.
152 Lu, Zuxun (Hrsg.), (2003), S.110.
153 S.o.- Versicherte Personengruppen-Rentner.
154 Zheng, Shangyuan/Li, Haiming/Hu, Chunhai, (2008), S.525.

Die Versicherten können in Krankenfällen nur im Rahmen der vom Staat vorgeschriebenen Regelungen über das Arzneimittelverzeichnis, über Leistungen für Diagnostik, über Standards für medizinische Dienstleistungseinrichtungen und über Notdienst und Rettung behandelt werden. Die Beiträge der versicherungspflichtigen Arbeitnehmer werden nach einem angemessenen Prozentsatz vom Arbeitsentgelt berechnet und gemeinsam von Arbeitgebereinheiten und vom Arbeitnehmer getragen.

(3) das Prinzip des Gleichgewichts zwischen Einnahmen und Ausgaben: Nach diesem Prinzip wird der Beitragssatz entsprechend den lokalen medizinischen Kosten der versicherten Arbeitnehmer festgelegt. Zwischen den Einnahmen des Grundversicherungsfonds und den Ausgaben der Krankenversicherung muß dementsprechend für einen bestimmten Zeitraum ein Gleichgewicht gewährleistet sein. Nach Bezahlung der Krankenkosten der Versicherten sollen Rücklagen gebildet werden, damit die Kosten für die großen Krankenrisiken getragen werden können.[155]

1.2.1.1.1 Beiträge

1.2.1.1.1.1 Der Beitrag des Arbeitnehmers

Die Beiträge der versicherungspflichtigen Arbeitnehmer betragen 2% ihrer Arbeitsentgelte (Nr.2 Abs.3 BSEGA). Alle von den Arbeitnehmern gezahlten Krankenversicherungsbeiträge fließen in die individuellen Konten.[156]

1.2.1.1.1.1.1 Beitragspflichte Einnahmen

Für einzelne versicherte Arbeitnehmer ist der Krankenvericherungsbeitrag lediglich von dem Arbeitseinkommen abhängig. Genauer gesagt werden die anderen Einkommen der Arbeitenden, z.B. Lohn für Nebentätigkeiten, Einkommen aus Erbschaft, Bankzinsen, Investitionsgewinn von Wertpapieren, Lottos und Immobilien nicht berücksichtigt.[157]

Aber in der Praxis ist der Beitragssatz nicht für alle versicherten Arbeitenden gleich: Durch die Obergrenze und Untergrenze der verpflichten Arbeitseinkommen in verschiedenen Planungsgebieten unterliegen die Arbeitnehmer mit mehr oder weniger Einkommen nicht demselben Beitragssatz. Die lokale Behörde für Arbeit und soziale Sicherheit kann grundsätzlich jährlich nach dem durch-

155 Vgl. Lin, Yuming, (2006), Kapitel.7.
156 zum individuellen Konto vgl. unten: Zusammensetzung des Sozialversicherungsfonds.
157 Vgl. Lu, Zuxun(Hrsg.), (2006), S.112.

schnittlichen Arbeitseinkommen einen Richtmaßstab aufstellen. Unterhalb eines bestimmten Prozentsatzes des Richteinkommens kann der Versicherte von der Beitragspflicht befreit werden. Oberhalb eines bestimmten Prozentsatzes ist das hinausgehende Arbeitsentgelt nicht als beitragspflichtige Einnahme zu berücksichtigen.

Z.B. betrug in Anyang, einer Stadt in der Provinz He'nan das Richteinkommen im Jahr 2007 1253 Yuan. 60 % und 300 % dieses Einkommens waren die Untergrenze und die Obergrenze der beitragspflichtigen Arbeitentgelte.[158] D.h. verdiente ein Versicherter monatlich weniger als 752 Yuan, war er von der Beitragspflciht befreit und sein Versicherungsbeitrag sollte vom lokalen Wiederbeschäftigungsdienstleistungszentrum gezahlt werden (nach Maßgabe von Nr.6 Abs.6 BSEGA). Der Beitrag eines versicherten Arbeitnehmers mit Monatseinnahmen von mehr als 3759 Yuan lag bei 2% von 3759 Yuan.

Die Untergrenze der beitragspflichtigen Arbeitsentgelte schützt die Arbeitnehmer mit niedrigen Einkommen. Der gleiche Beitragssatz scheint also gerecht für alle versicherten Arbeitnehmer zu sein, allerdings bedeutet der Krankenversicherungsbeitrag für Arbeitnehmer mit niedrigen Einkommen sowie deren Familien eine erhebliche Reduzierung der Lebenskosten; umgekehrt wären für Arbeitnehmer mit höherem monatlichen Entgelt, wenn sie den Versicherungsbeitrag nach dem gleichen Satz aus dem gesamten Entgelt zu zahlen hätten, die absoluten Beitragswerte unverhältnismäßig hoch, wodurch die wirtschaftlichen Interessen der Arbeitenden verletzt und die Arbeitsaktivität unterdrückt würde.[159]

1.2.1.1.1.1.2 Befreiung von der Beitragspflicht und vorteilhafte Krankenbeihilfe

In Nr.6 BSEGA sind begünstigende Maßnahmen für besondere Personengruppen vorgeschrieben. Die sind vor allem:

(1) Die Krankenkosten von pensioniertem Personal (Lixiu Renyuan) und ehemaligen Mitgliedern der Roten Armee werden von speziellen Leistungsverpflichteten bezahlt. Die Krankenkosten von pensioniertem Personal in staatlichen Behörden und öffentlich-rechtlichen Anstalten werden im Haushaltsplan veranschlagt und unmittelbar an die Sozialversicherungsorgane überwiesen. Diejeni-

158 S. Nr.1f, „Anyang Shi Guanyu Tiaozheng 2007 Jiaofei Niandu Chengzhen Zhigong Jiben Yiliao Baoxian Jiaofei Jishu De Tongzhi", (Mitteilung der Stadt Anyang zur Regulierung des beitragspflichten Richtmaßstabs der Arbeitnehmer in Städten und Kreisen im Jahr 2007 vom 30.4.2007).

159Vgl. Lu, Zuxun (Hrsg.), (2006),S.112.; Jia, Hongbo, (2007), Diss. S.140.

gen von pensioniertem Personal in Unternehmen[160] werden jährlich von den ursprünglichen Einheiten pauschaliert an die Sozialversicherungsorgane ausgezahlt. Bestehen Zahlungsschwierigkeiten, werden diese mit Hilfe der Volksregierungen auf der jeweiligen Ebene gelöst.
(2) Die Krankenkosten von Armeeinvaliden ab dem zweiten Grad der Versehrtheit werden von ihren Einheiten übernommen. Das Konto wird allerdings unabhängig von den Sozialversicherungsorganen verwaltet. Genügt der Teil nicht, der für die Krankenkosten ausgezahlt wurde, müssen die lokalen Volksregierungen aushelfen.
(3) Die in der Grundkrankenversicherung versicherten Rentner zahlen keinen Versicherungsbeitrag.[161] Die in die individuellen Konten einzuzahlenden Summen und die selbst zu tragenden Krankenkosten werden angemessen vom Staat festgelegt.
(4) Die in der Grundkrankenversicherung versicherten staatlichen Beamten i.S.v § 2 Beamtengesetz der VR China erhalten staatliche Krankenbeihilfe.[162]
(5) Die ausgegliederten Arbeitnehmer aus Staatsbetrieben (Xiagang Zhigong) zahlen keinen Versicherungsbeitrag, weil sie fast kein Arbeitsentgelt erhalten.[163] Für sie wird der Beitrag zur Grundkrankenversicherung auf der Basis von 60% des lokalen durchschnittlichen Arbeitseinkommens im vorherigen Jahr vom Wiederbeschäftigungszentrum gezahlt.

1.2.1.1.1.2 Der Krankenversicherungsbeitrag der Arbeitgebereinheiten

1.2.1.1.1.2.1 Allgemeines

Im SVG sowie ESVG ist nicht ausdrücklich aufgezählt, welche Einheiten, die Arbeitnehmer beschäftigen, Beiträge zu zahlen haben. Die Arbeitgebereinheiten im Sinne der „Vorläufigen Verordnung zur Zahlung des Sozialversicherungsbeitrags" des Staatsrats[164] i.V.m. Nr.2 Abs.1 BSEGA sind Staatsunternehmen, Kollektivbetriebe in Städten und Kreisen, Unternehmen mit ausländischem Kapital, Privatunternehmen sowie andere Unternehmen in Städten und Kreisen, staatliche Behörden, öffentlich-rechtliche Einheiten, Kollektiveinheiten und gesellschaftliche Vereinigungen. Nach einer teleologischen Gesetzesauslegung des SVG sollten meiner Ansicht nach alle Arbeitgebereinheiten, zu denen Arbeit-

160 S. o.Versicherte Personengruppen- Rentner.
161 Vgl.o. Versicherte Personengruppen- Rentner.
162 Vgl. o. Versicherte Personengruppen- Beamte.
163 S.o.- Beitragspflichte Einnahme-Untergrenze.
164 „Shehui Baoxianfei Zhengjiao Zanxing Tiaoli", verabschiedet vom Staatsrat, VO-Nr.259.

nehmer in einem tatsächlichen Beschäftigungsverhältnis i.S.v. § 10 Abs.1 des Arbeitsvertragsgesetzes stehen, beitragspflichtig sein.[165]

Im Allgemeinen übersteigt der Beitragssatz der Arbeitgebereinheiten denjenigen der Arbeitnehmer. Die Einheiten, die Arbeitnehmer anstellen, tragen darum in erheblichem Maße die Finanzierung des Grundkrankenversicherungsfonds.[166] Der Krankenversicherungsbeitrag von Arbeitgebereinheiten stellt einen Teil der betrieblichen Kosten von Arbeitskräften dar.

Die Beiträge der Arbeitgebereinheiten liegen bei ca. 6% der Gesamtlohnsumme. Die Beitragsrate für Arbeitnehmer und Arbeitgebereinheiten kann in Übereinstimmung mit der wirtschaftlichen Entwicklung entsprechend angepasst werden (Nr.2 Abs.3 BESGA).

Der Beitragssatz von Arbeitgebereinheiten wird aufgrund der Erfahrungen in den Pilotgebieten der Krankenversicherungsreform und gemäß dem tatsächlichen Niveau der Krankenkosten festgesetzt. Die Belastbarkeit der staatlichen Haushalte und die finanzielle Leistungsfähigkeit der Einheiten sind zu berücksichtigen. Der Beitragssatz von 6% ist insofern nur als ein grober Maßstab im ganzen Land anzusehen. Je nach den lokalen wirtschaftlichen Verhältnissen und der Leistungsfähigkeit von Unternehmen darf der Beitragssatz in verschiedenen Planungsgebieten abweichen. Liegt der Beitragsatz unter 6%, darf er nicht bei schlechterer witschaftlicher Lage auf 6% erhöht werden. Wenn es notwendig ist, den Richtersatz zu überschreiten, sollte ebenfalls streng kontrolliert werden.[167]

1.2.1.1.1.2.2 Verfahren von Beitragszahlung

Im Rahmen der Grundkrankenversicherung für Arbeitnehmer wird die gesamte Beitragszahlung von Arbeitgebereinheiten stellvertretend erledigt, d.h. gemäß § 60 Abs.1 S.3 SVG wird der von Arbeitnehmern geschuldete Sozialversicherungsbeitrag durch die Arbeitgebereinheit vom Arbeitsentgelt abgezogen und entrichtet.

(1) Die Eintragung der Beitragszahlungen

Aus § 55 Abs. 1 ESVG ergibt sich die Definition des beitragspflichtigen Arbeitgebers: Danach sollen alle öffentlichen Einheiten, gesellschaftlichen Vereinigungen, Unternehmen, öffentlich-rechtlichen Anstalten, zivilen nicht-

---

165 S.o. - Versicherte- Krankenversicherung aufgrund Beschäftigungsverhältnis?
166 Vgl. Lu, Zuxun (Hrsg.), (2003), S.111f.
167 Vgl. Jiang,Yue, (2006), S.158.

kommerziellen Organisationen und Privatbetriebe [168] usw. innerhalb von 30 Tagen ab dem Eröffnungstag mit Geschäftsbescheinigung, Eintragungsurkunde oder Einheitsstempel bei den lokalen Sozialversicherungsorganen einen Antrag stellen, sie zur Sozialversicherung zu melden. Die Sozialversicherungsorgane sollen die Unterlagen innerhalb von 15 Tagen ab dem Tag des Eingangs des Antrags überprüfen und den Ausweis über die Teilnahme an der Sozialversicherung ausstellen. Nach der Neuregelung durch den SVG soll die Arbeitgebereinheit auch neu angestellte Arbeitnehmer innerhalb von 30 Tagen ab dem Tag seit Einstellung derselben bei den Sozialversicherungsorganen anmelden (§ 58 Abs.1 SVG). Die freiwilligen Versicherten-Privatbetriebe ohne Angestellte und Teilzeit-Arbeitnehmer sollen dementsprechend selbst bei den Sozialversicherungsorganen den Antrag stellen, sie zur Sozialversicherung anzumelden.

Eine wichtge Neuerung ist die Einführung einer einheitlichen persönlichen Sozialversicherungsnummer. Gemäß § 58 Abs.3 SVG wird diese vom Staat für das ganze Land vergeben. Die persönliche Sozialversicherungsnummer ist dieselbe wie diejenige des Personalausweises. Der versicherte Arbeitnehmer kann künftig nach dem jeweiligen Beitragssatz am Arbeitsort den Versicherungsbeitrag auf die individuellen Konten einzahlenen,[169] und bei Krankenfällen die Sozialversicherungsgelder unter bestimmten Voraussetzungen am Arbeitsort abheben.[170] Die einheitliche Sozialversicherungsnummer und die Erfassung durch den Personalausweis erleichtert die einheitliche Sozialversicherung in technischer Hinsicht.[171]

Die Politik der Haushaltsregisterierung (Hukou Zhengce) verbindet die persönliche Situation der Bürger mit der Art der Haushaltsregisterierung – Arbeitnehmer mit ländlicher Registerierung werden anders behandelt als diejenigen mit städtischer Registerierung. Diese Unterscheidung stellt ein starkes Hindnis für die Beschäftigung von Wanderarbeitern dar.[172] Um die Statusdiskriminierung und Beschränkung des Arbeitsplatzes von Wanderarbeitern zu beseitigen sowie die Haushaltsregisterierung abzuschaffen, sollen möglichst schnell eine einheitliche

168 Diese Aufzählung der Arbeitgebereinheit wird in dem Sozialversicherungsgesetz schon gelöscht.

169 S. o. - Beitrag des Arbeitnehmers sowie unten:Solidarfonds und individuelle Konten.

170 Wang, Guojun, (2000), 2.

171 S. Interview mit Ge, Man, Ershiyi Shiji Huanqiu Jingji Baodao vom 1.12.2006. [Globalberichte vom 21. Jahrhundert vom 1.12.2006] .

172 S.o.- Wanderarbeiter.

persönliche Sozialversicherungsnummer und die dazu gehörigen Durchführungsmaßnahmen eingeführt werden.

(2) Anmeldung der Beitragszahlung

Nach § 60 Abs.1 SVG soll der Sozialversicherungsbeitrag von der Arbeitgebereinheit selbst gemeldet und fristgerecht in ausreichender Höhe gezahlt werden. Die Zahlung darf – außer bei nicht höherer Gewalt oder anderen rechtlichen Umständen nicht aufgeschoben, reduziert oder unterlassen werden.

Es handelt sich um die Gesamtsumme des Lohnes, die nach den Regelungen des Amtes für Statistik von jeder Arbeitgebereinheit in einem bestimmten Zeitraum für ihre Arbeitnehmer gezahlt wird. Sie umfasst: (1) Zeitlohn, (2) Akkordlohn, (3) Prämie, (4) Zulage und Zuschuß[173], (5) Überstundenlohn, (6) Lohn unter besonderen Umständen.[174]

Die heiklen praktischen Probleme in der Beitragszahlung sind die verspätete und zu niedrige Zahlung sowie die Zahlungsunfähigkeit der Arbeitgebereinheiten.[175] Gemäß § 26 der vorläufigen Verordnung des Staatsrates über die Zahlung des Sozialversicherungsbeitrags i.V.m §85 SVG sind Verzugszinsen zu leisten und kann sogar eine Klage beim Volksgericht erhoben und Zwangsmaßnahmen zur Beschlagnahme von Vermögen der Arbeitgebereinheit in Höhe des zu zahlenden Sozialversicherungsbeitrags beantragt werden, wenn die Arbeitgebereinheit den Sozialversicherungsbeitrag nicht zeitgemäß oder nicht vollständig zahlt. Bei Zahlungsunfähigkeit, – etwa wenn die liquiden Mittel der Arbeitgebereinheit niedriger als der zu zahlende Sozialversicherungsbeitrag sind – kann das Finanzierungsorgan die Arbeitgebereinheit gemäß § 63 Abs.2 SVG auffordern, eine Bürgschaft beizubringen und einen Vetrag über eine Aufschiebung der Zahlungsfrist zu unterzeichnen. Wenn die Arbeitgebereinheit den Sozialversicherungsbeitrag nicht in ausreichender Summe zahlt und keine Bürgschaft leistet, kann das Finanzierungsorgan der Sozialversicherung einen Antrag beim Volks-

173 Zulagen (Jintie) sind Entschädigungen für zusätzlichen und besonderen Verbrauch der Arbeitnehmer; dazu gehören z.B. Gesundheitszulagen, technische Zulagen u.a; Zuschuß (Butie) dient dazu, Preissteigerungen und -änderungen auszugleichen. Vgl. „Guanyu Gongzi Zong´e Zucheng De Guiding", (Reglung zur Zusammensstzung des Arbeitslohnes), erlassen vom Statistikamt am 1.1.1990, VO-Nr.1.

174 Die Arten vom Arbeitslohn werden nicht ausdrücklich im Arbeitsgesetz der VR.China vom 5.7.1994 geregelt. Im § 53 „Guanyu Guanche Zhixing Laodongfa Ruogan Wenti De Yijian", werden sie aufgezählt. (Meinungen zu Durchführung des Arbeitsgesetzeserlasses des ehemaligen Arbeitsministeriums vom 4.8.1995 (Nr. 309))

175 Vgl. Lu, Zuxun, (2006), S.125.

gericht stellen, gerichtet darauf, ihr Eigentum im Wert des zu zahlenden Sozialversicherungsbeitrags zurückzuhalten und amtlich zu versiegeln, um eine Auktion abzuhalten und den Sozialversicherungsbeitrag dadurch abzutragen (§ 63 Abs.3 SVG).

1.2.1.1.2 Der staatliche Zuschuß

Anders als für die Grundrentenversicherung (§11 Abs.2 SVG), die Krankenversicherung für Einwohner in Städten und Kreisen und die neue Kooperationskrankenversicherung auf dem Land (§ 24 SVG) ist der staatliche Zuschuß für die Grundkrankenversicherung für Arbeitnehmer nicht in dem Sozialversicherungsgesetz erwähnt. Im BSEGA ist die Politik der staatlichen Krankenbeihilfe auch nur für Beamte ausdrücklich vorgesehen (Nr.6 Abs. 4 BSEGA). Aber nach verbreiteter Auffassung in der Literatur sollte der Staat auch zu Grundkrankenversicherung für Arbeitnehmer in geeigneter Weise einen aktiven Beitrag leisten. „Wenn die wirtschaftliche Verantwortung für die Grundkrankenversicherung durch die Gesellschaft und die Verantwortung für Erhöhung und Verbesserung der medizinischen Bedingungen durch die einzelnen Versicherten übernommen wird, soll die Verantwortung vom Staat und den Einheiten (Arbeitgeber) gemeinsam getragen werden. Wenn der Beitragssatz der Arbeitgebereinheiten im Gesetz klar festgeschrieben ist, sollte der Staat für die Zahlung der Grundkrankenversicherungsbeiträge von Bürgern ohne Einnahme und für den Ausgleich bei Schulden des Grundkrankenversicherungsfonds eine wichtige Rolle spielen.“[176] Der Zuschuß kann auch eine Erfüllung der Verpflichtung des Staates zur Realisierung von Grundrechten der sozialen Sicherheit i.S.v. Art. 45f. der Verfassung der VR China darstellen.[177]

Zusammenfassend betrachtet kann der staatliche Zuschuss in der Praxis auf folgender Weise gegeben werden:[178]

(1) Die Einräumung von Steuervorteilen: Die von den Arbeitgebereinheiten und den Arbeitnehmern geschuldeten Grundkrankenversicherungsbeiträge werden nach den Arbeitsentgelten vor Steuern berechnet und mindern das zu versteuernde Einkommen. Auf diese Weise wird ein Teil des Lohns der Arbeitnehmer und des Gewinns der Arbeitgebereinheiten nicht mehr der Einkommenssteuer zugrunde gelegt, wodurch sich die staatliche Finanzeinnahme verringert. Durch

176 Zhong, Zhaoming (Hrsg.), (2000), S.169f.
177 Zheng, Shangyuan/Li, Haiming/Hu, Chunmei, (2008), S.527.; Vgl. o. – Verfassung.
178 S. Lu, Zuxun(Hrsg.), (2006),S.112f.

diesen faktischen Steuernachlass erhalten die versicherten Arbeitnehmer für die Krankenversicherung einen mittelbaren staatlichen Zuschuß.

(2) Die Einräumung von Zinsvorteilen:. Der Grundkrankenversicherungsfonds kann sein Vermögen zu einem höheren Zinssatz als demjenigen für normale Spareinlagen und Staatsschuldenpapiere anlegen. Diese Erhöhung wird von staatlichen Finanzleistungen ausgeglichen.

(3) Die Haushaltspolitik: Nach Maßgabe der „vorläufigen Verwaltungsmaßnahmen zur Finanzierung des Sozialversicherungsfonds" (VVIS)[179] kann die zentrale Regierung durch ihr Finanzbudget Geldmittel für den Sozialkrankenversicherungsfonds bereitstellen, um die Einnahmen mit den Ausgaben in Einklang zu bringen. Außerdem wird ein Ausgleich der nicht durch Beiträge gedeckten Kosten der Sozialversicherungsorganen von Finanzorganen auf derselben Ebene nach §72 Abs.2 SVG garantiert.

(4) Die Politik der unmittelbaren Beitragsunterstützung: Die Grundkrankenversicherungsbeiträge von öffentlichen Bediensteten, Rentnern, ausgegeliederten Arbeitnehmern in Staatsbetrieben und anderen entsprechenden Personen werden unmittelbar aus dem staatlichen Finanzbudget ausgezahlt (Nr.6 BSEGA).[180]

1.2.1.1.3 Investitionserträge des Krankenversicherungsfonds

Der Grundkrankenvericherungsfonds kann gemäß §69 Abs.1 SVG unter den Sicherheitsvoraussetzungen einschlägiger Regelungen des Staatsrates investiert werden, um seinen Wert zu garantieren und zu vermehren. Das Finanzministerium und das Ministerium für Arbeit und Soziale Sicherheit (seit 2008, Ministerium für Arbeitskräfte und Soziale Sicherheit) haben zwei Rechtsverordnungen für die Finanzverwaltung des Sozialversicherungsfonds verabschiedet: Die „Verordnung über Finanzangelegenheiten des Sozialversicherungsfonds" vom 15.6.1999 (VFS)[181] und die „vorläufigen Verwaltungsmaßnahmen zu Investitionen des Sozialversicherungsfonds"(VVIS)[182]

---

179 „Quanguo Shehui Baozhang Jijin Touzi Guanli Zanxing Banfa", erlassen vom Finanzministerium und dem Ministerium für Arbeit und Soziale Sicherheit am 13.12.2001, VO-Nr.12.

180 Vgl.o. Beitrag der Arbeitnehmer- Befreiung von Beitragspflicht und vorteilhafte Krankenbeihilfe.

181 „Shehui Baoxian Jijin Caiwu Zhidu", erlassen vom Finanzministerium und dem Ministerium für Arbeit und Soziale Sicherheit am 15.6.1999, Caishe Zi (1990), Nr.60.

182 Quanguo Shehui Baozhang Jijin Touzi Guanli Zanxing Banfa vom 13.12.2001, erlassen vom Finanzministerium und dem Ministerium für Arbeit und Soziale Sicherheit, VO-Nr.12.

Dementsprechend sollen die Mittel des Grundkrankenversicherungsfonds nach den Prinzipien von Sicherheit und Flexibilität (§3 VVIS) investiert werden. Gemäß § 25 VVIS i.V.m.§ 37 VFS dürfen die Mittel des Grundkrankenversicherungsfonds nur in Spareinlagen, Staatsschuldenpapiere und andere Finanzinstrumente mit guter Flexibilität investiert werden. Die anderen Finanzinstrumente mit guter Mobilität sind z.B. Wertpapiere auf dem Markt, Aktien, Unternehmensanleihen.

1.2.1.2 Die Zusammensetzung des Grundkrankenversicherungsfonds

Allgemein gesagt setzt sich der Grundkrankenversicherungsfonds für Arbeitnehmer aus dem individuellem Konto, dem Solidarfonds und dem Reservefonds zusammen.

Es werden gemäß Nr.3 Abs.1 BSEGA einheitlich verwaltete Fonds und individuelle Konten des Grundkrankenversicherungsfonds errichtet. Der einheitlich verwaltete Fonds und die Geldmittel im individuellen Konto werden jeweils für unterschiedliche Leistungsarten genutzt. Beider Zahlungsumfang wird voneinder abgegrenzt und getrennt kalkuliert. Die Aufteilung des Grundkrankenversicherungsfonds in individuelle Konten und den Solidarfonds stellt „ein gemischtes Finanzierungsmodell" dar.[183]

Der Reservefonds ist für Vorbeugung und Behandlung von zufälligen Infektionskrankenheiten, Epidemien und anderen Krankenheiten mit überdurchschnittlichen Risiken sowie die Defizitdeckung im Sozialkrankenversicherungsfonds anzulegen. Der konkrete Prozentsatz und die Voraussetzungen für Entnahmen aus dem Reservefonds werden für die jeweiligen Pilotgebiete selbst in lokalen Regelungen festgeschrieben. Der Reservefonds muß in einem speziellen Konto verwaltet werden.

Außerdem werden die Verwaltungs- und Personalkosten der Sozialversicherungsorgane nicht aus dem Grundkrankenversicherungsfonds, sondern völlig vom Staat übernommen, weil die Sozialversicherungsorgane zu den aus dem staatlichen Haushalt finanzierten Einheiten gehören (§ 72 Abs.2 SVG).[184]

---

183 In der Regel gibt es in der Sozialkrankenversicherung drei verschiedene Finanzierungsmodelle, nämlich das Modell des Solidarfonds mit Umlageverfahren, das Modell der Einlagenakkumulation und das gemischte Modell von Solidarfonds und Einlagenakkumulation. Jedes Modell hat seine naturellen Vorteile und Nachteile. Vgl. Zheng, Bingwen/He, Chunlei (2000), S.146; Sun, Jianfu (2007), S.63f. u.Ä.

184 Vgl. Lu, Zuxun (Hrsg.), 2006, S.120.; S.o.- Der staatliche Zuschuß.

1.2.1.2.1 Das individuelle Konto

Nach Maßgaben des BSEGA werden die vom Arbeitnehmer entrichteten Beiträge komplett den individuellen Konten gutgeschrieben. Die vom Arbeitgeber gezahlten Beiträge gehen in der Regel zu ca. 30% in die individuellen Konten. Überdies gehen das von den Arbeitgebereinheiten gezahlte Startgeld und die Jahreszinsen auf das individuelle Konto. Insgesamt machen die Geldmittel im individuellen Konto ca.3.8% der Lohnsumme aus (die vom Arbeitnehmer selbst gezahlten 2% seines Lohns plus die von der Arbeitgebereinheit gezahlten ca. 30% der Gesamtlohnsumme). In den verschiedenen Pilotgebieten variiert der Prozentsatz nach den lokalen Umständen.

Das individuelle Konto wird zur Zeit vor allem für ambulante Kosten in den zuglassenen medizinischen Einrichtungen, Arzneimittelkosten in den zugelassenen Apotheken und den von versicherten Arbeitnehmer selbst zu tragenden Teil der stationären Kosten verwendet. In der Praxis werden der Leistungsbereich und die konkreten Leistungen von den verschiedenen Provinzen oder Städten selbst bestimmt.185

Die Gelder auf den individuellen Konten gelten als Privateigentum und sind vererbbar.[186] Denn die individuellen Konten verfügen nicht über den wichtigen Charakter von Sozialversicherung, nämlich Solidarität, d.h. jeder kümmert sich mit seinem Konto nur um sich selbst.

Seit dem Inkrafttreten des BSEGA im Jahre 1998 findet das individuelle Konto im Grundkrankenversicherungssystem für Arbeitnehmer eine umfassende Anwendung. Das Konto wird in der Praxis in Form einer Chip-Karte vor allem für die Zahlung der Krankenbehandlungs- und Medikamentkosten in den zugelassenen medizinischen Einrichtungen gebraucht. Bis Ende 2003 erreichte die Zahl der Versicherten mit individuellen Konten 109 020 000.[187] Nach der Zahl der Versicherten berechnet ist die Grundkrankenversicherung für Arbeitnehmer in Städten und Kreisen der zweitgrößte Sozialversicherungszweig in China.

1.2.1.2.2 Solidarfonds

Der andere Teil der den Arbeitgebereinheiten gezahlten Beiträge (70%) fließt in den zu errichtenden einheitlich verwalteten Fonds. Die Mindestgrenze und –

185 S.unten. Leistungen- das individuelle Konto.
186 Xing, Xinmin (2000), S.270.
187 Zu dieser Statistik s. Guo, Shizheng, (2005), Anhang.

höchstgrenze für Auszahlungen aus diesem Solidarfonds ist ebenfalls in dem Beschluß festgelegt. (Nr.3 Abs.2 BSEGA)[188] Als wichtiger Teil des Sozialversicherungsfonds (§ 64 Abs.1 SVG) wird der Grundkrankenversicherungsfonds der staatlichen einheitlichen Buchführungsordnung entsprechend berechnet und zweckgebunden verwaltet. Nach Nr. 4 Abs. 2 BSEGA wird der Solidarfonds der Grundkrankenversicherung für Arbeitnehmer einheitlich von den Sozialversicherungsorganen verwaltet und für Zahlungen verwendet. Die Organe bzw. die einzelnen Versicherten dürfen die Gelder nicht zweckfremdet investieren und verwenden dürfen (§69 Abs.2 SVG). Um seinen Wert zu garantieren und zu vermehren kann der Solidarfonds unter den Sicherheitsvoraussetzungen der Verordnungen des Staatsrates investiert werden. Nach der neuen Regelung des SVG (§ 70) sollen die Sozialversicherungsorgane regelmäßig die Einnahmen, Ausgaben, den Überschuß und den Gewinn des Fonds veröffentlichen.

1.2.1.3 Institutioneller Aufbau und Kritik

Da gemäß Nr. 3 Abs. 1 BSEGA der jeweilige Auszahlungsumfang sowie das konkrete Verhältnis zwischen dem individuellen Konto und dem Solidarfonds von den zuständigen Stellen in den verschiedenen Planungsgebieten festgelegt werden, entwickeln sich verschiedene Modelle. Davon werden die folgenden drei vertreten:

(a) Zhengjiang- und Jiujiang-Modell[189]: Nach diesem Modell werden die Krankenkosten zunächst vom aus dem individuellen Konto gezahlt. Sofern die Gelder darin nicht genügen, sollten die weiteren Kosten vom versicherten Arbeitnehmer in Höhe von 5% seines Jahreslohnes selbst übernommen werden. Der dann noch fehlende Betrag darf aus dem Solidarfonds ausgezahlt werden und dazu muss der Versicherte noch einen weiteren eigenen Kostenbeitrag in Form einer Zuzahlung leisten. Weil die Spareinlage im individuellen Konto sehr niedrig und der selbst zu zahlende Beitragsanteil auch nicht hoch ist, werden in der Praxis fast alle Krankenkosten, sowohl von „leichteren" als auch von „schwereren Krankenheiten" auch aus dem Solidarfonds bezahlt.

(b) Das Shenzhen-Modell: In der Stadt Shenzhen gibt es für die Auszahlung der Krankenkosten drei Ebenen. Die Arbeitnehmer mit ständiger Haushaltsregisterierung können an der einheitlichen Grundkrankenversicherung

188 S.unten: Zuzahlung der Versicherten.

189 Zhengjiang, Jiujiang und Shenzhen sind Städte in China. Hainan ist eine Provinz in China. Die drei Modelle werden in diesen Planungsgebieten durchgeführt.

teilnehmen. Die ambulanten und stationären Krankenkosten werden jeweils vom individuellen Konto und Solidarfonds übernommen. Für die Arbeitnehmer mit vorläufiger Haushaltsregisterierung wird kein individuelles Konto errichtet. Und nur die Kosten für stationäre Behandlung werden für sie aus dem Solidarfonds getragen. Die Krankheitskosten für pensioniertes Personal und schwer behinderte ehemalige Mitglieder der Revolutionssarmee, die keinen Versicherungsbeitrag zahlen, sind aus dem Solidarfonds zu tragen. Da das individuelle Konto nur die Hälfte der Grundkrankenversicherung ausmacht, ist die Abdeckung von relativ hohen Krankheitskosten, normalerweise bei stationärer Behandlung der Versicherten, erst vom Solidarfonds zu leisten. Dieses Modell soll den Umständen in Shenzhen, einer jungen Stadt mit vielen Auswanderern sowie Arbeitnehmern mit relativ hohen Einkommen, Rechnung tragen.[190]

(c) Das Hainan-Modell: In der Provinz Hainan werden das individuelle Konto und der Solidarfonds getrennt verwaltet. Die stationären Kosten bei schwereren Krankheiten werden aus dem Solidarfonds getragen, der unabhängig vom Sozialversicherungsorgan verwaltet wird. Das individuelle Konto in Form einer Chip-Karte wird für die ambulante sowie den von dem Versicherten selbst getragenen Anteil der stationären Behandlung benutzt. Man darf nicht aus dem Konto Bargeld abheben, sondern damit nur die Krankenkosten zahlen. Nach diesem Modell wird das individuelle Konto völlig von dem versicherten Arbeitnehmer kontrolliert. Der Saldo kann für den selbst gezahlten Anteil der stationären Kosten genutzt werden und ist auch vererbar. Dieses Modell findet in verschiedenen Pilotprovinzen allgemeine Anwendung.[191]

Seit der Einführung von individuellen Konten und der Festlegung des Prinzips des gemischten Finanzierungsmodells aus Solidarfonds und individuellen Konten in der Sozialkrankenversicherung in den 90er Jahren herrscht in der Praxis sowie in der Literatur eine kritische Debatte. Der Gesetzgeber ist der Auffassung, dass der einheitlich verwaltete Fonds den zentralen Punkt der Sozialkrankenversicherung mit Solidarausgleich darstellt, mit dem die großen Krankheitsrisiken von versicherten Arbeitnehmern abgedeckt werden können. Das individuelle

190 Die Stadt Shenzhen liegt im Südosten Chinas. Ab Anfang der 80er Jahren ist diese Stadt eine der besonderen wirtschaftlichen Regionen, in denen die Reform- und Öffnungspolitik als Pilotprojekt durchgeführt wird. Fast alle Einwohner in Shenzhen stammen aus anderen Provinzen. Nach der amtlichen Statistik (erlassen vom Shenzhen Statistikamt) hat Shenzhen im Jahre 2008 8 768 300 Einwohner. Davon haben nur 2 280 700 Einwohner eine lokale Haushaltsregisterierung.

191 Vgl. Chen, Jiagui (Hrsg.), (2001), S.154ff.

Konto fördere die Eigenverantwortung der Versicherten in der Krankenversicherung und könne vernünftige Krankenkosten reduzieren und unnötige Ausgaben kontrollieren. Der Versicherte könne sich selbst auch durch Sparen mit dem Konto für das Alter versorgen.[192] Aber in der Praxis spielt das individuelle Konto wegen der hohen Verwaltungsgebüren, des Mißbrauchs und der Verschwendung von Geldern weder für die Kostenkontrolle noch für eine Altersrückstellung eine erhebliche Rolle.[193] In dem Sozialversicherungsgesetz ist das individuelle Konto im Rahmen der Grundkrankenversicherung auch nicht geregelt wie bei der Grundrentenversicherung. Dies dürfte die skeptische Haltung des Gesetzgebers zum Ausdruck bringen.

Das individuelle Konto wird in der Literatur mit Rücksicht auf seine Funktionen – Beteiligung an Krankenkosten, Spareinlage für das Alter, Selbstkontrolle und Verstärkung von persönlicher Aktivität in der Grundkrankenversicherung – für Arbeitnehmer errichtet.

(1) Die Beteiligung an den Krankheitskosten

Seit der Reform des sozialen Schutzes in den 70er Jahren gibt es einen Trend zu „individueller Rückstellung und Gewährleistung“ und zur „Entlastung von staatlichen Aufgaben“. Durch die Kontrolle von Leistungen soll sich das Niveau der Sozialversicherung dem Niveau der sozioökonomischen Entwicklung der Gesellschaft anpassen.[194] Unter dem Einfluß internationaler Beratung hat der chinesische Gesetzgeber ähnlich wie bei der Rentenversicherung das gemischte Modell von Solidarfonds und individuellen Konten ausgewählt. Mit dem individuellen Konto versucht man, die schwere finanzielle Belastung des staatlichen Finanzwesens unter dem früheren Kostenerstattungs- und Arbeitsschutzsystem[195] zu mildern und bei den Versicherten das Bewußtsein für Kostenkontrolle zu erzeugen.

Die Krankenkosten werden im Sozialversicherungssystem oder dem staatlichen Versicherungssystem mit planwirtschaftlichen Merkmalen hauptsächlich von einem Dritten – der Krankenkasse oder dem Staat bezahlt. Weder die Patienten noch die Ärzte haben ein Interesse an niediergen Preisen der Krankheitsleistun-

192 Zheng, Bingwen/He, Chunlei, (2001), S.173; Liu, Guoen/Dong, Chaohui/Meng, Qingxun/Yan, Lijing, (2006), S.61.; Lin, Jia, (2002), S.228.

193 Vgl. Xue, Xindong, (2008), S.41f.

194 Liu, Guoen/Dong, Chaohui/Meng, Qingxun/Yan, Lijing, (2006), S.61.

195 S.o.- Wandlungsprozess und Entwicklungsschritte des chinesischen Gesundheitswesens und des Krankenkenverricherungsrechts.

gen. Der Wettbewerb zwischen den verschieden Leistungserbringern wird lediglich über die Leistungsqualität ausgetragen. Für die Patienten, die keine oder nur sehr geringe Beiträge zahlen, besteht ein „moralisches Risiko“ des übermäßigen Verbrauchs der medizinischen Ressourcen. Die Ärzte können sogar von einem übermäßigen medizinischen Angebot profitieren.[196] Unter dem Planwirtschaftssystem hing die Erstattung von Krankenkosten nur vom Haushaltsbudget ab. Wegen der Preissteigerung der medizinischen Produkte und Alterung der Bevölkerung gehen die Ausgaben in den letzten Jahren über die finanzielle Tragfähigkeit hinaus. Im Jahre 1980 betrugen die Ausgaben für Krankheitserstattung 570 Mio. Yuan und machte 0,50% des Jahrseinkommens des Staates aus. Der Pro-Kopf-Kostenaufwand lag bei 39,90 Yuan. Bis 1995 ist die Gesamtausgabe auf 11 229 Mio. Yuan gestiegen. Pro Kopf entfiel dann ein Aufwand von 350,00 Yuan.[197]

Unter diesen Umständen wurde das individulle Konto im Grundkrankenversicherungssystem für Arbeitnehmer in Städten und Kreisen errichtet. Der Staat zwingt Arbeitnehmer und Arbeitgeber, die Krankenversicherungsbeiträge nach dem jeweiligen Maßstab in das individuelle Konto zu einzuzahlen. Wenn der Versicherte es im Krankenheitsfall benötigt, werden zunächst das Grundkapital und Zinsen aus dem Konto aufgebraucht.

(2) Spareinlage

Im Vergleich zu einem normalen Sparkonto hat das individuelle Konto mehrere Vorteile. Es wird mit staatlichem Zwang für einen einzigen Zweck errichtet: das Geldmittel ist nur für den medizinischen Bedarf der versicherten Arbeitnehmer gespart und eingezahlt. Andere Nutzungszwecke sind ausgeschlossen. Auch spielt das Konto eine Rolle als Spareinlage „in Längsrichtung“: junge Menschen können damit für die Krankheitsrisiken im Alter sparen, so dass eine „Altersrückstellung in der Krankenversicherung aufgebaut wird“[198].

Mit der Alterung der Bevölkerung in China erhöhen sich die Ausgaben für Krankheitskosten in der Zukunft, da eine alte Bevölkerung durch häufigere Erkrankungen mehr Ansprüche an die Solidargemeinschaft hat. Allein durch finanzielle Mittel des Staates und der Unternehmen ist der steigende Bedarf älterer Menschen an medizinischen Leistungen nicht vollständig zu decken. Die

196 Debe, Medical savings accounts in a universal system: wishful thinking meets evidence. Health Policy. 2004 (70): pp. 49- 66.
197 Statistik: Xu Feiqiong, (1998), 10.
198 B. Darimont, (2003), Diss., S.100.

Grundkrankenversicherung für Arbeitnehmer in Städten und Kreisen versucht darüber hinaus von den Erfahrungen aus der Grundrentenversicherung – Zusammensetzung von individuellem Konto und sozialen Fonds – zu profitieren[199]: durch die Spareinlage im individuellen Konto kann das mögliche Risiko einer Zahlungsunfähigkeit des Solidarfonds verringert werden.

In der Praxis wird mit dem individuellen Konto auch eine gewisse Menge an Kapital gesammelt. Nach der Statistik für die Jahre 2003 bis 2004 macht das Geld im individuellen Konto mehr als 42% des Fonds der Grundkrankenversicherung aus. Die durchschnittliche Summe beträgt 269,50 Yuan pro Kopf.[200]

(1) Selbstkontrolle der Krankheitskosten

Da alle Krankheitskosten im Voraus vom Staat durch Abführung an die entsprechenden Einrichtungen beglichen wurden und der versicherte Arbeitnehmer bei Empfang der medizinischen Leistung nicht selbst den Preis erbringen mußte, entstanden es im alten Krankenversicherungssystem in den 1980er Jahren Probleme, nämlich eine rasante Erhöhung der Krankenkosten und Mißbrauch der medizinischen Ressourcen.

Die Einführung des individuellen Kontos bezweckt auf einer Seite, die individuelle Verantwortung in der Grundkrankenversicherung klarzumachen. Die Leistungserbringung setzt die Beitragszahlung der Arbeitnehmer voraus, wodurch die vorherige kollektive Erstattung der Krankenkosten zur Selbst-Kostenübernahme geworden ist.[201] Auf der anderen Seite verbindet das individuelle Konto den Leistungsempfang mit den wirtschaftlichen Interessen der Versicherten: Je umfangreicher und besser die medizinischen Leistungen erbracht werden, umso höheren ist der Anteil, der muss der Versicherte selbst übernehmen.[202] Durch das individuelle Konto kann insofern der Leistungsbedürftige

199 S. Nr.4. „Guowuyuan Guanyu Jianli Tongyi De Qiye Zhigong Jiben Yanglao Baoxian Zhidu De Guiding", erlassen vom Staatsrat am 16.7.1997, Guofa (1997), Nr. 26. (Beschluss des Staatsrats über die Errichtung eines einheitlichen Grundrentenversicherungssystems für Beschäftigte in Unternehmen). Auch im Sozialversicherungsgesetz der VR China ist das individuelle Konto im Rahmen der Grundrentenversicherung gesetzlich festgeschrieben (§10).

200 Vgl. Zhang, Qi/Wang, Fei, (2006), S.409ff.

201 Vgl. Zheng, Bingwen/He, Chunlei, (2001), S.173f.

202 Über den selbst zu tragenden Anteil der Krankheitskosten siehe unten: Leistungen

effektiv durch sich selbst kontrolliert und die Verschwendung von medizinischen Ressourcen tendenziell reduziert werden.[203]

(2) Verstärkerungpersönlicher Aktivität

In der Literatur wird die Verstärkung persönlicher Aktivität der Versicherten häufig als Vorzug des individuellen Kontos dargestellt.[204] Da das Geld im individuellen Konto als Privateigentum der Versicherten betrachtet wird und sogar vererbbar ist,[205] liegt es im Interesse des Kontoinhabers, die Arbeitgebereinheit zu rechtzeitiger und vollständiger Zahlung in den Krankenversicherungsfonds anzuhalten. Auch kann mit Hilfe des individullen Kontos ein angemessenes Verhältnis zwischen Anbieter und Nachfrager auf dem medizinischen Markt aufrechterhalten und die Verwendung medizinischer Ressoucen rationalisiert werden, weil der Versicherte mit Rücksicht auf seine eigenen Gelder ein Interesse hat, die Leistungserbringer bewußt zu kontrollieren.

Kritik an der Einführung von individuellen Konten in der Grundkrankenversicherung wird dennoch aus folgenden Gründen geübt:

(1) Weniger Solidarität

Das individuelle Konto im chinesischen Grundkrankenversicherungssystem für Arbeitnehmer in Städten und Kreisen ist aus einer singapurischen Erfahrung – dem sogenannten Kapitaldeckungsverfahren rezipiert, das durch eine vom Staat erzwunge „Privatspareinlage" gekennzeichnet ist.[206] Dieses Modell wurde zunächst in Singapur in den 1980er Jahren angewandt. Es hat großen Erfolg erzielt und die Aufmerksamkeit vieler Staaten auf sich gezogen. Obwohl das Modell in Singapur die finanzielle Belastung des Staats milderte, hat es das betroffene Sicherungsniveau eingeschränkt und nur eine geringe Solidarität zwischen mehr und weniger Leistungsfähigen geschaffen. Zwar kann man noch mit der Gleichheit der öffentlichen medizinischen Versorgung in Singapur zufrieden sein. Grund dafür ist zum einen die rasante wirtschaftliche Entwicklung. Zum anderen verdankt sie sich einer gewissen Gleichheit im Bereich der Einkommensverteilung.[207] Allerdings könnte das individuelle Konto auf die „gesundheitliche

203 Vgl. Zheng, Bingwen/He, Chunlei, (2001), S. 174.
204 Vgl. Lai, Daqing (Hrsg.), (2003), S.241.
205 Xing, Xinming, (2000), S.270.
206 Xue, Xindong, (2008), S.41.
207 Michael D. Barr, Medical Savings Accounts in Singapore: A Critical Inquiry. Journal of Health Politics. Policy and Law,2001, 26 (4), pp.709- 927.

Gerechtigkeit" einen latenten negativen Einfluß ausüben. Auch wird bezweifelt, ob das individuelle Konto eine beträchliche Rolle bei der Kontrolle der medizinischen Kosten spielen kann.[208]

Das Krankheitsrisiko ist durch Häufigkeit und Unbestimmtheit gekennzeichnet. Wegen des unterschiedlichen Alter- und Gesundheitszustands vom jeweiligen Versicherten ist es unmöglich, dass alle gleichzeitig an einer Krankheit leiden könnten. Immerhin gehören die Kranken nur zur unbestimmten Minderheit.[209] Durch das Solidaritätsprinzip im sozialen Krankenversicherungssystem können die Geldmittel von Mitgliedern fast aller Branchen mit einem umfangreichen Deckungsgrad konzentriert werden, damit der Staat „den Bürgern eine elementare Existenzsicherheit gewährt" und der Bürger „einen wirtschaftlichen Ausgleich erhält", falls er im Krankheitsfall einer besonderen Unterstützung bedarf (sog. Gesetz der großen Zahlen).[210] In diesem Sinne stellt das Solidaritätsprinzip den wesentlichen Punkt der Sozialkrankenversicherung dar.

Die Frage im chinesischen Grundkrankenversicherungssystem ist aber, dass die von Arbeitgeber und Arbeitnehmer entrichteten Versicherungsbeiträge teilweise in die individuellen Konten fließen. Das bedeutet, dass die Summe des einheitlich verwalteten Fonds durch das individuelle Konto gemindert wird, wodurch die Zahlungsfähigkeit des Solidarfonds sowie das Solidaritätsprinzip beeinträchtigt werden können.[211]

(2) Schwache Selbstkontrolle

Zwar war mit der Einführung des individuellen Kontos bezweckt, eine Kontrolle der medizinischen Kosten durch die Versicherten selbst zu schaffen. Es wurde aber nicht gesehen, dass die unvollständige Kostenerstattung im Leistungsbereich einen Anreiz zur Verursachung höherer Krankheitskosten schuf. Für die vom Solidarfonds abgesicherte Behandlung schwererer Krankheiten wird eine

208 Hsiao, William C, Behind the Ideology and Theory: What is the Empirical Evidence for Medical Savings Accounts? Journal of Health Politics, Policy and Law, 2001, 26(4), pp.732- 737.

209 Vgl. „Zhongguo Shehui Baoxian Baozhang Tixi Yanjiu Ketizu", Zhongguo Shehui Baozhang Zhidu Gaige, Fansi Yu Chonggou? (2000),Shehui Yanjiu, 8, S.8. (Forschungsgruppe für das chinesische Sozialversicherungssystem, Reform der Sozialversicherungsinstitution, Nachdenken und Rekonstruktion?, Zeitschrift für soziale Forschung, 2008,8, S.8)

210 Yang, Yiyong, (2005), S.97.

211 Vgl. Zhang, Qi/Wang, Fei, (2006), S.409ff.

Untergrenze für die Kostentragung in verschiedenen Pilotprovinzen festgelegt. Nur die Kosten über diese Grenze hinaus können aus dem Solidarfonds der Grundkrankenversicherung ausgezahlt werden. Der Teil unter dieser Grenze ist von dem Versicherten mit seinem eigenen Konto selbst zu tragen.[212] Folglich gibt es einen Anreiz, die Behandlungskosten über diese Grenze zu bringen.[213]

Die zugelassenen Apotheken haben in dieser Situation einige gegen die Betriebsverordnungen verstoßende Maßnahmen ergriffen, um mehr von den Versicherten zu profitieren. Auch wegen hoher Verwaltungskosten und dem komplizierten Aufsichtsverfahren des individuellen Kontos wurden die Kontrollen der Sozialversicherungsorgane in einigen Pilotengebieten nachlässig durchgeführt. Das führt dazu, dass die versicherten Arbeitnehmer und ihre Familienangehörigen in der Praxis mit Geldmitteln in den individuellen Konten fast alle Arzneimittel in Apotheken kaufen können, sogar Gesundheitsprodukte und Drogoriewaren.[214] Das individuelle Konto mit exklusiver Zahlungsfunktion für Krankheitskosten wird dadurch zu einem normalen Konto.

Auch im übrigen gibt es noch einige Mängel, die damit zusammenhängen, dass die Krankenversicherungsreform in China noch am Anfang steht. Innerhalb dieses Systems sind viele Arbeitnehmer (vor allem die in den Privatunternehmen und ländlichen Betrieben) noch nicht in die Versicherung einbezogen. Dazu gehören auch die Familienmitglieder der versicherten Arbeitnehmer, denn in China gibt es keine beitragsfreie Familienversicherung wie in Deutschland und die Krankenversicherung für Einwohner in Städten und Kreisen wird bisher nur in einigen Piloten mit beschränkten Voraussetzungen durchgeführt.[215] Das individuelle Konto der Arbeitnehmer wird häufig von deren unversicherten Familienangehörigen genutzt. Auch nutzen die jungen Familienangehörigen oft das Konto der Rentner. Denn die pensionierten Arbeitnehmer brauchen keinen Versicherungsbeitrag zu leisten, und der von ihren ehemaligen Arbeitgebern entrichtete Beitrag fließ mehr in die individuellen Konten als der bei den noch Beschäftigten.[216] Die Erstattungshöchstgrenze aus dem Solidarfonds der Rentner ist aber

212 S.u. Leistungen.

213 Vgl. Liu, Hongqing, (2005), S.44f.

214 S. Zeitungsbericht, Yibao Ka Chengle Gouwuka , Yiliao Baoxian Geren Zhanghu Jiang Zouxiang Hefang ? (Die Krankenversicherungskarte der Grundkrankenversicherung ist zu Konsumkarte geworden. Wohin geht das individuelle Konto?), in Renmin Ribao vom 15.8.2005.

215 S.u. Grundkrankenversicherung für Einwohner in Städten und Kreisen.

216 Z.B. in Linyi, einer Stadt in Provinz Shandong, geht für den versicherten Arbeitnehmer unter 45 Jahren 1,5% des von der Arbeitgebereinheit gezahlten Beitrags in das indivi-

normalerweise höher als die für die normalen Arbeitnehmer, und der von ihnen selbst zu tragende Anteil über diese Grenze ist auch niedriger.[217]

(3) Keine allgemeine Anerkennung des individuellen Kontos

Ob die gesetzgeberischen Zwecke des individuellen Kontos unter den Versicherten eine allgemeine Anerkennung finden, spielt eine nicht zu übersehende Rolle bei der Anwendung in der Praxis. Da das individuelle Konto unvollkommen aufgebaut ist und Versicherte einige seiner gesetzlichen Lücken für sich ausnutzen können, hat das mangelende Vertrauen in seine Funktion einen negativen Einfluß auf die Praxis. In manchen Pilotprovinzen wurde festgestellt, dass alle Mitglieder in einer Familie gemeinsam das individuelle Konto benutzen und die Gelder darin schnell ausgegeben werden. Im Fall eines „leeren Kontos“ (Kong Hu) können die Krankheitskosten der Versicherten aber (teilweise) unmittelbar vom Solidarfonds erstattet werden.[218]

Der andere Grund für die geringe Anerkennung besteht darin, dass die Einführung des individuellen Kontos weder den ersichtlichen Interessen eines Versicherten dient, noch eine Erleichterung bei der Krankenkostenerstattung verschafft: obwohl die Arbeitgebereinheit 30% der Krankenversicherungsbeträge in das individuelle Konto einzahlt (gemäß Nr. 3 BSEGA), gilt dieser Betrag nach der Aufteilung vom jeweiligen Konto auch als zu wenig für das Krankenrisiko.[219] Für die Versicherten wird das Versicherungsniveau dennoch durch Krankenkostenbeteiligung des Kontos gemildert, d.h. das individuelle Konto hat im finanziellen Sinne die Versicherten und ihre Familie belastet. Wegen der geringen Summe vom Kontosparen ist die Altersrückstellung in der Krankenversicherung auch kaum zu realisieren, denn die Gelder darin werden nach Einzahlung in Kürze verbraucht. Die Kostenerstattungsgrenze, die die Kostenselbstkontrolle bezweckt, ist vielmehr als Kennzeichen der Senkung des Versicherungsniveaus

duelle Konto. Für diejenigen über 45 Jahren beträgt der Anteil 2% und für die Rentner 4,50%.

217 Z.B. in Ha'erbin, einer Stadt in Provinz Heilongjiang beträgt der selbst zu tragende Anteil über der Erstattungsmindestgrenze und unter der Höchstgrenze beim normalen Arbeitnehmer 10%; beim Rentner liegt die Zahl bei 7%;siehe auch oben: Versicherte-Rentner

218 Vgl. Zheng, Bingwen/He, Chunlei, (2001), S.172. und Unten Leistungen.

219 Im Jahre 2008 beträgt der durchschnittliche Jahreslohn von Arbeitnehmern in Städten und Kreisen (vor Steuern) nach amtlicher Statistik 29 229 Yuan (erlassen vom Staatsamt für Statistik am 9.1.2009). Abgesehen von den erheblichen lokalen und industriezweigbezogen Unterschieden in China erhält ein Arbeitnehmer im Durchschnitt jährlich nur 526,12 Yuan in seinem individuellen Konto.

anzusehen. Zusammenfassend gesagt, verschafft die Einführung des individuellen Kontos „keine Vorteile der Grundkrankenversicherung für Arbeitnehmer, sondern verursacht ein allgemeines Misstrauen der Versicherten in das Krankenversicherungssystem“[220].

Heutzutage ist das individuelle Konto in einigen Pilotprovinzen schon zu einem normalen Konto geworden. Z.B in Beijing sind die Gelder im individuellen Konto auf das Sparkonto der Versicherten überführt. Der Versicherte darf dieses Konto selbst führen und das Geld darauf beliebig abheben und verwalten.[221] Demgegenüber wird in einigen Pilotgebieten seine Wichtigkeit immer wieder betont: In der Stadt Guangzhou werden die Nutzung des individuellen Kontos und die Einhaltung der Leistungskataloge der zugelassenen Apotheken streng kontrolliert. Die zuständige Behörde für soziale Krankenversicherung in Guangzhou ist der Ansicht, dass die Einführung des individuellen Kontos den sozialen und ökonomischen Grundbedingungen in Guangzhou entspricht. Jede unzweckmäßige Anwendung oder Bargeldabhebung entziehe „das Geld für eine künftige Lebensrettung“.[222]

1.2.1.4 Stellungnahme

Trotz der oben genannten Nachteile und überwiegender Kritik am individuellen Konto[223] bin ich der Meinung, dass das individuelle Konto nicht einfach aufgelöst werden sollte. Es muss vielmehr darum gehen, „die vorhandenen Funktionen des individuellen Kontos weitergehend zu vervollkommnen und zu entfalten“ [224]. Denn eine einfache Auflösung würde die umfassende Abschaffung des Mischungsmodells von Solidarfonds und individuellem bedeuten, also eine radikale soziale Reform ohne Kompromisse. Diese „Schock-Therapie“ könnte

220 Yu, Wei, (2005), S.311f.

221 S. Zeitungsbericht, Zhuanjia Cheng Yibao Geren Zhanghu Sheji Cuowu Youguan Bumen Yunjiang Feichu, (Einführung des individuellen Konto ein Fehler, die zuständige Behörde will es abschaffen), in Jingji Cankao Bao vom 18.12.2006.

222 S. ders, u. Zeitungsbericht, Guangzhou Yibao Bumen Biaoshi Yibaoka Geren Zhanghu Buyi Quxiao,(Das individuelle Konto kann nicht abgeschaffen werden, meint die zuständige Behörde für soziale Krankenversicherung in Guangzhou), in Nanfanf Ribao vom 21.12.2006.

223 Vgl. Autorengruppen Liu, Guoen/Dong, Zhaohui/Meng, Qingxun/Yan, Lijing, (2006), S.61.; Xue, Xindong, (2008), S.41.; Li, Wei, (2006),7; Lin, Jia, (2002), S.228.; Wang, Xiaoye, (2000), S.384. u.s.w.

224 Yao, Hong, Zai Zhongguo Shehui Baoxian Xiehui Yiliao Baoxian Fenhui Shangde jianghua, Juli, 2005. (Vortrag auf dem Forschungstag zur chinesischen Sozialversicherung und Krankenversicherung)

Misstrauen der Allgemeinheit gegenüber der Gesundheitspolitik der Regierung bewirken und Instabilität schaffen.[225] Zur Reform des individuellen Kontos gibt es verschiedene Lösungssmöglichkeiten.[226] Nach meiner Ansicht zählt die Verbindung des individuellen Kontos mit der Vorsorge für Krankheiten und medizinische Einrichtungen in Wohnquartieren(*She Qu*)[227] zur besten Wahl. Gleichzeitig sollte der Zahlungsumfang durch bestimmte institutionelle Maßnahmen beschränkt werden.

(1) Vorsorge für Krankheiten

In China sind gemäß Abs.2 Nr. 3f. der Meinungen zur Verwaltung der Behandlungskataloge für Arbeitnehmer in Städten und Kreisen[228] präventive Maßnahmen wie die Früherkennung, körperliche Vorsorgentersuchung und präventive Behandlungen vom Leistungsumfang der Grundkrankenversicherung für Arbeitnehmer in Städten und Kreisen ausgeschlossen[229], obwohl solche Leistungen zur „Verbesserung des allgemeinen Gesundheitszustandes und insbesondere zur Verminderung sozial bedingter Ungleichheit von Gesundheitschancen" dienen können.[230] Angesichts des Prinzips der grundlegenden Versicherung i.S.v. § 3 SVG können die oben genannten Leistungen auch nicht in Kürze in den Leistungskatalog einbezogen werden.

225 Vgl. Liu, Hongqing, (2005), S.45f.

226 Z.B. eine strenge Kontrolle der Einhaltung der Leistungskataloge und der Verwendung des individuellen Kontos, vgl. Zheng, Liqiong/Chen, Siming, (2007), S. 43; Zunahme der Versicherten mit individuellem Konto und Abschaffung des individuellen Kontos für Rentner, vgl. Luo, Zhe/ Wei, Xingmei, (2006), S. 492ff.; Anwendung nur für eine zusätzliche Krankenversicherung, vgl, Liu, Lan, (2007), S. 44f. u.s.w.

227 In China bedeutet „Stadtbezirk" (She Qu) Wohngebiete in Städten und Kreisen, in denen sich die Bevölkerung konzentriert. Dieser Begriff stammt aus einer vorherigen Organisation in Städten und Kreisen - Ausschuß für Bewohner (Jumin Weiyuanhui), der normalerweise 100 bis 700 Familien umfasste. Gemäß § 2 des chinesischen Verfassungsgesetzes über den Ausschuß für Bewohner in Städten und Kreisen (verabschiedet vom 7. Volkskongreß, 11. Sitzung, am 26.12.1989) ist der Ausschuß für Bewohner die selbstverwaltende Basismassenorganisation. Seit dem Jahre 2000 werden die Auschüsse in einer Stadt gemäß der „Politik der neuen Ausrichtung und Anspornung" Schritt für Schritt zu größeren Einheiten zusammengelegt. Die neugebildete Organisation wird Stadtbezirk genannt. Im Vergleich zu dem alten Ausschuß für Bewohner übernimmt der Stadtbezirk mehr Aufgaben. Hierzu gehören hauptsächlich z.B. die soziale Versicherung und die Hilfeleistung zur Erhaltung des Existenzminimums.

228 „Guanyu Chengzhen Zhigong Jiben Yiliao Baoxian Zhenliao Xiangmu Guanli De Yijian", erlassen vom Ministerium für Arbeit und soziale Versicherung am 24.12.1999, (1999), Nr. 22, (Meinungen zur Verwaltung der Behandlungskataloge für Arbeitnehmer in Städten und Kreisen).

229 S. unten - Leistungen.

230 Vgl. S.Muckel, (2009), S. 89.

Mein Vorschlag ist, dass die Spareinlage im individuellen Konto nicht auf die bisherigen Funktionen im Mischungsmodell der Krankenversicherung beschränkt bleibt, sondern hauptsächlich für Leistungen zur Krankheitsverhütung und -vorsorgung ausgezahlt werden. All dies setzt voraus, dass die Einrichtungen für Gesundheitsschutz als „unverzichtbare Stütze" auf verschiedenen Ebenen aufgebaut und verstärkt werden. Die Preise für Vorsorge und Präventionsmedikamente müssten effektiv kontrolliert werden.

(2) Einsatz der Mittel für medizinische Dienste in Wohnquartieren

In China werden die Gesundheitsdienstleistungen in Wohnquartieren nach den Richtlinien der Regierung als Leistung der Sozialversicherung angesehen, die allen Einwohnern in dem Quartier als Empfänger und jeweils nur diesen als Schwerpunkt von bestimmten Gemeinden organen erbracht wird.[231] Zurzeit findet die Verbindung von individuellem Konto mit medizinischer Behandlung in Wohnquartieren als eine Lösung für die Gesundheitsreform allgemeine Anerkennung.[232] Aufgrund dieser Reformoption meine ich weiter, dass die Spareinlage auf dem individuellen Konto nicht ohne Schwerpunkt im Gesundheitswesen in Wohnquartieren eingesetzt werden sollte. Man soll dafür einen geeigneten Kopplungspunkt finden, d.h. die Verbindung des individuellen Kontos mit der Gesundheitsbehandlung in Wohnquartieren kann dem vorherigen Mischungsmodell nicht entsprechen. Die Gelder darin können hauptsächlich in der Krankheitsverhütung sowie -vorsorge in Wohnquartieren eingesezt werden.

Die Gesundheitsdienste in Stadtbezirken sind die unmittelbarste und grundlegendste Einheit für Gesundheitsvorsorge und Krankheitsverhütung. Allerdings können wegen des Mangels an finanziellen und personellen Ressourcen die medizinischen Leistungen für z.B. Gesundheitsaufklärung, Vorsorge und Geburtenkontrolle nicht effektiv und ausreichend erbracht werden. Diese Dienste für den grundlegenden Gesundheitsschutz sind vielen Einwohnern in den Bezirken sogar noch fremd.[233] Die Gelder im individuellen Konto könnten insbesondere

231 Zheng, Gongcheng, (2007), S.91f.

232 Vgl. Zhang, Xiaotian, (2006), 4. S. 53ff.; Yao Hong, Zai Zhongguo Baoxian Xuehui Yiliao Baoxian Feihui Shang De Jianghua, (2005), (Vortrag am chinesischen Versicherungstag, Zweigstelle für Krankenversicherung).

233 Nach der Statistik aus dem Jahr 2005 wird 80% des betroffenen Kapitaleinsatzes vom Staat auf größere sowie mittlere Krankenhäuse konzentriert. Das verursacht einerseits schlimme Verschwendung, z.B. liegt die Nutzungsrate der CT-Maschine nur bei 38% und der NMR-Maschine nur bei 43%, andererseits herrscht ein Lieferungsdefizit für Gesundheitsorganisationen in Gemeinden. Vgl. Qi, Fengwu, (2006), Sep.Buch 4,18 ; Zhang, Xiaotian, (2006), 4. S. 53ff.; Liang, Wannian, (2002), 5.

für Krankheitsvorsorge innerhalb von Stadtbezirken genutzt werden, wodurch dem Mangel an Solidarität sowie der Mißbrauch der individuellen Konten entgegengewirkt werden könnte. Zugleich könnte der grundlegende Gesundheitsschutz in den Stadtbezirken durch die Verwendung der Mittel des individuellen Kontos aktiviert werden.

(3) Institutionelle Maßnahmen zur Kontrolle der Ausgaben aus dem individuellen Konto

Die Verwendung des individuellen Kontos sollte aus folgenden zwei Gründen reformiert werden: Erstens bewirkt das Konto heutzutage bei stationären Behandlungen (bei sog. „schwereren Krankheiten") keine Selbstkontrolle, sondern erhöht eher die Neigung teure Leistungen in Anspruch zu nehmen. Denn erst oberhalb der von den Pilotprovinzen selbst festgelegten Grenzen gibt es Leistungen aus dem Solidarfonds.[234] Für die Bezahlung von Arzneimitteln und ambulanten Behandlungen macht es andererseits keinen wesentlichen Unterschied, ob sie aus dem individuellen Konto oder anderen Ersparnissen des Versicherten erfolgt. Für solche kleineren Krankenrisiken braucht man diese institutionelle Maßnahme – das individuelle Konto mit der Funktion einer unabhängigen Spareinlage – nicht wirklich.[235]

Es sollte die „Unterschiedlichkeit" zwischen dem individuellen Konto und sonstigen Ersparnissen verstärkt werden, um seine besondere Funktion als Spareinlage für Krankheitsfälle zu entfalten. Deshalb schlage ich zwei Änderungen vor:

(a) Das individuelle Konto sollte künftig nicht mehr für den selbst zu tragenden Anteil der Krankenhausbehandlung (Untergrenze für Zahlungen aus dem Solidarfonds)[236] genutzt werden. Denn für Krankheitskosten unter dieser Grenze hätte der Versicherte bei Verwendung seiner allgemeinen Ersparnisse einen größeren Anreiz zur Kontrolle der Kosten als mit dem Konto. Das individuelle Konto könnte in diesem Bereich vollständig durch eine Zahlung aus allgemeinen Mitteln des Versicherten ersetzt werden. Und der zahlungsunfähige versicherte Arbeitnehmer kann bei der zuständigen Behörde Krankenhilfe beantragen. Ein weiterer Vorteil ist, dass eine institutionelle Kontrolle von Mißbrauch und Verschwendung mit dem individuellen Konto überflüssig wird.

---

234 Ausführlich s. oben - Schwache Selbstkontrolle.
235 Ausführlich s.o. - Spareinlage.
236 S. o. - Solidarfonds

(b) Es sollte eine Untergrenze für die Bezahlung ambulanter Behandlungen aus dem individuellen Konto eingeführt werden. Erst oberhalb dieser Grenze dürfte aus dem individuellen Konto gezahlt werden. Dadurch würde die Eigenerantwortung des Versicherten sowie die Zahlungsfähigkeit bei größeren Krankheitskosten verstärkt werden. Dies könnte auch zu Einsparungen beim Solidarfonds führen.

1.2.1.5 Planung

Was Planung der Verwaltungsregionen im Rahmen von Grundkrankenversicherung (nicht nur für Arbeitnehmer) angeht, gibt es im SVG lediglich eine Ermächtigung an den Staatsrat.[237] Im heute geltenden BSEAG ist gemäß Nr. 2 Abs.2 BSEGA für die vier regierungsunmittelbaren Städte Beijing, Shanghai, Tianjin und Chongqing generell eine einheitliche und umfassende Planung innerhalb der gesamten Stadt vorgeschrieben. In anderen Verwaltungsregionen ist die Planungsebene für die Grundkrankenversicherung in der Regel einheitlich diejenige der Stadt (Städte, Bezirke, Provinzbezirke), unter besonderen Umständen auch die des Kreises. Alle Arbeitgebereinheiten und deren Arbeitnehmer haben demgemäß nach dem „Grundsatz der regionaler Versicherung“[238] bei der regionalen Verwaltung, zu der sie gehören, an der Grundkrankenversicherung teilzunehmen. Bei einem Wechsel des Arbeitsorts in andere Regionen geht das Grundkrankenversicherungsverhältnis der Arbeitnehmer gemäß § 28 SVG entsprechend über.. Die Bezugsdauer wird dann akkumuliert berechnet.

Der Grundkrankenversicherungsfonds wird im Planungsgebiet einheitlich verwaltet. Alle Arbeitgebereinheiten und deren Arbeitnehmer haben nach dem lokalen einheitlichen Beitragsmaßstab und das Reformkonzept einzuhalten, wodurch die Grundkrankenversicherung für Arbeitnehmer die vorherige Grenze zwischen öffentlichen Einheiten und Unternehmen sowie verschiedenen Industrienzweigen überschreitet und die frühere Krankenversicherung durch Einheiten zu einer sozialen Versicherung geworden ist.[239] Dafür spricht der „Grundsatz der sozialen Versicherung“.[240]

Für relativ große Unternehmen, deren Produktion im Bereich Eisenbahn, Elektrizität, Wassertransport usw. nicht einem bestimmten Planungsgebiet zugeordnet

---

237 Vgl. §64 Abs.2 SVG.
238 S. ausführlich, Guo, Chengwei/Wang, Guangbin, (2003), S.186f.
239 S. Ausführlich oben - Entwicklungsgeschichte der Krankenversicherung in China.
240 S. ausführlich, Guo, Chengwei/Wang, Guangbin, (2003), S.187f.

werden kann, und deren Arbeitnehmer wird die Grundkrankenversicherung einheitlich dem Planungsgebiet zugeordnet, wo sich die Produktion konzentriert (Nr. 2 Abs.2 SVG).

In China – einem so großen Entwicklungsland mit erheblichen regionalen wirtschaftlichen und sozialen Unterschieden – gehören die Planung sowie der Betrieb des Versicherungsfonds zu den heiklen und komplizierten Fragen.[241] Unter der aktuellen Berücksichtigung ist diese Frage im Beschluß des Staatsrates (BSEGA) flexibel geregelt – die Stadt i.d.R als Planungseinheit und die vier regierungsunmittelbaren Städte sowie die besonderen Kreise als Ausnahmen. Der Grund besteht darin, dass die vier regierungsunmittelbaren Städte als Regionen auf Provinz-Ebene im Vergleich zu anderen Provinzen weniger Unterschiede im Hinblick auf das wirtschaftliche Entwicklungsniveau sowie den Bedarf an Gesundheitsleistungen haben und deswegen in der Lage sind, eine einheitliche und umfassende Planung des Grundkrankenversicherungsfonds im ganzen Gebiet durchzuführen. Demgegenüber gibt es in einigen Kreisen erhebliche Unterschiede in ökonomischer sowie gesundheitlicher Hinsicht mit der Folge, dass hier der Krankenversicherungsfonds nur mit Schwierigkeiten zu planen ist. Wenn hier die Fondsplanung nur auf der Kreis-Ebene stattfände, könnte es wegen des lokalen Interessenausgleichs zu sozialen Problemen kommen. Insofern unter dieser besonderen Berücksichtigung, ist es im BSEGA (Nr.2, Abs.2) so vorgesehen, dass die Verwaltungsregion des Kreises (*Xian*) bei der Grundkrankenversicherung für Arbeitnehmer auch als Einheit betrachtet wird.[242] Eine Untersuchung aus dem Jahre 2005 zeigt aber, dass der Grundkrankenversicherungsfonds in den meisten Provinzen lediglich auf der Kreis-Ebene geplant wird.[243]

Die relativ niedrige Planungsebene hat einen negativen Einfluß auf den institutionellen Aufbau der Grundkrankenversicherung sowie die Gleichbehandlung aller versicherten Arbeitnehmer und wird immer wieder von verschiedenen Autoren kritisiert.[244] Diese ungünstigen Einflüsse lassen sich wie folgt zusammenfassen:

---

241 Vgl. Liu, Cuixiao, Woguo Yiliao Baoxian De Xianzhuang He Wenti, (2006), Zhongguo Faxue Wang. (Übersicht und aktuelle Fragen der Krankenversicherung in China, veröffentlicht auf http://www.cnlsslaw.com/list.asp?Unid=429.)

242 Vgl. Song, Xiaowu, (2000), S.111.

243 Über die Untersuchung s. Li, Zuowen, (2005),2,S.62.

244 Lu, Chiwen, Diss. (2007); Li, Zuowen, (2005),2,S.62; He, Wenjiong, Zhongguo Yiliao Baozhang Gaige Yu Fazhan Zhanglve, Bingyou Suoyi Jiqi Fazhan Zhanlve, Zhongguo Shehui Baozhang Fazhan Zhanlve Yanjiu Fenbaogao II, (2008). (Reform und Ent-

(1) Schwierige Leistungserbringung und Kostenerstattung im anderen Planungsgebiet (Yidi Jiuyi): Die Leistungserbringung und Bezahlung für die Leistungen an versicherte Arbeitnehmer in einem anderen Planungsgebiet gehört seit der Schaffung einer Grundkrankenversicherung für Arbeitnehmer in Städten und Kreisen zu den schwierigen Problemen des Sozialversicherungswesens. Da dieses Problem um eher auftritt, je kleiner die Planungsgebiete sind, wird es als die heiklste und aktuellste Frage der niedrigeren Planungsebene angesehen.[245] Mit der Beschleunigung der Wanderungsbewegungen der Arbeitnehmer innerhalb Chinas und auch der Vermehrung der Fälle von Alterversorgung in einem anderen Gebiet in den letzten Jahren ist die Notwendigkeit medizinischer Bedarfsdeckung in einem anderen Planungsgebiet immer höher gestiegen. In der Sitzung des 11. Nationalen Volkskongresses (2009) wurde diese Frage häufig von den Abgeordneten vorgebracht.[246]

Nach der Statistik für das Jahr 2007 wohnen 4,50 Mio. Arbeitnehmer in anderen als den für sie zuständigen Planungsgebieten. Sie machen 3% der gesamten Versicherten der Grundkrankenversicherung aus. 90% von ihnen sind Rentner. Der Anteil der versicherten Arbeitnehmer bei stationärer Versorgung in einem anderen Planungsgebiet liegt bei 5% aller im Krankenhaus behandelten Versicherten, und die Kosten für stationäre Krankenversorgung in anderen Planungsgebieten betragen 12% der gesamten Behandlungskosten der Grundkrankenversicherung.[247]

Nach Maßgabe der „Meinungen über Verwaltungsverstärkung der Kostenberechnung in der Grundkrankenversicherung für Arbeitnehmer in Städten und Kreisen " vom ehemaligen Ministerium für Arbeit und Soziale Sicherheit[248] gibt es nur mit Zustimmung der zugelassenen medizinischen Einrichtungen und mit Genehmigung der lokalen Sozialversicherungsorgane ein Recht auf Krankenbe-

wicklungsstrategie der chinesischen Krankenversicherung, der zweite Vortrag des Forschungsprojekts der Entwicklungsstrategie für dieSozialversicherung in China)

245 Jiang, Rijin, (2005), S.472 ff.; He, Guangsheng/Liu, Yiping, (2007), S. 1259ff.; Dai, Wei/Gong, Xun, (2007), 24, 10.

246 Vgl. Renmin Ribao, Laonianren Yidi Jiuyi Baoxiao Nan Huyu Yibao Quanguo Lianwang, (4.3.2009). (Die Kostenerstattung für Ältere in einem anderen Gebiet ist schwierig, eine Vernetzung der Grundkrankenversicherung im ganzen Land ist erforderlich.)

247 Zu der Statistik siehe Quanguo Shehui Baoxian Jingban Jigou Fuzeren Chunji Peixunban Keti Yanjiu Baogao Huibian (Juli. 2007) (Untersuchungsbericht auf der Frühlingstagung der zuständigen Personen der Sozialversicherungsorgane im Jahre 2007)

248 „Jiaqiang Chengzhen Zhigong Jiben Yiliao Baoxian Feiyong Jiesuan Guanli De Yijian", erlassen vom Ministerium für Arbeit und Soziale Sicherheit am 29.6.1999, (1999), VO-Nr.23.

handlung in einem anderen Planungsgebiet. Die betroffenen Krankheitskosten können zunächst von den versicherten Arbeitnehmern oder deren Arbeitgebereinheiten ausgelegt und nach Überprüfung durh das Sozialversicherungsorgan entsprechend dem lokalen Maßstab berechnet und erstattet werden. Hierzu sehen die „Richtlinien zur Lösung von Fragen der institutionellen Reform der Grundkrankenversicherung“ [249] auch vor, dass die im anderen Planungsgebiet enstandenen Krankheitskosten durch z.B. Festlegung von zugelassenen medizinischen Einrichtungen und Auftragserteilung an Sozialversicherungsorgane in diesem Planungsgebiet ausgezahlt werden können. Abgesehen von solchen grundsätzlichen Bestimmungen fehlt allerdings noch eine einheitliche Regelung der Leistungserbringung in einem anderen Planungsgebiet für das ganze Land. Im jeweiligen Planungsgebiet werden verschiedene Maßnahmen, beispielsweise durch Errichtung von Verwaltungsstellen für Krankenbehandlung im anderen Gebiet, Auftragserteilung an Sozialversicherungsorgane oder Vernetzung der Kostenabrechnung innerhalb der Provinz usw. ergriffen. Im Gegensatz zum Prinzip der nachträglichen Bezahlung der Leistungserbringer in der Grundkrankenversicherung[250] hat der Versicherte bei Krankenbehandlung im anderen Planungsgebiet in der Regel alle entstandenen Kosten zunächst selbst zu zahlen, um sie dann von dem eigenen Sozialversicherungsorgan erstattet zu erhalten.

Durch die nachherige Erstattung der im anderen Planungsgebiet entstandenen Krankenkosten werden die Interessen der versicherten Arbeitnehmer beeinträchtigt. Denn bei der Krankenbehandlung im eigenen Gebiet übernimmt der Versicherte normalerweise (nach dem Hainan Modell) lediglich seinen eigenen Anteil. Die anderen Kosten werden unmitteilbar von den zugelassenen Krankenhäusen und Apotheken mit dem lokalen Sozialversicherungsorgan abgerechnet.[251] Bei Krankenbehandlung im anderen Planungsgebiet werden alle Kosten zunächst vom Versicherten selbst ausgelegt und danach im eigenen Gebiet gemäß den notwendigen Formalitäten erstattet, was mehr Verkehrskosten für die im anderen Gebieten wohnenden Arbeitnehmer verursacht. Der selbst zu zahlende Anteil erhöht sich im Vergleich zu dem im lokalen Gebiet um 5-10%.

Die Krankenbehandlung im anderen Planungsgebiet schafft auch dem Sozialversicherungsorgan mehr Schwierigkeiten. Einerseits kann wegen fehlender ausrei-

---

249 „Guanyu Tuoshan Jiejue Yiliao Baoxian Zhidu Gaige Youguan Wenti De Zhidao De Yijian“, erlassen vom Ministerium für Arbeit und Soziale Sicherheit am 16.9.2002, (2002), VO-Nr. 8.

250 Ausführlich unten: Leistung.

251 Über das Hainan-Modell s. o.- Institutioneller Aufbau und Kritik.

chender Kontrolle und effektiven Verwaltungsbeziehungen zu den medizischen Einrichtungen bei Krankenbehandlung im anderen Gebiet Missbrauch schwerer verhindert werden. Andererseits erhöhen sich die Verwaltungskosten. Für die Krankenbehandlung im anderen Gebiet müssen die lokalen Sozialversicherungsorgane mehr Fachkräfte einstellen sowie Zeit aufwenden, um die betroffenen Belege manuell zu überprüfen. Auch die Unterschiede von Leistungskatalogen und Dokumenten zwischen den verschiedenen Planungsgebieten können Schwierigkeiten der Überprüfung und Differenzen zwischen den Behörden und den Versicherten hervorrufen.[252]

Die niedrige Planungsebene und die regionale Verwaltung der Grundkrankenversicherung stellen institutionelle Hindernisse für die Überwindung regionaler Interessengegensätze und der Zersplitterung der Gesundheitspolitik dar. Um die schwierige Situation hinsichtlich der Leistungserbringung und Kostenerstattung in anderen Planungsgebieten zu verbessern, bedarf es längerfristig einer übergeordneten Planung in einem umfassenderen Gebiet. Am 2.3.2009 hatte der Vizeminister des Ministeriums für Arbeitskräfte und Soziale Sicherheit *Hu Xiaoyi* in einer Konferenz dazu aufgefordert, die Hochzonung der Planungsebenen der Grundkrankenversicherung zu beschleunigen und die Planung auf der Kreis-Ebene in den künftigen drei Jahren grundsätzlich zu erreichen.[253]

(2) Mangelnde Größe zur versicherungsmäßigen Abdeckung des Krankheitsrisikos: Dem „Gesetz der großen Zahl" entsprechend wird bei der Versicherung die „Kraft der Mehrheit gegen das zufällige Krankheitsrisiko der Minderheit gesammelt".[254] D.h. je größer die Zahl der versicherten Personen, Güter und Sachwerte ist, die vom gleichen Risiko bedroht sind, desto eher kann der Einfluss des Zufalls durch Statistik und Versicherungsmathematik beherrscht werden. Allerdings wird wegen der aktuellen Planung auf der Ebene nur der Bezirke eine relativ geringe Größe der Solidarfonds der Grundkrankenversicherung erreicht, was in den wirtschaftlich weniger entwickelten Gebieten noch schlimmer ist. So haben z.B. in Fengcheng, einem Kreis im Mittel- und Westchina, im Jahre 2005 weniger als 10 000 Arbeitnehmer an der Grundkrankenversicherung teilgenommen, und der Versicherungsfonds betrug weniger als 400 000 Yuan, was nur die Hälfte der Zahl von Versicherten und deren Versicherungsbeitrag in einem Mi-

---

252 Vgl. Dai, Wei/Gong, Xun, (2007), 24, 10.

253 Vgl. „Xin Yibao Shishi Fangan Chutai, Tuijian Wuxian Zhongdian Gaige", Renmin Ribao vom 8.4.2008. (Erlass des neuen Konzeptes für Krankenversicherung, Fünf Reformen als Schwerpunkt)

254 S. oben - das individuelle Konto: Wenige Solidarität.

neralunternehmen in Fengcheng ausmachte.[255] Dies belastet gerade unter den Bedingungen der Alterung der Gesellschaft sowie der Erhöhung der Krankheitskosten den Solidarfonds immer mehr.

Die Lösung für einen Ausgleich zwischen den Einnahmen und Ausgaben des Krankenversicherungsfonds könnte einerseits ein höherer Beitragssatz für Arbeitgebereinheiten und deren Arbeitnehmer sein. Nach Nr. 2 Abs. 3 BSEGA beträgt der Beitragssatz ungefähr 6% der gesamten Lohnsumme der Arbeitnehmer. Jedoch überschreitet die tatsächliche Rate in den meisten Planungsgebieten 6%. Von den Rentnern, die häufig eigentlich beitragsfrei versichert sind,[256] wird in einigen Plangebieten dennoch ein Versicherungsbeitrag in Höhe eines bestimmten Prozentsatzes ihrer Rente erhoben.[257] Andererseits könnte der Leistungsumfang der Grundkrankenversicherung der Arbeitnehmer durch z.B. eine Erhöhung des Erstattungsmindestbetrages und des selbst zu tragenden Anteils verringert werden. In den wirtschaftlich weniger entwickelten Bezirken sind die Leistungen im Durchschnitt niedriger als in anderen Planungsgebieten . Die Arbeitgebereinheiten und deren Arbeitnehmer, die zu den Planungsgebieten mit niedrigeren Leistungen gehören, wollen deswegen häufig nicht an der regionalen Grundkrankenversicherung teilnehmen. Hier könnte eine Vergrößerung der Plangebiete einen gewissen Ausgleich zwischen mehr und weniger entwickelten Gebieten schaffen.

(3) Zersplitterung der Krankenversicherungspolitik: Die Grundkrankenversicherung für Arbeitnehmer ist ein System mit hohem Planungs- und Verwaltungsaufwand. Wegen der niedrigeren Planungsebene bedarf es des Aufbaus paraller Verwaltungsorganisationen , die auf der einen Seite persöliche und materielle Ressourcen verschwendet und auf der anderen Seite aufgrund der vorhandenen unterschiedlichen Regelungen und Verwaltungsorganisationen eine Hochzonung der Planungsebene auf die Kreis-Ebene erschwert.

1.3 Leistungen

Die Leistungen der Grundkrankenversicherung für Arbeitnehmer werden im Wesentlichen in § 25 Abs.1 SVG geregelt. Diese Leistungen knüpfen grundsätzlich an den Eintritt eines bestimmten Versicherungfalles an. Dementsprechend

255 Diese Statistik zitiert aus Lizuo Wen, (2005),2, S. 63.
256 S. oben-Rentner.
257 Z.B. In Fengcheng liegt das Verhältnis im Jahre von 2003 bei 5% der gesamten Renten. S. Li, Zuowen, (2005),2,S.63.

werden die Aufwendungen der Versicherten diesen vom Grundkrankenversicherungsfonds getragen, sofern die vom Staat vorgeschriebenen Regelungen zum Arzneimittelverzeichnis, zur Diagnostik, zu Standards für medizinische Dienstleistungseinrichtungen sowie für Notdienste und Rettungen eingehalten worden sind.

Gemäß Nr. 3 Abs. 3 BSEGA werden im Rahmen der Grundkrankenversicherung für Arbeitnehmer in Städten und Kreisen einheitlich der Solidarfonds und die individuellen Konten errichtet. Der jeweilige Auszahlungsumfang des einheitlich geplanten Fonds und der individuellen Konten wird nach den einschlägigen Kriterien voneinander abgegrenzt und getrennt kalkuliert: Gemäß einem häufig angewandten Modell finanziert der geplante Fonds die stationäre Versorgung, während die Mittel im individuellen Konto für die ambulante Versorgung aufgewandt werden.[258] Die versicherten Arbeitnehmer haben nach Maßgabe des Arbeitsgesetzes der VR China vom 05.07.1994[259] wegen aus Arbeitsunfähigkeit erwachsendem Einkommensverlust bei Krankheitsfällen auch Anspruch auf Krankengeld gegenüber ihrer Arbeitgebereinheit. Bei Arbeitsunfähigkeit wegen Krankheit (nicht wegen Arbeitsunfall) können die versicherten Arbeitnehmer nach Antragstellung und Feststellung durch das zuständige Organ einen Anspruch auf Leistungen wegen Invalidität haben.

Die Krankheitskosten von direkten Verwandten der Arbeitnehmer, deren Lebensunterhalt von den versicherten Arbeitnehmern bestritten wird, werden teilweise (i.d.R. zu 50%) von den Arbeitgebereinheiten getragen. Im BSEGA ist diese Leistung für Familienangehörige von Arbeitnehmern nicht vorgesehen. Die Arbeitgebereinheiten können deswegen innerhalb der Gesetze und untergesetzlichen Vorschriften die Erstattung für Krankheitskosten der Familienangehörigen ihrer Arbeitnehmer selbst regeln.[260] Nach der Errichtung der Krankenversicherung für Einwohner in Städten und Kreisen werden die Leistungen an diese Personengruppen schrittweise diesem neuen Versicherungssytem zugeordnet.

1.3.1 Allgemeines

Die Leistung der Grundkrankenversicherung für Arbeitnehmer werden unter den folgenden Voraussetzungen erbracht:

258 S.oben - Solidarfonds und das individuelle Konto: Hainan-Modell.

259 Lao Dong Fa, verabschiedet vom Ständigen Ausschuß des Nationalen Volkskongresses am 5.7.1994.

260 Vgl. Li, Jianfei, (2008), S. 172.

(1) die Leistungsempfänger müssen Versicherte der Grundkrankenversicherung für Arbeitnehmer sein. Die anderen Personengruppen, beispielsweise Einwohner in Städten und Kreisen sind ausgenommen;

(2) die Versicherten und deren Arbeitgebereinheiten müssen den Versicherungsbeitrag rechtzeitig und in ausreichender Summe gezahlt haben, was auch dem Grundsatz der Gegenseitigkeit bzw. des Gleichgewichts zwischen Beiträgen und Versicherungsleistungen entspricht;[261]

(3) die Leistungen müssen dem Umfang der Grundkrankenversicherung entsprechen; die medizinischen Kosten wegen z.B. Verbrechen, Einnahme von Drogen, Trunkenheit, Selbstmord – oder Selbstverletzung und ähnlichen Selbstschädigungen sind nach jeweiligen lokalen Verordnungen ausdrücklich nicht von der Grundkrankenversicherung zu erstatten;

(4) die Leistungen müssen in den zugelassenen medizinischen Einrichtungen und Apotheken und unter Beachtung der einschlägigen Formalitäten erbracht werden.

1.3.1.1 Leistungsumfang

Das Gesetz ermächtigt die zuständigen Behörden, Regelungen über die Leistungen der Grundkrankenversicherung (§ 25 Abs. 1 SVG) zu treffen. Nach Nr. 5 Abs. 1 S. 2 BSEGA bestimmt das Ministerium für Arbeit und soziale Sicherheit (ab dem Jahr 2008 das Ministerium für Arbeitskräfte und soziale Sicherheit) gemeinsam mit den zuständigen Behörden, wie z.B. der Gesundheits- oder der Finanzbehörden den Umfang und die Standards der medizinischen Grunddienstleistungen sowie Berechnungsregelungen für die Kosten der medizinischen Betreuung durch die Grundkrankenversicherung für Arbeitnehmer in Städten und Kreisen.

Nach Maßgabe der „vorläufigen Maßnahmen zum Arzneimittelverzeichnis für Arbeitnehmer in Städten und Kreisen“[262], der „Meinungen zur Verwaltung der Behandlungskataloge für Arbeitnehmer in Städten und Kreisen“[263], der „Meinungen zur Festlegung der medizinischen Einrichtungen und Zahlungsmaßstäbe

---

261 Vgl. Lai, Daqing (Hrsg), (2003), S. 243.

262 „Chengzhen Zhigong Jiben Yiliao Baoxian Yongyao Guanli Zanxing Banfa“, erlassen vom Ministerium für Arbeit und soziale Sicherung am 12.5.1999, (1999), Nr. 15.

263 „Guanyu Chengzhen Zhigong Jiben Yiliao Baoxian Zhenliao Xiangmu Guanli Yijian“, erlassen vom Ministerium für Arbeit und soziale Sicherung am 30.6.1999, (1999), Nr. 22.

für Arbeitnehmer in Städten und Kreisen" (MFEZASK)[264] muss „den versicherten Arbeitnehmern bei Krankenfällen die derzeit geeignete und wirtschaftlich zu leistende Krankenbehandlung garantiert werden, einschließlich grundlegender Arzneimittel, hygienischer Dienstleistungen und Basiskrankenkosten u.a."[265] Der Leistungsumfang der Grundkrankenversicherung soll regelmäßig an die ökonomische und technische Entwicklung angepasst werden.[266]

Die Grundkrankenversicherung gibt den versicherten Arbeitnehmern in Städten und Kreisen einen Anspruch auf Leistungen zur Erkennung von Krankheiten und zur Behandlung einer Krankheit mit Voll- oder Teilzahlung aus dem Solidarfonds. In Nr. 1 Abs. 1 der Meinungen zur Verwaltung der Behandlungskataloge für Arbeitnehmer in Städten und Kreisen (MVBASK) werden die Leistungen zur Erkennung von Krankheiten und zur Behandlung einer Krankheit in der Grundkrankenversicherung für Arbeitnehmer in Städten und Kreisen aufgezählt. Es sind vor allem medizinische Dienstleistungen sowie Diagnostik und Behandlung mit medizinischen Geräten, Einrichtungen und Materialien. Diese müssen den folgenden Voraussetzungen entsprechen:

(1) Sie sind für die klinische Behandlung notwendig, sicher und effektiv und haben einen angemessenen Preis;
(2) ihre Kostenmaßstäbe wurden von den zuständigen Preisbehörden festgelegt;
(3) sie werden von den zugelassenen medizinischen Organisationen für Versicherte im Rahmen von delegierten Dienstleistungen erbracht.

Das Ministerium für Arbeit und soziale Sicherheit hat im Jahre 1999 im Anhang des MVBASK die Diagnose- und Behandlungskataloge aufgeführt, deren Kosten nicht oder nur von Grundkrankenversicherung getragen werden können. Die Leistungskataloge, deren Kosten nicht vom Grundkrankenversicherungsfonds getragen werden können, sind vor allem diejenigen, die für die Diagnose oder Behandlung unnötig oder ohne feststellbare Wirkung sind. Dazu gehören auch die Untersuchungs- und Behandlungsmaßnahmen, die für die klinischen Behandlungen unnötig, für den besonderen Bedarf (beispielsweise Abnahme, Zunahme usw) und mit einer nicht erweisbarer Wirkung sind. Die nur teilweise von der Grundkrankenversicherung zu tragenden Leistungen sind hauptsächlich

---

264 „Guanyu Queding Chengzhen Zhigong Jiben Yiliao Baoxian Fuwu Sheshi Fanwei He Zhifu Biaozhun De Yijian", erlassen vom Ministerium für Arbeit und soziale Sicherung, (1999), Nr. 22.
265 Guo, Chengwei/Wang, Guangbin, (2003), S. 181.
266 Yang, Yansui, (2000), S. 50.

diejenigen, die über eine feststellbare Wirkung verfügen und notwendig sind, die aber in der klinischen Praxis häufig missbraucht werden oder einen hohen Preis haben. (Nr.3 MVBSK)

In der Praxis werden in Übereinstimmung mit Nr. 4 der MVBASK der Leistungsbereich und die konkreten Leistungen von den zuständigen Behörden für Arbeit und soziale Sicherheit in den jeweiligen Pilotprovinzen und -städten selbst festgelegt. Im Rahmen der staatlichen Regelungen können die lokalen Behörden mit einer gesetzlichen Ermächtigung entweder die medizinischen Leistungen ohne Kostentragung sowie mit teilweiser Kostentragung ausschließen oder selbst die Leistungen mit voller oder teilweiser Kostentragung durch die Grundkrankenversicherung aufzählen.

Die konkreten Regelungen können von den allgemeinen Festsetzungen in einem bestimmten Umfang abweichen: die jeweiligen Provinzen und Städte können ihren wirtschaftlichen und sozialen Umständen entsprechend die Leistungsarten ohne Kostentragung ausweiten.[267] Sie können diese nicht herausstreichen oder verringern. Die Feststellung der Leistungen mit Teilkostentragung kommt den

267 Ein häufig diskutiertes Beispiel ist das sogenannte Shenmu-Modell (auch Modell von „kostenlosen medizinischen Leistungen" genannt). Shenmu ist ein Kreis in Provinz Shaanxi, der nach GDP berechnet den 92 Platz aller chinesischen Kreise nimmt (Es gibt 2682 Kreise in China bis dem Jahr 2004). Das Shenmu-Modell ist in der Tat keine echte beitragsfreie Krankenversicherung. Im Vergleich zu den anderen Gebieten werden in Shemu die drei unabhängigen Grundkrankenversicherungssysteme fusioniert: jeder Teilnehmer zahlt den Beitrag nach seinem Status in unterschiedlicher Höhe, aber erhalten grundsätzlich die gleiche medizinische Leistung. Der andere Unterschied besteht auch in dem höheren Leistungsniveau. Die Mindestgrenze der vom Grundkrankenversicherungsfonds gezahlten medizinischen Kosten beläuft sich auf 200 bis 3000 Yuan jeweils nach Krankenhausebene. Die Krankenkosten über diese Grenze werden in der Regel vom Versicherungsfonds getragen. Die Mehrausgabe wird von der Kreisregierung ausgegelichen. Nach Statistik beträgt der tatsächliche Zuschuß der Shenmu-Kreisregierung im Jahre 2009 120 Mio. Auf jeden Einwohner entfällt damit die Ausgabe in Höhe von weniger als 300 Yuan. Dazu s. „Shemu Xian Quanmin Mianfei Yiliao Shishi Banfa (Shixing)" (Maßnahmen über die kostenlose Teilnahme aller Bürger an der Krankenversicherung (Probe)), erlassen von der Volksregierung vom Kreis Shenmu am 09.02.2009, Shenzheng Fa (2009), Nr.3. Nach der amtlichen Statistik 2009 beläuft sich die Ausgabe der Versicherungsfonds im ganzen China auf 208 400 Mio Yuan. Die Pro-Kopf-Ausgabe beträgt 1042 Yuan, also dreifache als im Kreis Shemu. Aber sogar 40% der stationären Krankenkosten müssen vom Versichten selbst getragen werden. Die Einführung eines Wettbewerbssystems in den Versicherungsorganen und die effektive Verwaltung des Versicherungsfonds sind in der Literatur als zwei wichtige Reformmaßnahmen zur Erhöhung des Leistungsniveaus zusammengefasst. Vgl. Jiang, Shan, (2010), Zeitungsartikel in Zhongguo Yiyao Bao (China Journal für Medizin und Pharmazie) am 14.05.2010.

zuständigen lokalen Behörden selbst zu. Allerdings werden der Umfang und die Zahlungshöhe streng kontrolliert. Die Untersuchungs- und Behandlungsmaßnahmen, die mit den nicht im lokalen Gesundheitsplan stehenden und dem staatlichen Qualitätsmaßstab nicht entsprechenden großen medizinischen Geräten durchgeführt werden, können nicht in den Leistungsumfang einbezogen werden. (Nr. 5 MVBASK)

Der Leistungsumfang der Grundkrankenversicherung für Arbeitnehmer richtet sich grundsätzlich nach der Zahlungsfähigkeit des Versicherungsfonds und der medizinischen technischen Entwicklung. Die lokale zuständige Behörde ist ermächtigt, jeweilige Leistungskataloge aufgrund der staatlichen Regelung rechtzeitig auszuarbeiten. Die Leistungskataloge im Rahmen von medizinischen Diensten in Wohnquartieren (*Shequ Yiliao*)[268] sind auch in diejenigen der Grundkrankenversicherung einbezogen. Das Ministerium für Arbeit und Soziale Sicherheit kann in Rechtsverordnungen die betreffenden Leistungen bestimmen.[269] Die Versicherten in den jeweiligen Provinzen und Städten haben dementsprechend unterschiedliche Ansprüche auf Leistung der Krankenbehandlung mit vollständiger oder teilweiser Kostentragung und eventuell mit Zuzahlung.[270]

1.3.1.2 Prinzipien der Leistung

Die medizinischen Leistungen der Grundkrankenversicherung für Arbeitnehmer werden in China in einem bestimmten Umfang nach dem Sach- und Dienstleistungsprinzip erbracht. Dementsprechend richtet sich der Anspruch des Versicherten unter einigen Voraussetzungen auf die Verschaffung von Naturalleistungen der Leistungserbringer. Ein Grundsatz für den Leistungsumfang ist das Prinzip des Niveaus der Basisleistungen. Leistungserbringer und Versicherte sind nach diesem Prinzip auf die Einhaltung der rechtlichen Beschränkungen durch die Leistungskataloge verpflichtet.

1.3.1.2.1 Das Sach- und Dienstleistungsprinzip

Ein wichtiger Grundsatz in der chinesischen Grundkrankenversicherung für Arbeitnehmer (auch für die Einwohner in Städten und Kreisen und auch im Rah-

---

268 S. o - Investition für medizinische Bedienungen in Wohnbezirken.

269 Zur Grenze der Leistungskataloge von medizinischen Diensten in Wohnbezirken in der Grundkrankenversicherung vgl. Sun Liying/Fan Lihua/Li Xia, (2003), 17.2.

270 Vgl. Wang, Weihua, (2004), S. 70.

men der neuen Koorperationsgesundheitsvorsorgung auf dem Land271) ist das Sach- und Dienstleistungsprinzip. Nach diesem Prinzip erhalten die Versicherten (unter bestimmten Kostenbeteiligungen) unmittelbar die Leistungen der Diagnose und Behandlung von Krankheiten einschließlich Arzneien, Notdienst und Rettung. Die Leistungserbringer haben über die einschlägigen Krankheitskosten Buch zu führen, und können diese danach den Sozialversicherungsorganen in Rechnung stellen. Die Beträge werden aus dem Grundkrankenversicherungsfonds ausgezahlt.[272] Das macht auch den Unterschied zwischen Grundkrankenversicherung und Privatversicherung sowie der zusätzlichen Krankenversicherung für Arbeitnehmer aus: Der privat Versicherte erhält von seinem Arzt, Krankenhaus oder Apotheker eine Rechnung, die er zunächst selbst begleichen muss und bei der privaten Krankenversicherung mit der Bitte um Kostenerstattung einreichen kann.

Das Sach- und Dienstleistungsprinzip wird alllerdings in Nr. 3 Abs. 1f. BSEGA, Nr. 6 RGESK sowie mit Nr. 4 Abs. 3 der Meinungen über die Errichtung des neuen Kooperationsgesundheitssystems auf dem Land (MENKL)[273] mit dem Wortlaut „Zahlung von Diagnose- und Behandlungskatalogen der Grundkrankenversicherung aus individuellen Konten und Solidarfonds" nicht klar anerkannt. Und in dem neuen Sozialversicherungsgesetz ist es auch nicht vorgesehen: die Krankheitskosten der Arbeitnehmer werden nach den vom Staatsrat getroffenen Regelungen aus dem Grundkrankenversicherungfonds abgezogen (§22 SVG). Allerdings enthalten die lokalen Vorschriften im jeweiligen Planungsgebiet zumeist eine Regelung über die „unmittelbare Rechnungsbegleichung zwischen den zugelassenen medizinischen Einrichtungen und den Sozialversicherungsorganen".

(1) Das Sach- und Dienstleistungssprinzip und institutionelle Maßnahmen

Das Sach- und Dienstleistungsprinzip ist in der chinesischen Grundkrankenversicherung für Arbeitnehmer nur im Zusammenhang mit den konkreten Institutionen zu verstehen. Nach Maßgabe des BSEGA wird der Auszahlungsumfang des einheitlich geplanten Fonds und des individuellen Kontos voneinander abgegrenzt und getrennt berechnet (Nr. 3 Abs. 1 BSEGA). Gemäß Nr. 3 Abs. 2

271 S. unten - Grundkrankenversicherung für Einwohner in Städten und Kreisen und das neue Kooperationsgesundheitssystem auf dem Land.

272 Vgl. Chen, Xinyong, (2003), S.196.; Guo, Chengwei/Wang, Guangbin, (2003), S. 183.

273 „Guanyu Jianli Xinxing Nongcun HezuoYiliao Zhidu de Yijian", erlassen von den Gesundheits-, Finanz, und Agrarministerien am 10.1.2003, Guoban Fa (2003), Nr. 3.

BSEGA werden Auszahlungsmindestgrenze und -höchstgrenze des einheitlich geplanten Fonds im jeweiligen Planungsgebiet festgelegt. Das bedeutet, dass die tatsächlichen entstandenen Krankheitskosten, die die Höchstgrenze überschreiten oder die Mindestgrenze nicht erreichen, auch nicht von der Grundkrankenversicherung getragen werden. Die Kosten, die oberhalb der Auszahlungsmindestgrenze und unter der Auszahlungshöchstgrenze liegen, werden zum Teil auch nur teilweise aus dem Solidarfonds bezahlt (Nr. 3 Abs. 2 BSEGA), und nur der vom Solidarfonds zu übernehmende Anteil unterfällt dem Sach- und Dienstleistungsprinzip. Die versicherten Arbeitnehmer können den überschießenden Betrag unter diesen Umständen selbst oder aus Mitteln Dritter übernehmen.[274] Da die Geldmittel im individuellen Konto als Privateigentum des Versicherten gelten und sogar vererbbar sind,[275] kann der versicherte Arbeitnehmer die nicht vom Grundkrankenversicherungsfonds zu tragenden Krankenkosten aus dem individuellen Konto zahlen. Im Übrigen können die Kosten auch durch die zusätzliche Krankenversicherung für Arbeitnehmer erstattet werden.[276] Sowohl für die Tragung aus dem individuellen Konto als auch für die zusätzliche Krankenversicherung für Arbeitnehmer gilt also das Kostenerstattungsprinzip.

Gemäß Nr. 3 Abs. 2 BSEGA liegt das Auszahlungsminimum des Grundkrankenversicherungsfonds bei ungefähr 10% des lokalen durchschnittlichen jährlichen Arbeitnehmerlohnes. Die Auszahlungshöchstgrenze beträgt grundsätzlich ungefähr das Vierfache des lokalen durchschnittlichen jährlichen Arbeitnehmerlohns. Außerhalb dessen sind sie aus dem individuellen Konto oder von der Person selbst zu tragen. Auch die Kosten über der Mindestgrenze und unter der Höchstgrenze sind vom Arbeitnehmer zu einem bestimmten Prozentsatz selbst zu tragen. Diese Tragungsweise der Krankheitskosten wird auch als „Kostentragung in drei Abschnitten“ bezeichnet.[277] Innerhalb der Zahlungsgrenzen wird der geplante Fonds vor allem für die stationäre Versorgung genutzt.[278] In einigen Pilotgebieten dürfen aus den individuellen Konten auch die Beträge unterhalb der Zahlungsgrenze bei stationären Behandlungen und die Zuzahlungen zum Solidarfonds abgehoben werden.

274 Lin, Jia (Hrsg), (2009), S. 183ff.
275 Xing, Xinmin, (2000), S. 370.
276 S. unten - Zusätzliche Krankenversicherung für Arbeitnehmer.
277 Zhang, Jingping (Hrsg.), (2007), S. 130.
278 S. o. - die Vorstellung vom Hainan-Modell, sowie Wang, Weihua, (2004), Diss. S. 61.

Nach Nr. 6 Abs. 1f. BSEGA bleiben die Regelungen für die Krankenbehandlung des pensionierten Personals (*Lixiu Renyuan*)[279], ehemalige Mitglieder der Roten Armee und revolutionären Armeeversehrten ab dem zweiten Grad der Versehrtheit unverändert. Deren Krankheitskosten werden unter Berücksichtigung des ursprünglichen Gehalts bzw. Zuschlags von der lokalen Regierung aufgebracht. Das bedeutet, dass die oben genannten Personengruppen keinen eigenen Kostenbeitrag in Form einer Zuzahlung zu leisten brauchen. Außerdem sind die versicherten Rentner, die selbst keine Versicherungsbeiträge zahlen, bei der Relation zwischen der eingezahlten Summe des individuellen Kontos und der individuellen Belastung durch Krankheitskosten angemessen zu bevorzugen (Nr. 6 Abs. 3 BSEGA). Im Vergleich zu den normalen versicherten Patienten sind also auch sie von weniger Zuzahlung belastet.[280]

Z.B. werden in Beijing mit der lokalen Regelung über die Grundkrankenversicherung vom 20.2.2001 (erlassen vom Stadtsrat Beijing)[281] die oben beschriebenen Grundsätze folgendermaßen umgesetzt. Die von den einzelnen versicherten Arbeitnehmern zu tragenden Versicherungsbeiträge und die Zinsen aus Geldmitteln im individuellen Konto werden komplett in dieses Konto verbucht. Nur ein bestimmter altersabhängiger Teil des Grundkrankenversicherungsbeitrags (0,8-4,8%), den die Arbeitgebereinheiten tragen geht in das individuelle Konto über. Die Gelder in dem Konto können für ambulante Behandlung, Notfalldienste, Medikamente in den zugelassenen Apotheken genutzt werden. Und auch die Krankheitskosten unter der Zahlungsmindestgrenze des Grundkrankenversicherungsfonds sind aus dem individuellen Konto auszuzahlen. Die über der Mindestgrenze (ca. 10% des durchschnittlichen Lohns im letzten Jahr) und unter der Höchstgrenze (ca. das Vierfache des durchschnittlichen Lohns im letzten Jahr) sollte erst dem Sach- und Dienstleistungsprinzip entsprechend vom Versiche-

---

279 Die pensionierten Personen (Lixiu Renyuan) sind diejenigen Veteranen, die sich vor Gründung des neuen Chinas (vor 30.09.1949) in dem revolutionären Krieg unter Führung der Kommunistischen Partei beteiligt haben und das Rentenalter (60 bzw.65 je nach dem Amtsrang) vollenden. Im Vergleich zu den Rentnern können sie bei Erbringung der Sozialleistung bevorzugt. S. „Guowuyuan Guanyu Anzhi Laoruobingcan Ganbu De Zanxing Banfa“ (Vorläufige Maßnahmen des Staatsrates über Sozialleistung der alten und kranken Beamten) u. „Guowuyuan Guanyu Gongren Tuixiu Tuizhi De Zanxing Banfa“ (Vorläufige Maßnahmen des Staatsrates über Renten und Abdankung), genehmigt von 2. Sitzung des 5. Nationalen Volkskongresses am 24.5.1978, Guofa [1978] Nr. 104.

280 Ein Beipiel für den selbst zu tragenden Anteil der Krankenkosten bei den normalen Arbeitnehmern und Rentnern s. Anm.217.

281 „Beijing Shi Jiben Yiliao Baoxian Guiding“, erlassen vom Stadtsrat Beijing am 1.12.2003 VO-Nr.68, revidiert durch VO-Nr. 158.

rungsfonds getragen werden. Aus dem Grundkrankenversicherungsfonds werden prinzipiell die stationären Kosten getragen, einschließlich der Kosten des Krankenhausaufenthalts in den ersten 7 Tagen für Untersuchungen im Notfall und zusätzlich die ambulanten medizinischen Kosten für Strahlen- und Chemotherapie sowie für Medikamente nach Nieren-Transplantation zur Verhinderung einer Abstoßung und für Dialysen. Das bedeutet, dass die Leistungen außerhalb des oben genannten Umfangs vom Versicherten selbst zu tragen sind.

Außerdem ist das Sach- und Dienstleistungsprinzip eng mit der Zulassung medizinischer Einrichtungen verbunden.[282] Nur die Untersuchungs- und Behandlungskosten in den zugelassenen Krankenhäusen und die Arzneimittelkosten in den zugelassenen Apotheken sind vom Grundkrankenversicherungsfonds zu tragen. Die Leistungserbringung der Grundkrankenversicherung findet nur in bestimmten medizinischen Einrichtungen (einschließlich den Krankenhäusern und den Einrichtungen dertraditionellen chinesischen Medizin) und Apotheken statt (Nr. 5 Abs. 1 BESGA). Das Ministerium für Arbeit und Soziale Sicherheit hat gemeinsam mit den zuständigen Behörden Überprüfungsmaßnahmen für die Qualität der zugelassenen medizinischen Einrichtungen und Apotheken festzusetzen. Durch die Zulassung soll ein Wettbewerbssystem eingeführt werden. Dadurch erhalten die versicherten Arbeitnehmer ein Wahlrecht unter mehreren zugelassenen medizinischen Einrichtungen und Apotheken.

(2) Stellungnahme zum Sach- und Dienstleistungsprinzip

Der Sinn des Sach- und Dienstleistungsprinzips besteht darin, den Versicherten von der Last zu befreien, die Behandlungskosten vorstrecken zu müssen. Da die Vorfinanzierung entfällt, wird dem Versicherten die Sorge um seine finanzielle Liquidität im Krankheitsfall genommen.[283] Außerdem wird dem Grundsatz entsprechend eine ausreichende und finanzierbare medizinische Versorgung der Versicherten gewährleistet. Denn die betroffenen medizinischen Kosten sind unmittelbar aus dem Grundkrankenversicherungsfonds zu zahlen, und der Leistungserbringer muss sich beim Abschluß des Behandlungsvertrags mit dem Patienten ebenfalls keine Sorge um die Kostenfrage machen. Wenn allerdings keine effektive Kontrolle der zugelassenen Einrichtungen und der versicherten Pa-

282 Lin, Jia (Hrsg), (2009), S. 143ff.
283 Vgl. S.Muckel, (2008), S.82.

tienten besteht, können sich die medizinischen Kosten der Untersuchung und Behandlung wegen einvernehmlicher Täuschung durch beide rasant erhöhen.[284]

Meiner Ansicht nach sollte das Sach- und Dienstleistungsprinzip weiterhin in der sozialen Krankenversicherung aufrechterhalten werden, da die Gesundheitsreform in China noch am Anfang steht und die Versicherten noch mehr zur Teilnahme an der Grundkrankenversicherung ermuntert werden müssen. Wenn sie von der Krankheitskostenfrage stark belastet werden und keine Vorteile der Grundkrankenversicherung im Vergleich zu der Privatversicherung bemerken, lässt sich nicht nur die soziale Krankenversicherung für Arbeitnehmer, sondern auch diejenige für Einwohner in Städten und Kreisen nur mit Schwierigkeiten ausweiten. Darüber hinaus kann sich der schon festgesetzte Leistungsgrundsatz dem neuen Entwicklungstrend des chinesischen Sozialversicherungswesens anpassen. Der Grundgedanke von sozialrechtlicher Gesetzgebung ist in China schon von „dem effektivitätsorientierten Modell in der ersten Zeit von Reform und Öffnungspolitik zu dem von sozialgerechtigkeitsorientierten“ und „von dem der wirtschaftlichen Entwicklung passiv entsprechenden Modell zu dem von Achtung auf „gerechte Dienstleistung und menschliche Existenz“ umgewandelt worden.[285] Im Interesse der Versicherten sollte das Sach- und Dienstleistungsprinzip vor diesem Hintergrund nicht leichtfertig aufgegeben werden.

Durch eine Verbesserung der einschlägigen institutionellen Maßnahmen und eine Verstärkung der Verwaltungskontrolle sollte die Gefahr einer Erhöhung der Krankheitskosten durch Täuschungshandlungen der Krankenhäuser und Versicherten gemindert werden. Nötig sind auch effektive Strafmaßnahmen gegen die zugelassenen Einrichtungen. Dazu gehören Geldstrafen, der Entzug der Qualifikation als zugelassene Leistungserbringer, die Verbesserung des Anzeigewesens und die Überwachung der Versicherten einschließlich negativer Eintragungen.[286] Darüber hinaus kann innerhalb des Sozialversicherungsorgans ein Bewertungs-

284 Zu Zeitungsberichten siehe Shenzhen Yisheng Duokai 161 Wan Yiliaofei Pianqu Shebao Jijin, Nanfang Zhoumo vom 8.1.2007. (Mit Rezeptfälschung hat ein Arzt in Shenzhen 1,61 Mio. Krankheitskosten aus dem Solidarfonds erschwindelt, veröffentlicht im Nanfang Wochenende, 8.1.2007); Yigeyue Nei Guangdong Shunde Lunjiao Yiyuan 499 Zhigong Kanbing 3000 Yu Ci, Renmin Ribao vom 10.7.2009, (Über 3000 Krankheitsfälle von 499 Arbeitnehmern innerhalb eines Monates im Lunjiao Krankenhaus, veröffentlicht in Volkszeitung, 10.7.2009.).

285 Vgl. Zhou, Ying, (2008), 6. S. 143ff.

286 Vgl. Qiu, Dan, (2008), 20; Chen, Xinyong/Cheng, Min, (2006),4.

ausschuss mit medizinisch-fachlichem Wissen für die Überwachung der medizinischen Versorgung gebildet werden.[287]

1.3.1.2.2 Das Prinzip des grundlegenden Leistungsniveaus

Nach § 3 SVG ist die Sozialversicherung nach dem Prinzip des Basisleistungsnieaus (Bao Jiben) aufzubauen. Das Niveau der Sozialversicherung muß demjenigen der sozioökonomischen Entwicklung der Gesellschaft entsprechen. Die Grundkrankenversicherung darf nur für Diagnose- und Behandlungskataloge aufkommen, die für Diagnose und Krankenbehandlung notwendig sind, die eine durch klinische Proben erwiesene Wirksamkeit haben und deren Preis angemessen ist. [288] Besondere medizinische Leistungskataloge (z.B.körperliche Untersuchung) sowie diejenigen, die für die medizinische Untersuchung und Behandlung nicht notwendig und ohne gesicherte Wirksamkeit sind, sind von der Grundkrankenversicherung für Arbeitnehmer ausgenommen.[289]

Allerdings handelt es sich bei diesen Kriterien um unbestimmte Rechtsbegriffe. Nach Nr. 7 der „Meinungen zur Festlegung der medizinischen Einrichtungen und Zahlungsmaßstäbe für Arbeitnehmer in Städten und Kreisen“[290] steht der zuständigen Behörde für Arbeit und soziale Sicherheit bzw. dem Sozialversicherungsorgan im jeweiligen Planungsgebiet ein Beurteilungsspielraum zu, die in den medizinischen Einrichtungen entstandenen Krankheitskosten daraufhin zu überprüfen, ob die Leistungskataloge dem Umfang der Grundkrankenversicherung entsprechen und der Versicherte sich nach Zahlungsmaßstab an den Kosten beteiligt. Da ihm das medizinisch- sowie wirtschaftlich-fachliche Wissen fehlt, soll sich das Organ gemäß Nr .8 für die Überprüfung bei den Behörden für Fianzen, Gesundheit, Preiskontrolle sowie Medikamentverwaltung und bei einschlägigen Fachleuten informieren. Meiner Ansicht nach ist allerdings die Überprüfungsbefugnis allein durch das Sozialversicherungsorgan nicht angemessen, weil die Krankheitskosten von ihm erstattet werden, es also selbst betroffen ist. Im Einzelfall sollte die Überprüfung durch institutionelle Maßnahmen, beispielsweise durch die Möglichkeit eines Verwaltungswiderspruchs sowie gerichtlichen Rechtsschutzes vervollkommnet werden.

---

287 Vgl. Lu, Zuxun (Hrsg.), (2003), S. 210ff.

288 Chen, Xinyong, (2003), S.196f.

289 Chen, Rongxin/Yang, Guoyi, (2004), S. 186.

290 „Guanyu Queding Chengzhen Zhigong Jiben Yiliao Baoxian Fuwu Sheshi Fanwei He Zhifu Biaozhun Yijian“, erlassen vom Ministerium für Arbeit und soziale Sicherung, (1999), Nr. 22.

1.3.1.3 Die gesetzliche Dauer für medizinische Leistungen

Die Leistung der Grundkrankenversicherung für Arbeitnehmer wird nur innerhalb eines bestimmten Zeitraumes erbracht, es sei denn, dass der versicherte Arbeitnehmer wegen Krankheit arbeitsunfähig ist.[291] Nach § 2 der „Regelung über die Dauer der medizinischen Leistungen für Arbeitnehmer in Betrieben wegen Krankheit oder Verletzungen, die kein Arbeitsunfall sind“ (RFLAB) vom 1.12.1994[292] wird die gesetzliche Dauer als die Zeitdauer definiert, während welcher der Arbeitnehmer bei Krankheit oder Verletzung (kein Arbeitsunfall) seine Tätigkeit einstellt und sich bei der Behandlung erholt. In dieser Zeit darf seine Einheit den Arbeitsvertrag nicht kündigen (§ 29 Abs. 1 Arbeitsgesetz der VR China vom 7.5.1994). Nur innerhalb dieser Zeit werden medizinische Leistungen, Krankengeld, bzw. Krankenhilfe nach den einschlägigen Regelungen erbracht (§2 RFLAB).

Gemäß § 3 RFLAB beträgt diese Frist drei bis vierundzwanzig Monate jeweils in Abhängigkeit von der gesamten Beschäftigungsdauer sowie derjenigen in der aktuellen Arbeitgebereinheit. Dies erfolgt nach folgenden Berechnungsregeln:

(1) bei einem Arbeitnehmer mit einer unter insgesamt 10 Jahren liegenden und unter 5 Jahren in der derzeitigen Einheit sind es drei Monate und von über 5 Jahren sechs Monate;

(2) bei über insgesamt 10-jähriger Arbeitszeit und unter 5 Jahren in der derzeitigen Einheit sind es sechs Monate, zwischen 5 und 10 Jahren neun Monate, zwischen 10 und unter 15 Jahren zwölf Monate, zwischen 15 und 20 Jahren achtzehn Monate, oberhalb von 20 Jahren vierundzwanzig Monate.

Die gesetzliche Leistungsdauer für medizinische Leistungen ist nicht für jeden Fall der Arbeitsunterbrechung und Krankheitsbehandlung neu zu berechnen, sondern diese Zeiten sind innerhalb eines bestimmten Zeitraums zusammen zu zählen. Konkret gesagt: die Dauer von drei Monaten wird innerhalb von sechs Monaten ab der ersten Unterbrechnung der Arbeit und Behandlung zusammen gerechnet; entsprechend die Frist von sechs Monaten innerhalb von zwölf Monaten, die von neun Monateninnerhalb von fünfzehn Monaten, die von zwölf Monaten innerhalb achtzehn Monaten, die von achtzehn Monaten innerhalb von vierundzwanzig Monaten und die von vierundzwanzig innerhalb von dreißig

291 Vgl. Li, Jianfei, (2007), S. 479.

292 „Qiye Zhigong Huanbing Huo Feiyingong Fushang Yiliaoqi Guiding“, erlassen vom Ministerium für Arbeit am 1.12.1994, (1994), VO-Nr. 479.

Monaten. Wenn also der versicherte Arbeitnehmer in der festgesetzten Frist mehrmals krank geschrieben wird und die akkumulierte Zeitdauer die gesetzliche Frist überschreitet, obwohl die jedermalige Zeitdauer noch nicht erreicht wird, gilt dies auch als Ablauf der gesetzlichen Frist für die medizinischen Leistungen. Und der Arbeitsvertrag des kranken Versicherten, der nach Ablauf der Frist noch nicht völlig gesund ist, (d.h. er kann weder der bisherigen Arbeit, noch einer anderen von der Arbeitgebereinheit zugewiesenen Tätigkeit nachgehen), kann von der Arbeitgebereinheit aufgelöst werden, sofern die Einheit vorschriftsmäßig das Krankengeld oder Krankenhilfe gezahlt hat.[293]

Ein Beispiel: Der Arbeitnehmer A hat für eine GmbH G fünf Jahre lang gearbeitet. Am 1. Mai wird A krank geschrieben, und nach fünfmonatiger stationärer Behandlung, also am 1. Oktober, nimmt er seine Arbeit wieder auf. Ab November wird er wieder krank und beantragt Krankenurlaub (nicht unbedingt wegen derselben Krankheit). Im Januar des nächsten Jahres wird vom Bewertungsausschuß für Arbeitsfähigkeit festgestellt, dass er noch stationär behandelt werden muß. Danach wird dem A durch das Sozialversicherungsorgan schriftlich mitgeteilt, dass die Leistungen der Grundkrankenversicherung an ihn eingestellt werden. In diesem Fall stand A aufgrund des fünfjährigen Arbeitsvertrags eine gesetzliche Dauer für medizinische Leistungen von sechs Monaten zu (§ 3 Abs. 1 RFLAB). Vom Mai bis Januar des nächsten Jahres, also in weniger als zwölf Monaten, war A für insgesamt sieben Monate krank geschrieben. Diese Zeitdauer überschreitet die gesetzliche Dauer für medizinische Leistungen von sechs Monaten (§ 4 RFLAB). Deshalb ist die Entscheidung des Sozialversicherungsorgans rechtmäßig.

Gemäß Nr. 1 Abs. 2 der Mitteilung des Ministeriums für Arbeit über Durchführung der RFLAB umfasst die gesetzliche Frist i.S.v. § 2 RFLAB Ruhetage, gesetzliche Feiertage und Ferientage. Bei den „außergewöhnlichen" Krankheiten (z.B. Krebs, psychologische Krankheiten, Lähmung u.s.w.) kann nach Nr. 2 Abs. 1 dieser Mitteilung die Frist mit Genehmigung des Betriebes und der zuständigen Behörde für Arbeit auf mehr als vierundzwanzig Monate verlängert werden. Die Verlängerungsdauer selbst darf aber höchstens sechs Monate betragen.

1.3.2 Die Leistungen im Einzelnen

Die Leistungen der Grundkrankenversicherung für Arbeitnehmer setzen sich aus denjenigen zur Früherkennung von Krankheiten und denjenigen zur Behandlung

293 Vgl. Li, Jianfei, (2007), S.153 ff.

einer Krankheit zusammen. Im Anhang der MVBASK und in Nr. 3 der MFEZASK[294] befinden sich die Kataloge der Leistungen, deren Kosten nicht oder nur teilweise von der Grundkrankenversicherung getragen werden. Die danach nicht ausgeschlossenen Leistungen können unter weiteren Voraussetzungen (z.B. Auszahlungsgrenzen, Kostenbeteiligung der Versicherten u.s.w.) von der Grundkrankenversicherung erbracht werden. Der kranke Versicherte hat daneben gemäß § 59 der Meinungen des Minsteriums für Arbeit über die Durchführung des Arbeitsgesetzes vom 11.8.1995 (MDA)[295] einen Anspruch gegenüber den Arbeitgebereinheiten auf Krankengeld oder Krankenhilfe. Zur Information über den aktuellen Stand der Versorgung in der Grundkrankenversicherung sollen die Kataloge etwas genauer dargestellt werden.

1.3.2.1 Die nicht zu erstattenden Leistungen

Die Leistungen, deren Kosten nicht von der Grundkrankenversicherung getragen werden, sind:

(1) Dienstleistungen

(a) Praxisgebühr, Konsiliumgebühr außerhalb des Krankenhauses, Gebühr für medizinische Unterlagen u.ä;

(b) Gebühr für Krankenvisite, Notfallgebühr für Untersuchung und Behandlung, zusätzliche Gebühr für delegierte Operation, besondere Qualität, selbst angeforderte Krankenschwester und andere besondere Dienstleistungen;

(c) Verkehrskosten für Überweisung und Notfall;

(d) Gebühren für Klimaanlage, Fernsehen, Telefon, Inkubator, Lebensmittelinkubator, Stromofen und Kühlschrank und Schadensersatz für Öffentliche Mittel;

(e) Gebühren für Begleitung, Pflege, Waschen und ambulantes Auskochen eines Medikaments der traditionellen chinesischen Medizin;

(f) Lebensmittelkosten;

(g) Kosten für kulturelle Aktivitäten und sonstige Dienstleistungen für besonderen Bedarf.

---

294 S.Anm. 264.

295 „Guanyu Guanche Zhixing Laodongfa Ruogan Wenti De Yijian", erlassen vom Ministerium für Arbeit am 4.8.1995, (1995), VO-Nr. 309.

(2) Leistungen, die keine Krankenbehandlung sind

(a) Schönheitspflege, Fitnesstraining und nicht funktionell geboten plastische und orthopädische Operationen;

(b) Leistungen zum Abnehmen, Zunehmen und zur körperlichen Entwicklung u.ä.;

(c) Körperliche Untersuchung zur Früherkennung der Krankheiten;

(d) Leistungen zur Krankheitsverhütung und Vorsorge;

(e) medizinische Beratung und Diagnostik.

(3) medizinische Geräte und Material zur Untersuchung und Behandlung

(a) Leistungen der Untersuchung und Behandlung mit Positronen-Emissions-Tomographen (PET), Elektronenstrahl-CT, Augenheilkunde Excimer-Laser und anderen größeren Geräten;

(b) Brillen, Prothesen, Hörgeräte und andere Hilfsmittel;

(c) selbst genutzte Geräte für Gesundheit, Massage, Untersuchung und Behandlung;

(d) das vom jeweiligen Preisamt in der Provinz festgesetzte Einwegmaterial, dessen Kosten nicht unabhängig geltend gemacht werden dürfen.

(4) Leistungen der Krankenbehandlung

(a)Verschiedene Organe oder Gewebequellen. Die Transplantationen von Organen oder Gewebe mit Ausnahmen der Nieren, Herzklappen, Hornhaut, Haut, Blutgefäßen, Knochen, Knochenmark;

(b) Behandlung der Myopie, orthopädische Chirurgie;

(c) Behandlungen mit Qigong, Musik, Nahrungsmittel für die Gesundheitspflege, magnetische und andere Geräten.

(5) Andere Leistungen

(a) Untersuchung und Behandlung für Erkrankungen der Unfruchtbarkeit und sexuellen Dysfunktion;

(b) Untersuchung und Behandlung, die nicht ausreichend erprobt sind oder zwar bekannt sind, sich aber klinisch nicht bewährt haben.

1.3.2.2 Die teilweise zu erstattenden Leistungen

Die Leistungen, deren Kosten teilweise von der Grundkrankenversicherung getragen werden, sind:

(1) Medizinische Geräte und Material

(a) Untersuchung und Behandlung mit χ-ray-Computertomographie-Technik (CT), stereotaktische Radiochirurgie (γ-Messer, χ-Messer), Herz-und Angiographie χ-ray-Maschine (einschließlich der digitalen Subtraktion-Ausrüstung), Magnetresonanz-Tomographie-Geräte (MRI), Single-Photon-Emissions-Computer-Scan-Geräte SPECT), Farb-Doppler, medizinische Linearbeschleunigern und und anderen großen medizinischen Geräten;

(b) Extrakorporale Stoßwellenlithotripsie und hyperbare Sauerstofftherapie;

(c) Herzschrittmacher, künstliche Gelenke, Intraokularlinsen, vaskuläre Stents und andere künstliche Ersatzorgane, und Materialien im Körper;

(d) das vom jeweiligen Preisamt in der Provinz festgesetzte Einwegmaterial, dessen Kosten unabhängig geltend gemacht werden können.

(2) Behandlung

(a) Hämodialyse, Peritonealdialyse;

(b) Transplantation von Nieren, Herzklappen, Hornhaut, Haut, Blutgefäßen, Knochen;

(c) Laserbohren im Herz, Anti-Tumor-zelluläre Immuntherapie und schnelle Neutronentherapie.

(3) Untersuchung und Behandlung mit aufwändigen Geräten, Materialien und Einrichtungen, die dafür von der zuständigen Provinzbehörde für Arbeit und Soziale Sicherheit vorgesehen sind.

1.3.2.3 Arzneimittel

Um den Umfang der von der Grundkrankenversicherung für Arbeitnehmer in Städten und Kreisen zu tragenden Arzneimittel zu bestimmen und die Kosten der Arzeimittel rationell zu kontrollieren, hat das Ministerium für Arbeit und Soziale Sicherheit am 25.5.2000 das „Staatliche Arzneimittelverzeichnis der Grundkrankenversicherung, Unfallversicherung und Geburtsversicherung“ [296] erlassen. Angesichts der raschen Entwicklung von Medikamenten wird dieses Verzeichnis regelmäßig alle zwei Jahre angepasst, und neue Medikamente sind jährlich hinzuzufügen. Die in dieses Verzeichnis einbezogenen westlichen und chinesischen Arzneimittel sind in Typ A und Typ B aufgegliedert. Die Arzneimittel vom Typ A sind für die klinische Behandlung notwendig und mit umfangreicher Anwendung und guter Wirksamkeit, aber haben im Vergleich zu ähnlichen Arzneimitteln einen niedrigeren Preis. Solche vom Typ B stehen der klinischen Behandlung mit einer guten Wirksamkeit alternativ zur Verfügung, aber haben im Vergleich zu denjenigen von Typ A einen höheren Preis. Nach diesem Arzneimittelverzeichnis sind die Nahrungsmittel eine hauptsächlich tonische Wirkung, einige als Arzneimittel genutzte Tierorgane und (getrocknete) Früchte, chinesische Medikamente in Likör, Additive mit Fruchtgeschmack, Blut und Blutprodukte (ausschließlich für den Notfall) und andere vom Ministerium für Arbeit und Soziale Sicherheit festgesetzte Arzneimittel von der Leistung der Grundkrankenversicherung ausgeschlossen.

Das Arzeimittelverzeichnis von Typ A wird vom Staat einheitlich festgelegt und kann nicht durch lokale Rechtsvorschriften geändert werden. Dasjenige von Typ B wird vom Staat festgelegt, aber die zuständige Provinzbehörde (Provinzen, autonome Gebiete und regierungsunmittelbare Städte) kann es entsprechend dem lokalen Wirtschaftsniveau, dem Gesundheitsbedarf und der örtlichen Gewohnheit anpassen. Die gesamte Menge der gestrichenen oder hinzugefügten Arzneimittel darf höchstens 15% des zentralfestgesetzten Katalogs von Typ B ausmachen. Das staatliche Arzneimittelverzeichnis hat i.d.R. alle zwei Jahre in einer neuen Vision zu erscheinen. Entsprechend kann das lokale Verzeichnis bearbeitet werden. Der Staat kann jedes Jahr neue Medikamente in das Verzeichnis einfügen, während die lokale Behörde dazu nicht ermächtigt ist.[297]

Die Kosten der Arzneimittel von Typ A werden nach der einschlägigen Regelung von der Grundkrankenversicherung getragen. Die Kosten derjenigen von Typ B werden zunächst von dem Versicherten selbst in einem bestimmten Ver-

---

296 „Guojia Jiben Yiliao Baoxian Gongshang Baoxian He Shengyu Baoxian Yaopin Mulu“. Die neuste Auflage wurde vom Ministerium für Arbeitskräfte und Soziale Sicherheit am 27.11.2009 veröffentlicht.

297 Vgl. Chen, Xinyong, (2003), S. 195.

hältnis übernommen und dann von der Grundkrankenversicherung erstattet. Der vom Versicherten selbst getragene Anteil wird vom zuständign Organ im jeweiligen Planungsgebiet festgelegt. Für die Tragung der Arzneimittelkosten, die im Notfall und Rettungsdienst entstehen, gibt es zusätzliche Erleichterungen.

1.3.2.4 Krankengeld (Krankenhilfe)

Das Krankengeld (*Bingjia Gongzi*) bzw. Krankenhilfe (*Jibing Jiujijin*) ist in dem neuen verabschiedeten Sozialversicherungsgesetz nicht ausdrücklich geregelt. Nach § 59 der MDA[298] werden den versicherten Arbeiternehmern Krankengeld bzw. Krankenhilfe von den Arbeitgebereinheiten während der gesetzlichen Dauer der von der Grundkrankenversicherung zu tragenden medizinischen Leistungen gewährt, wenn sie wegen Krankheit oder Verletzung (nicht Arbeitsunfall) behandelt werden. Das Krankgeld oder die Krankenhilfe darf nicht niedriger als 80% des lokalen Mindestlohns sein. Die medizinische Leistung der Grundkrankenversicherung für Arbeitnehmer kann nach gemäß der „Ergänzung des Ministeriums für Arbeit zur Durchführung der Arbeitsversicherungsverordnung über das Krankengeld“[299] und der MDA das Krankengeld (Krankenhilfe) nicht ersetzen.[300] Das Krankengeld oder die Krankenhilfe hat die Funktion einer wirtschaftlichen Sicherung für die kranken Arbeitnehmer.[301]

Nach der oben genannten Ergänzung kann der Arbeitnehmer das Krankengeld innerhalb einer 6-monatigen Krankenurlaubszeit (akkumuliert) von der Arbeitgebereinheit beziehen. Außerhalb dieser 6-monatigen Frist wird statt des Krankengeldes die Krankenhilfe vom Arbeitsversicherungsfonds ausgezahlt. Nach der Krankenversicherungsreform für Arbeitnehmer in Städten und Kreisen wird diese Regelung aber nicht mehr angewendet.[302] In § 5 RFLAB[303] sind die zwei Leistungsarten – Krankengeld und Krankenhilfe – auch wie früher zusammen vorgesehen, während gemäß § 59 MDA die eine als Alternative zur anderen gilt.

298 S. Anm. 296.
299 „Laodong Baoxian Tiaoli Shishi Xize Xiuzheng Caoan“, erlassen vom Ministerium für Arbeit am 26.1.1953.
300 Vgl. Li, Jianfei, (2007), S.480.
301 Vgl. Ba, Ling, (2006), 11.
302 Manche Autoren vertreten die Ansicht, dass die Regelung über Krankengeld und Krankenhilfe vom 26.1.1953 noch bis heute gilt. Vgl. Ba, Ling, (2006), 11. Aber in der Praxis wird in den jeweiligen Gebieten auf diese Regelung verzichtet. Im Folgenden werde ich den Zusammenhang zwischen diesen beiden Entgeltfortzahlungen mit einigen Beispielen darlegen.
303 S. 292.

Nach § 83 S. 2 des chinesischen Gesetzgebungsgesetzes vom 15.3.2000[304] hat die neue Regelung einen Anwendungsvorrang, wenn die von demselben Organ erlassenen neuen und alten Gesetze, Verwaltungsrechtsbestimmungen, lokalen Rechtsverordnungen und Satzungen nicht übereinstimmen. Deswegen kann die Arbeitgebereinheit gemäß §59 MDA unter bestimmten Voraussetzungen zwischen Krankengeld und Krankenhilfe auswählen.[305] Bedeutsam ist, dass jede dieser Arbeitsgeldfortzahlungen während der Krankenurlaubszeit nicht weniger als 80% des lokalen Mindestlohns betragen darf.

Die Zahlung von Krankengeld (Krankenhilfe) ist im jeweiligen Planungsgebiet nach den lokalen Vorschriften unterschiedlich geregelt. Zusammenfassend betrachtet gibt es dafür drei Regelungsmodelle:

(1) Modell I – Leistung nach bestimmten Verhältnis zwischen Arbeitslohn und Dienstalter eines Arbeitnehmers: Dieses Modell wird typischerweise in Shanghai angewandt. Dort wird das Krankengeld innerhalb der 6-monatigen Krankenurlaubszeit des Arbeitnehmers nach dem folgenden Maßstab von der Arbeitgebereinheit gezahlt: a) 60% des persönlichen Lohns, wenn das Dienstalter nicht mehr als zwei Jahre beträgt; b) 70% des Lohns, wenn es zwei bis vier Jahre beträgt; c) 100% des Lohns, wenn es vier bis sechs Jahre beträgt; d) 90% des Lohns, wenn das sechs bis acht Jahre beträgt; e) 100% des Lohns, wenn es über acht Jahre beträgt. Überschreitet die Krankenurlaubszeit 6 Monate, wird die Krankenhilfe von der Einheit in der folgenden Weise gewährt: a) 40% des persönlichen Lohns, wenn das Dienstalter weniger als ein Jahr beträgt; b) 50% des Lohns, wenn es ein bis drei Jahre beträgt; c) 60% des Lohns, wenn es über drei Jahre beträgt.[306] Das Krankengeld oder die Krankenhilfe sind nicht niedriger als 80% des lokalen Mindestlohns. Gleichzeitig darf die Entgeltfortzahlung auch nicht höher als die ursprüngliche Lohnsumme des Arbeitnehmers und das durchschnittliche lokale Lohnsniveau im letzten Jahr sein.[307]

304 „Lifa Fa“, verabschiedet von der 3. Sitzung des 9. Nationalen Volkskongresses.

305 Vgl. Wang, Jiansheng, (2008), http://article.chinalawinfo.com/Article_Detail.asp?ArticleID=41616.

306 Nach Maßgabe von „Shanghai Shi Laodong He Shehui Baozhang Ju Guanyu Bingjia Gongzi Jisuan De Gonggao“, (Veröffentlichung des Amtes für Arbeit und Soziale Sicherheit in Shanghai über Berechnungsmaßstäbe des Krankengeldes), erlassen vom Amt für Arbeit in Shanghai am 1.11.2004, (2000), Nr.14.

307 Nach Maßgabe von Nr.1 von „Qiye Zhigong Huanbing Huo Fei Yingong Fushang Yiliaoqi Guiding“, (Reglung für Frist der medizinischen Leistungen der Arbeitnehmer in Betrieben wegen Krankheit oder Verletzung vom Nicht-Unfall), erlassen vom Arbeitsministerium am am 1.12.1994, Laobu Fa (1994), Nr.479.

(2) Modell II – in einem bestimmten Verhältnis zum persönlichen Lohn: In der Provinz Shandong ist vorgesehen, dass das Krankengeld innerhalb der gesetzlichen Dauer der medizinischen Leistungen für 180 Tage (akkumuliert) in Höhe von 70% des persönlichen Lohns der Versicherten ausgezahlt wird. Nach 180 Tagen gewährt die Einheit die Krankenhilfe in Höhe von 60% des persönlichen Lohns. Jede Zahlungsart darf nicht weniger als 80% des Mindestlohns betragen.[308]

(3) Modell III – nach Arbeitsvertrag oder Kollektivvertrag: In der „Regelung für Arbeitslohnzahlung in Beijing" ist es vorgesehen, dass das Krankengeld des Arbeitnehmers bei Krankheit oder Verletzung (nicht Arbeitsunfall) während der Krankenurlaubszeit entsprechend der Vereinbarung im Arbeitsvertrag oder im Kollektivvertrag von der Einheit gewährt wird.[309] In der Provinz Jiangsu wird das Krankengeld oder die Krankenhilfe während der gesetzlichen Dauer der medizinischen Leistungen nach der lokalen Vorschrift über Arbeitslohnzahlung, Arbeitsvertrag, Kollektivvertrag oder anderen staatlichen Regelungen von der Arbeitgebereinheit gezahlt.[310]

Durch Vergleich zeigt sich, dass die Gemeinsamkeit der drei Modelle in der Untergrenze des Zahlungsniveaus – 80% des lokalen Mindestlohns – besteht. Die Unterschiede zeigen sich in drei Hinsichten: (1) In dem Modell I werden die meisten Aspekte, nicht nur der persönliche Lohn eines versicherten Arbeitnehmers, sondern auch das Dienstalter bei der Berechnung berücksichtigt. In dem Modell II spielt nur der Arbeitslohn des Versicherten eine Rolle. Das Modell III ist lediglich auf eine Vereinbarung zwischen Arbeitnehmer (möglicherweise durch Gewerkschaft) und Arbeitgebereinheiten begründet; (2) Das Berechungsverhältnis bei Modell I ist nicht einheitlich, sondern erhöht sich grundsätzlich nach Vermehrung des Dienstalters. Das Verhältnis im Modell II steht in einem bestimmten Umfang, also nicht niedriger als 60% des persönlichen Lohns; (3) Das Modell I stellt die oberste Grenze der Entgeltfortzahlung

308 Nach Maßgebe von Nr.1 von „Qiye Zhigong Huanbing Huo Fei Yingong Fushang Yiliaoqi Guiding", (Reglung für Frist der medizinischen Leistungen der Arbeitnehmer in Betrieben wegen Krankheit oder Verletzung vom Nicht-Unfall), erlassen vom Arbeitsministerium am am 1.12.1994, Laobu Fa (1994), Nr.479.

309 „Beijing Shi Gongzi Zhifu Guiding", (Reglung für Zahlung vom Arbeitslohn in Stadt Beijing) erlassen von der Volksregierung Beijing am 23.12.2003, VO-Nr.142.

310 S. Maßgaben von „Jiangsu Sheng Gongzi Zhifu Tiaoli" (Verordnung über Zahlung vom Arbeitslohn der Provinz Jiangsu), erlassen von dem ständigen Ausschuß der 12. Sitzung des 10. Volkskongresses Jiangsu am 22.10.2004.

fest, um diese in einem angemessenen Umfang zu kontrollieren.[311] Im Vergleich zu den Modellen II und III stimmt die Berechnungsmethode von Modell I mehr mit der vorherigen Regelung – „Ergänzung des Ministeriums für Arbeit zur Durchführung der Arbeitsversicherungsverordnung für das Krankengeld“ überein. Nach den anderen zwei Modellen kann der Arbeitnehmer in der Tat mehr Krankengeld oder Krankenhilfe erhalten.

1.4 Leistungserbringungsrecht

Die soziale Krankenversicherung in China ist hinsicht der auf Leistungen aus dem geplanten Fonds durch das Sachleistungsprinzip geprägt. Da die medizinische Leistungserbringung und die dazu gehörenden Rechtsbeziehungen in der Grundkrankenversicherung für Arbeitnehmer und derjenigen in der Krankenversicherung für Einwohner in Städten und Kreisen sich in vieler Hinsicht grundsätzlich ähneln, werde ich in diesem Teil die Leistungserbringungsbeziehungen in den zwei Versicherungssystemen zusammenfassend darlegen.

1.4.1 Rechtssubjekte in der Grundkrankenversicherung

Die Rechtssubjekte in der Grundkrankenversicherung sind die Versicherten (Arbeitnehmer, Einwohner in Städten und Kreisen sowie die ländliche Bevölkerung) und die Krankenversicherungsträger.[312] Die Hauptträger sind die Sozialversicherungsorgane i.S.v. § 69 Abs. 1 SVG. Da die Krankenversicherungsträger nicht über die erforderlichen sachlichen und personellen Mittel verfügen, um die von ihnen geschuldeten Naturalleistungen selbst zu erbringen, sind sie darauf angewiesen, zur Erfüllung ihrer Aufgaben die Nebenträger – zugelassene medizinische Einrichtungen und Apotheken – einzuschalten. Die Nebenträger sind aufgrund eines Vertrags über medizinische Dienstleistungen zur Leistungserbringung in der Grundkrankenversicherung verpflichtet und haben das Recht auf Bezahlung der einschlägigen Krankheitskosten durch die Sozialversicherungsorgane.[313]

1.4.1.1 Das Sozialversicherungsorgan

Gemäß § 69 Abs. 1 S. 1 SVG werden im jeweiligen Planungsgebiet die Sozialversicherungsorgane errichtet. In China gehört das Sozialversicherungsorgan zu den öffentlichen Einheiten unter der Verwaltung der Volksregierung. Die Perso-

311 Vgl. Ba, Ling, (2006), 11.
312 Vgl. Lai, Daqing (Hrsg.), (2003), S.246f.
313 Vgl. Zheng, Shangyuan/Li, Haiming/Hu, Chunmei, (2008), S. 525.

nalkosten von Sozialversicherungsorganen und die Grundbetriebs- und Verwaltungskosten der Sozialversicherung werden von den Finanzorganen auf derselben Ebene gemäß den staatlichen Regelungen gewährleistet (§ 69 Abs. 2 SVG).[314] Das Sozialversicherungsorgan für Krankenversicherung ist im Namen des Staates für die Durchführung der Grundkrankenversicherung zuständig, die nicht auf Gewinn abzielt. Es geht um soziales Gemeinwohl, die Gesundheit der Bürger. In der Literatur wird diese öffentliche Einheit in China noch genauer als „Produkt der öffentlichen Gewalt" und „Erweiterung und Gestaltung der staatlichen und lokalen Regierungen in den öffentlichen Dienstleistungsbereich" beschrieben.[315]

Im Übrigen verwaltet es nach den Grundsätzen der gewerblichen Versicherung die Sozialversicherungsfonds, und steht in dieser Hinsicht mit den Versicherten in einem Recht-Pflicht-Verhältnis. Das Sozialversicherungsorgan hat nach den staatlichen Regelungen und der Politik zur Krankenversicherung und unter Überwachung der zuständigen Behörden für Sozialversicherung in der Volksregierung oberhalb der Bezirksebene (§§ 74, 77 Abs. 1f. SVG) Entscheidungskompetenzen. Dem lokalen wirtschaftlichen und gesellschaftlichen Entwicklungsniveau entsprechend kann das Sozialversicherungsorgan nach dem Prinzip des „Gleichgewichts zwischen Einnahmen und Ausgaben"[316] die Durchführungsregelungen für die Grundkrankenversicherung erlassen, z.B. zum Aufbringungsniveau des Krankenversicherungsfonds, zur Mindestgrenze und Höchstgrenze, zum Anteil der Kostenselbstbeteiligung, zum konkreten Leistungsumfang usw. Auch hat das Organ für den Abschluss des Vertrags über medizinische Leistungen ein relativ großes Wahl- und Gestaltungsrecht im Verhältnis zu den zugelassenen Krankenhäusern und Apotheken (§ 27 Abs. 1 SVG). Insofern ist das Sozialversicherungsorgan „eine öffentliche Einheit ohne Gewinnzweck, die mit einem bestimmten Selbstentscheidungsrecht das Recht und die Politik für die soziale Krankenversicherung umsetzt"[317]. Das Organ wird häufig als eine „Mischung von Verwaltungsbehörde und Privatrechtssubjekt" angesehen.[318]

314 S. oben - Der staatliche Zuschuß.
315 Vgl. Fang, Liufang, (2007), 3
316 S.oben - Aufbringung.
317 Lu, Zuxun (Hrsg.), (2003), S.29.
318 Zheng, Shangyuan/Hu, Chunmei/Li, Haiming, (2008), S.391.

1.4.1.1.1 Aufbau des Sozialversicherungsorgans

(1) Beziehung zur Regierung

Die Sozialversicherung wird in China typischerweise nach „dem Modell der Regierungsverwaltung“ durchgeführt.[319] Nach der Reform der zentralen Regierungsorgane im Jahre 1998 sind die hier relevanten Organe zu einem einheitlichen Organ – dem Ministerium für Arbeit und Soziale Sicherheit (heute: Ministerium für Arbeitskräfte und Soziale Sicherheit)[320] – integriert. Das Sozialversicherungswesen wird abhängig von der Regierung gemacht und die konkrete Ausführung obliegt einem neuen öffentlichen Organ – dem Sozialversicherungsorgan. Insofern sind für die Verwaltung, die Ausführung und die Überwachung der Sozialversicherung verschiedene Organe zuständig (über die Beziehung s. Schaubild II).[321]

319 Es gibt drei Verwaltungsmodelle von sozialer Versicherung nach dem Eingriff der Regierung: Modell der Regierungsverwaltung, das Selbstverwaltungs- und Volksverwaltungsmodell. Dazu vgl. Zheng Gongcheng (Hrsg.), (2008), S.121. Z.B. Die gesetzliche Krankenversicherung ist in Deutschland nach dem Selbstverwaltungsmodell durchgeführt. Denn die Träger der Krankenversicherung sind rechtsfähige Körperschaften des öffentlichen Rechts mit Selbstverwaltung und das Selbstverwaltungsrecht äußert sich insbesondere in der Satzungsautonomie und der Finanzautonomie, die den Krankenkassen im theoretischen Ansatz gestattet, ihre Beitragssätze entsprechend ihrem Finanzbedarf selbst festzusetzen(§§ 4 Abs. 1 SGB V, 29 Abs. 1 SGB IV). Dazu vgl. S. Muckel, (2008), S.60. Die chinesische Sozialversicherung ist nach dem Modell der Regierungsverwaltung aufgebaut. Vgl. Zheng, Shangyuan/ Li, Haiming/ Hu, Chunmei, (2008), S. 636.

320 Das Ministerium für Arbeit und Soziale Sicherheit und das Ministerium für Personalangelegenheiten wurden im Jahr 2008 zu einem neuen einheitlichen Ministerium - dem Ministerium für Arbeitskräfte und Soziale Sicherheit – zusammengeschlossen.

321 Vgl. Zheng, Gongcheng, (2007), S.246f.

Schaubild II :

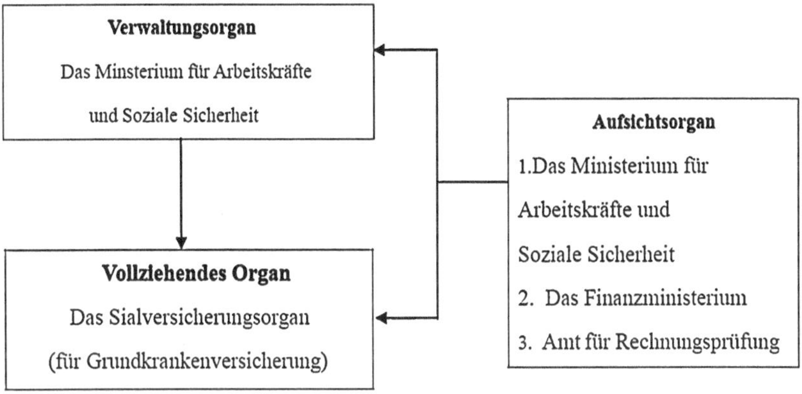

Als öffentliche Einheit (*Shiye Danwei*)[322] untersteht das Sozialversicherungsorgan dem Ministerium für Arbeitskräfte und Soziale Sicherheit und den auf der jeweiligen Ebene zuständigen Behörden für Arbeit und Soziale Sicherheit. Nach dem derzeitigen Verwaltungsaufbau ist das oberste zuständige Sozialversicherungsorgan das Verwaltungszentrum des chinesischen Sozialversicherungswesens.[323] Ein Sozialversicherungsorgan kann seinen Arbeitsbedürfnissen entsprechend mit Genehmigung der lokalen zuständigen Behörden für Sozialversicherung und für das Organisations- und Personalwesen im eigenen Planungsgebiet Zweigstellen errichten. In Kommunen, Straßenzügen und Wohnbezirken werden Arbeitsstellen errichtet und auf diese Art und Weise wird ein Bedienungsnetz für die Sozialversicherung gebildet (§ 69 Abs. 1 SVG). Deren Beziehung zeigt das Schaubild III:

322 Nach h.M. ist die Öffentliche Einheit (Shiye Danwei) ein Organ, das sich ohne Gewinnzweck mit einer bestimmten Tätigkeit beschäftigt. Seine Ausgaben werden gemäß dem staatlichen Haushaltsplan finanziert. Vgl. Ma, Huaide (Hrsg.), (2008), S.84.

323 Vgl. Zheng, Gongcheng, (2007),S.247.

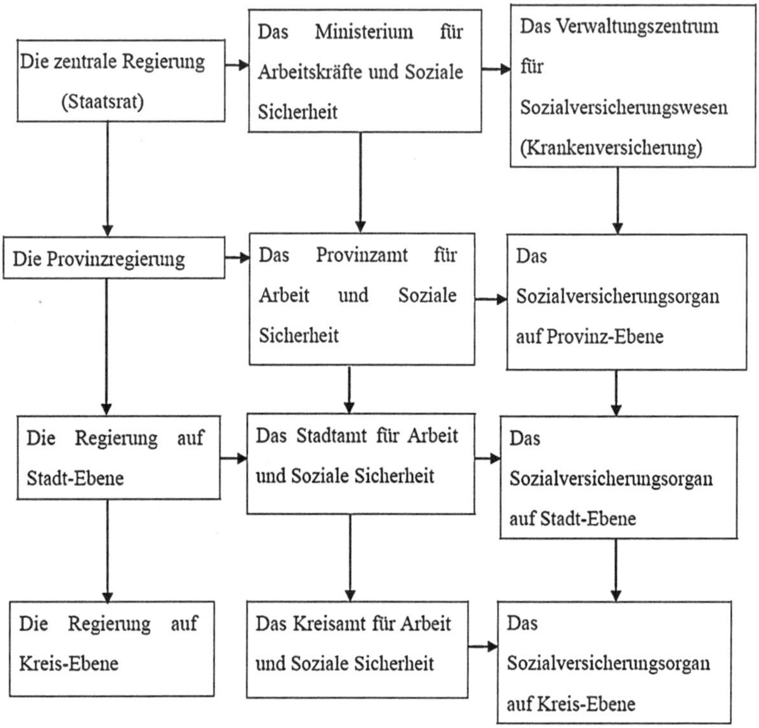

Schaubild III

(2) Innerer Aufbau

Das Sozialversicherungsorgan für die Grundkrankenversicherung ist ein integriertes wirtschaftliches Organ mit fachlichem Wissen und Fachleuten. Um die gesetzlichen Aufgaben zu erfüllen, werden innerhalb des Organs für die Grundkrankenversicherung i.d.R. die folgenden Abteilungen eingerichtet:

(a) Abteilung für die Einziehung der Krankenversicherungsbeiträge: Diese Abteilung wird als „Eingang des Grundkranversicherungsfonds" angesehen.[324] Sie ist zuständig für die Eintreibung der Versicherungsbeiträge, die Anfertigung und Verteilung der Sozialversicherungskarte (in Form einer Chipkarte, auf englisch Integrated Circuit Card), die Überprüfung der Qualifikation als Versicherter, den

324 Lu, Zuxun (Hrsg.), (2006), S.32.

Aufbau, den Abbruch, die Überleitung und die Fortsetzung der Krankenversicherungsverhältnisse, die Erledigung von Formalitäten usw.

(b) Büro für allgemeine Angelegenheiten: Dessen Aufgabenbereich umfasst die Ausarbeitung der Rechtsvorschriften, Satzungen und Pläne, die interne Koordination und andere allgemeine Angelegenheiten.

(c) Abteilung für die Überprüfung der medizinischen Leistungen: Sie ist zuständig für die Verwaltung des Grundkrankenversicherungfonds und der zugelassenen medizinischen Einrichtungen, z.B. die Bewertung und Überwachung der Leistungserbringer, die Überprüfung der Leistungsqualität. Die wird als „Start der Grundkranversicherungsfonds " angesehen.[325]

(d) Abteilung für Finanzüberprüfung: Diese Abteilung ist für die Rechnungsführung sowie die Finanzplanung zur Aufbringung, Investition und Verwaltung des Grundkrankenversicherungsfonds zuständig.

(e) Abteilung für Vermögensverwaltung: Diese Abteilung ist vor allem für die Angelegenheiten im Bezug auf die Vermögensverwaltung des Grundkrankenversicherungsfonds zuständig, z.B. Kalkulation und Analyse der Fonds, Wertsicherung und -vermehrung der Fonds, Plan, Ausführung sowie Kontrolle der Investitionen.[326]

(f) Abteilung für Information: Diese Abteilung soll sich durch Beobachtung der Geschäftsabwicklung, Statistik, und Erhebung der erforderlichen Daten für Grundkrankenversicherung informieren (§ 71 Abs. 1 SVG), einschließlich der Informationen über Beitragszahlung, Empfang der Leistungen, Einnahme und Ausgabe der Fonds u.s.w. Im übrigens ist sie verantwortlich für die Planung, den Aufbau und die Verwaltung des Informationssystems der Grundkrankenversicherung.

1.4.1.1.2 Funktionen und Aufgaben des Sozialversicherungsorgans

Die konkreten Funktionen und Aufgaben des Sozialversicherungsorgans sind:

(1) Ausarbeitung oder Beteiligung an der Ausarbeitung von Rechtsvorschriften, politischen Entscheidungen und Plänen. Da das fachliche Wissen für eine effektive Verwaltung der Grundkrankenversicherung benötigt wird und das Sozialversicherungsorgan als direktes Ausführungsorgan die Informationen aus erster

325 Lu, Zuxun (Hrsg.), (2006), S.32.
326 Siehe oben - Investitionsgewinn des Krankenversicherungsfonds.

Hand besitzt, sollte es sich an der Ausarbeitung einschlägiger Rechtsvorschriften, Politiken und Plänen beteiligen sowie die zuständige Behörde beraten. Dies wird als eine notwendige Voraussetzung für die Durchführung der Grundkrankenversicherung und eine der wichtigsten Aufgaben des Sozialversicherungsorgans angesehen.[327]

(2) Aufbringung der Grundkrankenversicherungsbeiträge: Gemäß § 57 Abs. 2 SVG ist der Staatsrat ermächtigt, das zuständige Organ für die Finanzierung des Sozialversicherungsorgans festzulegen. Nach Maßgabe der „Vorläufigen Verordnung über die Einforderung und Zahlung der Sozialversicherungbeiträge"[328] kann die PAS-Volksregierung für das Finanzierungsorgan zwischen dem Sozialversicherungsorgan und dem Amt für Steuerangelegenheiten wählen. Außerdem sollte das Sozialversicherungsorgan regelmäßig aufgrund der Untersuchung und Analyse die betroffene Kennziffer abmessen und ausrechnen und das Grundwissen über die Grundkrankenversicherung unter den versicherten und Einheiten im jeweiligen Planungsgebiet informieren.[329]

(3) Gewährleistung der medizinischen Leistungserbringung: Nach Nr. 5 Abs. 2 BSEGA haben die Sozialversicherungsorgane ihre Entscheidungen verantwortungsbewusst mit dem Ziel der gleichzeitigen Entwicklung von chinesischer und westlicher Medizin sowie gemäß der Entwicklung von Grund- und Fachwissen und von den verschiedenen medizinischen Einrichtungen und Apotheken zu treffen. Durch Vertrag über medizinische Leistungen beauftragt das Sozialversicherungsorgan die zugelassenen Krankenhäuser und Apotheken, die medizinischen Leistungen zu erbringen.[330] In Zusammenarbeit mit der lokalen zuständigen Behörde für das Gesundheitswesen hat das Sozialversicherungsorgan aufgrund der staatlichen Regelung die konkreten Leistungskataloge sowie die Maßnahmen und Verfahren der Leistungserbringung auszuarbeiten. Im Übrigen kann das Organ einige medizinische Dienstleistungen organisieren, z.B. Maßnahmen gegen Epidemien, körperliche Untersuchungen, Gesundheitsausbildung sowie -förderung usw.

327 Vgl. Lu, Zuxun (Hrsg.), (2003), S. 33.

328 „Shehui Baoxianfei Zhengjiao Zanxing Tiaoli", erlassen vom Staatsrat am 22.1.1999. VO-Nr. 259.

329 Vgl. Zheng, Gongcheng (Hrsg.), (2008), S. 125.

330 Siehe unten - Vertrag über medizinischen Dienstleistungen

(4) Auszahlung der Krankheitskosten: Gemäß § 70 Abs. 2 SVG sollen die Sozialversicherungsorgane die medizinischen Leistungen der Grundkrankenversicherung rechtzeitig und in ausreichender Summe begleichen.

(5) Überwachung und Kontrolle der Leistungserbringer und Versicherten: Anders als in den anderen Sozialversicherungszweigen soll das Organ bei der Grundkrankenversicherung sowohl die zugelassen medizinischen Anbieter als auch die Versicherten kontrollieren. Der Geschäftsbereich umfasst die Kontrolle zum Leistungsumfang sowie der Leistungskataloge der Krankenhäusen und Apotheken, der Preise und Gebühren, der Qualität und Quantität der Dienstleitungen, der Einhaltung der staatlichen sowie lokalen Regelungen für zugelassene Einrichtungen usw.[331]

(6) Informationssystem der Grundkrankenversicherung: Gemäß § 71 SVG sollen die Sozialversicherungsorgane durch die Geschäftenabwicklung, Statistiken, und Untersuchung über die erforderlichen Daten für die Sozialversicherung die erforderlichen Informationen beschaffen. Die Sozialversicherungsorgane sollen rechtzeitig für die an der Grundkrankenversicherung teilnehmenden Arbeitgebereinheiten die Information über Versicherte und Beitragszahlung umfassend und richtig in Akten festhalten und mit den Akten, der originalen Beantragungsbescheinigung und der Buchhaltungsbescheinigung für die Beitragszahlung angemessen und sorgfältig umgehen. Sie sollen auch die persönliche Zahlung, den Leistungsbezug und andere Informationen über die Versicherten rechtzeitig, umfassend und richtig in Akten festhalten und bei der persönlichen Förderung alle einschlägigen Informationen kostenlos an den Versicherten senden. Arbeitgebereinheit und Arbeitnehmer können kostenlos bei den Sozialversicherungsorganen die Registrierung von Beitragszahlung und den Bezug des Sozialversicherungsgeldes nachsehen und überprüfen. Sie können sich von den Sozialversicherungsorganen beraten lassen.

(7) Verwaltung des Krankenversicherungsfonds: Nach Nr. 4 Abs. 2 BSEGA sind die Sozialversicherungsorgane unter dem Haushaltssystem und dem System der Finanzbuchhaltung und Rechnungsprüfung verantwortlich für die Verwaltung, Analyse und das Rechnungswesen des Grundkrankenversicherungsfonds sowie den Aufbau und die Verwaltung des individuellen Kontos und der Sozialversicherungskarte (Chip-Karte)[332]. Die Ministerien für Finanzen sowie für Arbeit und soziale Sicherheit der verschiedenen Ebenen sollen die Überprüfung

331 Vgl. Lu, Zuxun (Hrsg.), (2003), S.34.
332 Siehe oben - das individuelle Konto.

und Verwaltung der Fonds verstärken. Das Sozialversicherungsorgan soll nach § 68 SVG der Öffentlichkeit regelmäßig die Einnahmen, die Ausgaben, den Überschuß und den Gewinn der Grundkrankenversicherung bekanntgeben.

1.4.2 Rechtsbeziehung der Sozialversicherungsorgane zu den Leistungserbringern

Das Sozialversicherungsorgan als Träger der Grundkrankenversicherung muss in Rechtsbeziehungen zu den zugelassenen medizinischen Einrichtungen treten, denn es stellt einerseits den Versicherten unter bestimmten Voraussetzungen die Leistung nach dem Sach- und Dienstleistungsprinzip zur Verfügung, kann aber andererseits die Leistung nicht selbst erbringen. Diese Rechtsbeziehung basiert wesentlich auf einem Vertrag zwischen dem Sozialversicherungsorgan und dem Leistungserbringer über die medizinischen Leistungen. Die chinesische soziale Krankenversicherung ist in starkem Maße durch den staatlichen Eingriff gekennzeichnet: Mit der wirtschaftlichen Politik, Gesetzgebung und Verwaltung spielt die Regierung im Krankenversicherungssystem eine führende Rolle.[333] Die sog. „dreieckige Grundstruktur"[334] zwischen den vier Subjekten: Sozialversicherungsorgan, Leistungserbringer, Versicherten und Regierung verdeutlicht das Schaubild IV:

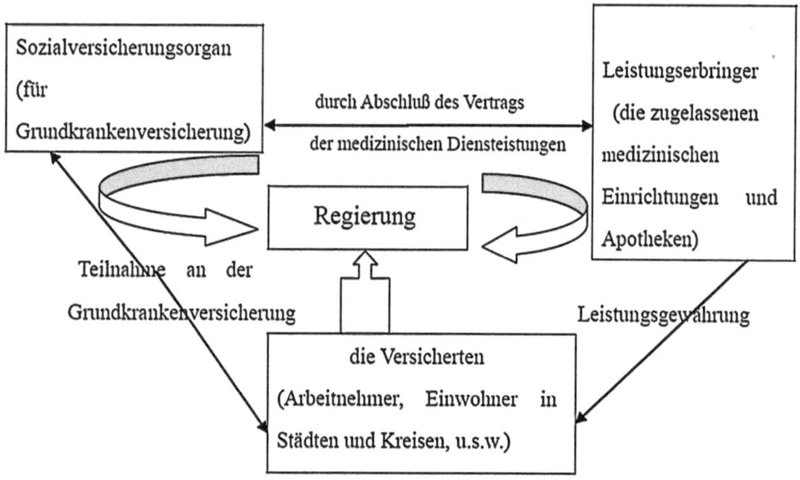

Schaubild IV

333 Vgl. Zhang, Jingping (Hrsg.), 2007, S.122f.
334 Vgl. Lu, Zuxun (Hrsg.), (2006), S.45.

Das konkrekte Verhältnis in der Grundkrankenversicherung für Arbeitnehmer:

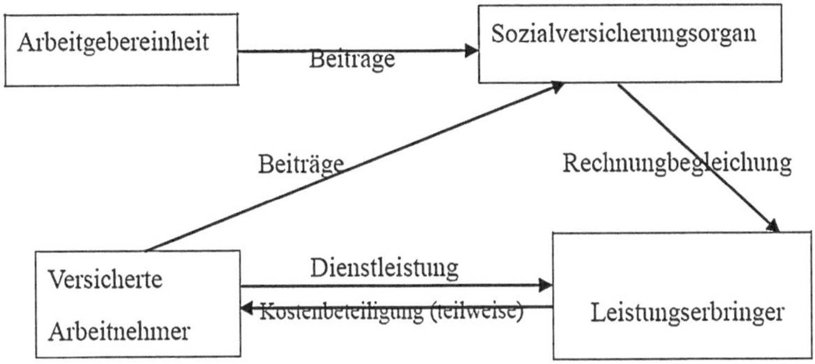

Schaubild V

1.4.2.1 Leistungserbringer

Die Leistungserbringer der Grundkrankenversicherung sind vor allem die zugelassenen medizinischen Einrichtungen und Apotheken, deren Qualifikation gemäß § 2 der „Vorläufigen Verwaltungsmaßnahmen über die zugelassenen medizinischen Einrichtungen der Grundkrankenversicherung für Arbeitnehmer in Städten und Kreisen" (VVEGASK) vom 11.5.1999[335] und § 2 der „Vorläufigen Verwaltungsmaßnahmen über zugelassene Apotheken der Grundkrankenversicherung für Arbeitnehmer in Städten und Kreisen" (VVAGASK)[336] von der lokalen Behörde für Arbeit und soziale Sicherheit im jeweiligen Planungsgebiet überprüft und von dem Sozialversicherungsorgan zugelassen werden.

Das Sozialversicherungsorgan sollte bei Bestimmung der zugelassenen medizinischen Einrichtungen und Apotheken zwei Prinzipien berücksichtigen:

(1) Das Wettbewerbsprinzip: Ein Wettbewerbssystem wird eingeführt. Die Versicherten können damit unter zahlreichen zugelassenen Einrichtungen auswählen, die sie konsultieren möchten, und Arzneien aussuchen, die sie kaufen wol-

335 „Chengzhen Zhigong Jiben Yiliao Baoxian Dingdian Yiliao Jigou Guanli Zanxing Banfa", erlassen vom ehemaligen Ministerium für Arbeit und Soziale Sicherheit, dem Ministerium für Gesundheit und dem Staatsamt für chinesische Medizin und Arzneien am 11.5.1999, Laoshebu Fa (1999), Nr.14.

336 „Chengzhen Zhigong Jiben Yiliao Baoxian Dingdian Lingshou Yaodian Guanli Zanxing Banfa", erlassen vom ehemaligen Ministerium für Arbeit und soziale Sicherheit und dem Staatsamt für Arzeimittelüberwachung und -verwaltung, Laoshebu Fa (1999), Nr.16.

len; auch bei besonderen Rezepten haben sie die Wahl unter mehreren Apotheken (Nr. 5 Abs. 2 BSEGA);[337]

(2)Das Wirtschaftlichkeitsgebot: Dieses bezieht sich auf die getrennte Verwaltung und Kalkulation von medizinischen Dienstleistungen und Medikamenten, die angemessene Kontrolle der Krankheitskosten, die Preissenkung der Arzneien, die Entwicklung der Gesundheitsdienste in Wohnbezirken und den Einbezug der Leistungen der Gesundheitsdienste in Wohnbezirken in die Grundkrankenversicherung[338].

Gemäß § 17 VVEGASK und § 13 VVAGASK sind die lokalen zuständigen Behörden für Arbeit und Soziale Sicherheit verantwortlich für die Kontrolle und Überwachung der medizinischen Dienstleistungen und innere Verwaltung der zugelassenen Krankenhäuser und Apotheken. Den gegen die Rechtsvorschriftenen verstoßenden Einrichtungen kann deren Zulassung als Leistungserbringer der Grundkrankenversicherung entzogen werden.

1.4.2.1.1 Die medizinischen Einrichtungen

Für die Qualifikationsüberprüfung und Zulassung der medizinischen Einrichtungen sollen die Sozialversicherungsorgane nach § 3 VVEGASK den folgenden Prinzipien entsprechen: (1) Die Versicherten können problemlos Ärzte konsultieren, und mit diesen kann das Sozialversicherungsorgan einfach umgehen; (2) die chinesischen und westlichen, die spezialisierten und allgemeinen medizinischen Einrichtungen werden gleichermaßen berücksichtigt, und die Gesundheitsdienste in Wohnbezirken sollten auch dabei eine Rolle spielen; (3) die Ressoucen im Gesundheits- und Hygienewesen werden optimiert und effektiver

---

337 Die Reform von Privatisierung der öffentlichen Krankenhäuse (das sogenannte Suqian-Modell) dürfte für die zukünftige Entwicklung sein. Am 23.02.2010 hat das Gesundheitsministerium 16 Städte als Probestädte für Privatisierungsreform ausgewählt. In der Tat wurde dieses Modell vor sieben Jahren in der Stadt Suqian durchgeführt und schon als erfolgreich bewiesen: insgesamt 134 mittelgroße öffentliche Krankenhäuse in Suqian wurden in diesem Privatisierungsprozeß in Aktiengesellschaften, gemischte Eigentumsverhältnisse und Einzelfirmen umgewandelt . Ungefähr 400 MillionenYuan, die durch Auktion erzielt wurde, geht in das Konto des Gesundheitsfonds der Stadt Suqian. Es ist in der Literatur so beurteilt: „viele in den frühen öffentlichen Krankenhäusen ausgefallene Nachteile wurden in diesem Prozeß offentsichtlich gelöst." Dazu vgl. Zeitungsbericht in Xiandai Kuaibao (Modern Express) am 06.01.2010. u. Zeitungsbericht in Zhongguo Zhengquan Bao (China Journal für Wertpapier) am 24.03.2006.

338 S. oben - Investition für medizinische Bedienungen in Gemeinden.

genutzt. Die Kosten medizinischer Dienstleistungen werden verringert, und die Effizienz wird gesteigert.

Gemäß § 4 VVEGASK können die medizinischen Einrichtungen mit der von der Behörde für Gesundheit genehmigten Qualifikation und die militärischen medizinischen Einrichtungen mit der von der zuständigen Behörde der Armee genehmigten Qualifikation als zugelassene Leistungserbringer die Anerkennung als einer der folgenden Leistungserbringertypen beantragen:

(1) Allgemeines Krankenhaus, Krankenhaus für chinesische Medizin, integrierte chinesische und westliche Medizin, Medizin der nationalen Minderheit oder Spezialkrankenhaus;

(2) zentrales Gesundheitshaus (*Baojianyuan*), Gesundheitshaus in Kreisen und Straßenzügen, Gesundheitshaus für Mutterschaft und Kinderbetreuung;

(3) Poliklinisches Zentrum (*Menzhenbu*)[339], Spezialklinik, Klinik für chinesische Medizin, integrierte chinesische und westliche Medizin sowie Medizin der nationalen Minderheit;

(4) allgemeine ambulante Klinik, ambulante Klinik für chinesische Medizin, integrierte chinesische und westliche Medizin sowie Medizin der nationalen Minderheit, Gesundheitsstelle im Wohnquartier (*Weishengsuo*), medzinische Einrichtung innerhalb eines Betriebs (*Yiwushi*);

(5) Spezialkrankenhaus (Klinik, Station) für Behandlung und Prävention;

(6) Gesundheitsdienst im Wohnquartier, dessen Qualifikation von der zuständigen Behörde für Gesundheit im Stadtbezirk genehmigt ist.

Die Krankenhäuser, Gesundheitshäuser und Poliklinische Zentren die den gesetzlichen Voraussetzungen i.S.v. § 5 VVEGASK entsprechen und die Dienstleistungen der Grundkrankenversicherung anbieten wollen, können einen schriftlichen Antrag bei der lokalen Behörde für Arbeit und soziale Sicherheit stellen und sich an der Ausschreibung beteiligen.[340] Nach einer Qualifikationsbewertung wird den Ausschreibungsgewinnern eine Zertifikatsurkunde erteilt und die Zulassung veröffentlicht.

339 Das Poliklinische Zentrum (Menzhenbu) ist in China i.d.R. als die medizinische Agentur eines Krankenhauses errichtet.

340 Vgl. Lai, Daqing (Hrsg.), (2003), S. 250ff.

Die zugelassenen medizinischen Einrichtungen sind aufgrund eines komplexen Vertrags über medizinische Dienstleistungen in die Versorgung der Versicherten eingebunden. Zu den für die jeweiligen Versicherten zuständigen Leistungserbringern gehören die zugelassenen speziellen medizinischen Einrichtungen, diejenigen für chinesische Medizin (§ 9 VVEGASK) und andere von den Versicherten selbst zuausgewählenden drei bis fünf Einrichtungen auf verschiedenen Ebenen (einschließlich des Krankenhauses ersten Grades, Klinik, ambulante Klinik, Gesundheitsstelle im Wohnquartier, medzinische Einrichtung innerhalb eines Betriebs). In einem Planungsgebiet mit hoher Verwaltungskraft kann der Versicherte noch mehr davon auswählen. Nach Maßgaben des VVEGASK kann der Versicherte nach einem Jahr die von ihm auszuwählenden medizinischen Einrichtungen durch einen Antrag wechseln. Nur die Krankheitskosten, die in den vom Versicherten ausgewählten medizinischen Einrichtungen entstehen, können aus dem Solidarfonds getragen werden. Die Kosten für Erste Hilfe und Notfallbehandlung sind ausgenommen. Um zur Auswahl der untereren zugelassenen medizinischen Einrichtungen zu ermuntern, werden die Prozentsätze der von dem Versicherten selbst zu tragenden Kosten für verschiedene Einrichtungen unterschiedlich festgesetzt. Z.B. kann nach Maßgaben der „Regelung der Grundkrankenversicherung in Beijing“ die Differenz beim selbst zu tragenden Prozentsatz in den drei unterschiedlichen Klassen medizinischer Einrichtungen zwischen 2% - 3% variieren.[341]

1.4.2.1.2 Apotheken

Gemäß § 2 VVAGASK sind die Apotheken als zugelassene Leistungserbringer der Grundkrankenversicherung diejenigen mit Einzelhandel, die dem versicherten Arbeitnehmer in Städten und Kreisen die Arzneimittel auf Rezept anbieten. Bei der Qualifikationsüberprüfung und Bestimmung der zugelassenen Apotheken sollten die Sozialversicherungsorgane nach § 3 VVAGASK den folgenden Prinzipien entsprechen: (1) Sortimente und Qualität der Arzneien der Grundkrankenversicherung sind zu garantieren; (2) Die Kosten der Arzneien können durch ein Wettbewerbssystem angemessen niedrig gehalten werden; (3) Die Versicherten können nach der Behandlung einfach und günstig Arzneimittel einkaufen, und die Sozialversicherungsorgane können mit den Apotheken einfach verfahren.

341 „Beijing Shi Jiben Yiliao Baoxian Guiding“, erlassen von Volksregierung der Stadt Beijing am 20.2.2001, Nr.68, erstmals geändert am 1.12.2003, Nr. 141, zweitmals geändert am 6.6.2005, Nr. 158.

Die Apotheken, die den gesetzlichen Voraussetzungen i.S.v. § 4 VVAGASK entsprechen und die Dienstleistungen der Grundkrankenversicherung anbieten wollen, können einen schriftlichen Antrag bei der lokalen Behörde für Arbeit und soziale Sicherheit stellen und sich an der Ausschreibung beteiligen (§ 5 VVAGASK). Ähnlich wie bei der Ausschreibung für die medizinischen Einrichtungen wird den erfolgreichen Apotheken eine Zertifikatsurkunde und ein Schild für die zugelassene Apotheke mit Einzelhandel erteilt. Der Versicherte kann in irgendeiner Apotheke im Planungsgebiet Arzneien einkaufen.

1.4.2.2 Abrechnung zwischen dem Sozialversicherungsorgan und dem Leistungserbringer

Die Abrechnung der Krankheitskosten ist als „der wichtige Teil der Rechtsbeziehung zwischen Sozialversicherungsorgan und Leistungserbringer“ [342] und „Schwerpunkt der Reform sozialer Krankenversicherung in verschiedenen Ländern“[343] bezeichnet worden. Da die Abrechnungsweise im starkem Maße auf medizinische Nachfrage und Angebot einwirken, sollte sie unbedingt in Gesetzen und politischen Anweisungen zur sozialen Krankenversicherung festgelegt sein.[344]

Nach § 16 VVEGASK und § 12 VVAGASK soll das Sozialversicherungsorgan entsprechend dem Vertrag über medizinische Dienstleistungen die Rechnung der zugelassenen Leistungserbringern über die Krankheitskosten rechtzeitig und in ausreichender Höhe begleichen. Die nicht den Vorschriften entsprechenden Krankheitskosten können nicht vom Grundkrankenversicherungsfonds ausgezahlt werden. Gemäß Nr. 3 der „Meinungen über eine Verstärkung der Kostenbegleichung in der Grundkrankenversicherung für Arbeitnehmer in Städten und Kreisen“ (MVKGA)[345] richtet sich die Weise der Begleichung der Krankheitskosten nach der Verwaltungskraft des Sozialversicherungsorgans und demTyp der zugelassenen medizinischen Einrichtung. Die Kosten können im jeweiligen Planungsgebiet nach einem Gesamtbudget, einem Standardpreis für jeweilige einzelne Dienstleistungen oder Therapieeinheiten und einer weiteren Vielzahl

342 Zheng, Shangyuan/Li, Haiming/Hu, Chunmei, (2008), S. 526f.
343 Mu, Huanzhong (Hrsg.), (2002), S. 211.
344 Vgl. Zheng, Shangyuan/Li, Haiming/Hu, Chunmei, (2008), S. 526.
345 „Guanyu Jiaqiang Chengzhen Zhigong Jiben Shehui Yiliao Feiyong Jiesuan Guanli De Yijian“, erlassen vom ehemaligen Ministerium für Arbeit und Soziale Sicherheit, dem Staatskomitee für Wirtschaft und Handel, dem Ministerium für Finanzen und dem Staatsamt für die Verwaltung der chinesischen und westlichen Medizin am 29.6.2009, Laoshebu Fa (1999), Nr.23.

verschiedener Modelle und Modellkombinationen kalkuliert und ausgezahlt werden.

Die Auszahlungsweise in Form des Gesamtbudgets i.S.v. Nr. 3 MVKGA gehört zum Modell der „vorherigen Zahlung“ (*Yufu Zhi*), wonach die medizinischen Einrichtungen die Krankheitskosten unabhängig von den konkreten Diagnosen und Behandlungen vom Sozialversicherungsorgan nach einem bestimmten vereinbarten Maßstab erhalten. Der Zahlungsmaßstab wird für eine bestimmte Zeit festgelegt und dann den neuen Verhältnissen entsprechend angepasst. Die Modelle des Standardpreises für einzelne Dienstleistungen und für Therapieeinheiten gehören zu denjenigen der „nachherigen Zahlung“, wonach ein Festpreis für die Untersuchung und Behandlung festgesetzt wird und die dementsprechend tatsächlichen entstandenen Krankheitskosten den zugelassenen Einrichtungen beglichen werden (*Xian Kaibing, Hou Baoxiao*).[346]

Jedes Modell hat seine Vorteile und Nachteile, die „mittelbaren oder unmittelbaren Einfluß auf die Höhe der Krankheitskosten, die Einnahmen der Leistungserbringer und die Qualität der medizinischen Leistungen ausüben“[347]. Allgemein gesagt liegen die Vorteile des Modells der „vorherigen Zahlung“ in der effektiven Kostenkontrolle und relativen guten Qualität der einzelnen Leistungen. Aber die medizinischen Einrichtungen können unter diesem Modell mit Rücksicht auf die Kontrolle der Gesamtkosten keine hinreichenden medizinischen Leistungsmengen erbringen. Bei dem Modell der „nachherigen Zahlung“ können sich die Krankheitskosten erheblich erhöhen: Obwohl die jeweilige Dienstleitung einen Festpreis hat, fehlt es an einer Steuerung der Leistungsmenge. Die Krankenhäuser werden deswegen zur übermäßigen Leistungerbringung verleitet, um mehr davon zu profitieren.[348]

Die traditionelle Kalkulation der Krankheitskosten in der chinesischen Grundkrankenversicherung entsprach dem Modell der „nachherigen Zahlung“ (*Houfu Zhi*).[349] Nach Einführung der Grundkrankenversicherung für Arbeitnehmer in

346 Vgl. Guo, Chengwei/Wang, Guangbin, (2003), S.193.

347 Lu, Zuxun (Hrsg.), (2006), S.136ff.

348 Vgl. Lu, Zuxun (Hrsg.), (2006), S.145.; Zheng, Gongcheng (Hrsg.), (2006), S.173.; Wu, Guanghua, (2007), in Guangming Journal am 17.10.2007.

349 Vgl. Zheng, Gongcheng (Hrsg.), (2008), S.171f.; Wu, Guanghua, (2007), in Guangming Ribao vom 9.7.2007, (Guangming Journal); Sun, Guangde/Dong, Keyong (Hrsg.), (2000), S.198ff.; Lu, Zuxun (Hrsg.), (2006), S.136ff.; Zheng, Bingwen/He, Chunlei, (2001), S.163.

Städten und Kreisen im Jahre 1999 wurden in ganz China grundsätzlich drei Modelle der Begleichung eingeführt:

(1) Das Hainan-Modell: In der Provinz Hainan wird grundsätzlich das Modell des Gesamtbudgets angewandt, was schon als erfolgreich gilt.[350] Ab 1997 wurde ein am Gesamtbudget orientiertes Zahlungssystem des Solidarfonds in Hainan eingeführt. In den sechs Krankenhäusern in der Provinzstadt Haikou, die die meisten und schwierigsten Leistungsaufgaben übernehmen, wird das neue System durchgeführt, während in den kleineren und mittleren Krankenhäusen das Modell der „nachherigen Zahlung" mit strenger Überprüfung der Krankheitskosten weitergehend Anwendung findet.[351]

(2) Das Jiujiang-Modell: In der Stadt Jiujiang, einer der Pilotstädte für die Grundkrankenversicherung für Arbeitnehmer in Städten und Kreisen, werden alle zugelassenen Krankenhäuser entsprechend ihrer Klasse und Größe verschiedenen Gruppen zugeordnet. Für die jeweilige Gruppe werden die durchschnittlichen Krankheitskosten der ambulanten Untersuchung, der Nothilfe und der stationären Behandlung in einem bestimmten Zeitraum (i.d.R. einem Monat) als dynamischer Maßstab der Kostenabrechnung vom Sozialversicherungsorgan ausgerechnet. Die tatsächlich entstandenen Kosten werden im Prinzip nach diesem Maßstab beglichen. Die über diesen Maßstab hinausgehende Summe wird vom Sozialversicherungsorgan i.H.v.30% und vom Krankenhaus i.H.v.70% getragen. Soweit das Krankenhaus weniger Kosten produziert, wird es in Höhe von 70% der Differenz belohnt.[352]

(3) Das Shanghai-Modell: Dieses Modell wird auch als „Kontrolle der Gesamtsumme und Regulierung der Struktur" bezeichnet. Im Wesentlichen handelt es sich um eine Kombination von Gesamtbugdet der Krankheitskosten und Festpreis für die einzelne Untersuchung und Behandlung.[353] Nach Maßgabe der „Grundkrankenversicherung der Stadt Shanghai für Arbeitnehmer in Städten und Kreisen"[354] wird zusätzlich zu den Einzelpreisen die Höchstdesamtsumme

350 Vgl. Lu, Zuxun (Hrsg.), (2006), S.144.

351 Nach Maßgabe der „Gaunyu Wanshan Wosheng Yiliao Baoxian Shishi Banfa Yijian", (Meinungen zur Vervollkommung der Grundkrankenversicherung in der Provinz Hainan), Qiongfu Ban (1996), VO-Nr.27.

352 Vgl. die Vorstellung über Jiujiang-Modell, Lu Zuxun (Hrsg.), S.145.; Wang, Yin, (2004), 23 (11).

353 Vgl. Hao, Mo/Zhang, Bingyun/Luo, Li/Wang, Zhifeng/Yao, Quan/Hua, Ying/Zhang, Yong/ Fu, Hongpeng/Bai, Changkai, 2002, 22 (9).

354 „Shanghai Shi Jiben Yiliao Baoxian Banfa", erlassen von Volksregierung Shanghai am 20.10.2000, Zhengfuling VO-Nr.92.

der Krankheitskosten in medizinischen Einrichtungen festgelegt. Der darüber hinaus gehende Betrag der Summe der Einzelvergütungen wird vom Sozialversicherungsorgan wieder eingezogen. Zusätzlich hat in diesem Fall die Einrichtung eine Geldbuße in Höhe des Fünf- bis Zehnfachen des überschießenden Betrages zu zahlen. Der Gebührenmaßstab für technische Dienstleistung kann in bestimmter Weise erhöht werden. Das Verhältnis der Arzneikosten zu den Gesamtkosten wird festgesetzt.

In anderen Planungsgebieten werden diese drei grundlegenden Modelle allein oder kombiniert angewandet. Die anderen Zahlungsweisen, z.B. nach der Zahl der Patienten in der medzinischen Einrichtung innerhalb einer Einheit oder nach der Zahl der Arbeitnehmer[355] werden teilweise zusammen mit den oben genannten Modellen genutzt.

In der Literatur wird übereinstimmend davon ausgegangen, dass die traditionelle einfache Auszahlungsweise eines Einheitspreises für eine einzelne Dienstleistung reformiert werden soll.[356] Das Abrechnungsmodell nach DRG (Diagnosis Related Group System), das heutzutage in verschiedenen Ländern den Trend zur Finanzierung von Krankenhausbehandlungen darstellt,[357] wird sich in der chinesischen Grundkrankenversicherung wegen der komplizierten Zusammenfassung der Krankheitsfallgruppen, der schwierigen Verwaltung des Systems und des höheren Aufwandes nicht in kurzer Zeit einführen lassen.[358] Das Modell des Gesamtbudgets als eine Zahlungsweise mit relativ klarer, wenn auch starrer Planung entspricht einigermaßen dem Entwicklungsstand des chinesischen Gesundheitswesens: In China sind die meisten Krankenhäuser vom Staat errichtet, und gehören zu den öffentlichen Einheiten; das ganze Gesundheitssystem wird mit relativ starker Planung durchgeführt. Da dieses Modell auf der Macroebene das Maß der Krankenkosten effektiv kontrolliert und auf der

---

355 Diese zwei Zahlungsweisen werden typischerweise in der Stadt Shenzhen angewandet. Nach Maßgaben der „Abrechnungsmaßnahmen der Kosten der sozialen Krankenversicherung der Stadt Shenzhen“, (Shenzhen Shi Shehui Yiliao Baoxian Feiyong Jiesuan Banfa), erlassen vom Amt der Stadt Shenzhen für Arbeit und Soziale Sicherheit am 2.4.2008, Shenlao Shegui (2008), Nr.7.

356 Vgl. Guo, Chengwei/Wang, Guangbin, (2003), S.193; Lu, Zuxun (Hrsg.), (2006), S.142; Zheng, Shangyuan/Li, Haiming/Hu, Chunmei, (2008), S.526f. u.s.w.

357 In Deutschland wurde das neue DRG-System im Jahre 2003 eingeführt und dann weiterentwickelt. Seither wird es zur Vergütung der einzelne Versicherten Krankenhausfälle verwendet. Ab 2009 erhalten dann alle Krankenhäuser eines Bundeslandes von den Krankenkassen gleiche pauschale Preise für bestimmte Behandlungen. Dieses neue System ist in Deutschland auch politisch stark umstritten. Vgl. S.Muckel, (2008),S.109.

358 Vgl.Sun, Jianfu (Hrsg.), (2007), S.65.

Microebene die Leistungsqualität nicht erheblich reduziert, kann es zusammen mit Modellen der nachherigen Zahlung zur Anwendung kommen.[359]

1.4.3 Vertrag über medizinische Dienstleistungen

Zwischen dem Sozialversicherungsorgan und dem Leistungserbringer wird ein Vertrag über medizinische Dienstleistungen (*Yiliao Fuwu Hetong*) abgeschlossen, in dem die medizinischen Leistungen der Grundkrankenversicherung für die bestimmten versicherten Personengruppen und die Abrechnung der Krankeheitskosten vereinbart werden.[360] Dieser Vertrag ist in dem SVG, dem Beschluß des Staatsrates (BSEGA) sowie anderen Rechtsvorschrifen über Grundkrankenversicherung nicht ausdrücklich vorgesehen. Derzeit werden die entsprechenden Angelegenheiten lediglich nach Maßgaben der VVEGASK,und MFEZASK[361] durchgeführt.

1.4.3.1 Abschluß des Vertrags

Der Vertrag über medizinische Dienstleistungen wird nach Maßgabe der VVEGASK und VVAGASK in drei Schritten geschlossen: Ausschreibung des Sozialversicherungsorgans, Beteiligung der Leistungserbringer und Gewinnung der Ausschreibung.

(1) Ausschreibung: Das Sozialversicherungsorgan kann als Auftraggeber die festgelegten Maßstäbe und Voraussetzungen für zugelassene Leistungserbringer in der Ausschreibung veröffentlichen. Die in § 4 VVEGASK aufgelisteten medizinischen Einrichtungen[362] und Apotheken i.S.v. § 2 VVAGASK[363] können an dieser Ausschreibung teilnehmen.

(2) Beteiligung an der Ausschreibung: Die den Voraussetzungen in der Aussschreibung entsprechenden Einrichtungen und Apotheken, die Leistungen der Grundkrankenversichrung anbieten wollen, können bei dem Sozialversicherungsorgan ein schriftliches Angebot machen.

Die medizinischen Einrichtungen sollen gemäß § 6 VVEGASK die folgenden Unterlagen einreichen: a) Kopie der Qualifikationslizenz, b) Liste der großen medizinischen Geräte, c) Bericht über die Einnahmen und Ausgaben des letzten

359 Vgl. Lu, Zuxun (Hrsg.), (Hrsg.), S.143f.; Guo, Chengwei/Wang, Guangbin, (2003), S.193.
360 Vgl. Lai, Daqing (Hrsg.), (2003), S.249.
361 Über die drei Reglungen s. Anm.335 u. 264.
362 Siehe oben - Die medizinischen Einrichtungen.
363 Siehe oben - Apotheke.

Jahres und das Volumen der ambulanten und stationären Untersuchungen und Behandlungen (einschließlich der Zahl und durchschnittlichen Krankheitskosten der ambulanten Untersuchungen sowie der stationären Behandlungen, die durchschnittliche Dauer und Tageskosten der stationären Behandlung u.s.w.), d) Unterlagen, die den Bewertungsmaßstäben der qualifizierten medizinischen Einrichtungen entsprechen, e) Unterlagen zum Nachweis der Qualifiktion, die von der zuständigen Behörde für Kontrolle und Verwaltung der Arzneien und vom Preisamt erstelllt sind, f) andere Unterlagen, die von der zuständigen Behörde für Arbeit und Soziale Sicherheit vorgesehen sind.

Die Apotheken sollen gemäß § 5 VVAGASK die folgenden Materialien einreichen: a) Kopien der Qualifikationslizenz, Zertifikate und der Gewerbeerlaubnis, b) Unterlagen zum Nachweis der Befugnis zur Tragung des Apothekertitels für das pharmazeutische Personal, c) Liste der Arzneimittelkataloge und Bericht über die Einnahmen und Ausgaben des letzten Jahres, d) Un terlagen zum Nachweis der Qualifiktion, die von der zuständigen Behörde für die Kontrolle und Verwaltung der Arzneien und vom Preisamt erstelllt sind, f) andere Unterlagen, die von der zuständigen Behörde für Arbeit und Soziale Sicherheit vorgesehen sind.

(3) Gewinn der Ausschreibung: Nach Überprüfung der einzureichenden Unterlagen und des Angebots an das Sozialversicherungsorgan werden die Gewinner festgelegt, denen die Urkunden von der zuständigen Behörde für Arbeit und Soziale Sicherheit ausgestellt werden (§7 VVEGASK und §7VVAGASK). Der Vertrag über medizinsiche Leistungen kommt dann zustande.

1.4.3.2 Inhalt des Vertrags

Der Vertrag regelt dann gem. § 11 VVEGASK Einzelheiten für die tägliche Arbeit der medizinischen Einrichtungen, z.B. die zu versorgenden Versicherten, den Leistungsumfang, die Leistungskataloge, die Leistungsqualität, die Zahlungsweise sowie den Zahlungsmaßstab, die Überprüfung der medizinischen Kosten, sonstige Rechte und Pflichte der beiden Seiten und die Haftung bei Vertragsbruch usw.

Der Vertrag über medizinische Leistungen gilt i.d.R. für ein Jahr. Beide Seiten müssen nach einem Jahr einen neuen Vertrag abschließen oder den alten verlängern.[364] Nach Maßgabe der VVEGASK und VVAGASK hat jede Vertragspartei

364 Vgl. Lai, Daqing,(Hrsg.), (2003), S.252.

ein Recht auf Kündigung, wenn die andere Partei den Vertrag bricht. In diesem Fall soll sie dies der anderen Partei mindestens drei Monate im voraus mitteilen, und dies bei den Behörden für Arbeit und Soziale Sicherheit zur Eintragung in die Akten einreichen. Die versicherten Personengruppen, den Zahlungsmaßstab für die Krankheitskosten und den Leistungsumfang habe ich in den anderen Teilen dieser Arbeit erläutet.

1.4.3.3 Rechtsnatur

(1) Vertrag zugunsten Dritter

Der Vertrag der medizinischen Leistungen wird in der chinesischen Literatur dem „berechtigenden Vertrag zugunsten Dritter" zugeordnet.[365] Die Gründe dafür bestehen darin, dass dem Versicherten hierdurch erstens nur Rechte eingeräumt und keine Verpflichtungen auferlegt werden. Deswegen ist die Zustimmung des Dritten für den Abschluß des Vertrags nicht erforderlich. Zweitens hat der Versicherte als Dritter bei Nichterfüllung des Vertrags einen eigenen Anspruch gegenüber dem zugelassenen Krankenhaus, obwohl er keine Vertragspartei ist. Drittens hat der Versicherte ein unabhängiges Entscheidungsrecht hinsichtlich seiner im Vertrag vereinbarten Rechtspositionen. Er kann seine Vertragsposition entweder akzeptieren oder ablehnen, aber nicht abändern, weil der Leistungsumfang der Grundkrankenversicherung schon durch Rechtsvorschriften festgelegt ist.[366]

(2) Verwaltungsvertrag

Nach h.M. in China wird ein Verwaltungsvertrag als Vereinbarung zwischen dem Rechtsträger der Verwaltung und Privaten zur Erfüllung von Aufgaben der öffentlichen Verwaltung abgeschlossen.[367] Dieser Vertrag ist durch das Ziel der Erfüllung öffentlich-rechtlicher Aufgaben, die Beiderseitigkeit und die Gesetzlichkeit gekennzeichnet. Mindestens eine Vertragspartei muss dem Vertragsziel entsprechend ein Verwaltungsträger sein, z.B. eine Behörde mit gesetzlicher Zuständigkeit oder eine Organisation mit Ermächtigung zu öffentlicher Verwaltung. Der Vertrag wird zur Erledigung der öffentlich-rechtlichen Angelegenheiten

---

365 Vgl. Lai, Daqing (Hrsg.), (2003), S.249.

366 Über die Rechtsnatur des Vertrags zugunsten Dritter zum einen in Deutschland und zum anderen in China s. D. Looschelders, (2007), S. 411.; P. Schlechtriem, (2003), S. 267. sowie Xue, Jun, (2006), 2006 (4).; Han, Shiyuan, (2004), 2004 (6).

367 Vgl. Ma, Huaide (Hrsg.), (2008), S.260f.; Jiang, Ming´an, (Hrsg.), Zhang, Shuyi, (1993), S.75; Yu, Lingyun, (2000), S.156.

sowie zur Verwirklichung der öffentlichen Interessen abgeschlossen, und deswegen hat der Verwaltungsträger als Vertragspartei ein Vorrecht zur Änderung oder Aufhebung des Vertrags. Anders als beim Verwaltungsakt ist für den Abschluß des Verwaltungsvertrags vorausgesetzt, dass die beiden Parteien dazu übereinstimmen.Nach dem Gesetzlichkeitsprinzip sollen der Abschluß, der Vollzug, die Änderung und die Aufhebung des Verwaltungsvertrags den einschlägigen Gesetzen, Verordnungen und Satzungen entsprechen. Die Schaffung eines neuen Vertragstyps ist nicht erlaubt.[368]

Der Vertrag über medizinische Leistungen ist öffentlich-rechtlicher Natur, obwohl er durch die beiderseitigen Willenserklärungen zustande kommt. Auch in der Literatur wird er als Verwaltungsvertrag angesehen,[369] denn die eine Vertragspartei ist das Sozialversicherungsorgan mit öffentlich-rechtlicher Natur. Im Namen eines Trägers öffentlicher Verwaltung schließt das Organ mit den Krankenhäusen den Vertrag über medizinische Dienstleistungen.[370] Es erfüllt damit die Aufgabe der Wohlfahrts- und Gesundheitspflege des Volkes. Nur innerhalb von Rechtsvorschriften sind die Sozialversicherungsorgane ermächtigt, mit den medizinischen Einrichtungen den Vertrag abzuschließen; Dies entspricht nicht dem Grundsatz der Privatautonomie. Das Sozialversicherungsorgan hat ein einseitiges Recht auf Vollzugskontrolle, Zwangsvollstreckung und Aufhebung des Vertrags und ein einseitiges Sanktionsrecht (§ 17 VVEGASK und § 13 VVAGASK).[371] Die Streitigkeiten aufgrund des Vertrags über medizinische Dienstleistungen können nur im verwaltungsrechtlichen Verfahren – administrative Entscheidungsüberprüfung oder gerichtliches Verfahren – beigelegt werden.[372]

Die Streitigkeitsbeilegung ist auch in dem Sozialversicherungsgesetz kodifiziert: Gemäß § 88 Abs. 2 SVG kann der einzelne Versicherte bei gesetzwidriger Erbringung des Sozialversicherungsleistung oder anderen Verletzungen seiner

---

368 Vgl. Ma, Huaide (Hrsg.), (2008), S.261.

369 Vgl. Lai, Daqing (Hrsg.), (2003), S.249. Dazu gibt es auch eine abweichende Meinung. Manche vertreten die Ansicht, dass der Vertrag über medizinische Dienstleistungen ein zivilrechtlicher Vertrag sei. Als wichtiger Grund dafür wird angenommen, dass das Sozialversicherungsorgan als öffentliche Einheit der zuständigen Behörde für Gesundheitswesen unterstehe. Es sei nur verantwortlich für die Finanzierung und Verwaltung der Grundkrankenversicherungsfonds, der selbst keine öffentlich-rechtliche Natur habe. Der Fonds stehe darum mit den zugelassenen Leistungserbringern auf gleicher zivilrechtlicher Ebene. Vgl. Zhou Xiaochun, (2006), 6.

370 S. oben - Sozialversicherungsorgan.

371 S. oben - Leistungserbringer.

372 Vgl. Lai, Daqing (Hrsg.), (2003), S.248.

Rechte und Interessen in der Sozialversicherung einen Antrag auf Verwaltungswiderspruch stellen oder einen Verwaltungsprozeß anstrengen.
Der Vertrag über medizinische Leistungen ist von dem medizinischen Vertrag (*Yiliao Hetong*) zwischen Patient und Krankenhaus zu unterscheiden: Der letztere wird in China nach h.M. als ein zivilrechtlicher Vertrag mit medizinischer Dienstleistung als Gegenstand angesehen und deswegen vor allem unter Zivilrechtlern, obwohl das chinesische Vertragsgesetz[373] und die anderen einschlägigen zivilrechtlichen Regelungen diesen Vertragstyp nicht ausdrücklich vorsehen.[374] Dieser Vertrag ist derzeit relativ klar nur in einigen Verwaltungsvorschriften und strafrechtlichen Gesetzen geregelt, beispielweise dem Arztgesetz der V.R.China[375] oder der Verordnung über den Umgang mit ärztlichen Kunstfehlern[376].

1.4.3.4 Beilegung der Vertragsstreiten

Wie ich im obigen Abschnitt erläutert habe, kann der Vertrag über medizinische Dienstleistungen als Verwaltungsvertrag betrachtet werden. Nach dem heutigen chinesischen Beilegungssystem für verwaltungsrechtliche Streitigkeiten könnten somit die betroffenen Vertragsstreitigkeiten zwischen dem Leistungserbringer und dem Sozialversicherungsorgan durch Entscheidungsüberprüfung und verwaltungsrechtliche Klage nach §88 Abs.2 SVG i.V.m. den Bestimmungen des chinesischen Entscheidungsüberprüfungsgesetzes[377] sowie des Verwaltungsklagengesetzes[378] beigelegt werden.[379] Da der Vertrag der medizinischen Dienstleistungen durch Übereinstimmung von beiderseitigen Willenser-

373 „Zhonghua Remin Gongheguo Hetongfa", verabschiedet von der zweiten Sitzung des 9. Nationalen Volkskongresses am 15.3.1993, Vorsitzende-Vo-Nr.15.

374 Vgl. Yang Lixin, (2002), 2002 (4).; Liu Jingwei/Li Maonian, (2003), Zhongguo Minshang Fawang, (Website des chinesischen Zivil- und Handelsrechts); Liu Jinsong, (2000), S.6.; Guo Xikun/Zou Guoxiong, (2001), 2001 (4). u.s.w.

375 „Zhonghua Remin Gongheguo Zhiye Yishi Fa", verabschiedet in der dritten Sitzung des 9. Nationalen Volkskongresses am 26.6.1998, Vorsitzende-Nr.15.

376 „Yiliao Shigu Chuli Tiaoli", erlassen vom Staatsrat am 20.2.2002, VO-Nr. 351.

377 „Xingzheng Fuyi Fa", erlassen in der 9. Sitzung des 9. Nationalen Volkskongresses am 29.4.1994, 9.Vorsitzende-Vo-Nr.16.

378 „Xingzheng Susong Fa", erlassen in der 2. Sitzung des 7. Nationalen Volkskongresses am 4.4.1989, Vorsitzende-Vo-Nr.16.

379 Da der Verwaltungsvertrag aus geschichtlichen Gründen in China nicht gesetzlich anerkannt ist, findet das zivilrechtliche Verfahren seit langem bei Streitigkeitbeilegung aufgrund dieses Vertrags Anwendung. In der Literatur und Praxis wird häufig darauf hingewiesen, dass der Verwaltungsvertrag vom zivilrechtlichen Vertrag zu unterscheiden sei und das zivilrechtliche Gerichtsverfahren nicht passe. Vgl. Ma, Huaide (Hrsg.), (2008), S.265.; Wang, Ping, (2000), 2000 (3).

klärungen zustande kommt, ist die Streitigkeit aber auch möglicherweise im zivirechtlichen Verfahren zu schlichten. Für Schadensersatz wegen Bruch des Vertrags gilt auch die zivilrechtliche Regelung.[380]

Fraglich ist jedoch, auf welcher Grundlage der Versicherte als unabhängiger Dritter ein Forderungsrecht gegenüber dem Leistungserbringer hat. Was für eine Klage kann der Versicherte erheben, wenn ein Schaden im medizinischen Unfall wegen Vertragsbruchs der Krankenhäuser und Apotheken ensteht – eine verwaltungsrechtliche oder eine zivilrechtliche Klage?

Nach h.M. kommt es zwischen dem Versicherten und dem zugelassenen Leistungserbringer zu einem privatrechtlichen Rechtsverhältnis. Es sei davon auszugehen, dass ein privatrechtliches vertragliches Schuldverhältnis zustande komme. Der Rechtsweg ist demnach dann für die Haftung des Arztes wegen der Verletzung von Aufklärungspflichten oder Kunstfehlern aufgrund § 119 der „Allgemeinen Grundsätze des Zivilrechts der Volksrepublik China“[381] vor der zivilrechtlichen Abteilung des Volksgerichtes eröffnet.[382] Meines Erachtens vermag diese Zuordnung eigentlich nicht zu überzeugen: Da die medizinischen Leistungen der Grundkrankenversicherung unter bestimmten Voraussetzungen nach dem Sach- und Dienstleistungsprinzip erbracht werden,[383] ist die Ansicht zu bezweifeln, dass zwischen dem Leistungserbringer und dem versicherten Patienten tatsächlich ein zivilrechtlicher Vertrag geschlossen wird.

Eine verbreitete Meinung in der deutschen Sozialrechtstheorie, dass die Beziehung zwischen Krankenhaus und Patienten eigentlich öffentlich-rechtlicher Natur sei und die Rechte und Pflichten aus diesem Rechtsverhältnis aber nach einer besonderen gesetzlichen Anordnung privatrechtlich seien,[384] kann wahrscheinlich zur Problemlösung erhellend sein. Aus praktischen Gründen bin ich der Ansicht, dass der Schadensersatzanpruch des Versicherten am besten auf Vertrags-

---

380 Vgl. Yu, Lingyun, (1998), 1998 (2).

381 „Zhonghua Remin Gongheguo Minfa Tongze“, verabschiedet in der vierten Sitzung des 6. Nationalen Volkskongresses am 12.4.1986, Vorsitzende-Vo-Nr.37. §119 bestimmt: Wer den Körper eines Bürgers verletzt und einen Schaden verursacht, ist dem Bürger zum Ersatz der Krankheitskosten, des verringerten Einkommens bei Arbeitsabbruch, zu einem Lebenszuschlag bei Behinderung verpflichtet; wer den Tod eines Bürgers verursacht, ist zur Leistung von Sterbegeld und den notwendigen Lebenskosten der von dem Bürger ernährten Personen verpflichtet.

382 Vgl. Han, Shiyuan, (2005), 2005(6).;Guo, Xikun/Zou, Guowei, (2001), 2001 (4).

383 Siehe oben - Sach- und Dienstleistungsprinzip.

384 Vgl. Krauskopf, §76 SGB V,(1985), Rz.10; Bley/Kreikebohm, (1993), Rz.652; Kreßel/Wollenschläger, (1996), Rz.265.

recht (§§ 107ff. Vertragsgesetz der V.R.China) oder auf § 119 der „Allgemeinen Grundsätze des Zivilrechts der Volksrepublik China" gestützt werden. Insbesondere in der derzeitigen chinesischen Situation – Mangel an Gesetzgebung über den Verwaltungsvertrag und wenig praktische Erfahrung der Rechtsprechung – ist das zivilrechtliche Verfahren eine effektivere Lösung für die Beilegung der Streitigkeiten zwischen dem Versicherten und dem Leistungserbringer .

1a. Zusätzliche Krankenversicherung für Arbeitnehmer

1a.1. Begriff

Gemäß § 75 des Arbeitsgesetzes der VR China[385] ist die Arbeitgebereinheit vom Staat ermuntert, eine zusätzliche Krankenversicherung für Arbeitnehmer aufzubauen. Nach Nr. 6 Abs. 5 BSEGA ist es erlaubt, eine zusätzliche betriebliche Krankenversicherung aufzubauen, damit das medizinische Leistungsniveau, das einige spezielle Branchen für ihre Arbeitnehmer bereits etabiliert haben, nicht unterschritten wird. Die Krankheitskosten, welche die Auszahlungshöchstgrenze überschreiten, können nach Nr. 3 Abs. 2 BSEGA auch durch eine Privatversicherung abgedeckt werden. Derzeit wird die zusätzliche Krankenversicherung für Arbeitnehmer vor allem in einigen Branchen, beispielsweise dem Post- und Fernmeldewesen, dem Bank und Versicherungswesen[386] und für die Beamten durchgeführt.

Die Bedeutung der zusätzlichen Krankenversicherung für Arbeitnehmer zeigt sich im Vergleich zu der Grundkrankenversicherung: Die Grundkrankenversicherung für Arbeitnehmer bietet nur die medizinischen Basisleistungen an, mit welchem nur der grundlegende Bedarf der Versicherten gedeckt wird.[387] Die über den Leistungsumfang der Grundkrankenversicherung hinausgehenden medizinischen Bedürfnisse können durch andere Krankenversicherungssysteme teilweise befriedigt werden. Dazu gehört die zusätzliche Krankenversicherung. Gemäß Nr. 3 Abs. 2 BSEGA werden die Auszahlungsmindestgrenze und die entsprechende Höchstgrenze der einheitlich geplanten Fonds festgelegt. Die Krankheitskosten unter der Mindest- und über der Höchstgrenze sind vom Versicherten selbst zu tragen.[388] Gerade für diesen Teil ist die zusätzliche Kranken-

385 S. Anm.259.
386 Vgl. Guo, Jie, (2008), S. 356.
387 Vgl. oben - Prinzip vom grundlegenden Leistungsniveau.
388 S. oben - Prinzip vom grundlegenden Leistungsniveau.

versicherung gedacht.[389] Anders als die soziale Krankenversicherung mit gesetzlichem Zwang kann die Arbeitgebereinheit hier nach dem Prinzip der freiwilligen Teilnahme selbst entscheiden, ob ihre Arbeitnehmer an der zusätzlichen Krankenversicherung für Arbeitnehmer beteiligt sind; der Staat gewährt dazu politische Unterstützung und Ermutigung. Nur die Arbeitnehmer, deren Unternehmen und Einheiten schon an der Grundkrankenversicherung für Arbeitnehmer teilnehmen, können in diesem zusätzlichen System versichert werden und die entsprechenden Leistungen erhalten. Die zusätzliche Krankenversicherung kann so die Grundkrankenversicherung nur in einem bestimmten Umfang ergänzen, aber nicht als Ersatz dienen.[390]

1a.1.1 Vergleich mit der Grundkrankenversicherung und der Privatversicherung

In der Literatur wird die zusätzliche Krankenversicherung als „eine Versicherungsform zwischen der sozialen Krankenversicherung und der Privatversicherung" angesehen[391]. Um Nachteile und Probleme der gegenwärtigen Grundkrankenversicherung für Arbeitnehmer wettzumachen, wird diese Krankenversicherungsform errichtet. Deswegen hat diese Versicherungsform viele Gemeinsamkeiten und Unterschiede im Vergleich zu den beiden anderen Versicherungen.

1a.1.1.1 Gemeinsamkeiten und Unterschiede zur Grundkrankenversicherung für Arbeitnehmer

Die Grundkrankenversicherung für Arbeitnehmer ist in China durch den staatlichen Zwang, Ausführung durch die und Verantwortung der Regierung, Allgemeinheit der Absicherung und das Gleichheitsprinzip gekennzeichnet.[392] Die zusätzliche Krankenversicherung wird dagegen nicht vom Staat durch Gesetzgebung, sondern unter Berücksichtigung besonderer medizinischer Bedürfnisse selbständig von der Arbeitgebereinheit etabiliert. Der Beitragshöhe entsprechend können die versicherten Arbeitnehmer in unterschiedlichem Maße medizinische Leistungen erhalten.

Die Unterschiede zwischen den beiden sind: (1) Rechtsnatur: Die soziale Krankenversicherung wird nach verfassungsrechtlichen Grundsätzen[393] mit dem Ziel

389 Vgl. Jiang, Yue, (2006), S. 163f.
390 Vgl. Jiang, Yue, (2006), S. 163.
391 Lu, Zuxun (Hrsg.), (2003), S. 251.
392 Siehe oben - Versicherte, Finanzierung, Leistungserbringung der Grundkrankenversicherung für Arbeitnehmer.
393 S.oben - verfassungsrechtliche Bezüge.

des Schutzes und der Förderung der allgemeinen Gesundheit durch staatliche sowie lokale Regelungen geschaffen. Als Sozial- und Wohlfahrtswesen zieht sie nicht darauf ab, Gewinn zu erzielen.[394] Obwohl die zusätzliche Krankenversicherung als „notwendige Ergänzung der Grundkrankenversicherung" auf Verwirklichung sozialer Gerechtigkeit und Sicherheit ausgerichtet ist, wird sie durch das Sozialversicherungsorgan oder durch Versicherungsunternehmen vor allem unter Verwendung ökonomischer Anreize und Grundsätze betrieben. Bei der Grundkrankenversicherung geht es um ein sozialrechtliches bzw. öffentlich-rechtliches Verhältnis, während das Rechtsverhältnis der zusätzlichen Krankenversicherung zwischen den Versicherten und dem Versicherungsorgan vom zivilrechtlichen Versicherungsvertrag abhängig und dem privatrechtlichen Bereich zugeordnet ist.[395] (2)Funktion: Durch die Grundkrankenversicherung werden jedem Arbeitnehmer die medizinischen Basisleistungen ohne Unterschiede erbracht. Dadurch können Einkommensdifferenz und soziale Verhältnisse gewissermaßen reguliert werden.[396] Die zusätzliche Krankenversicherung kann demgegenüber Bedürfnisse von höherem Niveau oder andere besondere Bedürfnisse gemäß dem Einkommen des Arbeitnehmers und dem wirtschaftlichen Zustand der Einheit befriedigen. „Wer mehr Beiträge zahlt, erhält mehr Leistungen."[397] (3)Das Verhältnis zwischen Rechten und Pflichten: Die Rechte und Pflichten eines Arbeitnehmers in der Grundkrankenversicherung werden aufgrund der tatsächlichen Beschäftigung sowie des Beschäftigungsverhältnisses begründet.[398] Dementsprechend hat jeder Arbeitnehmer ein gleiches Recht auf Leistungserbringung, solange er die Pflicht zur Arbeit und zur Zahlung der Versicherungsbeitäge (§20 Abs. 3 SVG) erfüllt.[399] Da die Leistungen gleich, die Beiträge aber einkommensabhängig sind, gibt es zwischen den Rechten und Pflichten der Grundkrankenversicherung keine direkte Proportionalität. Die Rechte und Pflichten der zusätzlichen Krankenversicherung sind abhängig vom Versicherungsvertrag. Dabei handelt es sich zwischen Beiträgen und Leistungen um einen äquivalenten Austausch.

Zwischen der Grundkrankenversicherung und zusätzlichen Krankenversicherung gibt es andererseits auch mehrere Gemeinsamkeiten:

394 Vgl. Zheng, Gongcheng, (2004), S. 429.
395 Vgl. Lu, Zuxun (Hrsg.), (2003), S. 251.
396 Vgl. Zhai, Jimin, (2008), 2008, 21 (4).
397 Vgl. Zhai, Jimin, (2008), 2008, 21 (4).
398 S. oben - Grundkrankenversicherung aufgrund Beschäftigungsverhältnis?
399 Vgl. Lu, Zuxun (Hrsg.), (2003), S.251.

(1) Die zusätzliche Krankenversicherung als „Weiterentwicklung und Vervollkommnung der Grundkrankenversicherung für Arbeitnehmer" kann das ursprüngliche Leistungsniveau erhöhen, damit die Sorge der Arbeitnehmer um höhere medizinische Kosten beseitigt wird. Die beiden gemeinsam dienen dem Gesundheitsschutz der Arbeitnehmer und der Stabilität sowie der Entwicklung des Arbeitsverhältnisses.[400]

(2) Die Krankheitskosten werden auch gemäß dem Leistungsumfang i.S.d. Anhangs zum MVBASK und von Nr. 3 MFEZASK[401] (die Kataloge der nicht oder nur teilweise zu erstattenden Leistungen) von der zusätzlichen Krankenversicherung ausgezahlt, d.h. die nach diesen Bestimmungen nicht vom Solidarfonds getragenen Kosten können auch nicht von der zusätzlichen Krankenversicherung erstattet werden. Denn ansonst würde das vorhandene, der Wirtschaftlichkeit dienende Leistungsprinzip der Grundkrankenversicherung für Arbeitnehmer durchbrochen.[402]

(3) Die zusätzliche Krankenversicherung wird auch nach dem Prinzip der beiderseitigen Beitragszahlung der Arbeitgebereinheit und des Arbeitnehmers finanziert.

1a.1.1.2 Gemeinsamkeiten und Unterschiede zu Privatkrankenversicherung

Da die zusätzliche Krankenversicherung zum sozialen Versicherungssystem gehört, kann vom Staat mit Steuervorteilen ein mittelbarer Zuschuß gewährt werden,[403] obwohl diese Versicherung auch von einem Privatversicherungsunternehmen ausgeführt werden kann. Die Privatversicherung als reine Handelsaktivität kann lediglich innerhalb von des Rechts für die private Wirtschaft betrieben werden.Die Teilnahme der Arbeitnehmer an der zusätzlichen Krankenversicherung ist lediglich vom der Zugehörigkeit zu einer bestimmten Einheit abhängig. Die Arbeitnehmer in derselben Einheit können zumeist auf kollektive Weise an diesem Versicherungssystem beteiligt werden. Demgegenüber können Personen mit höherem Krankheitsrisiko von der Privatkrankenversicherung als allgemeine Privatversicherungsform ausgeschlossen werden, um mehr zu profitie-

400 Vgl. Chen, Wen/Ying, Xiaohua/Lu, Xianzhong/Hu, Shanlian, (2004), 2004, 20 (11).
401 S. Anm. 264.
402 Vgl. Lu, Zuxun (Hrsg.), (2003), S. 255.
403 Vgl. Zhai, Jimin, (2008), 2008, 21 (4).; Chen, Wen, (2001), 2001, 4(3).; Wang, Xiaoting/Hong, Tao, (2004), 2004 (z 1).

ren.[404] Deshalb ist die zusätzliche Krankenversicherung auch nicht durch die Privatversicherung ersetzbar.[405]

1a.1.2 Funktionen

Im Vergleich zu dem frühen Erstattungssystem der Krankheitskosten durch öffentliche Mittel (Gongfei Yiliao Zhidu)[406] war die Grundkrankenversicherung für Arbeitnehmer in vieler Hinsicht „geschrumpft": z.B. hinsichtlich des Kreises der Versicherten, des Leistungsumfangs, der Erstattungsmethoden u.s.w. Vor diesem Hintergrund soll die zusätzliche Krankenversicherung nicht nur eine Rolle als notwendige Ergänzungsform, sondern auch die einer wichtigen Säule im neuen sozialen Krankenversicherungssystem spielen.[407] In der Literatur werden die Funktionen wie folgt zusammengefasst:

(1) Entlastung der Versicherten von selbst zu tragenden Krankenkosten: Diese Funktion der zusätzlichen Krankenversicherung ist von erstrangiger Bedeutung.[408] Unter dem System der Grundkrankenversicherung ist der Versicherte wegen des Finanzierungsniveaus des Solidarfonds und der Einschränkung des Leistungsumfangs „relativ schwer" von den Krankheitskosten belastet.[409] Der Kostenzuschlag für schwerere Krankheiten der zusätzlichen Krankenversicherung kann den an einer schwereren Krankheit leidenden Arbeitnehmer von den selbst zu tragenden Kosten oberhalb der Höchstgrenze entlasten. Diese Maßnahme komplettiert den Aufbau und die Weiterentwicklung der Grundkrankenversicherung für Arbeitnehmer.

(2) Erhöhung der Wohlfahrt und Zuverlässigkeit der Arbeitnehmer: Den Staatsbeamten kann besondere Krankenbeihilfe gewährt werden. Die Arbeitnehmer in Unternehmen können an einem zusätzlichen Krankenversicherungssystem teilnehmen. Der versicherte Personenkreis erweitert sich nach Wunsch der Anbieter sogar zu Familienangehörigen eines Arbeitnehmers.[410] Mit Einführung der zusätzlichen Krankenversicherung hat sich das Leistungsniveau von Beamten im Vergleich zum vorherigen Erstattungssystem nicht verringert. Die Ergänzung der Grundkrankenversicherung ist im amtlichen Schreiben als „wichtige Maß-

404 Vgl. Liu, Quanying, (2004), 2004, 4.
405 Vgl. Lu, Zuxun (Hrsg.), (2003), S.252.
406 S. oben - Geschichte.
407 Vgl. Zheng, Gongcheng, (2004), S.428f.
408 Vgl. Chen, Shengmin, (2003), 2003 (8).
409 Vgl. Lu, Zuxun (Hrsg.), (2003), S.248.
410 Vgl. Zheng, Gongcheng, (2007), S.387.

nahme für die Stabilität, Effizienz und Redlichkeit der Beamtengruppe" bezeichnet worden.[411] Entsprechend wirkt die Zusätzliche Krankenversicherung für die Arbeitnehmer als Bestandteil des betrieblichen Wohlfahrtsplans. Dadurch können auch die Beschäftigten zum Engagement für ihre Arbeitgebereinheit aufgemuntert werden.[412]

(3) Entlastung des Staates von sozialer Verantwortung:. Mit der Industrialisierung und Urbanisierung hat sich die Zahl der versicherten Arbeitnehmer in den letzten Jahren rasant erhöht. Die neueste Statistik zeigt, dass diese Zahl bis April 2009 schon auf über 200 Millionen gestiegen ist.[413] Aus der Praxis des frühen chinesischen Erstattungssystems für Arbeitehmer im letzten Jahrhundert[414] ergibt sich, dass ein umfassendes Gesundheitssystem aus ökonomischen Gründen kaum lediglich vom Staat finanzierbar ist. Die Etabilierung der zusätzlichen Krankenversicherung kann – auch außerhalb des sozialen Versicherungsystems – die schrittweise Lenkung der sozialen Verantwortung vom Staat zur Gesellschaft fördern, wodurch der Staat in wirtschaftlicher Hinsicht und auch auf der Verwaltungsebene entlastet wird.[415]

(4) Verstärkung der Solidarität und sozialer Gerechtigkeit: Jede Etablierung eines Sozialversicherungszweigs bedeutet „Mobilisierung der Geldmittel und Umwandlung der Verteilungsmethoden, die einen mittelbaren oder unmittelbaren Einfluss auf die Einkommensdifferenz des einzelnen Versicherten bzw. soziale Gerechtigkeit haben".[416] Für die versicherten Arbeitnehmer bedeutet der Einsatz für die zusätzliche Krankenversicherung die Änderung der persönlichen Einkommensstruktur, d.h. theoretisch betrachtet werden die verfügbaren Einkommen der Versicherten gemindert und die Nutzungsrichtung des nominellen Eigentums gewechselt. Folglich werden die Einkommensdifferenz zwischen verschiedenen Arbeitnehmergruppen verringert.[417] Mit Anreizen durch Steuervorteile kann der Staat den Umfang und Betrieb der Solidarfonds der zusätzlichen Krankenversicherung beeinflussen und allen Einheiten und deren Arbeitnehmer zur Teilnahme an diesem System ermuntern, um die soziale Solidarität und Gerechtigkeit zu fordern. Der Konsum an Gesundheitsleistungen sollte

411 S. o. – Beamte.
412 Vgl. Zheng, Gongcheng, (2007), S.384.
413 Siehe die amtliche Statistik, veröffentlicht vom Ministerium für Arbeitskräfte und Soziale Sicherheit am 13.4.2009.
414 Über die betroffene Statistik s. Anm. 197.
415 Vgl. Lu, Zuxun (Hrsg.), (2003), S.248.
416 Vgl. Lu, Zuxun (Hrsg.), (2003), S.249.
417 Jiang, Yue, (2006), S.164.

gleichzeitig durch Investitionen der zusätzlichen Krankenversicherung vermehrt werden, was die soziale Konsum- und Produktstruktur gewißermassen reguliert.[418]

(5) Übergang zur „Beteiligung aller Bürger an der Krankenversicherung“: Die Reform der sozialen Krankenversicherung gilt als „sytematisches Projekt mit einem kontinuierlichen Verbesserungsprozess“.[419] Die Schaffung eines Systems der „Beteiligung aller Bürger an der Krankenversicherung“ (*Quanmin Yibao Tixi*)[420] kann nur durch die Errichtung sozialer Krankenversicherung in verschiedenen Formen und auf verschiedenen Ebenen schrittweise geschaffen werden. Durch den Aufbau der zusätzlichen Krankenversicherung können auch Erfahrungen gesammelt werden, die den Übergang zu weiteren Zielen der Gesundheitsreform begünstigen.

1a.2. Die zusätzliche Krankenversicherung für Arbeitnehmer und Staatsbeamte

Nach dem zu unterscheidenden versicherten Personenkreis setzt sich die zusätzliche Krankenversicherung grundsätzlich aus zwei Systemen zusammen: der zusätzlichen Krankenversicherung für Arbeitnehmer und dem System der Krankenbeihilfe für Staatsbeamte.[421]

1a.2.1. Die zusätzliche Krankenversicherung in Betrieben

Bei der zusätzlichen Krankenversicherung in Betrieben lassen sich der Einheit und dem zuständigen Versicherungsträger in China entsprechend vier Typen unterscheiden: Die von der Arbeitgebereinheit aufgebaute und vom Sozialversicherungsorgan betriebene Krankenversicherung, die von der Gewerkschaft aufgebaute und betriebene Krankenversicherung der gegenseitigen Hilfe, die vom Sozialversicherungsorgan aufgebaute und von einem Versicherungsunternehmen betriebene Krankenversicherung und die alleine von Unternehmen betriebene zusätzliche Krankenversicherung.[422] Nur der erste Versicherungstyp ist eine Zwangsversicherung. Die folgende schematische Darstellung (Schaubild VI)

418 Vgl. Lu, Zuxun (Hrsg.), (2003), S.249.

419 Chen, Shengmin, (2003), 2003 (8).

420 Dieses Ziel der Gesundheitsreform wird in den „ Zhonggong Zhongyang Guowuyuan Guanyu Shenhua Yiyao Weisheng Tizhi Gaige De Yijian“vom 17.3.2009 aufgestellt. (Meinungen über die Vertiefung der Reform des Medizin- und Arzneisystem der Zentralen Komunistischen Partei Chinas und des Staatsrates).

421 Vgl. Zhai, Jimin, (2008), 2008, 21(4).

422 Vgl. Jiang, Yue, (2006),S.164f.; Chen, Wen/Ying, Xiaohua/Lu, Xianzhong/Hu, Shanlian, (2004), 2004, 20 (11).

zeigt die verschiedenen Betriebsmodelle der zusätzlichen Krankenversicherungssysteme für Arbeitnehmer.

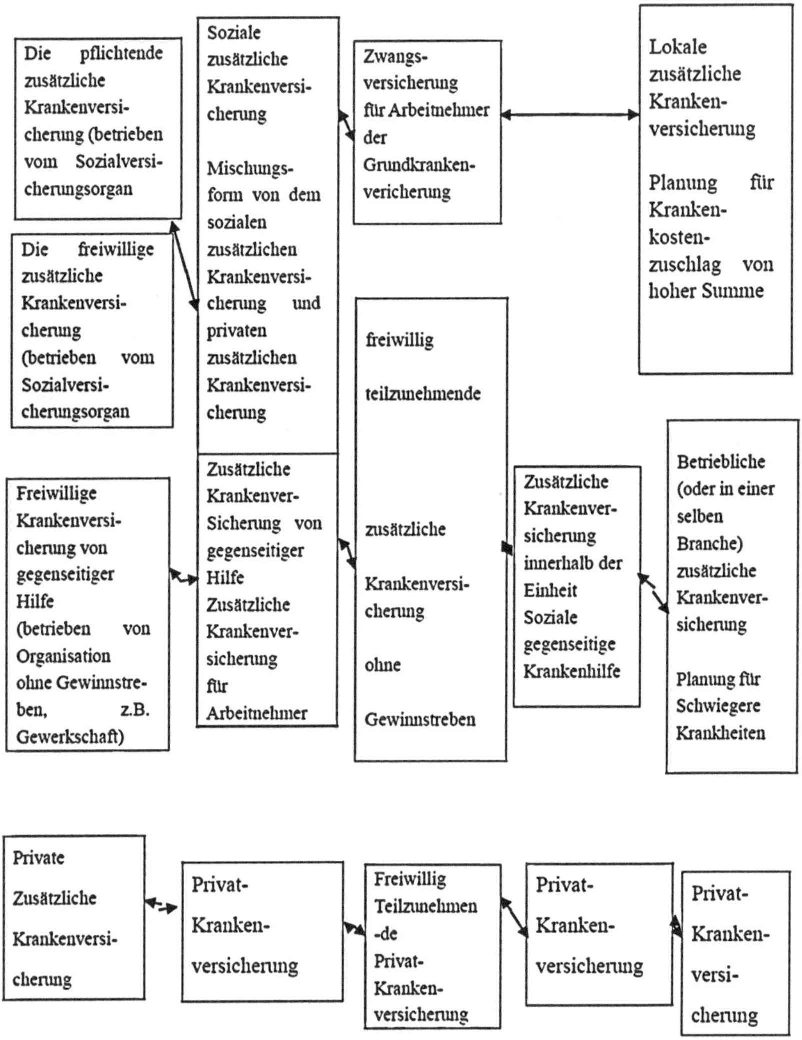

1a.2.1.1. Die vom Sozialversicherungsorgan betriebene zusätzliche Krankenversicherung

Die vom Sozialversicherungsorgan betriebene zusätzliche Krankenversicherung wird als Zwangsversicherung vor allem durch das System des „Krankheitskostenzuschlags der hohen Summe (*Dae Yiliao Feiyong Buzhu*)“ umgesetzt. Nach den lokalen Regelungen des jeweiligen Planungsgebietes haben sich alle an der Grundkrankenversicherung teilnehmenden Arbeitnehmer an diesem System zu beteiligen.[423]

Die Beiträge für den Krankenkostenzuschlag der hohen Summe werden von der Arbeitgebereinheit und dem Arbeitnehmer gemeinsam gezahlt. Nach Nr. 6 Abs. 5 BSEGA können die Einheiten nach Zahlung der Grundkrankenversicherungsbeiträge einen Betrag von weniger als 4 % der gesamten Lohnsumme für den Versicherungsfonds der zusätzlichen Krankenversicherung verwenden. Dieser Betrag wird unter den Wohlfahrtsaufwendungen für die Arbeitnehmer verbucht. Der Teil, der die Zuordnung zu den Wohlfahrtsaufwendungen übersteigt, wird nach Genehmigung der Finanzbehörden gleicher Ebene den Betriebskosten zugeordnet.

Das Sozialversicherungsorgan ist verantwortlich für Aufbringung, Auszahlung und Verwaltung der Versicherungsfonds. Für die Versicherungsfonds ist ein unabhängiges Konto (getrennt vom Grundkrankenversicherungsfonds) zu eröffnen und zu verwalten. Zwischen diesen Konten und der Grundkrankenversicherung darf es keine Zahlungen oder Umbuchungen geben. Die Krankheitskosten von Arbeitnehmern, die in einem Jahr oberhalb der Höchstzahlungsgrenze der Grundkrankenversicherung und unterhalb einer bestimmten Betrages liegen, werden in diesem System einheitlich finanziert und in Höhe eines bestimmten Prozentsatzes ausgezahlt. Die anderen Kosten werden vom Arbeitnehmer selbst getragen.[424] Der Auszahlungsumfang entspricht den Maßgaben der MFEZASK

423 Es fehlt bis jetzt eine staatliche Regelung über den „Krankenkostenzuschlag der hohen Summe“. Nach Nr. 1 der „Mitteilung des Finanzministeriums und des Ministeriums für Arbeit und Soziale Sicherheit über die zusätzliche Krankenversicherung in Betrieben “ können die Arbeitgebereinheiten, die an der Grundkrankenversicherung teilnehmen und den Beitrag rechtzeitig und in ausreichender Höhe zahlen, selbst entscheiden, ob eine zusätzliche Krankenversicherung für die Arbeitnehmer errichtet wird. (Caizhengbu He Laodong Baozhang Bu Guanyu Qiye Buchong Yiliao Baoxian Youguan Wenti De Tongzhi), Caishe (2002), Nr.18. Aber nach den lokalen Regelungen des jeweiligen Planungsgebietes ist das System des Krankenkostenzuschlags der hohen Summe eine Zwangsversicherung.

424 Vgl. Lu, Zuxun, (2006), S.256. Die konkrete Summe und das Erstattungsverhältnis werden vom jeweiligen Planungsgebiet selbst bestimmt, z.B. In Beijing liegt diese Höchstzahlungsgrenze der Grundkrankenversicherung für ambulante Behandlung und Nothilfe bei 2 000 Yuan in einem Jahr. 50% der Kosten werden vom Versicherten selbst getragen. Für Rentner beträgt es 1 500 Yuan, und 40% der Kosten werden vom Versicherten getragen. Für Rentner über 70 Lebensjahren beträgt der selbst zu zahlende Anteil 30%. Die Höchstsumme von Krankenkostenzuschlag von hoher Summe für

und MVBASK[425], und nur die in den zugelassenen medizinischen Einrichtungen und Apotheken entstandenen Krankheitskosten können von den Versicherungsfonds übernommen werden. Anders als in der Grundkrankenversicherung wird die Leistung des Krankheitskostenzuschlags der hohen Summe nach dem Prinzip der nachherigen Erstattung erbracht: Der Versicherte muss zunächst alle Kosten auslegen und einen Antrag mit Beitragsbescheinigungen bei der Einheit stellen. Die Akten werden dann von der jeweiligen Arbeitgebereinheit dem zuständigen Sozialversicherungsorgan übermittelt. Nach Überprüfung werden die anerkannten Kosten dem Arbeitnehmer und Rentner erstattet.[426]

Die Arbeitnehmer in einigen Planungsgebieten können auch an der vom Sozialversicherungsorgan betriebenen freiwilligen zusätzlichen Krankenversicherung teilnehmen. Z.B. werden in der Stadt Chengdu seit 1992 und 1996 zwei Pilotprojekte der zusätzlichen Krankenversicherung für Arbeitnehmer durchgeführt.[427] Aufgrund der Erfahrungen sind vier Maßnahmen von der zuständigen Behörde für Arbeit ausgearbeitet worden.[428] Danach können die stationären Kosten der Arbeitnehmer nach einem Festbetrag oder in Höhe eines bestimmten Prozentsatzes von den Versicherungsfonds erstattet werden. Die in Kliniken entstandenen Arzneimittelkosten können auch teilweise erstattet werden.

1a.2.1.2. Freiwillige Krankenversicherung der gegenseitigen Hilfe für Arbeitnehmer

Die von Staats- und Kollektivbetrieben errichtete traditionelle Krankenversicherung der gegenseitigen Hilfe für Arbeitnehmer existierte schon in dem frühen Erstattungssystem der Krankheitskosten durch öffentliche Mittel (*Gongfei Yiliao*)[429]. Die Krankenversicherung der gegenseitigen Hilfe für Arbeitnehmer (*Zhigong Huzhu Yiliao Baoxian*) im heutigen Sinne wird von der Gewerkschaft

---

ambulante Behandlung und Nothilfe beläuft sich auf 20 000 Yuan in einem Jahr. S. §11 „Vorläufige Maßnahmen von Krankenkostenzuschlag von hoher Summe in Beijing", (Beijing Shi Dae Yiliao Feiyong Huzhu Zanxing Banfa), Jing Laoshe Yifa (2001), Nr.18.

425 S. Anm. 428.

426 S. §13 ff. „Vorläufige Maßnahmen zum Krankenkostenzuschlag der hohen Summe in Beijing", s. Anm.427.

427 Vgl.Chen, Wen/Ying, Xiaohua/Lu, Xianzhong/Hu, Shanlian, (2004), 2004, 20 (11).

428 „ Vier Durchführungsmaßnahmen des Amtes für Arbeit in Chengdu zur zusätzlichen Rentenversicherung und Krankenversicherung für Arbeitnehmer", (Chengdu Shi Laodongju Guanyu Zhigong Buchong Yanglao Baoxian He Buchong Yiliao Baoxian De Sige Shishi Banfa), Chengbanfa (1999), Nr.83.

429 Siehe oben - Geschichte.

aufgebaut und betrieben. Der von der All-China Föderation der Gewerkschaft (Zhonghua Quanguo Zonggonghui) eingerichtete „Versicherungsausschchuß der gegenseitigen Hilfe für Arbeitnehmer (*Zhongguo Zhigong Baoxian Huzhu Hui, Chinese Workers Mutual Insurance Association*)“ sowie deren Vertreter auf Provinz- und Hauptstädteebene ist verantwortlich für den Aufbau und die Verwaltung der Krankenversicherung der gegenseitigen Hilfe für Arbeitnehmer.[430] Dieses System wird als zusätzliche Krankenversicherung vor allem durch freiwillige Beitragszahlung der Arbeitnehmer finanziert. Dabei spielt ein staatlicher Zuschuß auch eine Rolle. In Fällen von Krankheit, Geburt, Alter, Verletzung oder anderen Unfällen und besonderen Schwierigkeiten wird dem Arbeitnehmer materielle Unterstützung außerhalb des sozialen Versicherungssystems geleistet. Der chinesische Versicherungsausschchuß der gegenseitigen Hilfe für Arbeitnehmer ist kein Finanzorgan, sondern ein Versicherungsorgan mit sozialer Zusammenarbeit der Bürger für eine selbständige Finanzierung, Verwaltung und Dienstleistung der zusätzlichen sozialen Versicherung.[431]

Alle Mitglieder der Gewerkschaften in Unternehmen, Institutionen und öffentlichen Einheiten können auf kollektive Weise an der Krankenversicherung von gegenseitiger Hilfe für Arbeitnehmer teilnehmen. Der Versicherungsfonds zahlt hauptsächlich für stationäre Kosten der schwereren Krankheiten. Nach der Leistungserbringung der Grundkrankenversicherung werden die verbleibenden Krankheitskosten durch den Fonds in Höhe eines bestimmten Prozentsatzes (oder eines Festbetrags) gewährt. Die konkrete Beitragshöhe, der Zahlungsumfang und das Leistungsniveau werden von der zuständigen Behörde für Arbeit und Soziale Sicherheit auf dercProvinzebene festgelegt.[432]

1a.2.2 Das System von Krankenbeihilfe für Staatsbeamte

Gemäß Nr. 6 Abs. 4 BSEGA Beschluss kommen die Staatsbeamten in das System der Krankenbeihilfe, wenn sie an der Grundkrankenversicherung teilnehmen.[433] Die Grundsätze, der Umfang, die Finanzierung und die Versicherungsorgane dieses Systems werden in den „Meinungen über die Krankenbeihilfe der

430 Vgl. §38 „Zhongguo Zhigong Baoxian Huzhu Hui Zhangcheng“ (Satzung des Versicherungsausschusses der gegenseitigen Hilfe für Arbeitnehmer).

431 Vgl. §3 „Zhongguo Zhigong Baoxian Huzhu Hui Zhangcheng“ (Satzung des Versicherungsausschusses der gegenseitigen Hilfe für Arbeitnehmer).

432 Vgl. §3 der Satzung des dem Versicherungsausschusses der gegenseitigen Hilfe für Arbeitnehmer.

433 Siehe oben - Der staatliche Zuschuß.

Staatsbeamte" (MKS)[434] konkretisiert und festgelegt. Am 20.5.2000 hat der Staatsrat diese Verordnung des Ministeriums für Arbeit und Soziale Sicherheit in Form einer Mitteilung[435] an die PAS-Volksregierungen, die verschiedenen Abteilungen und Kommissionen des Staatsrates und die dazugehörigen Institutionen übersendet. Das zusätzliche Krankenversicherungssystem für Staatsbeamte wurde mit den drei Verwaltungsverordnungen gegründet. Dem lokalen sozialen und wirtschaftlichen Entwicklungsniveau entsprechend gibt es in den jeweiligen Planungsgebieten erhebliche Unterschiede im Leistungsniveau und hinsichtlich der Erstattungsverfahren für die Krankheitskosten. In der Literatur wird die Krankenbeihilfe für Staatsbeamte als eine besondere Form der zusätzlichen Krankenversicherung angesehen.[436]

Die versicherten Personen sind nach Maßgaben der MKS die öffentlichen Bedientesten i.S.v. § 2 des Beamtengesetzes.[437] Konkret betrachtet beeinhaltet es die ordentlichen Staatsbeamten und Rentner in Organen der Exekutive, die Arbeitnehmer und Rentner in Öffentlichen Einheiten (*Shiye Danwei*), die nach Genehmigung des Ministeriums für Personalangelegenheiten[438] und der PAS-Volksregierung als Staatsbeamte angesehen werden, diejenigen in Einheiten der Kommunistischen Partei, Volkskongressen, der Politischen Konsultativkonferenz, Organen der demokratischen Parteien und Verbänden für Industrie- und Handelskreise, die nach Genehmigung der Abteilung der Zentralen Kommunistischen Partei für Personenangelegenheiten und der PAS-Parteikommission als Staatsbeamte angesehen werden, und diejenigen in Gerichtshöfen und Staatsanwaltschaften.

Nach Nr. 3 MKS sind die Ausgaben der Krankenbeihilfe in das lokale Finanzbudget im jeweiligen Jahr aufzunehmen. Der konkrete Leistungsmaßstab kann entsprechend den tatsächlichen Ausgaben im vorherigen Erstattungssystem durch öffentliche Mittel, dem jeweiligen Finanzierungsniveau der Grundkrankenversicherung, Tragfähigkeit des Haushalts u.ä festgesetzt werden. Die Budgets werden aus den Haushalten der verschiedenen Regierungsebenen in ausreichender Höhe bereitgestellt und zweckgebunden verwaltet. Dafür muß auch ein unab-

---

434 „Guanyu Shixing Guojia Gonwuyuan Yiliao Buzhu De Yijian", erlassen vom Ministerium für Arbeit und Soziale Sicherheit und dem Ministerium der Finanzen am 29.4.2000, Guofa Ban (2000), Nr.37.

435 „Guanyu Shixing Guojia Gongwuyuan Yiliao Buzhu Yijian De Tongzhi", erlassen vm Staatsrates am 20.5.2000, Guofa Ban (2000), Nr.37.

436 Vgl. Chen, Wen/Ying, Xiaohua/Lu, Xianzhong/Hu, Shanlian, (2004), 2004, 20 (11).

437 S.oben - Beamte.

438 Jetzt das Ministerium für Arbeitskräfte und Soziale Sicherheit, S. Anm.99.

hängiges Konto eröffnet und geführt werden. Es wird kein Versicherungsfonds errichtet, und der Versicherte zahlt auch keine Beiträge. In Höhe eines bestimmten Prozentsatzes der beitragspflichtigen Einnahmen der ordentlichen Beamten und der Rente im letzten Jahr der Rentner fließt die Krankenbeihilfe in ihre individuellen Konten. In einigen Gebieten werden die Beihilfen nach dem Grad und Dienstalter eines Beamten in sein individuelles Konto überwiesen.[439] Ein anderer Teil der Beihilfe wird im konkreten Fall in Höhe eines bestimmten Prozentsatzes der selbst getragenen Krankheitskosten ausgezahlt.

Die Krankenbeihilfe wird gemäß Nr. 4 MKS vor allem für die Krankheitskosten der Beamten oberhalb der Höchstzahlungsgrenze der Grundkrankenversicherung gezahlt, die mit dem Arzneimittel- und Behandlungsumfang und den Leistungskatalogen der medizinischen Einrichtungen im Sinne der MFEZASK und MVBASK[440] übereinstimmen: Der vom Versicherten selbst getragene Kostenanteil innerhalb des Zahlungsumfangs der Grundkrankenversicherung für Arbeitnehmer und die stationären und ambulanten Kosten nach den Regelungen der zentralen und Provinzregierungen[441] werden ebenfalls von der Beihilfe gewährt. In einigen Gebieten werden auch die Geburts- und Arbeitsunfallkosten der versicherten Beamten erstattet.[442]

Die konkreten Zuteilungsmethoden und der Leistungsmaßstab werden in den jeweiligen Planungsgebieten nach dem Prinzip des Ausgleichs zwischen Einnahmen und Ausgaben festgelegt. Nach Nr. 1 MKS soll das Leistungniveau der Krankenbeihilfe dem Niveau der lokalen ökonomischen Entwicklung und Finanzkraft angepasst sein. Das vorherige Leistungsniveau im Erstattungsystem darf nicht unterschritten und soll mit der Wirtschaftsentwicklung gesteigert wer-

439 Das erste Modell wird z.B. in der Stadt Yancheng angewandt. Vgl. Anm.442; das zweite Modell wird z.B. in der Stadt Guiyang angewandt. S. §5 „Vorläufige Maßnahmen der Krankenbeihilfe von Staatsbeamten in Stadt Guiyang“, (Guiyang Shi Guojia Gongwuyuan Yiliao Buzhu Zanxing Banfa), (2006), erlassen von Volksregierung der Stadt Guiyang am 22.11.2006, VO-Nr. 92.

440 S. Anm. 264.

441 Zu den Personengruppen gehören vor allem pensioniertes Personal, ehemalige Mitglieder der Roten Armee, revolutionäre Armeeversehrte ab dem zweiten Grad der Versehrtheit und Rentner i.S.v. Nr.6 Abs.1ff. BSEGA. Dazu S. Oben - Beamte.

442 Z.B. in Stadt Yancheng werden die Krankenkosten für Unfall und Geburt nach einem bestimmten Anteil von der Beihilfe gezahlt. S. §40 „Maßnahmen von Teilnahme der Arbeitnehmer an Krankenversicherung in Stadt Yancheng“, (Yancheng Shi Zhigong Yiliao Baoxian Banfa), erlassen von Volksregierung der Stadt Yancheng am 17.3.2009, Yanzheng Fa (2009), Nr.68.

den. Zusammenfassend gesagt werden „im Beihilfensystem einem Staatsbeamten höhere medizinische Leistungen durch den Staat gewährt“[443].

Das Sozialversicherungsorgan im jeweiligen Planungsgebiet ist gemäß Nr. 6 MKS verantwortlich für die Verwaltung der zusätzlichen Krankenversicherung für Staatsbeamte und die Auszahlung der Krankenbeihilfe. Die zuständige Behörde für Arbeit und Soziale Sicherheit soll das Organ hinsichtlich der Einhaltung von Gesetzen und Rechtsverordnungen überwachen. Die Behörden für Finanzen und Rechnungsprüfung kontrollieren in ihren jeweiligen Verantwortungsbereichen die Verwaltung und Verteilung der Krankenbeihilfe.

Mit der Grundlegung des sozialen Versicherungssystems im Beschluß der Zentralen Kommunistischen Partei Chinas über Fragen des sozialistischen Marktwirtschaftssystems im Jahre 1993[444] wurde auch die zusätzliche Krankenversicherung zusammen mit der Reform des Gesundheitssystems auf den Weg gebracht. Die Erfahrungen in den letzten fünfzehn Jahren haben gezeigt, dass die Durchführung der zusätzlichen Krankenversicherung vor allem von der Regierung mit Zwang vorangetrieben werden musste. Denn aus historischen Gründen fehlt noch das allgemeine Bewußtsein zur Bedeutung der Krankenversicherung bei den Arbeitgebereinheiten und den Arbeitnehmern. Die Gesundheitsreform mit dem Wechsel vom früheren Erstattungssystem zur sozialen Krankenversicherung hat mit der Beitragsteilung als Maßnahme zur Kostendämpfung die vorherige Wohlfahrtsleistung der Arbeitnehmer gewißermassen verringert.[445] Auch darum musste die soziale Krankenversicherung durch ein zusätzliches Krankenversicherungssytem komplettiert werden. Was die Teilnahme und Beitragszahlung angeht, sollte die zusätzliche Krankenversicherung durch Verwaltungsmaßnahmen, begünstigende Anreize und den Zuschuss der Regierung noch schneller und umfassender vorangebracht werden. Außerdem ist die Schaffung von neuen und geeigneten Versicherungsmodellen für verschiedene Arbeitnehmergruppen ein Desiderat für die zukünftige Entwicklungsrichtung.

2. Krankenversicherung für Einwohner in Städten und Kreisen

Nach Nr. 2 Abs. 3 der Richtlinien des Staatsrates über ein Grundkrankenversicherungssystem für Einwohner in Städten und Kreisen (RGESK) und Nr. 1 der

443 Jiang, Yue, (2006), S. 165.

444 „Zhonggong Zhongyang Guanyu Shehui Zhuyi Shichang Jingji Tizhi Ruogan Wenti De Jueding“, verabschiedet in der 3. Sitzung des 14. zentralen Komitees der Kommunitischen Partei Chinas am 14.11.1993.

445 Vgl. Lu, Zuxun, (2006), S.264f.

Meinungen der Gesundheits-, Finanz- und Agrarministerien über die Errichtung des neuen Kooperationsgesundheitsystem (MEKGS) ist bestimmten Personenkreisen die Möglichkeit eröffnet, sich in der sozialen Krankenversicherung freiwillig gegen Krankheit zu versichern. Seit den Jahren 2003 bzw. 2007 wurden die Grundkrankenversicherung für Arbeitnehmer und diejenige für Einwohner in Städten und Kreisen in immer mehr Städten, Kreisen sowie Dörfern als Pilotgebieten eingeführt. In dem Sozialversicherungsgesetz sind die zwei Systeme endlich kodifiziert.[446]

Nach Einführung der Krankenversicherung für Einwohner in Städten und Kreisen im Jahre 2007 sind bis Ende 2008 117 Mio. Personen in 317 Pilotgebieten dieser Grundkrankenversicherung beigetreten.[447] Dem Ziel der vollständigen Deckung der gesamten Bevölkerung nähert man sich schrittweise.

2.1 Einwohner in Städten und Kreisen als freiwillige Versicherte

Die Versicherten der traditionellen Sozialversicherung beschränken sich grundsätzlich auf die Arbeitnehmer, die mit Arbeitgebern in einem Arbeitsverhältnis stehen und überwiegend aus dem Arbeitseinkommen ihren Lebensunterhalt bestreiten. Diese Begrenzung entspricht nicht dem umfassenden Solidarausgleich als einem traditionell wesentlichen Element der Sozialversicherung in China. Die chinesische Reform der Krankenversicherung ist durch einen Trend zur umfassenderen Deckung der Krankenversicherung und zur Erweiterung der versicherten Personengruppen gekennzeichnet.[448] Da in China ein System der Familienversicherung i.S.v. § 10 SGB V fehlt und das überkommene Erstattungssystem durch öffentliche Mittel mit Versicherung der Familienangehörigen von Arbeitnehmern gerade durch die Grundkrankenversicherung ersetzt wurde und wird, gewinnt die Krankenversicherung für Einwohner in Städten und Kreisen sehr an Bedeutung.[449]

Seit dem Jahr 1998 wurde ein Grundkrankenversicherungssystem für Arbeitnehmer in Städten und Kreisen aufgrund des Beschlusses des Staatsrates (BSEGA) errichtet. Danach wurde ein neues Gesundheitssystem auf dem Land in einigen Pilotenkreisen schrittweise eingeführt. Um das Ziel einer umfassenden Deckung der Krankenversicherung in Städten und auf dem Land zu errei-

446 §§24 Abs. 1,25 Abs.2 SVG
447 Wen, Jiabao, Tätigkeitsbericht des Staatsrates im 11. Volkskongreß, am 5.3.2009.
448 Guo, Jie (Hrsg.), 2008, S.335.
449 Siehe oben - Geschichte und Leistung der Grundkrankenversicherun für Arbeitnehmer.

chen, wurde ab 2007 zunächst in einigen Pilotstädten ein Grundkrankenversicherungssystem für Einwohner in Städten und Kreisen eingeführt.

Entsprechend Nr.1 Abs. 1 RGESK wurden 2007 zwei bis drei Städte für das Pilotprojekt ausgewählt. Im Jahre 2008 wurde das System auf mehrere Städte erweitertet. Bis 2009 erreichte es über 80% der Städte. Im Jahre 2010 wird das Grundkrankenversicherungssystem das ganze Land erfasst haben und schrittweise sind damit alle Einwohner ohne Beschäftigung in Städten und Kreisen abgedeckt.[450] Durch Pilotprojekte soll das System der Krankenversicherung für Einwohner in Städten und Kreisen aufgebaut, erprobt und vervollkommnet werden, damit ein rationaler Finanzierungsmechanismus, ein vervollständigter Verwaltungsaufbau und ein normgerechtes Verfahren realisiert werden. Das Grundkrankenversicherungssystem für Einwohner in Städten und Kreisen ist vor allem durch die Abdeckung schwererer Krankenheiten (Nr. 1 Abs. 1 RGESK) und durch Beitragszahlung der Familien (Nr. 2 Abs. 5 RGESK) gekennzeichnet.

Gemäß Nr. 2 Abs. 3 RGESK können alle Schülerinnen und Schüler (einschließlich derjenigen in Berufsschulen, Fachmittelschulen und Berufsoberschulen), Jugendlichen und andere Einwohner ohne Beschäftigung freiwillig an der Krankenversicherung für Einwohner in Städten und Kreisen teilnehmen.

Nach den lokalen Durchführungsregelungen[451] ist eine Leistungsgewährung trotz bestehender Mitgliedschaft in folgenden Fällen ausgeschlossen: (1) Für im Ausland oder außerhalb des chinesischen Festlandes entstandene Krankheitskosten; (2) für nicht in den zugelassenen medizinischen Einrichtungen entstandene Krankheitskosten; (3) für die den Behandlungskatalogen, Katalogen für medizinische Geräte, Arzneimittelkatalogen und dem Zahlungsumfang der Grundkrankenversicherung nicht entsprechenden Krankheitskosten, (4) für die aufgrund Selbstmord, Selbstverstümmelung, Gewalt, Drogenmissbrauch, medizinische

450 Vgl. Nr. 1 Abs. 1 Richtlinien des Staatsrates für ein Grundkrankenversicherungssystem für Einwohner in Städten und Kreisen, (Guowuyuan Guanyu Kaizhan Chengzhen Jiben Yiliao Baoxian Shidian De Zhidao Yijian), erlassen vom Staatsrat am 10.7.2007, Guo Fa Ban (2007), Nr.20. u. Wu, Yi, Vortrag an der Video- und Telefonkonferenz des Staatsrates über Erweiterung der Pilotstädte der Grundkrankenversicherung für Einwohner in Städten und Kreisen am 26.2.2008. „Zai Guowuyuan Chengzhen Jumin Jiben Yiliao Baoxian Kuoda Shidian Gongzuo Dianshi Dianhua Huiyi Shang De Jianghua“.

451 Siehe z.B. §10 der „Maßnahmen der Grundkrankenversicherung für Einwohner in Städten und Kreisen in der Stadt Shanghai (Erprobung)“, erlassen von der Volksregierung der Stadt Shanghai am 8.12.2007, Hufu Fa (2007), Nr.44. (Shanghai Shi Chengzhen Jumin Jiben Yiliao Baoxian Shixing Banfa).

Unfälle, Verkehrsunfälle entstandenen und die Kraft Gesetzes von einem Dritter zu tragenden Krankheitskosten.

2.1.1 Allgemeine Einwohner in Städten und Kreisen

Die Voraussetzung für eine Krankenversicherungspflicht der Arbeitnehmer ist, dass sie mit einer Arbeitgebereinheit in einem Beschäftigungsverhältnis mit Entgelt stehen. Die Betroffenen der Krankenversicherung für Einwohner in Städten und Kreisen sind durch Nichtbeschäftigung und Wohnen in einer jeweiligen Verwaltungsregion oberhalb der Kreis-Ebene (einschließlich des Kreises)[452] gekennzeichnet. Außerdem ist grundsätzlich im Rahmen dieser Grundkrankenversicherung eine Wartezeit vorgesehen. Dazu fehlt derzeit noch eine einheitliche staatliche Regelung. Im Allgemeinen gilt, dass die schon zuvor versicherten Einwohner in Städten und Kreisen ab dem nächsten Monat nach Beitritt und Beitragszahlung gemäß den jeweiligen lokalen Durchführungsmaßnahmen in den Genuss der Leistungen kommen. Für die neuen Versicherten, die nach Inkrafttreten der lokalen Vorschriften der Grundkrankenversicherung beitreten, gibt es im Allgemeinen eine Wartezeit von drei bis sechs Monaten.[453]

2.1.2 Schülerinnen und Schüler sowie Kinder im Kindergarten

In Nr. 2 Abs .3 RGESK wird eine Rahmenregelung für freiwillig versicherte Schülerinnen und Schüler getroffen. Die Einzelheiten (Mitgliedschaft, Einschreibung, Zertikifikation usw.) werden lokalen Regelungen überlassen.

Im Hexi Bezirk der Stadt Tianjin, einer der vier regierungsunmittelbaren Städte, erfassen z.B. die Begriffe „Schülerinnen und Schüler“ sowie „Jugendliche“ gemäß § 1 der Mitteilung über die Teilnahme an der Grundkrankenversicherung für Schülerinnen und Schülern sowie Jugendlichen diejenigen in Kindergärten,

---

452 Der Verwaltungsaufbau ist in der VR China von der Beijinger Zentrale bis zur Kreiseebene hierarchisch geordnet. Volksregierungen gibt es in Provinzen (einschließlich autonomen Regionen und regierungsunmittelbaren Städte), Städten, Kreisen (=Stadtbezirke) und Kreisen außerhalb von Städten. Vgl. I.Ebsen (1999), S.437ff.; Jiang, Ming´an (Hrsg.), (2008),S.133f.

453 Z.B. ist in der Stadt Xi´an für die Grundkrankenversicherung für Einwohner in Städten und Kreisen eine Wartezeit von 6 Monaten vorgesehen: Die Krankheitskosten innerhalb der ersten sechs Monate nach Beitritt und Beitragszahlung dürfen nicht aus dem Sozialversicherungsfonds erstattet werden. Die schon vor Ende 2008 versicherten Einwohner unterliegen keiner Wartezeit.;siehe § 9 ff. „Vorläufige Maßnahmen der Krankenversicherung für Einwohner in Städten und Kreisen in der Stadt Xi´an“, erlassen von der Volksregierung der Stadt Xi am 22.10.2007, Shizheng Fa (2007), Nr. 141. (Xi´an Shi Chengzhen Jumin Yiliao Baoxian Zanxing Banfa).

Grundschulen, Mittelschulen, Oberschulen und anderen besonderen Schulen (vor allem die Schule für geistig behinderte Kinder). Die nach der Krankenversicherung für Einwohner in Städten und Kreisen versicherungsberechtigten Personen i.S.v § 1 dieser Mitteilung haben sich bei deren Kindergärten und Schulen für die Krankenversicherung zu melden und den Versicherungsbeitrag zu zahlen, wenn sie die Leistungen der Grundkrankenversicherung als Versicherte erhalten wollen (§ 2 dieser Mitteilung).[454] In einigen östlichen Provinzen mit mehr Zuwanderern können die ausländischen Gastschülerinnen und -schüler (sowie dejenigen aus Hong Kong, Taiwan und Macau) freiwillig als Einwohner in Städten und Kreisen an der Grundkrankenversicherung teilnehmen, und hinsichtlich der Beitragszahlung und Krankenbehandlung werden sie wie Inländer behandelt.[455]

Obwohl Schülerinnen und Schüler zu den freiwillig Versicherten gehören, haben sie in der Regel keine Warte- und Vorversicherungszeit zurückzulegen. Solange sie sich am Anfang jedes Semester bei den zuständigen Stellen melden und ihren Versicherungsbeitrag zahlen, werden sie als Teilnehmer der Krankenversicherung für Einwohner in Städten und Kreisen anerkannt, und die Mitgliedschaft kann ab sofort beginnen.[456]

2.1.3 Studierende

Nach traditioneller Ansicht leiden junge Studenten am wenigsten an schwereren Krankheiten. Aber die Statistik zeigt, dass es bei Studierenden bereits einen Trend zu mehr schwereren Krankheiten und Unfällen gibt: Etwa 8-10% Studienanfänger sind Hepatitis B-Virus-Träger und während der vierjährigen Studienzeit können mindestens 3-5% davon zu akuten Hepatitis-B-Patienten werden. In der Provinz Hubei leiden beispielsweise immer mehr Studenten an Tuberkulose: Im Jahr 1998 wurden 181 Studierende im Krankenhaus behandelt, und im

---

454 „Guanyu Xuesheng Ertong Canjia Chengzhen Jumin Jiben Yiliao Baoxian Youguan Wenti De Tongzhi", erlassen vom Amt vom Hexi Stadtbezirk für Arbeit und Soziale Sicherheit am 7.3.2008, Jinxi Laozi (2008), Nr.51.

455 Vgl. „Maßgaben zu Durchführungsmaßnahmen für die Teilnahme der Studierenden in Hangzhou an der Grundkrankenversicherung für Einwohner in Städten und Kreisen", erlassen von der Volksregierung der Stadt Hangzhou am 11.8.2009, Hangzheng Ban (2009), Nr.10. (Zaihang Gaoxiao Daxuesheng Canjia Chengzhen Jumin Jiben Yiliao Baoxian Shishi Banfa (Probe))

456 Vgl. die Maßgaben der „Richtlinien der Volksregierung Guangxi überdas Pilotenprojekt der Grundkrankenversicherung für Einwohner in Städten und Kreisen", Guizheng Fa (2007), Nr.37. (Guangxi Zhuangzu Zizhiqu Renmin Zhengfu Guanyu Kaizhan Chengzhen Jumin Jiben Yiliao Baoxian Shidian Gongzuo De Zhidao Yijian).

Jahr 2003 waren es schon 311. Allein in der Hubei Universität wurde in den letzten drei Jahren für sechs Studenten eine Diagnose als Krebskranke gestellt.[457] Das Forschungsinstitut für Hochschulwesen in der Guangzhou Universität hat bei 2500 Studenten in der Provinz Guangdong eine Umfrage zur Gesundheit gemacht, und das Ergebnis zeigt, dass über 70% der Studierenden im letzten Jahr an diversen Krankheiten litten (bei Studentinnen 78,40% und bei Studenten 69,90%).[458]

Seit Gründung des neuen Chinas gab es ein staatszentralistisches Sozialversicherungsmodell für Studierende, das in Staaten mit Planwirtschaft anzutreffen ist: Bei Krankheitsfällen der Studierenden wurden alle Aufwendungen von der Regierung übernommen. Trotz der Einführung der Krankenversicherung für Einwohner in Städten und Kreisen im Jahre 1998 wird das relativ unabhängige System kostenloser Leistungen in Hochschulen weiterhin aufrechterhalten.[459]

Die Studierenden erhalten die „nur dem Namen nach“ kostenlose Krankenbehandlungen, denn der Staat führt für jeden ordentlichen Studenten in den von Ministerien und teilweise von der Provinz finanzierten Hochschulen pro Jahr eine im Jahre 1953 festgelegte Krankensubvention von nur 60 Yuan ab. Im Vergleich mit den durchschnittlichen Krankheitskosten pro Kopf im Jahre 2003 von 409,50 Yuan kann die staatliche Subvention nur einen kleinen Teil, also 14,65% der Krankheitskosten der Studierenden abdecken.[460] Bei den Studierenden in den meisten der von der Provinz finanzierten Hochschulen beträgt die Subvention nur 40 Yuan. In der Praxis entsprechen die einmaligen Krankheitskosten der Studenten bei einigen schwereren Krankenheiten ihrer jährlichen Subvention oder sogar derjenigen für alle Studenten in der Universität.

Um den Anstieg der Krankheitskosten zu kontrollieren, müssen die Hochschulen bei der beschränkten staatlichen Subvention die Menge und Kataloge der Medikamente und stationären Behandlung reduzieren, was dazu führt, dass der Bedarf bei der studentischen Krankenbehandlung nicht vollständig abgedeckt wird.[461] Bei schweren Krankenheiten bleibt den Studenten aus Familien mit niedrigeren Einkommen nur ein Anspruch auf Sozialhilfe. Im Übrigen gibt es

457 Zhou, Xiaonong/Tian, Jiagang, (2004), 2004, 12.
458 Yin, Shiyou/Liu, Hao, (2005), 2005, 4.
459 Fu, Guoxiang/Sun, Shengmei, (2009), 2009, 30,1.
460 Li, Qinghua, (2006), 2006,1.
461 Yuan, Ling/ Zhao, Jun,(2006), 2006, 9(1).

wegen der Selbstverwaltung der Universitäten einen großen Unterschied bei der studentischen Krankenbehandlung.[462]

Für die Personen, die in Privathochschulen, unabhängigen Fakultäten und als erweitert aufgenomme Studenten und Magisterstudenten sowie Doktoranden studieren, gibt es sogar keine Subvention für Krankheitskosten. Nach einer Statistik der Provinz Zhejiang kommen bisher nur 510 000 Studenten in 74 von Staat oder Provinzen finanzierten Hochschulen in den Genuss diese Kostenerstattung. Fast 150 000 Studenten in privaten und unabhängigen Hochschulen sind nicht in das System kostenloser Leistungen einbezogen.[463]

Seit Einführung der Krankenversicherung für Einwohner in Städten und Kreisen im Jahre 1998 wurden ordentliche Vollzeit-Studierende, Magisterstudierende und Doktoranden in den meisten Pilotprovinzen als freiwillig Versicherte Schritt für Schritt in das System einbezogen. In einigen Provinzen, z.B. in den Provinzen Hubei, Zhejiang, Jiangsu usw., können die Studierenden in Privathochschulen, unabhängigen Fakultäten und Berufshochschulen wie ordentliche Studenten an der Grundkrankenversicherung teilnehmen.

Aufgrund der Erfahrungen in den Pilotprovinzen hat der Staatsrat der VR China am 25.10.2008 „Richtlinien über Studierende in der Krankenversicherung für Einwohner in Städten und Kreisen " beschlossen.[464] Gemäß Nr. 2 Abs. 1 dieser Richtlinien sind alle Vollzeit-Studierenden, Magisterstudierenden und Doktoranden an ordentlichen Hochschulen (einschließlich Privathochschulen) und Forschungsinstituten in die Grundkrankenversicherung einbezogen. Die versicherten Studenten zahlen ihren Versicherungsbeitrag gemäß dem lokalen Beitragssatz, und das Leistungsniveau in Krankheitsfällen darf nicht niedriger als für Einwohner in Städten und Kreisen sein (Nr. 2 Abs. 1 dieser Richtlinien).

Wegen der Besonderheiten bei den eingeschriebenen Studenten ist umstritten, ob ihre Absicherung der Krankenversicherung für Einwohner in Städten und Kreisen zuzuordnen ist oder ob es ein unabhängiges Krankenversicherungssystem für diese Personengruppe gibt.[465]

---

462 Li, Zhongmei, (2006), 2006, 17.

463 Fu, Guoxiang/Sun, Shengmei, (2009), 2009, 30 (1).

464 „Guowuyuan Bangongting Guanyu Jiang Daxuesheng Naru Chengzhen Jumin Jiben Yiliao Baoxian Shidian Fanwei De Zhidao Yijian", Guofa Ban (2008), Nr. 119.

465 Vgl. Zheng, Huishao, (2008), 2008, 2.; Yuan, Ling/Zhao, Jun/Zhang, Nian/Shao, Nian, (2006), 2006, 3; Huang, Haixia/Xiao, Rui,(2005), 2005, 7.

2.1.4 Bevorzugte Ältere über 60 bzw. 55 Jahren ohne Beschäftigung, Einwohner mit Absicherung des Existenzminimums, erwerbsunfähige Schwerbehinderte

Um die Krankenversicherungsreform voranzutreiben und die in Städten und Kreisen wohnenden Älteren ohne Beschäftigung, die erwerbsunfähigen Schwerbehinderten und Einwohner mit sehr niedrigem Einkommen bei den Krankheitskosten zu entlasten, hat die jeweilige Volksregierung den lokalen wirtschaftlichen und sozialen Umständen entsprechende Durchführungsregelungen mit Bevorzugungen bei der Beitragsleistung beschlossen.

In Guangzhou, einer Stadt in der Provinz Guangdong sind z.B. nichterwerbstätige Männer über 60 Jahren sowie entsprechend Frauen über 55 Jahren ohne monatliches Rentengeld als Ältere im Sinne der Grundkrankenversicherung für Einwohner in Städten und Kreisen definiert.[466] Mit Zertifikatsurkunden können sich Ältere, Schwerbehinderte, Einwohner mit niedrigem Einkommen bei den zuständigen Sozialversicherungsorganen anmelden und hinsichtlich der Zahlung des Familienbeitrags vom Staat und lokalen Volksregierungen subventioniert werden (Nr. 5 Abs. 2 RGESK).

2.1.5 Arbeitslose

Als die chinesische Regierung Ende der 90er Jahre mit der Arbeitslosigkeitsfrage konfrontiert wurde, antwortete sie zunächst lediglich mit einer Politik der Schaffung von mehr Arbeitsplätzen. Mit der Ausweitung der Arbeitslosigkeit hat die Volksregierung allmählich zur Kenntnis genommen, dass unter den Bedingungen der Marktwirtschaft für die Arbeitslosigkeit lediglich das Schaffen von Arbeitsplätzen nicht genügt. Ab Anfang des neuen Jahrhundtausends versucht die chinesische Regierung, die schwierige Situation durch Maßnahmen der Beschäftigungsförderung und die Einführung eines entsprechenden Sozialversicherungssystems zu verbessern.[467]

Nach amtlicher Definition sind Arbeitslose arbeitsfähige Einwohner in Städten und Kreisen (bei Männern nach Vollendung des 16. Lebensjahres, aber unter 60 Lebensjahren und bei Frauen nach Vollendung des 16. Lebensjahres, aber unter 55 Lebensjahren), die nicht erwerbstätig sind oder kein festes Einkommen haben,

466 Vgl. §2 Abs.2 „Durchführungsmaßnahmen der Stadt Guangzhou über Grundkrankenversicherung für Einwohner in Städten und Kreisen (Probe) “, Suifu Ban (2008), Nr.22. (Guangzhou Shi Chengzhen Jumin Jiben Yiliao Baoxian Shixing Banfa).

467 Forschungsbericht, Zhongguo Shehui Baozhang Zhidu Gaige: Fansi Yu Chonggou, (2000),6.

und einen neuen Arbeitsplatz suchen wollen.[468] Nach der amtlichen Statistik beträgt die gesamte Zahl von ausgegliederten Arbeitnehmern in Staatsunternehmen 28 180 000 (von 1998 bis 2003). Bis Ende 2003 ist die Zahl von angemeldeten Arbeitslosen in Städten und Kreisen auf über 8 Mio gestiegen, was einer Arbeitslosenquote von 4,30% entspricht.[469] Vor diesem Hintergrund hat der Staatsrat ein Grundsozialversicherungssystem in Städten und Kreisen in der Provinz Liaoning, einer der auf Schwerindustrie orientierten Provinzen mit relativ hoher Arbeitslosigkeit, als Pilotmodell durchgeführt. Bis Ende 2008 wurde das Grundkrankenversicherungssystem für Einwohner in Städten und Kreisen in 229 Pilotstädten aufgebaut.

Nach § 6 Abs. 6 BSEGA können ausgegliederte Arbeitnehmer in Staatsunternehmen seit dem Jahre 1998 als Pflichtversicherte an der Grundkrankenversicherung für Arbeitnehmer in Städten und Kreisen teilnehmen. Die Beiträge zu dieser Krankenversicherung werden insgesamt durch die Zentren für Wiederbeschäftigungsdienstleistungen auf der Basis von 60% des lokalen durchschnittlichen Vorjahreslohnes gezahlt und gemeinsam von Staatsbetrieben und den Versicherten getragen. Weil die Beiträge für ausgegliederte Arbeitnehmer noch zu hoch und nicht vom Staat subventioniert sind, können sie u.U. als normale Arbeitslose in Städten und Kreisen nach lokalen Regelungen als freiwillig Versicherte an der Krankenversicherung für Einwohner in Städten und Kreisen teilnehmen. Die Arbeitslosen, die nicht an der Arbeitslosenversicherung teilgenommen haben oder deren Bezugszeit des Arbeitslosengeldes abgelaufen ist, können z.B. in Shanghai nach Beitrittserklärung und Beitragszahlung mit einer staatlichen Subvention in die Krankenversicherung für Einwohner in Städten und Kreisen einbezogen werden.[470] Wenn die Arbeitslosen wieder beschäftigt, werden sie als Arbeitnehmer in der Grundkrankenversicherung für Arbeitnehmer pflichtversichert.

---

468 Forschungsbericht, Zhidu Yu Shijian: Shiyerenyuan Shehuibaozhang Wenti Yanjiu, (2005), 05.

469 Es muß darauf hingewiesen werden, dass die Arbeitslosenzahl in Kollektivbetrieben, Unternehmen mit ausländischem Kapital, Privatbetrieben sowie die Zahl von arbeitslosen Wanderarbeitern noch nicht in dieser Abeitslosenquote berücksichtigt ist. Nach einer Berechnung kann die Arbeitslosenquote etwa 7% erreichen. Die tatsähliche Arbeitslosenquote in Städten und Kreisen beträgt nach einer anderen Einschätzung sogar 10-12%. Siehe Zeitungsbericht in Caijing Shibao, vom 16.5.2004.

470 Bericht, Shanghai Chengzhen Shiyerenyuan Keyi Canjia Yibao, Jiefang Ribao vom 16.01.2008.

2.1.6 Ländliche Bevölkerung ohne Grundbesitz

Seit Einführung der Reform- und Öffnungspolitik in den 1980er Jahren hat sich die ökonomische Modernisierung in China in zwei Richtungen – Erweiterung von Städten und Industrialisierung auf dem Land – entwickelt. Um die wirtschaftliche Reform zu vertiefen, hat sich der Staat durch eine endgültige Übertragung des Bodens in kollektiven Besitz in staatliches Eigentum die letzte Verfügung über den Boden vorbehalten.[471] Dies führt dazu, dass ein immer größerer Teil der ländlichen Bevölkerung ihr Bodenstück, von dem ihr Lebensunterhalt und ihre Produktion abhängig sind, verloren hat.

China hatte bis Ende 2005 eine ländliche Bevölkerung von 737 Mio.[472] Nach der amtlichen Statistik im Jahr 2006 gab es 40 bis 50 Mio. Angehörige der ländlichen Bevölkerung, deren Boden gegen eine Entschädigung enteignet und dem künftigen Nutzer zur Verfügung gestellt wurde. Voraussichtlich hat sich die Zahl während der Industrialisierung in den folgenden fünf Jahren um jährlich 2,65 Mio. erhöht. Bis zum Jahr 2020 dürfte diese Zahl über einen Wert von 100 Mio. erreichen.[473]

Für die ländliche Bevölkerung in China ist das Bodenstück nicht nur ein grundlegendes Produktionsmittel, sondern auch ein Mittel der Erwerbstätigkeit und Sozialversicherung. Im Jahre 2004 hat der Staatsrat in seinem Beschluß zur Vertiefung der Bodenverwaltungsreform die lokalen Volksregierungen aufgefordert, im Stadtplanungsgebiet die ländliche Bevölkerung ohne Bodenstück in die Erwerbstätigkeitssysteme in den Städten und Gemeinden einzubeziehen und für sie ein Sozialversicherungssystem aufzubauen.[474] Durch einige Richtlinien des Ministeriums für Arbeitskräfte und soziale Versicherung wurden die PAS-Regierungen zur Ausarbeitung von Planungs- und Finanzierungsmethoden für den Sozialversicherungfonds für Landswirte beauftragt. Damit hatdie zentrale Regierung den lokalen Regierungen die Aufgabe der Institutionalisierung und Verfahrensgestaltung zu diesenFragen überlassen.[475]

---

471 Vgl. Lu, Boshang(Hrsg.), (1994), S.21.

472 Nach der Veröffentlichung des Staatsamts für Statistik, 2005.

473 Vgl. die Statistik des Ministerium der VR China für Arbeitskräfte und Soziale Sicherheit (2006).

474 Siehe „Beschluß des Staatsrates über dieVertiefung der Bodenverwaltungsreform", erlassen vom Staatsrat am 21.10.2004, Guofa (2004), Nr.28. (Guowuyuan Guanyu Shenhua Gaige Yange Tudi Guanli De Jueding).

475 Vgl. Chang, Xiaohong, (2006), 2006, 09.

In dem Sozialversicherungsgesetz wurde nun folgende Regelung getroffen: Die Einwohner auf dem Land ohne Beschäftigung, deren Grundstück vollständig beansprucht wird, können an der Grundrentenversicherung und Grundkrankenversicherung der Einwohner in Städten und Gemeinden teilnehmen. Ihr zu zahlender Sozialversicherungsbeitrag soll aus der Aussiedlungsbeihilfe getragen werden. Der unzureichende Teil wird von den lokalen Regierungen aus Benutzungsentgelten des staatlichen Bodens ergänzt (§90 SVG).

Gemäß der Aufforderung des Staatsrates hat die lokale Regierung bei Enteignung des Bodens für öffentliche Interessen das zukünftige Leben der betroffenen ländlichen Bevölkerung planend zu berücksichtigen, einschließlich der Erwerbstätigkeit und der Geldmittel für die Rentenversicherung und Krankenversicherung. Ohne einen solchen Planungsentwurf darf die lokale Regierung keinen Boden in staatlichen Besitz übertragen. Wenn Angehörige der ländlichen Bevölkerung von einer Arbeitgebereinheit eingestellt werden, sind sie in der Grundkrankenversicherung für Arbeitnehmer pflichtversichert. Wenn sie vorübergehend nicht erwerbstätig sind, können sie sich, unterstützt mit den vorher geplanten Geldmittel in der Krankenversicherung für Einwohner in Städten und Kreisen versichern.[476]

Nach einer Statistik des Ministeriums für Arbeitskräfte und soziale Versicherung haben bis Ende 2005 die Provinzen Zhengjiang, Jiangsu, Shandong, Hebei, Anhui, Sichuan, Liaoning, Jilin und Innermongolei und vier autonom regierte Städte die Sozialversicherungsentwürfe für die ländliche Bevölkerung ohne Grundbesitz ausgearbeitet. Mehr als 4 Mio. betroffene Angehörige der ländlichen Bevölkerung sind in dieses Sozialversicherungssystem einbezogen. Die Sozialversicherungsfonds werden zum größten Teil im Südosten Chinas aufgebracht. In der Provinz Zhejiang sind 1,90 Mio. Angehörige der ländlichen Bevölkerung ohne Grundbesitz in das Sozialversicherungssystem einbezogen. In der Provinz Jiangsu beträgt die Zahl 1,50 Mio und in Shanghai 0,50 Mio. In den drei Provinzen haben insgesamt 4 Mio. der ländlichen Bevölkerung ohne Grundbesitz an dem Sozialversicherungssystem teilgenommen. Das entspricht fast der Zahl für das gesamte Land.[477] Das bedeutet, dass die ländliche Bevölke-

476 Vgl. „Mitteilung vom Ministerium für Arbeitskräfte und Soziale Sicherheit über Berufsausbildung und Sozialversicherung der Landwirte ohne Bodenstück“, übermittelt vom Staatsrat am 10.4.2006, Guofa Ban (2006), Nr.29. (Lao Dong Baozhang Bu Guanyu Zuohao Bei Zhengdi Nongmin Jiuye Peixun He Shehui Baozhang Gongzuo Zhidao Yijian De Tongzhi).

477 Zitiert aus Fu, Baishui, (2004), 7.

rung im Nordwesten Chinas noch nicht in das Sozialversicherungsystem einbezogen ist.[478]

2.2 Leistung und Leistungserbringung

Nach Nr. 1 Abs.2 der Meinungen zur Verwaltung der medizinischen Leistungen der Krankenversicherung für Einwohner in Städten und Kreisen (MLGESK)[479] sollen die Leistungen in den Pilotprovinzen und -städten unter Berücksichtigung des regionalen ökonomischen Entwicklungsstandes und der Wirtschaftskraft von einem niedrigem Niveau ausgehen. Gemäß § 24 SVG werden die Leistungsmaßstäbe der Krankenversicherung für Einwohner in Städten und Kreisen von den PAS-Regierungen festgelegt. Die Volksregierungen können den lokalen Umständen entsprechend den Leistungsstandard einheitlich mit demjenigen des neuen Kooperationsgesundheitssystems auf dem Land festlegen. Die Auszahlung aus den Versicherungsfonds ist in dem festgeschriebenen Umfang – stationäre und ambulane Behandlung von schwereren Krankheiten – entsprechend der Prinzipien „die Ausgaben orientieren sich anderen Einnahmen ", „Einnahmen und Ausgaben sollen ausgeglichen sein" sowie „geringer Überschuß" beschränkt. Die individuellen Konten im Grundkrankenversicherungssystem für Einwohner in Städten und Kreisen werden auch wegen vielfacher Kritik tendenziell schrittweise aufgehoben.[480]

2.2.1 Sach- und Dienstleistungsprinzip

Da es in diesem System kein individuelles Konto gibt, werden die von der Krankenversicherung für Einwohner in Städten und Kreisen getragenen Krankheitskosten unmittelbar vom der Versicherungsfonds ausgezahlt. Gemäß Nr. 4 der „Meinungen zur Durchführung, Verwaltung und den Leistungen der Kran-

---

478 Yin, Shiyou/Liu, Hao, (2005), 2005, 4.; Zheng, Shangyuan, (2008), S.370ff.;

479 „Guanyu Chengzhen Jumin Jiben Yiliao Baoxian Yiliao Fuwu Guanli De Yijian", erlassen vom Ministerium für Arbeit und soziale Sicherheit am 10.10.2007, Laoshe Bu Fa (2007), Nr.40.

480 Vgl. „Chenzhen Jumin Jiben Yiliao Baoxian Zhidu Shidian Fang'an", ausgearbeitet von Ministerium für Arbeit und soziale Sicherheit, dem Gesundheitsministerium und dem Ausschuß für Reform und Entwicklung, 2007. (Konzept in Pilotregionen der Grundkrankenversicherung für Einwohner in Städten und Kreisen). Zur Abschaffung des individuellen Kontos in verschiedenen Planungsgebieten siehe auch den Zeitungsbericht: „Guanzhou Jijiang Tuixing Quanmin Yibao", in Guangzhou Journal am 3.3.2007, „ Ein Krankenversicherungssystem aller Bürger wird in Guangzhou durchgeführt" ; Zeitungsbericht: „Chengzhen Jumin Yibao Shidian Fangan Caoni Wancheng", in Ershiyi Shiji Jingji Baodao am 28.11.2007. „ Das Konzept der Krankenversicherung der Einwohner in Städten und Kreisen für Piloten wird ausgearbeitet". u.ä.

kenversicherung für Einwohner in Städten und Kreisen "[481] werden die stationären und ambulanten Krankheitskosten, die gemäß den jeweiligen Regelungen von den Versicherungsfonds ausgezahlt werden, vom den zugelassenen Krankenhäusen und Apotheken unmittelbar mit den Sozialversicherungsorganen abgerechnet. Die Kosten von Notfallversorgung, Überweisung, Behandlung in einem anderen Planungsgebiet können zunächst vom Versicherten ausgelegt, und dann vom lokalen Sozialversicherungsorgan überprüft und erstattet werden.

Nach dem Grundsatz von „die Ausgaben orientieren sich an den Einnahmen"[482] wird im jeweiligen Gebiet auch eine Mindest- und Höchstzahlungsgrenze des Versicherungsfonds festgelegt. Im Krankenversicherungssystem der schwereren Krankheiten für Einwohner ohne Beschäftigung in Beijing beläuft sich z.B. die Mindestzahlungsgrenze auf 1300 Yuan. Die Krankenkosten über diese Grenze werden in einem Verhältnis von 60% vom Versicherungsfonds getragen. Die jährlich akkumiert berechnete Höchstgrenze liegt bei 70 000 Yuan.[483] Die vom Versicherungsfonds finanzierte Leistung wird nach dem Sach- und Dienstleistungsprinzip erbracht.

Zu den Problemen und Ansichten mit Bezug auf das Sach- und Dienstlesitungsprinzip ist grundsätzlich auf den ähnlichen Abschnitt zur Grundkrankenversicherung für Arbeitnehmer zu verweisen.[484]

2.2.2 Leistung im Einzelnen

Der Leistungsumfang der Krankenversicherung für Einwohner in Städten und Kreisen ist in der Regel auf ambulante Behandlungen bei schweren Krankheiten sowie stationäre Krankenbehandlungen beschränkt. Die konkreten Behandlungskataloge, Kataloge medizinischer Geräten, Arzneimittelkataloge und die Bestimmungen zur Verwaltung der zugelassenen Krankenhäuser und Apotheken werden in den lokalen Regelungen des jeweiligen Planungsgebiets entsprechend dem Leistungsstandard der Grundkrankenversicherung für Arbeitnehmer festge-

---

481 „Chengzhen Jumin Jiben Yiliao Baoxian Jingbang Guanli Fuwu Yijian", erlassen von Ministerium für Arbeit und Soziale Sicherheit am 4.9.2007, Guofa (2007), Nr.20.

482 S. Nr.6 Abs.2 RGESK.

483 S. Nr.5 „Meinungen der Volksregierung Beijing über die Errichtung des Krankenversicherungssystems der schwereren Krankheiten für Einwohner ohne Beschäftigung innerhals der Arbeitsjahreszeit", erlassen von der Volksregierung Beijing am 6.6.2008, Jingzheng Fa (2008), Nr.24. (Beijing Shi Renmin Zhengfu Guanyu Jianli Beijing Shi Chengzhen Laodong Nianling Nei Wuye Jumin Dabing Yiliao Baoxian Zhidu De Shishi Yijian).

484 S.o. - Sach- und Dienstleistungsprinzip

legt. Nach Maßgabe einer neuen Regelung - „Richtlinien zur Planung der ambulanten Krankheitskosten der Krankenversicherung für Einwohner in Städten und Kreisen“ können in Abhängigkeit von der Finanzkraft der Versicherungsfonds im jeweiligen Planungsgebiet die ambulanten Kosten von leichteren Krankenheiten schrittweise in den Leistungsumfang einbezogen werden.[485] Die anderen Krankheitskosten können von der zusätzlichen Krankenversicherung, der privaten Krankenversicherung, der Sozialhilfe und wohltätigen Spenden übernommen werden.

Unter Berücksichtigung der konkreten Umstände in den Pilotregionen umfasst die Leistung schon einige bestimmte ambulante Behandlungskataloge wie häusliche Krankenpflege[486] und Gesundheitsuntersuchungen[487].

In Beijing können Ältere über 60 bzw. 55 Jahren z.B. nach den lokalen vorläufigen Bestimmungen seit 1.1.2009 ihre ambulanten Behandlungskosten von mehr als 200 Yuan von den Sozialversicherungsorganen erstatten lassen, nachdem sie in den zugelassenen medizinischen Einrichtungen erstmals diagnostiziert und behandelt wurden. Die gesamte Zahlungssumme darf in einem Versicherungsjahr nicht 500 Yuan überschreiten. Die „flexiblen Erwerbstätigen“, deren Akten in den Organen für Berufsvermittlung und den Arbeitsmarkt gespeichert sind, können nach dem Leistungsmaßstab für versicherte Arbeitnehmer die ambulanten Krankenkosten von mehr als 1800 Yuan teilweise erstattet erhalten.[488]

Der vom Versicherungsfonds ausgezahlte Anteil der Krankheitskosten wird im jeweiligen Planungsgebiet auch durch das Alter des Versicherten bestimmt.

---

485 „Guanyu Kaizhan Chengzhen Jumin Jiben Yiliao Baoxian Menzhen Tongchou De Zhidao Yijian“ , erlassen von den Ministerien für Finanz, Arbeitskräfte und Soziale Sicherhiet und Gesundheit am 3.8.2009, Renshebu Fa (2009), Nr.66.

486 S. §7 „Maßnahmen der Stadt Shanghai von Grundkrankenversicherung für Einwohner in Städten und Kreisen (Probe) “, erlassen von der Volksregierung der Stadt Shanghai am 8.12.2007, Hufu Fa (2007), Nr.44. (Shanghai Shi Chengzhen Jumin Jiben Yiliao Baoxian Shixing Banfa).

487 S. §16 „Durchführungsmaßnahmen des Bezirks Zengdu der Stadt Suizhou von der Grundkrankenversicherung für Einwohner in Städten und Kreisen“, erlassen vom Amt des Bezirks Zengdu der Stadt Suizhou für Arbeit und Soziale Sicherheit am 7.5.2008, Zengzheng Fa (2008), Nr.19. (Suizhou Shi Zengfu Tongchouqu Chengzhen Jumin Jiben Yiliao Baoxian Shishi Xize).

488 Siehe „Vorläufige Bestimmungen über die ambulante Krankheitskostenerstattung für in der Versicherung für schwerere Krankheiten versicherte Ältere als Einwohner in Städten und Kreisen“, erlassen vom Amt für Arbeit und soziale Sicherheit, Beijing am 29.12.2008. Jingzheng Fa (2008), Nr.11. (Guanyu Yi Canjia Dabing Yiliao Baoxian De Chengzhen Jumin Laonianren Menzhen Yiliao Feiyong Baoxiao Zanxing Banfa).

Nach § 7 der „Maßnahmen der Stadt Shanghai zur Krankenversicherung für Einwohner in Städten und Kreisen (Erprobung)“[489] werden die Krankheitskosten der klinischen Notfallversorgung (einschließlich Hauspflege) und stationärer Behandlung nach dem folgenden Verhältnis von der Grundkrankenversicherung ausgezahlt (der andere Teil wird vom Versicherten selbst getragen): (1) 70% der stationären Kosten und 50% der Kosten klinischer Notfallversorgung bei Versicherten über dem 70. Lebensjahr; (2) 60% der stationären Kosten und 50% der Kosten klinischer Notfallversorgung bei Versicherten vom 60. bis zum 70. Lebensjahr; (3) 50% der stationären Kosten bei Versicherten vom 18. bis zum 60. Lebensjahr; 50% der Kosten klinischer Notfallversorgung (von mehr als 1000 Yuan in einem Jahr akkumuliert berechnet); (4) 50% der jeweiligen Krankheitskosten von Schüler/Innen und Kindern.

2.2.3 Erbringung der Leistung

Gemäß Nr. 3 Abs. 9 RGESK werden die Leistungen i.d.R. nach den einschlägigen Bestimmungen der Grundkrankenversicherung für Arbeitnehmer in Städten und Kreisen gewährt. Der Leistungsstandard kann von der zuständigen Behörde für Arbeit und Soziale Sicherheit zusammen mit anderen Behörden für Reform und Entwicklung, Finanzen und Gesundheit unter Berücksichtigung der hygienischen Bedürfnisse von versicherten Einwohner und der finanziellen Tragfähigkeit des Versicherungsfonds festgelegt werden. Durch Ausschreibung und Abschluß des Vertrags über medizinische Dienstleistungen werden die Rechte und Pflichten der zugelassenen Einrichtungen und Apotheken festgelegt. Die versicherten Einwohner können nach dem Prinzip der Nähe mehrere davon als ihre Leistungserbringer auswählen, und in einigen Pilotstädten können die Versicherten in allen zugelassenen Kliniken und Krankenhäusern der chinesischen Medizin und in Spezialkliniken behandelt werden.[490]

Das Sozialversicherungsorgan kann die Krankheitskosten den zugelassenen Erbringern nach DRGs, Gesamtbudget und anderen fortschrittlichen Abrechnungsmodellen vergüten. Für die rechtlichen Streitigkeiten zwischen dem Leistungserbringer und Sozialversicherungsorgan sowie dem Versicherten und Leistungs-

489 S. Anm. 491.

490 Vgl. Nr.6 „Meinungen der Volksregierung Beijing über die Errichtung des Krankenversicherungssystems der schwereren Krankheiten für Einwohner ohne Beschäftigung innerhalb der Arbeitsjahreszeit“, erlassen von der Volksregierung Beijing am 6.6.2008, Jingzheng Fa (2008), Nr.24.

erbringer kann auf die Ausführungen zur Grundkrankenversicherung für Arbeitnehmer verwiesen werden.[491]

2.3 Finanzierung

Die Finanzierung der Krankenversicherung für Einwohner in Städten und Kreisen erfolgt gemäß Nr. 5 RGESK überwiegend durch Beiträge der Familien. Die Regierung muß dazu einen angemessenen Zuschuss gewähren. Die versicherten Einwohner können die im Einklang mit der Beitragshöhe stehenden medizinischen Leistungen erhalten. Wenn die wirtschaftliche Lage es erlaubt, erhalten die Familienangehörigen der Arbeitnehmer von deren Einheiten einen Beitragszuschuß zur Grundkrankenversicherung. Für die individuelle Beitragszahlung und den Zuschuß der Arbeitgebereinheit gibt es auch Steuervergünstigungen. Das Finanzierungsniveau ist nach Nr.4 RGESK von der jeweiligen Pilotstadt entsprechend dem lokalen wirtschaftlichen Entwirklungsstand und dem medizinischen Versorgungsbedarf von Kindern, Jugendlichen und Erwachsenen i.V.m. der finanziellen Leistungsfähigkeit der versicherten Familien und des lokalen Haushalts festzulegen.

2.3.1 Beiträge

Der Versicherungsfonds der Krankenversicherung für Einwohner in Städten und Kreisen setzt sich im jeweiligen Planungsgebiet i.d.R. aus Beiträgen der Versicherten, einem Zuschuß der Regierung, Überweisungen aus dem Grundkrankenversicherungsfonds für Arbeitnehmer und anderen Spezialfonds zusammen.[492] Davon machen die Beiträge den größten Anteil aus. Da die an diesem System teilnehmenden Versicherten meistens nicht über ein festes Einkommen verfügen, stammen die Beiträge in der Tat aus Zahlungen ihrer Familienangehörigen.

In verschiedenen Pilotstädten ist die Beitragshöhe vom Alter, Beschäftigungs- und Gesundheitszustand sowie der wirtschaftlichen Lage der Versicherten und der Planungseinheit abhängig. Allgemein gesagt, werden die krankheitsanfälligeren Personengruppen bei der individuellen Beitragszahlung und dem Regie-

491 Siehe oben - Beilegung der Vertragsstreitigkeiten.

492 Vgl. z.B. §5 „Maßnahmen der Grundkrankenversicherung für Einwohner in Städten und Kreisen in Stadt Shanghai (Probe) “, erlassen von Volksregierung der Stadt Shanghai am 8.12.2007, Hufu Fa (2007), Nr.44. ; Nr.3 Abs.1 „Meinungen der Volksregierung Beijing über Errichtung des Krankenversicherungssystems der schwereren Krankheiten für Einwohner ohne Beschäftigung innerhals der Arbeitsjahreszeit“, erlassen von der Volksregierung Beijing am 6.6.2008, Jingzheng Fa (2008), Nr.24.

rungszuschuß bevorzugt. Z.B. hängen in Shanghai das Leistungsniveau des Versicherungsfonds und die Höhe der individuellen Beitragszahlung vom dem Alter der Versicherten ab: (1) die Finanzierungs- und Beitragshöhe oberhalb des 70. Lebensjahres beträgt jeweils 1500 Yuan und 240 Yuan pro Kopf im Jahr; (2) vom 60. bis zu 70. Lebensjahr beträgt die Zahl 1200 Yuan und 360 Yuan; (3) vom 18. bis zum 60. Lebensjahr beträgt die Zahl 700 Yuan und 480 Yuan; (4) Für die Schüler/Innen und Kinder beträgt die Zahl 260 Yuan und 60 Yuan.[493] In Beijing ist ein bestimmtes Finanzierungsniveau der Krankenversicherung für schwerere Krankheiten der Einwohner ohne Beschäftigung in Städten und Kreisen jeweils für Einwohner ohne Beschäftigung und für Behinderte festgelegt: (1) die Finanzierungshöhe für Einwohner ohne Beschäftigung beläuft sich auf 700 Yuan, davon zahlt jeder einzelne Versicherte 600 Yuan, und die Regierung gewährt einen Zuschuß von 100 Yuan; (2) für die behinderten Einwohner ohne Beschäftigung beträgt die Zahl in Abhängigkeit vom Ausmaß der Behinderung jeweils 1400 Yuan, 300 Yuan und 1100 Yuan. (3) für die Einwohner ohne Beschäftigung als Empfänger der Gewährleistung des Existenzminimums und Unterstützungsleistung für Lebensschwierigkeiten werden die individuellen Beiträge vollständig vom lokalen Haushalt im Bezirk und Kreis getragen. (4) die Beiträge von den schwer Behinderten werden aus dem lokalen Garantiefonds für die behinderten Beschäftigten im Bezirk und Kreis subventioniert.[494]

2.3.2 Zuschuß

Da das Grundkrankenversicherungsystem für Einwohner in Städten und Kreisen vor allem für die Gesundheitsversorgung der Erwachsenen ohne Beschäftigung sowie Schüler/Innen und Student/Innen errichtet ist, die aufgrund der schwächeren wirtschaftlichen Leistungsfähigkeit keinen zu hohen Beitrag übernehmen können, ist ein angemessener Regierungszuschuss unverzichtbar.[495]

In der Verwaltungsvorschrift des Staatsrates ist auch der konkrete Zuschussstandard durch die zentrale Regierung festgelegt.[496] Für Einwohner in der Pilot-

---

493 Vgl. § 5 der „Maßnahmen der Grundkrankenversicherung für Einwohner in Städten und Kreisen in der Stadt Shanghai (Erprobung) “, erlassen von der Volksregierung der Stadt Shanghai am 8.12.2007, Hufu Fa (2007), Nr.44.

494 Nr. 3 Abs. 2f. der „ Meinungen der Volksregierung Beijing über die Errichtung des Krankenversicherungssystems für schwerere Krankheiten für Einwohner ohne Beschäftigung innerhalb der Arbeitsjahreszeit“, erlassen von der Volksregierung Beijing am 6.6.2008, Jingzheng Fa (2008), Nr.24.

495 Vgl. Kong, Xiangli, (2008), 2008, 3.

496 Nr.5 Abs.2 RGESK.

stadt wird ein staatlicher Zuschuß von nicht weniger als 40 Yuan pro Kopf gewährt. Seit 2007 wird für die Einwohner im zentralen und westlichen Gebieten ein Zuschuß von jährlich 20 Yuan pro Kopf durch eine abschließende Transferzahlung aus dem staatlichen Haushalt geleistet. Auf dieser Grundlage erhalten die schwerbehinderten Schüler/Innen und Kinder und die versicherten Empfänger der Sozialhilfe einen anderen Zuschuß von grundsätzlich nicht weniger als 10 Yuan pro Kopf. Der staatliche Haushalt gewährt Versicherten im zentralen und westlichen Gebiet einen Zuschuß von nicht weniger als 5 Yuan pro Kopf. Für die anderen Empfänger von Sozialhilfe, Schwerbehinderten ohne Arbeitsfähigkeit, Älteren von über 60 Jahren in Familien mit niedrigeren Einkommen und anderen Einwohnern in wirtschaftlichen Schwierigkeiten wird ein Beitragszuschuß von nicht weniger als 60 Yuan geleistet. Für die Versicherten im zentralen und westlichen Gebiet beträgt die Summe 30 Yuan. Für die an der Grundkrankenversicherung teilnehmenden Einwohner im östlichen Gebiet wird der Fonds aus dem staatlichen Haushalt nach dem Maßstab des neuen Kooperationsgesundheitssystems auf dem Land subventioniert. Die konkreten Durchführungsmaßnahmen werden von der zuständigen Behörde für Finanzwesen zusammen mit denjenigen für Arbeit und Soziale Sicherheit und für Zivilverwaltung erarbeitet und umgesetzt, und die von den Zuschussbeträgen sollen im Haushalt der Regierungen auf den verschiedene Ebene enthalten sein.

2.3.3 Verwaltung der Versicherungsfonds

Nach § 66 SVG sind die konkreten Verwaltungsmaßnahmen des Grundkrankenversicherungsfonds vom Staatsrat zu regeln. Die Beträge für den Versicherungsfonds der Krankenversicherung für Einwohner in Städten und Kreisen werden gemäß Nr. 8 RGESK auf ein unabhängiges Finanzkonto des Sozialversicherungsfonds eingezahlt und einheitlich verwaltet. Gemäß dem SVG sind die Zeiträume und die Einzelschritte der Planung der Grundkrankenversicherungsfonds durch die Provinzen vom Staatsrat zu regeln.[497] Tatsächlich wird dieses Versicherungssystem heutezutage aber nur auf der Ebene der Kreise sowie Stadtbezirke geplant.[498]

497 S.o - Planung

498 Vgl. Wang, Zhenping/ Wang, Jingyin/Song, Fengxuan/Zhang, Jing/Yan, Yuhong, (2007), 2007 23(10)

2.4 Probleme und Vorschläge

Als ein neues Pilotprojekt der sozialen Gesundheitsversorgung hat die Krankenversicherung für Einwohner in Städten und Kreisen seit ihrer Einführung im Jahre 2007 nicht nur wertvolle Erfahrungen, sondern auch viele Probleme hervorgebracht. Wie dies in der Literatur zusammengefasst ist, gibt es Mängel dieses Versicherungssystems zur Zeit insbesondere in drei Bereichen:[499]

2.4.1 Versicherte

Nach Nr. 2 Abs. 3 RGESK können die Schüler/Innen (einschließlich derjenigen in Berufsoberschulen, Fachoberschulen und Berufsschulen), Kinder und Jugendliche und andere Einwohner in Städten und Kreisen ohne Beschäftigung an der Grundkrankenversicherung teilnehmen. Zu den heiklen Fragen gehört die Versicherung der folgenden Personengruppen mit städtischer Haushaltsregisterierung:

(1) Kinder von Wanderarbeitern als Schüler/Innen: Sind solche Kinder in dem neuen Kooperationsgesundheitssystem auf dem Land versichert, können ihre Krankenkosten in Höhe eines bestimmten Prozentsatzes in ihrem Planungsgebiet erstattet werden. Tatsache ist aber, dass die meisten dieser Kinder weder an dem Gesundheitssystem auf dem Land noch an der Grundkrankenversicherung teilgenommen haben. Bis Ende 2008 gab es nach einer Statistik 32 000 Kinder von Wanderarbeitern im Bezirk Yunyan der Stadt Guiyang. Davon waren nur weniger als 1 000 in irgendeinem Versicherungssystem versichert.[500] Da die Kinder von Wanderarbeitern im Vergleich zu denjenigen in Städten und Kreisen unter schwierigeren Lebensbedingungen aufwachsen müssen, sind sie von mehr Krankheitsrisiken belastet. Die erheblichen Krankheitskosten kann die Familie eines Wanderarbeiters aber im Regelfall nicht selbst tragen. Mein Vorschlag ist, dass diese Personengruppen bei der Beitragszahlung noch mehr in die staatliche sowie lokale finanzielle Unterstützung einbezogen werden sollten. Auch müsste über die soziale Gesundheitspolitik in größerem Umfang aufgeklärt und für sie geworben werden, damit möglichst viele Personen zu dem sozialen Krankenversicherungssystem für Einwohner in Städten und Kreisen Zutrauen gewinnen und ihm beitreten.

---

499 Dazu vgl. Kong, Xiangli, (2008), 2008, 3.; Wang, Zhenping/ Wang, Jingyin/Song, Fengxuan/Zhang, Jing/Yan, Yuhong, (2007), 2007 23(10);

500 S. Zeitungsbericht: Nongmingong Zinv Canbao Kongbai Daitian, (Die Lücke bei der Krankenversicherung der Kinder von Wanderarbeitern ist auszufüllen.), in Guiyang Abendzeitung vom 3.6.2009.

(2) Pensionierte Arbeitnehmer in den insolventen Unternehmen sowie diejenigen in schlechter wirtschaftlicher Lage: Da insolvente Arbeitgeber wegen wirtschaftlicher Notlage keinen Versicherungsbeitrag zahlen können, sind die betroffenen Arbeitnehmer in den meisten Fällen nicht in das Grundkrankenversicherungsystem für Arbeitnehmer einbezogen. Für ihre Krankheitskosten sind diese Personen derzeit noch auf die von der Regierung finanzierte Sozialhilfe angewiesen.[501] In einigen Pilotstädten wurden die Voraussetzungen für die Definition eines Unternehmens in schlechter wirtschaftlicher Lage und für die Teilnahme der betroffenen pensionierten Arbeitnehmer an der Krankenversicherung für Einwohner in Städten und Kreisen in den lokalen Regelungen geschaffen, und es wurden hierzu schon vielfältige Erfahrungen gesammelt.[502]

2.4.2 Finanzierung

Die Teilnehmer im Grundkrankenversicherungssystem für Einwohner in Städten und Kreisen sind aufgrund ihrer niedrigeren Einkommen nicht in der Lage, den zur Kostendeckung erforderlichen Beitrag selbst zu tragen. Allerdings haben sie denselben medizinischen Bedarf wie Arbeitnehmer. Es ist eine Tatsache, dass die versicherten Einwohner, die an einer chronischen Krankheit leiden und stationär behandelt werden müssen, weiterhin mit erheblichen Krankheitskosten belastet sind, obwohl diese teilweise vom Versicherungsfonds getragen werden. Denn auch der staatliche Zuschuß kann wegen der Größe der betroffenen Personengruppen und wegen der begrenzten finanziellen Möglichkeiten des Staates auch nicht sonderlich hoch sein. Die Bestimmung der angemessenen Aufteilung der Verantwortungen auf beiden Seiten und die Entwicklung rationeller Finanzierungsmodelle gehört zu den wichtigsten Aufgaben der Pilotprojekte.

Die Beiträge zur Sozialversicherung können gemäß §5 Abs. 2 SVG durch verschiedene Kanäle aufgebracht werden. Nach den Erfahrungen vieler Pilotstädte

---

501 Vgl. Kong, Xiangli, (2008), 2008, 3.

502 Vgl. „Mitteilung zur Teilnahme der pensionierten Arbeitnehmer in den insolventen Unternehmen sowie derjenigen in schlechter wirtschaftlicher Lage“, erlassen von der Volksregierung Shanxi am 28.8.2009, Jinzhengba Fa (2009), Nr.113, (Guanyu Queyou Kunan De Guanbi Pochan Qiye Tuixiu Renyuan He Kunan Qiye Zhigong Canjia Chengzhen Qumin Jiben Yiliao Baoxian De Tongzhi); „Vorläufige Maßnahmen zur Teilnahme der pensionierten Arbeitnehmer in den in der Stadt ansässigen Unternehmen in schlechter wirtschaftlicher Lage“, erlassen von der Volksregierung Kaifengder am 7.7.2008, Bianzheng (2008), Nr.59. (Kaifeng Shi Shishu Kunnan Qiye Tuixiu Renyuan Canjia Jiben Yiliao Baoxian Zanxing Banfa).

hat das Krankenversicherungssystem für Einwohner die folgenden Finanzierungswege gefunden:

(1) Der Krankheitskostenzuschlag der Arbeitgebereinheit: Im Planungsgebiet wird den Familienangehörigen von Arbeitnehmern in staatlichen Organen, öffentlichen Einheiten und Unternehmen in einem wirtschaftlich leistungsfähigen Zustand zumeist zu den Anmeldegebühren, Operations- sowie Arzneimittelkosten und stationären Kosten ein Zuschuss in Höhe eines bestimmten Prozentsatzes von der Arbeitgebereinheit gewährt.[503] Ebenso kann in einigen Planungsgebieten das individuelle Konto des Arbeitnehmers auch für bestimmte Krankheitskosten ihrer Familienangehörigen genutzt werden.[504]

(2) Soziale Spende und Wohlfahrtsfonds: Die medizinischen Kosten schwerer Krankheiten der Empfänger der Sozialhilfe, der Schwerbehinderten, der Älteren mit niedrigeren Einkommen sowie der Kinder und Jugendlichen können auch aus sozialen Spenden und Wohlfahrtsfonds getragen werden. In einigen Planungsgebieten sind dazu schon konkrete Durchführungsmaßnahmen in der lokalen Regelung festgeschrieben.[505]

(3) Gewinn aus dem Wohlfahrtslotto: Der Gewinn aus dem Wohlfahrtslotto kann nach §33 des Beschlusses des Staatsrates zur Lottoverwaltung[506] zweckgebunden ausschließlich für das Sozial- und Wohlfahrtswesen genutzt werden. So können z.B. in der Stadt Qingdao nach der dortigen lokalen Regelung jährlich 20 000 000 Yuan aus dem Lottogewinn abgehoben und für die Kosten körperli-

503 Vgl. Kong, Xiangli, (2008), 2008, 3.

504 Z.B. In der Provinz Guangzhou kann das individuelle Konto für Kosten von körperlichen Untersuchungen und vorbeugenden Impfungen der Familienangehörigen genutzt werden. Siehe „Meinungen der Provinz Guangdong zur Vervollkommnung der Grundkrankenversicherungspolitik und -verwaltung", erlassen von Amt für Arbeit und Soziale Sicherheit der Provinz Guangdong am 23.2.2009, Yuelaoshe Fa (2009), Nr.11. (Guanyu Jinyibu Wanshan Jiben Yiliao Baoxian Zhengce He Guifan Guanli Youguan Wenti De Yijian).

505 Siehe „Maßgaben zur Errichtung von Wohlfahrtsfonds der medizinischen Hilfe für Kinder mit schweren Krankheiten in Notfamilien im ganzen Provinzgebiet (Erprobung) ", erlassen von Amt für zivile Angelegenheiten der Provinz Jiangxi und des gemeinsamen philanthropischen Ausschusses der Provinz Shangxi am 26.5.2009, Guanmin Fa (2009), Nr.10 (Guanyu Zai Quansheng Jianli Chengxiang Jumin Kunnan Jiating Ertong Dabing Jiuzhu Cishan Jijin De Shishi Yijian).

506 (Caipiao Guanli Tiaoli), erlassen vom Staatsrat am 4.5.2009, VO-Nr.554.

cher Untersuchungen, der Prävention und der Behandlung chronischer Krankheiten der Einwohner in Wohnbezirken gezahlt werden.[507]

2.3.4.3 „Vernetzung" mit anderen Versicherungssystemen

China befindet sich derzeit in einem Umwandlungsprozeß. Mit der Urbanisierung und Industrialisierung sind viele Personen, die früher Landwirte waren und deshalb heute in dem neuen Kooperationssystem hätten versichert sein können, wegen des Übergangs zur abhängigen Beschäftigung (z.B.Wanderarbeiter)[508] und Enteignung durch den Staat[509] zum Adressatenkreis der Versicherung für Einwohner in Städten und Kreisen geworden. Auch viele Arbeitnehmer sind wegen Arbeitslosigkeit auf die Grundkrankenversicherung für Einwohnern in Städten und Kreisen angewiesen. Die Einwohner in Städten und Kreisen können aber ebenso wegen Wiederbeschäftigung in die Pflichtversicherung für Arbeitnehmer (zurück-) gelangen. Aufgrund der Komplexität des Wesens der städtischen Einwohner und der Mannigfaltigkeit der Erwerbsweisen und Positionen im Arbeitsmarkt ist für die Gestaltung eines sozialen Gesundheitsystems zu beachten, dass das System jeder Personengruppe einen gerechten Zugang bietet und der Versicherte eines Systems bei einem Statuswechsel reibungslos in das andere eintreten kann. In Nr. 4 Abs. 11 RGESK wird deshalb zu Recht darauf hingewiesen, dass die Krankenversicherung für Einwohner in Städten und Kreisen als ein wichtiger Teil des Sozialversicherungssystems mit der Grundkrankenversicherung für Arbeitnehmer, dem Kooperationsgesundheitssystem auf dem Land und der Krankenhilfe in der Stadt und auf dem Land zu einem gemeinsamen Netzwerk verbunden und vervollkommnet werden sollte.

Die bisherigen Erfahrungen zu den Schnittstellen der drei hauptsächlichen Krankenversicherungssysteme in jeweiligen Planungsgebieten beziehen sich auf zwei Punkte: die Berechnung der Beitragszahlungsdauer sowie deren Höhe und den jeweiligen Zuschuß der Regierung.

(1) Beitragszahlung: Beispielsweise in der Stadt Changchun sind die Teilnehmer der Krankenversicherung für Einwohner in Städten und Kreisen, die die Voraussetzungen als Versicherte der Grundkrankenversicherung für Arbeitnehmer er-

507 §28 der „Vorläufigen Maßnahmen der Stadt Qingdao zur Grundkrankenversicherung für Eimnwohner in Städten und Kreisen", erlassen von der Volksregierung Qingdao am 17.5.2007, Shizhengfa Ling, Nr.191. (Qingdao Shi Chengzhen Jumin Jiben Yiliao Baoxian Zanxing Banfa).

508 Siehe oben - Wanderarbeiter.

509 Siehe oben - Ländliche Bevölkerung ohne Grundstück.

füllen, durch Einbeziehung der Beitragsdauer im Einwohnersystem ohne Wartezeit im Arbeitnehmersystem versichert: Die Beitragsdauer von fünf Jahren im System für Einwohner in Städten und Kreisen wird dabei als ein Jahr im System für Arbeitnehmer umgerechnet.[510] In der Provinz Fujian können die in der ländlichen Krankenversicherung für schwerere Krankheiten versicherten Landwirte bei einem Statuswechsel nach einmaliger Zahlung der Beitragsunterschiede zwischen den beiden Systemen unmittelbar und ohne Wartezeit in die Grundkrankenversicherung für Arbeitnehmer eintreten.[511]

(2) Zuschuß der Regierung: In der Provinz Jilin können die Arbeitslosen und die Arbeitnehmer der Unternehmen in schlechter wirtschaftlicher Lage mit einem Beitragszuschuß von 50 bis 80 Yuan aus dem Wiederbeschäftigungsfonds in der Krankenversicherung für Einwohner in Städten und Kreisen versichert werden.[512]

Eine andere effektive Lösung ist die Einrichtung eines überregionalen Netzwerks und einer einheitlichen persönlichen Sozialversicherungsnummer im ganzen Land, wie §56 Abs. 2 SVG vorsieht, mit welcher der Versicherte in einem Krankenversicherungssystem mit allen in ihm gespeicherten Informationen unverändert in ein anderes System übertreten könnte.[513] Nach der Verabschiedung des neuen Sozialversicherungsgesetzes sollen die konkreten Durchführungsmaßnahmen durch untergesetzliches Recht des Staatsrates und anderer zuständiger Behörden ausgearbeitet werden.

3. Das neue Kooperationsgesundheitssystem auf dem Land

Das neue Kooperationsgesundheitssystem auf dem Land wird als die einzige Krankenversicherung für die ländliche Bevölkerung angesehen. „Die Integration von Stadt, Kreis und Land ist ein wichtiges Ziel im Rahmen des Sozialversiche-

510 Siehe Bericht über die Reform der Krankenversicherungspolitik in Changchun: http://city.cctv.com/html/chengshijingji/5ed3acc4b7d3213fbef54b3933ff8314.html

511 Siehe die Regelungen der Provinz Fujian in der „Mitteilung über die Übertragung aus dem Verhältnis der Grundkrankenversicherung für Arbeitnehmer in Städten und Kreisen“, erlassen vom Amt der Provinz Fujian für Arbeit und Soziale Sicherheit am 24.8.2009, Minshe Renwen (2009), Nr.29. (Guanyu Fujian Sheng Chengzhen Zhigong Jiben Yiliao Baoxian Guanxi Zhuanyi Xianjie Youguan Wenti De Tongzhi).

512 Vgl. Zeitungsbericht: Jilin Jiben Yiliao Baoxian Kuaisu Fazhan Zhidu Baozhang Nengli Zengqiang, in Jilin Journal vom 8.5.2009. (Die Grundkrankenversicherung für Arbeitnehmer entwickelt sich rasant und die Tragfähigkeit und Zahlungsfähigkeit des Versicherungsfonds haben sich verstärkt.)

513 Vgl. Sun, Qun, in Guangming Journal vom 18.1.2009.

rungssystems in China. Im Vergleich zu den anderen Versicherungszweigen besteht für die Krankenversicherung die größte Hoffnung, dass diese Integration verwirklicht werden kann." [514] Im Jahre 2003 haben die Ministerien für Gesundheit, Finanzen und Landwirtschaft gemeinsam eine Verwaltungsvorschrift – „Meinungen zur Errichtung des neuen Kooperationsgesundheitssystems auf dem Land" (MEKL) – als politischen Rahmen und als Richtlinie für das Gesundheitssystem der ländlichen Bevölkerung veröffentlicht.[515] Nach Maßgabe der MEKL ist das neue Kooperationsgesundheitssystem auf dem Land ein vom Staat organisiertes und unterstütztes Hilfs- und Solidarsystem, an dem die ländliche Bevölkerung freiwillig teilnimmt. Das System wird von den Einzelpersonen, dem Kollektiv und der Regierung gemeinsam finanziert und soll der Absicherung für die Kosten schwererer Krankheiten oder stationärer Behandlung dienen. Gemäß § 24 Abs. 2 SVG können Volksregierungen in Provinzen, autonomen Gebieten und regierungsunmittelbaren Städten den regionalen Umständen entsprechend die Krankenversicherung für Einwohner in Städten und Kreisen und das neue Kooperationsgesundheitssystem auf dem Land einheitlich errichten und zusammen durchführen.

3.1 Versicherte

Nach der „Erprobung des Reformprojekts und einer schrittweisen Einführung"[516] wurde das Gesundheitssystem zunächst in den vier Pilotprovinzen Jilin, Zhejiang, Hubei und Yunnan durchgeführt und dann schrittweise auf das ganze Land erweitert. Bis September 2007 haben 85,5% aller Kreise (Städte und Stadtbezirke), also 2 448 Kreise an dem System teilgenommen. Fast 730 Mio.der ländlichen Bevölkerung (86% aller ländlichen Bevölkerung) sind mit einbezogen.[517]

3.1.1 Die Versicherung der besonderen Personengruppen

Die ländlichen Einwohner mit niedrigem Einkommen, die Arbeitnehmer in ländlichen Unternehmen und die ländliche Bevölkerung ohne Grundbesitz gehören zu den besonderen Personengruppen, deren Teilnahme am Krankenversiche-

514 Zheng, Gongcheng, Renmin Ribao vom 24.12.2008.

515 „Guanyu Jianli Xinxing Nongcun Hezuo Yiliao Zhidu De Yijian", erlassen vom Staatsrat am 16.1.2003, Guofa Ban(2003), Nr.3.

516 Nr. 1 Abs. 3 MEKL.

517 Amtliche Statistik des Ministeriums für Gesundheitswesen, 2008.

rungssystem in den verschiedenen Gesetzen und Verwaltungsvorschriften anders als die der allgemeinen ländlichen Einwohner geregelt ist.

Für die Familien mit niedrigem Einkommen (vor allem die „Fünf-Garantien-Haushalte“[518] und die armen Familien auf dem Land[519]) ist noch ein System der Krankenhilfe in der „Verordnung über den Unterhalt der ‚Fünf Garantien'-Familien auf dem Land“[520] vorgesehen. In schweren Krankheitsfällen werden ihnen von der lokalen Regierung die Krankenkosten erstattet oder bei Teilnahme am neuen Kooperationsgesundheitssystem finanziert (Nr. 5 Abs. 19 des Beschlusses über die Verstärkung der Gesundheitsarbeit auf dem Land[521]).

Ob die Arbeitnehmer in ländlichen Unternehmen (der Versicherte mit seiner Familie als Einheit ist von der Teilnahme an dem neuen Gesundheitssystem ausgeschlossen) an dem Gesundheitssystem auf dem Land teilnehmen, wird nach Maßgabe der MEKL von der Volksregierung auf Kreis-Ebene geregelt. Und über die Teilnahme dieser Personengruppen an der Grundkrankenversicherung für Arbeitnehmer in Städten und Kreisen wird gemäß Nr. 2 Abs. 1 BSEGA von den jeweiligen PAS-Volksregierungen entschieden. Nach § 20 des SVG soll jeder Arbeitnehmer an der Grundkrankenversicherung für Arbeitnehmer teilnehmen. Meiner Meinung nach sollten darum Arbeitnehmer in ländlichen Unternehmen Pflichtversicherte in der Grundkrankenversicherung für Arbeitnehmer sein. Denn erstens genießt das Gesetz nach § 79 Abs. 1 des chinesischen Gesetzgebungsgesetzes[522] sowie nach dem Prinzip des Gesetzesvorranges einen Geltungsvorrang gegenüber den Vorschriften des Staatsrates und der Ministerien. Zweitens hat das neue Sozialversicherungsgesetz die Bezeichnung „Arbeitnehmer in Städten und Kreisen“ nicht mehr angewendet, sondern einen allgemeinen Arbeitnehmerbegriff eingeführt. Das bedeutet, dass nach dem SVG alle Arbeitnehmer ohne Diskriminierung in das Grundkrankenversicherungssystem einbezogen werden sollten.

Die Teilnahme der ländlichen Bevölkerung an der Grundkrankenversicherung ist ebenfalls in dem Sozialversicherungsgesetz vorgesehen: Die Einwohner auf dem Land ohne Beschäftigung, deren Grundbesitz vollständig in Anspruch ge-

518 S. Anm.27.

519 S.Anm.27.

520 „Nongcun Wubao Hu Gongyang Gongzuo Tiaoli“, erlassen vom Staatsrat am 11.1.2006, VO-Nr.456. Diese Verordnung tritt ab dem 1.3.2006 in Kraft.

521 „Guanyu Jiaqiang Nongcun Weisheng Gongzuo De Jueding“, erlassen von der zentralen KP Chinas und Staatsrat am 30.10.2002. Zhongfa（2002）, Nr.13.

522 S. Anm. 78

nommen wurde, können an der Grundrentenversicherung und Grundkrankenversicherung der Einwohner in Städten und Gemeinden teilnehmen. Ihr zu zahlender Sozialversicherungsbeitrag soll aus der Aussiedlungsbeihilfe getragen werden[523]. Der von der Grundkrankenversicherung nicht getragene Teil der Krankheitskosten wird von den lokalen Regierungen aus Benutzungsentgelten des staatlichen Grundstücks ergänzt (§ 90 SVG).

Nach den Vorgaben des Staatsrates hat die lokale Regierung bei der Enteignung des Bodens für öffentliche Interessen für das zukünftige Leben der betroffenen ländlichen Bevölkerung zu planen, einschließlich der zukünftigen Erwerbstätigkeit und der Erwirtschaftung der erforderlichen Geldmittel für Rentenversicherung und Krankenversicherung. Ohne eine solche Planung darf die lokale Regierung kein Grundstück in staatlichen Besitz übertragen. Die Angehörigen der ländlichen Bevölkerung, die von einer Arbeitgebereinheit eingestellt sind, haben an der Grundkrankenversicherung für Arbeitnehmer teilzunehmen. Wenn sie vorübergehend nicht erwerbstätig sind, können sie sich im Wege der Übetragung der Beitragsanteile ihrer vorherigen Versicherung in der Krankenversicherung für Einwohner in Städten und Kreisen versichern. [524]

3.1.2 Übergang zum anderen Krankenversicherungssystem

Jedes Krankenversicherungssystem hat seine eigenen Versicherten. Mit der Integration von Stadt und Land und der Ermöglichung der Freizügigkeit von Arbeitnehmern können die heutigen Versicherten des neuen Kooperationsgesundheitssystems auf dem Land zu Versicherten der Grundkrankenversicherung für Arbeitnehmer werden, wenn sie z.B. als Wanderarbeiter von Unternehmen in Städten und Kreisen angestellt werden.[525]

In diesem Fall können die Betroffenen möglicherweise an beiden Krankenversicherungen teilnehmen. Allerdings fehlt bis jetzt eine Institution, die den „Übergang" von einer Krankenversicherung zu einer anderen vorsieht. Die Versicher-

523 S.o. - Ländliche Bevölkerung ohne Grundbesitz.

524 Vgl. „Guowuyuan Bangongting Zhuanfa Laodong Baozhangbu Guanyu Zuohao Bei Zhengdi Nongmin Jiuye Peixun He Shehui Baozhang Gongzuo Zhidao Yijian De Tongzhi", erlassen vom Staatsrat am 17.4.2006. Guofaban, 2006, Nr.26. (Mitteilung des Ministeriums für Arbeitskräfte und soziale Versicherung über die Berufsausbildung und Sozialversicherung der ländlichen Bevölkerung ohne Grundbesitz). Dazu vgl. ebenfalls o. - Einwohnern in Städten und Kreisen als freiwillig Versicherte.

525 S. o. - „Vernetzung" mit anderen Versicherungssystemen.

ten, die an beiden Krankenversicherungen teilnehmen, können in der Regel bei beiden Systemen ihre Krankenkosten erstatten lassen.[526]

3.2 Finanzierung

Gemäß Nr. 1 MEKL soll das neue Kooperationsgesundheitssystem auf dem Land nach den Prinzipien der freiwilligen Teilnahme, der Finanzierung aus mehreren Quellen und dem Prinzip „die Höhe der Einnahmen begrenzt die Höhe der Ausgaben“ sowie orientiert an einem angemessenen Leistungsniveau finanziert werden. (1) freiwillige Beteiligung und mehrfache Finanzierung: Die Angehörigen der ländlichen Bevölkerung können mit der Familie als Einheit freiwillig am kooperativen Gesundheitssystem teilnehmen. Gemäß der jeweiligen Regelung müssen sie den Versicherungsbeitrag rechtzeitig und in ausreichender Summe zahlen. Die Gemeinde (*Xiang* oder *Zhen*) und das Dorf (*Cun*) haben als kollektive Organisationen dieses System finanziell zu unterstützen. Hinzu kommt ein unabhängiges Sondervermögen aus den lokalen und staatlichen Haushalten. (2) Der Leistungsumfang aus den Solidarfonds wird entsprechend den Grundsätzen „die Höhe der Einnahmen begrenzt die Höhe der Ausgaben“ und „Einnahmen und Ausgaben sollen ausgeglichen“ sein. Der versicherten ländlichen Bevölkerung können in diesem Versicherungssystem die medizinischen Basisleistungen gewährt werden.

Der Versicherungsfonds des ländlichen Gesundheitssystems wird nach Nr. 2 Abs. 2 MEKL i.d.R. vom Kreis (*Xian*) als Planungseinheit aufgebracht. Die Pilotregionen können den lokalen Umständen entsprechend dieses System auch auf der Ebene der Gemeinde (*Xiang, Zheng*) als Planungseinheit durchführen und Schritt für Schritt zum Kreis als Einheit übergehen.

3.2.1 Das mehrfache Finanzierungsmodell

Das neue Kooperationsgesundheitssystem auf dem Land wird nach Nr. 3 MEKL aus drei Quellen zusammen finanziert: Beitragszahlung der Versicherten, Unterstützung durch Kollektive und Regierungszuschuss. (1) Beitragszahlung der Versicherten: Jeder ländliche Versicherte zahlt einen Beitrag von nicht weniger als 10 Yuan. In Übereinstimmung mit dem wirtschaftlichen Entwicklungszustand der Regionen kann diese Beitragsrate entsprechend erhöht werden. (2) Die kollektiven Organisationen in Gemeinde und Dorf sollen den lokalen Umständen entsprechend das Gesundheitssystem unterstützen. Der Finanzierungsmaß-

526 Liu, Junxia, (2005), 4.

stab der kollektiven Organisationen wird von der Volksregierung auf Kreis-Ebene festgelegt, und diese Beiträge dürfen nicht unter den ländlichen Einwohnern verteilt werden. Soziale Spenden der Einzelnen und von gesellschaftlichen Vereinigungen spielen hier eine große Rolle. (3) Die lokale Regierung gewährt für jeden versicherten ländlichen Einwohner einen Zuschuss von nicht weniger als ¥10. Der konkrete Zuschussstandard und die Anteile der verschiedenen Regierungsebenen werden von der PAS-Regierung festgelegt. In den östlichen, wirtschaftlich entwickelten Gebieten kann die lokale Regierung dafür mehr Zuschüsse gewähren. Seit 2003 wird für Landwirte im zentralen und westlichen Gebiet ein jährlicher Zuschuss von 10 Yuan pro Kopf durch eine abschließende Transferzahlung aus dem zentralen staatlichen Haushalt geleistet.

Nach neueren Vorstellungen der chinesischen Regierung[527] sollte bis Ende 2009 eine Gesamtbeitragshöhe von 100 Yuan pro Kopf und Jahr erreicht werden. Davon soll der staatliche Zuschuß 40 Yuan für die versicherten ländlichen Einwohner in zentralen und westlichen Gebieten betragen. Die lokale Regierung gewährt einen Zuschuss von nicht weniger als 40 Yuan. Der Versicherte zahlt einen Beitrag von nicht weniger als 20 Yuan. Das Finanzierungsniveau im östlichen China darf nicht niedriger als das in den zentralen und westlichen Gebieten sein. Seit 2010 erhöht sich der Gesamtbeitrag auf 150 Yuan pro Jahr und Kopf. Der staatliche Haushalt gewährt einen Zuschuss in Höhe von 60 Yuan für die versicherten ländlichen Einwohner in zentralen und westlichen Gebieten. Der Zuschuss der lokalen Regierung steigt auf 60 Yuan. Der individuell zu tragende Beitragsanteil erhöht sich von 20 Yuan auf 30 Yuan. In den weniger entwickelten Gebieten soll dieses Ziel innerhalb von zwei Jahren erreicht werden.

Anders als der Finanzierungsmaßstab der Grundkrankenversicherung für Arbeitnehmer – dieser bestimmt sich nach der gesamten Lohnsumme sowie den einzelnen Löhnen – wird der Versicherungsfonds des ländlichen Gesundheitssystems nach der Anzahl der Versicherten in einer Planungseinheit aufgebracht.[528]

In der Großgemeinde Dahongqi (Xinmin Kreis, Shenyang Stadt, Liaoning Provinz) wird z.B. gemäß den lokalen Durchführungsmaßnahmen für jeden versi-

527 S. Nr. 2 „Meinungen über Festigung und Verstärkung des neuen Kooperationsgesundheitssystems auf dem Land“, erlassen von den Ministerien für Gesundheit, zivile Angelegenheiten, Finanzen und Landwirtschaft und vom Amt für chinesische Medizin am 2.7.2009,Weinong Werifa (2009), Nr. 68. (Guanyu Gonggu He Fazhan Xinxing Nongcun Hezuo Yiliao Zhidu De Yijian).

528 S. § SVG; Nr.2 Abs.3 BSEGA.

cherten Landwirt jährlich ein Betrag von 30 Yuan aufgebracht. Davon zahlt der einzelne Versicherte einen jährlichen Beitrag von 10 Yuan. Die Volksregierung des Kreises Xinmin gewährt einen Zuschuss von 5 Yuan pro Kopf und Jahr. Der Zuschuss der Stadt Shenyang beläuft sich auf 15 Yuan. Die armen Familien mit „fünf-Garantie-Haushalt“[529] und die Empfänger von Sozialhilfe auf dem Land sind in dieses Gesundheitssystem mit einbezogen. Deren Versicherungsbeitrag wird von der zuständigen Behörde für zivile Angelegenheiten und dem Anti-Armut-Fonds mitgetragen. Die Beiträge der ehemaligen Armeemitglieder als Empfänger der Krankenhilfe werden ebenfalls von der zuständige Behörde für zivile Angelegenheiten getragen. Die von der Regierung unterstützten Personengruppen dürfen den Anteil von 4% aller versicherten Einwohner nicht überschreiten.[530]

3.2.2 Das individuelle Konto und der Solidarfonds

Nach der Entwicklung der Krankenversicherung für Einwohner in Städten und Kreisen im Jahre 2007 und des neuen Kooperationsgesundheitssystems auf dem Land im Jahre 2002 gab es zunächst für die individuellen Konten der jeweiligen Versicherten unterschiedliche Modelle. Angesichts der Mängel und Risiken[531] werden nun die individuellen Konten schrittweise in Pilotregionen im Rahmen der Krankenversicherung für Einwohner in Städten und Kreisen aufgelöst.[532] Nach Maßgaben der MEKL kann in den ökonomisch und hinsichtlich der Gesundheitsversorgung entwickelten Regionen die Auszahlung aus den Versicherungsfonds für höhere und niedrigere Krankheitskosten vorgenommen werden.[533] Das hat zur Folge, dass das individuelle Konto (zum Teil auch als Familienkonto bezeichnet) als Zahlungsquelle hinsichtlich der niedrigeren Kosten in der jeweiligen Pilotregion trotz vielseitiger Kritik[534] weiter fortgeführt wird. Meiner Ansicht nach ist das Familienkonto mit der chinesischen Tradition der Risikoabsicherung durch die Familie eng verbunden. Insbesondere bei noch feh-

529 S. Anm. 27.

530 S. Nr. 3 Abs. 1 „Durchführungsmaßnahmen der Großgemeinde Dahongqi zur der Errichtung eines neuen Kooperationsgesundheitssystems“, Dahong Zhengfa (2005), Nr.2.

531 Vgl. Chen, Jiagui, (2001), S.84ff.; Lin, Jia, (2002), S.228;Wang, Xiaoye, (2000), S. 384.; Li, Bing'an, (2008), S.369 m.w.N.

532 S.o.-Erbringung der Leistung (Grundkrankenversicherung für Einwohner in Städten und Kreisen).

533 S. Nr.4 Abs.3 MEKL.

534 Über die Kritik am individuellen Konto im Gesundheitssystem auf dem Land s. z.B. Liu, Liang, (2007), 23.11.2007; Gu, Tao/Cai, Min, (2006), 2006 (7). Sowie die Kritik am individuellen Konto im Grundkrankenversicherungssystem für Arbeitnehmer.

lendem Bewusstsein für die Notwendigkeit einer Krankenversicherung in der ländlichen Bevölkerung erfüllt das Familienkonto die Funktion der Absicherung der Versicherten und ihrer Familienangehörigen.

Das konkrete Aufteilungsverhältnis zwischen dem individuellen Konto und dem Solidarfonds ist in der jeweiligen lokalen Regelung festgeschrieben. In der Großgemeinde Dahongqi fließen 80% der Beiträge der versicherten ländlichen Einwohner (¥8) auf deren individuelle Konten, die dem Versicherten selbst zur Verfügung stehen. Der Rest in Höhe von 20% und die Zuschüsse der verschiedenen Regierungen werden im Solidarfonds akkumuliert.[535]

Die Krankheitskosten werden im jeweiligen Planungsgebiet nach bestimmten Kriterien von individuellen Konten und Solidarfonds getrennt getragen: Das individuelle Konto wird vor allem für die allgemeinen ambulanten Behandlungs- und Arzneimittelkosten der Versicherten und deren Familienangehörigen genutzt. Die Gelder darin gelten als Privateigentum der versicherten Familien und sind vererbbar. Die Solidarfonds werden für medizinische Kosten in größerer Höhe und für die stationären Kosten verwendet.[536]

3.3 Leistungen

Das neue Kooperationsgesundheitssystem auf dem Land ist ähnlich wie die Grundkrankenversicherungen durch Fondsplanung für schwerere Krankheiten gekennzeichnet (Nr. 1 Abs. 2 des Beschlusses über die Verstärkung der Gesundheitsarbeit auf dem Land). Gemäß Nr. 5 Abs. 18 BVGL wird ein neues Kooperationsgesundheitssystem auf dem Land mit Leistungen für die Behandlung schwererer Krankheiten errichtet, dessen Aufgabe vor allem in der Behandlung von Infektionskrankheiten und regional bedingten Krankheiten besteht.

Da in China auf dem Land im Vergleich zu Städten und Kreisen ein noch viel ungleichmäßigerer Entwicklungsstand herrscht, existiert in den verschiedenen ländlichen Pilotregionen ein unterschiedliches Leistungsniveau im Rahmen des neuen Kooperationsgesundheitssystems.[537] In den wirtschaftlich und hinsichtlich Gesundheitseinrichtungen entwickelten Regionen werden den versicherten Einwohnern nicht nur die grundlegenden medizinischen Leistungen, sondern auch die Behandlung und Pflege bei kleineren Krankheiten gewährt (*Baoda Ye*

535 S. Nr. 3 Abs. 1 „Durchführungsmaßnahmen der Großgemeinde Dahongqi zur Errichtung eines neuen Kooperationsgesundheitssystems", Dahong Zhengfa (2005), Nr.2.

536 S. Nr. 4 Abs.3 MEKL.

537 Vgl. Lai, Daqing (Hrsg.), (2003), S. 259.

Baoxiao). Dieses Versicherungsniveau wird als „Wohlfahrts-Risiko-Leistungsmodell" bezeichnet. In den weniger entwickelten Regionen können den Patienten dagegen nur für schwerere Krankheiten Leistungen erbracht werdenn, nach dem sog. „Risiko-Modell" (*Baoda Bu Baoxiao*). Ziel dieses Leistungsmodells ist es, zu verhindern, dass die wirtschaftliche Existenzgrundlage des Kranken und seiner unterhaltsberechtigten Angehörigen durch die erheblichen Krankheitskosten gefährdet wird.[538]

3.3.1 Auszahlung der Krankheitskosten

Die Leistungen im neuen Kooperationsgesundheitssystem auf dem Land werden hauptsächlich nach dem Prinzip nachträglicher Erstattung erbracht. Für die Erstattung der stationären Kosten gibt es auch in diesem System eine Auszahlungsmindest- und -höchstgrenze, die von der Volksregierung auf Kreis-Ebene festgelegt wird.

Im Kreis Qingxian (Stadt Cangzhou, Provinz Hebei)[539] liegt z.B. das Auszahlungsminimum bei ¥ 50 in den zugelassenen Krankenhäusern in Gemeinden. DerErstattungsanteil beträgt hier 55%. Das Auszahlungsminimum in den Krankenhäusern auf Kreis-Ebene beträgt ¥ 200 und der Erstattungsanteil beträgt 45%. Die in anderen medizinischen Einrichtungen außerhalb des Kreises Qingxian entstandenen Krankheitskosten können ab ¥500 in Höhe eines Anteils von 40% von dem Versicherungsfonds erstattet werden. Die Auszahlungshöchstgrenze beläuft sich akkumuliert auf ¥20 000 pro Jahr. Alle Krankheitskosten werden zunächst vom Patienten ausgelegt, und nach der Erbringung der ambulanten und stationären Behandlung wird der zu erstattende Anteil nach Überprüfung der zugelassenen Krankenhäuser ausgezahlt. Die zuständige Behörde für das neue Kooperationssystem im Kreis wird monatlich über die Erstattungshöhe und die Leistungskataloge informiert. Die vom Versicherungsfonds ausgezahlten Krankheitskosten werden den Krankenhäusern im darauffolgenden Monat überwiesen. Dieses unmittelbare Erstattungsmodell in den zugelassenen Krankenhäusern soll nach den neuen Regelungen seit 2009 im ganzen Land gelten.[540]

538 Vgl. Lu, Zuxun (Hrsg.), (2006), S. 77.

539 Siehe die „Durchführungsmaßnahmen des neuen Kooperationsgesundheitssystems in Qingxian Kreis (Erprobung) ", erlassen von der Volksregierung Qingxian am 26.12.2006, Qingzheng (2004), Nr.89. (Qingxian Xinxing Nongcun Hezuo Yiliao Zhidu Shishi Fangan (Shixing)).

540 In vielen Pilotregionen werden die betroffenen Krankheitskosten in einer bestimmten Periode von der zuständigen Behörde überprüft und erstattet. Siehe Nr. 4 Abs. 4 der

Um die Behandlung in den untersten medizinischen Einrichtungen zu fördern, können in einigen Pilotregionen die Leistungen unmittelbar vom Arzt in den Kliniken im Dorf nach dem Sach- und Dienstleistungsprinzip erbracht werden.[541]

3.3.2 Leistungsumfang

Gemäß Nr. 4 Abs. 3 MEKL dienen die Versicherungsfonds des neuen Kooperationsgesundheitssystems vor allem den hohen sowie stationären Krankheitskosten. Die stationären Kosten umfassen i.d.R. die Ausgaben für Arzneien, Operation, Krankenbett, Blutübertragung, Sauerstoffzufuhr und regelmäßige Untersuchung. Neue Behandlungsverfahren sind ausgeschlossen.[542]

In den wirtschaftlich entwickelten Pilotregionen werden das Erstattungsmodell für hohe Krankenkosten und das Modell für niedrige Krankenkosten zusammen angewendet. Den versicherten ländlichen Einwohnern, die keine Geldmittel der Versicherungsfonds während des Jahres genutzt haben, steht eine routinemäßige körperliche Untersuchung zu. Die PAS-Regierungen sind ermächtigt, entsprechend der lokalen Finanzierungshöhe den konkreten Leistungsumfang, den Auszahlungsstandard, die Arzneimittelkataloge und die Kataloge der körperlichen Untersuchung festzulegen. Die vorgesehene Ausgabesumme der Versicherungsfonds darf nicht überschritten werden. Ein Überschuss darf auch nicht verbleiben.

In der jeweiligen Pilotregion sind derzeit die ambulanten Behandlungskosten und die Arzneikosten bei chronischen Krankheiten sowie die Geburtskosten ebenfalls im Leistungsumfang der Versicherungsfonds enthalten. So sind z.B. im Kreis Qingxian Dialyse wegen Nierenversagens, Chemotherapie bei Krebserkrankungen, Antigerinnungstherapie nach Herzklappenersatz und weitere zehn Behandlungsverfahren als Leistungskataloge aufgelistet.[543]

„Durchführungsmaßnahmen der Großgemeinde Dahongqi über die Errichtung eines neuen Kooperationsgesundheitssystems".

541 Siehe z.B. Nr.2 der „Durchführungsmaßnahmen der Großgemeinde Dahongqi über die Errichtung eines neuen Kooperationsgesundheitssystems".

542 Siehe z.B. Nr. 5 der „Durchführungsmaßnahmen der Großgemeinde Dahongqi über die Errichtung eines neuen Kooperationsgesundheitssystems".

543 Siehe die „Durchführungsmaßnahmen des neuen Kooperationsgesundheitssystems in Qingxian Kreis (Erprobung) ".

Gemäß Nr. 2 Abs. 2 MEKL wird eine Koordinationsgruppe für die Verwaltung des neuen ländlichen Gesundheitssystems errichtet, die aus Personal der zuständigen Behörden für Gesundheit, Landwirtschaft, zivile Angelegenheiten, Prüfungswesen und Anti-Armut auf Provinz- und Stadtebene zusammengesetzt ist. Innerhalb der zuständigen Behörde für Gesundheit auf verschiedenen Ebenen wird daneben ein unabhängiges Verwaltungsorgan gegründet. Prinzipiell kann der Stellenplan nicht geändert werden. Der Ausschuss für die Verwaltung des Gesundheitssystems auf dem Land wird von der Volksregierung auf der Kreisebene errichtet. Der Ausschuss ist für Verwaltung, Koordination, Organisation und die Leitungsfunktion in den Versicherungsangelegenheiten verantwortlich. Gemäß Nr. 4 Abs. 2 MEKL ist dieser Ausschuss auch für die Verwaltung der Versicherungsfonds verantwortlich. Unter dem Ausschuss wird das Versicherungsorgan für die konkrete Durchführung dieses Systems errichtet. Über den Stellenplan entscheidet die Volksregierung auf Kreisebene. Auf der Gemeindeebene können Zweigstellen errichtet oder andere Organe ermächtigt werden. Die Personal- und Verwaltungskosten sind aus dem Haushalt der jeweiligen Ebene zu tragen und dürfen nicht aus dem Versicherungsfonds entnommen werden. Die individuellen Beiträge und der Zuschuss der kollektiven Organe werden nach Nr. 4 Abs. 2 MEKL grundsätzlich von den Zweigstellen oder von den ermächtigten Organen eingezogen und auf ein unabhängiges Finanzkonto eingezahlt. Auf der Dorfebene wird heutzutage innerhalb des Ausschusses der ländlichen Einwohner eine Gruppe für die allgemeinen Angelegenheiten der versicherten Einwohner gebildet, die sich aus Dorfbürgermeister, Buchhalter, Klinikpersonal und Vertretern der Landwirte zusammensetzt.[544]

In der Literatur wird die derzeitige administrative Gliederung des ländlichen Gesundheitssystems als „Verwaltungsmodell der drei Ebenen von Kreis, Gemeinde und Dorf" zusammengefasst.[545] Manche vertreten die Ansicht, dass durch diese Verwaltungsorganisation nicht nur die Beziehungen zwischen der Krankenversicherung und anderen Versicherungszweigen auf dem Land,[546] son-

544 Vgl. Lai, Daqing (Hrsg.), (2003), S.258.

545 Vgl. Shi, Tanjing (Hrsg.), (2000), S. 323.

546 Die soziale Rentenversicherung auf dem Land wird ebenfalls von einem unabhängigen Organ durchgeführt, das nicht dem Sozialversicherungsorgan angehört. Vgl. die Richtlinien des Staatsrates über die Errichtung des neuen sozialen Rentenversicherungspilotprojekts auf dem Land, erlassen vom Staatsrat am 1.9.2009, Guofa (2009), Nr.32. (Guowuyuan Guanyu Kaizhan Xinxing Nongcun Shehui Yanglao Baoxian Shidian De Zhidao Yijian).

dern auch die zwischen der Krankenversicherung auf dem Land und derjenigen in Städten und Kreisen[547] fragmentiert werden. Dies kann dazu führen, dass sich die Funktionen verschiedener Verwaltungsorgane überschneiden und dadurch die Verwaltungskosten zunehmen. Zur Vermeidung dessen sollte das neue Kooperationsgesundheitssystem auf dem Land als Teil der sozialen Krankenversicherung durch das Sozialversicherungsorgan einheitlich errichtet und betrieben werden. Es wird vorgeschlagen, dass das Sozialversicherungsorgan auf der Kreisebene Zweigstellen in Gemeinden errichtet, die für die Kapitalbeschaffung und Verwaltung sowie das Auszahlungswesen der Versicherungsfonds verantwortlich sind.[548]

547 Die Grundkrankenversicherung für Einwohner in Städten und Kreisen wird vom Sozialversicherungsorgan durchgeführt. Siehe die Regelungen des RGESK. Wenn die Krankenversicherung für die ländliche Bevölkerung und diejenige in Städten und Kreisen getrennt durch zwei Organe durchgeführt wird, ist die Zusammenführung der zwei Systeme i.S.v. § 24 Abs. 2 SVG aber schwierig zu erreichen.

548 Vgl. Lai, Daqing (Hrsg.), (2003), S. 258.

In der VR China sind Streitigkeiten in der Sozialversicherung als solche definiert, die aufgrund der Rechte-Pflichten-Beziehung in diesem Bereich entstehen.[549] Sie sind durch die folgenden Merkmale gekennzeichnet: (1) Beteiligung mehrerer Rechtssubjekte: Die Teilnehmer an der sozialen Krankenversicherung sind die Versicherten (versicherungspflichtige Beitragszahler einschließlich der Arbeitgebereinheit, und freiwillige Teilnehmer), das Versicherungsorgan (das Sozialversicherungsorgan und andere Organe mit Ermächtigung, die für die Verwaltung der Krankenversicherungsfonds und die Auszahlung der Krankheitskosten verantwortlich sind) und die Begünstigten (z.B. die Familienangehörigen des Versicherten im neuen Kooperationsgesundheitssystem). Darüber hinaus kommen die zugelassenen medizinischen Einrichtungen und die Apotheken als Beteiligte der Streitigkeiten der sozialen Krankenversicherung in Betracht. (2) Rechte-Pflichten-Beziehung in der Sozialversicherung: Anders als im Zivilrecht (Privatversicherung) geht es bei diesen Streitigkeiten um die Rechte-Pflichten-Beziehung in der Sozialversicherung, weil Rechte und Pflichten der Beteiligten im Sozialversicherungsverhältnis häufig nicht miteinander im Einklang stehen – z.B. zahlen in dem Grundkrankenversicherungssystem die Versicherten die Beiträge in unterschiedlicher Höhe, aber erhalten die gleichen Leistungen. Die Sozialversicherungsstreitigkeiten sind auch von den arbeitsrechtlichen Streitigkeiten abzugrenzen. Durch Subjekte, Inhalt, Grundlage der Änderung und Auflösung der Rechtsbeziehungen sind diese Beziehungen und das Beschäftigungsverhältnis voneinander zu unterscheiden, aber beide stehen in einer engen Verbindung, z.B. werden aufgrund des Beschäftigungsverhältnisses im zusätzlichen Krankenversicherungssystem die Beiträge der Arbeitnehmer von ihren Einheiten getragen.[550]

Bei Streitigkeiten zwischen gleichgestellten Subjekten, ohne dass das weisungsabhängige Beschäftigungsverhältnis eine Rolle spielt, beispielsweise bei Streitigkeiten über die Leistungserbringung bzw. über die Krankheitskostenerstattung zwischen den zugelassenen Krankenhäusern und den Leistungsempfängern, können die Betroffenen beim zuständigen Gericht eine zivilrechtliche Klage erheben.[551] Streitigkeiten zwischen gleichgestellten Subjekten mit Bezug zu einem

549 Vgl. Yang, Yansui, (2000), S.242.

550 Vgl. Lai, Daqing, (2003), S.144ff.

551 Zum 26.12.2009 ist ein neues Gesetz im zivilrechtlichen Bereich - Gesetz zu deliktischer Verantwortung - in Kraft getreten (verabschiedet von der 12. Sitzung des 11. Ständigen Ausschusses des nationalen Volkskongresses). In Kapitel 7 dieses Gesetzes ist

weisungsabhängigen Beschäftigungsverhältnis[552], z.B. in Fällen, in denen die Arbeitgebereinheit den Krankenversicherungsbeitrag nicht rechtzeitig oder in zu geringer Höhe zahlt (§ 100 Arbeitsgesetz[553], § 38 Abs. 3 Arbeitsvertragsgesetz[554] i.V.m. § 86 SVG), sollten als Arbeitsstreitigkeit beigelegt, geschlichtet oder gerichtlich erledigt werden. Diese Streitigkeiten können durch Beratungen zwischen beiden Seiten oder durch Vermittlung der Gewerkschaft oder eines unabhängigen Dritten gelöst werden. Wenn es nicht zur Übereinstimmung kommt, kann der Arbeitnehmer beim Auschuss zur Beilegung von Arbeitsstreitigkeiten im Betrieb durch einen Antrag ein Schlichtungsverfahren einleiten, oder beim Schiedsausschuss für Arbeitsstreitigkeiten einen Schiedsspruch beantragen[555]. Der Arbeitnehmer kann auch gemäß § 77 Arbeitsgesetz unmittelbar eine gerichtliche Klage erheben.[556]

Nach § 84f. des Sozialversicherungsgesetzes wird die Arbeitgebereinheit im Falle nicht erfolgter Eintragung beim Sozialversicherungsorgan sowie im Falle nicht erfolgter oder nicht rechtzeitiger Beitragszahlung mit Geldstrafe belegt.

Die Streitigkeiten zwischen Rechtssubjekten im Über- und Unterordnungsverhältnis, also etwa die Streitigkeiten zwischen dem Sozialversicherungsorgan und Versicherten oder Arbeitgebereinheiten, können nach den „Maßnahmen zur Beilegung der verwaltungsrechtlichen Streitigkeiten im Bereich der Sozialversicherung“[557] durch Widerspruch und Prüfung beigelegt werden. Gemäß § 83 Abs. 1 SVG kann die Arbeitgebereinheit oder der einzelne Versicherte bei nichtge-

---

ausdrücklich die Verantwortung bei Schädigungen im Rahmen der medizinischen Behandlung geregelt. Solche Streitigkeiten werden demnach vor allem durch das zivilrechtliche Verfahren erledigt.

552 Diese Streitigkeiten gehören auch zu den sozialversicherungrechtlichen Streitigkeiten, werden aber unter dem Gesichtspunkt des Beschäftigungsverhältnisses als Arbeitsstreitigkeiten angesehen. Dazu vgl. Zheng, Shangyuan/Li, Haiming/Hu, Chunmei, (2008), S.644.

553 S. Anm.2.

554 S.Anm.109.

555 Nach § 3 der „Regelung zum Schiedsausschuss für Arbeitsstreitigkeiten“, erlassen vom Ministerium für Arbeit am 18.10.1993, Laobu Fa (1993), Nr. 276. (Laodong Zhengyi Zhongcai Weiyuan Hui Ban´an Guize). sowie gemäß § 6 der „Verordnung zur Beilegung von Arbeitsstreitigkeiten im Betrieb der VR China “(VBAB), erlassen vom Staatsrat am 6.7.1993, VO-Nr.117. „Zhonghua Renmin Gongheguo Qiye Laodong Zhengyi Chuli Tiaoli“.

556 Dabei sind Streitigkeiten über die Zahlung von Sozialversicherungsbeiträgen von diesem Gerichtsverfahren ausgenommen. Vgl. unten - 4.2 Aufbau einer besonderen Sozialgerichtsbarkeit.

557 „Shehui Baoxian Xingzheng Zhengyi Chuli Banfa“, erlassen vom Ministerium für Arbeit und Soziale Sicherheit am 8.5.2001, VO-Nr. 13.

setzmäßiger Erbringung der medizinischen Leistungen oder bei anderen Verletzungen der Rechte und rechtlich geschützten Interessen durch das Sozialversicherungsorgan (z.B. nichtgesetzmäßiger Registerieung der Sozialversicherung, Überprüfung der Sozialversicherungsbeiträge u.s.w.) auch einen Verwaltungsprozess anstrengen.

Der chinesische Rechtsschutz im Arbeits- sowie Sozialrecht besteht somit aus „einer Form der Beilegung, einer Form der Schlichtung und zwei gerichtlichen Verfahren" (*Yitiao Yicai Liangshenpan*).[558] Dieses System hat die Beilegung, Schlichtung und das zivilrechtliche sowie verwaltungsrechtliche Verfahren verbunden und zwei „Verteidigungslinien" vor dem gerichtlichen Verfahren aufgebaut.

Die sozialversicherungsrechtlichen Streitigkeiten zwischen gleichgestellten Subjekten mit weisungsabhängigem Beschäftigungsverhältnis können im Ausschuss zur Beilegung von Arbeitsstreitigkeiten im Betrieb (*Laodong Zhengyi Tiaojie Weiyuanhui*) nach Maßgabe der Gesetze und der administrativen Regelungen durch Beratungen aufgelöst werden. Anders als die Beilegung durch den Volksbeilegungsausschuss (*Renmin Tiaojie Weiyuan Hui*) – d.h. durch die unterste gerichtliche Instanz oder die Verwaltungsbeilegung durch die zuständige Behörde – beruht diese Maßnahme auf der freiwilligen Entscheidung der Betroffenen.[559]

1.Beilegung von Arbeitsstreitigkeiten

1.1 Auschuss zur Beilegung von Arbeitsstreitigkeiten im Betrieb

Nach § 7 VBAB kann ein Ausschuss zur Beilegung von Arbeitsstreitigkeiten innerhalb eines Unternehmens errichtet werden. Der Ausschuss setzt sich aus Vertretern der Arbeitnehmer sowie der Arbeitgebereinheit und Mitgliedern der Gewerkschaft zusammen. Die Vertreter der Arbeitnehmer werden von der Versammlung der Arbeitnehmer nominiert und gewählt. Die Vertreter der Arbeitgebereinheit und die Mitglieder der Gewerkschaft werden vom Betriebsleiter bzw. Geschäftsführer und der Kommission der Gewerkschaft bestimmt. Die Zahl der Mitglieder des Ausschusses wird von der Versammlung der Arbeitnehmer und dem Betriebsleiter bzw. Geschäftsführer des Unternehmens festgelegt. Die Zahl der Vertreter der Arbeitgebereinheit darf 1/3 aller Mitglieder des Ausschusses nicht überschreiten.

558 Lai, Daqing (Hrsg.), (2003), S.155.
559 Vgl. Zhang, Jingping (Hrsg.), (2007), S.282f.,

Dieser Ausschuss kann als „unabhängiges Organ“[560] die sozialrechtlichen Streitigkeiten zwischen Arbeitnehmern und deren Einheit beilegen, und weder Einzepersonen, Arbeitgeber oder staatliche Behörden dürfen in das Verfahren eingreifen. Ein Vertreter der Arbeitnehmer fungiert gemäß § 8 VBAB als Leiter des Ausschusses. Der Leiter steht weder zum Ausschuss noch zum Volksgericht in einem Abhängigkeitsverhältnis. Das ausführende Organ des Ausschusses ist von der Kommission der Gewerkschaft zu errichten. Die Errichtung und Zusammensetzung des Ausschusses in Betrieben ohne Gewerkschaft wird von Vertretern der Arbeitnehmer und deren Einheit einvernehmlich geregelt.

1.2 Prinzipien zur Beilegung der Arbeitsstreitigkeiten

Die Arbeitsstreitigkeiten im sozialversicherungsrechtlichen Bereich sollen nach dem Freiwilligkeits- und Überzeugungsprinzip beigelegt werden. Das Freiwilligkeitsprinzip besagt, dass die Beilegung freiwillig ist, also das Verfahren jederzeit von beiden Seiten beendet und auch das Ergebnis anschließend jederzeit widerrufen werden kann. Ob eine Streitigkeit durch Beilegung durch den Ausschuss im Unternehmen gelöst werden kann, liegt somit lediglich am Arbeitnehmer sowie seiner Einheit. Es besteht kein Zwang, und diese Beilegung ist auch kein unentbehrlicher Verfahrensbestandteil. Die Streitigkeit muss jedoch vom Ausschuss zur Schlichtung angenommen werden, wenn eine Partei einen Antrag auf Beilegung und die andere einen Antrag auf Schlichtung stellt.[561] Als Einrichtung zur Beilegung der Arbeitsstreitigkeit sollte der Ausschuss in dem Verfahren das Freiwilligkeitsprinzip streng einhalten. Ob es durch Beilegung des Ausschusses zur Übereinstimmung kommt, ist völlig von beiden Seiten abhängig. Im Beilegungsverfahren kommt beiden Parteien eine gleichrangige Stellung zu. Die eine darf nicht die andere durch den betrieblichen Ausschuss zum Nachgeben zwingen. Nach § 10 VBAB solle die Arbeitsstreitigkeit möglichst innerhalb von 30 Tagen im Ausschuss beigelegt werden. Wenn sich beide Seiten innerhalb dieser Frist einigen, ist ein Vereinbarungsschreiben vom Ausschuss anzufertigen, das dem Prinzip nach ohne rechtlich verpflichtende Wirkung ist und von den Betroffenen akzeptiert und durchgeführt werden soll. Bei fehlender Übereinstimmung können sie auch gleichzeitig oder nach der Beilegung eine behördliche Schlichtung anstrengen oder arbeitsrechtliche Klage erheben.

560 Lai, Daqing, (2003), S.153.

561 S. unten - Schlichtung der Streitigkeiten in der sozialen Krankenversicherung. u. Zhang, Jingping (Hrsg.), (2007), S.283.

Nach dem Überzeugungsprinzip sollte der Ausschuss im Unternehmen entsprechend den Gesetzen und Rechtsverordnungen durch demokratische Diskussion, Überzeugung und Anleitung die Vorstellungen beider Seiten in Einklang bringen. Der Ausschuss zur Beilegung ist weder staatliches rechtsprechendes Organ, noch behördliche Einrichtung zur Schlichtung. Der Ausschuss darf keine Zwangsmaßnahmen ergreifen oder Verwaltungsregelungen erlassen.[562]

2. Schlichtung der Streitigkeiten in der sozialen Krankenversicherung

In der VR China ist für sozialversicherungsrechtliche Streitigkeiten zwischen gleichgestellten Rechtssubjekten mit Beschäftigungsverhältnis die Schlichtung als zwingendes Vorverfahren für den gerichtlichen Rechtschutz vorgesehen. Das ergibt sich aus dem Arbeitsgesetz und aus der Verordnung zur Beilegung von Arbeitsstreitigkeiten im Betrieb.[563] Gemäß § 12 VBAB wird der Schiedsausschuss für Arbeitsstreitigkeiten (*Laodong Zhengyi Zhongcai Weiyuanhui*) in Kreis, Stadt und Stadtbezirk errichtet. Ob dieser Ausschuss auf PAS-Ebene eingerichtet ist, können die PAS-Volksregierungen den lokalen Gegebenheiten und Umständen entsprechend selbst entscheiden.[564]

Gemäß § 13 VBAB setzt sich der Schiedsausschuss aus Vertretern der zuständigen Behörde für Arbeit und Soziale Sicherheit, der Gewerkschaft gleicher Ebene und der von der Regierung bestimmten zuständigen Behörde für Wirtschaft zusammen. Die Zahl der Mitglieder im Auschuss muss eine ungerade Zahl sein. Ein Vertreter der zuständigen Behörde für Arbeit und Soziale Sicherheit fungiert als Leiter des Ausschusses. Wenn im Schiedsverfahren kein Konsens erreicht wird, soll gemäß § 29 VBAB mit Mehrheit entschieden werden.

562 Über die zwei Prinzipien vgl. Zhang, Jingping (Hrsg.), (2007), S.283.

563 § 83 des Arbeitsgesetzes der VR China lautet: Wenn sich die Parteien einer Arbeitsstreitigkeit einem Schiedsspruch nicht unterwerfen wollen, können sie innerhalb von 15 Tagen ab Erhalt des schriftlichen Schiedsspruchs beim Volksgericht Klage erheben. Wenn eine Partei innerhalb der gesetzlich bestimmten Frist weder Klage erhebt noch den Schiedsspruch ausführt, kann die andere Partei beim Volksgericht Zwangsvollstreckung beantragen. In § 30 VBAB und in der „Auslegung des obersten Gerichtshofs zur rechtlichen Anwendung der Vorschriften über die Verhandlung der Arbeitsstreitigkeiten“ findet sich eine ähnliche Regelung. (Zuigao Renmin Fayuan Guanyu Shenli Laodong Zhengyi Anjian Shiyong Falv Ruogan Wenti De Jieshi), verabschiedet von der 1393. Sitzung des Verhandlungsausschusses des obersten Gerichtshofs am 10.7.2006. Dazu vgl. auch Guo, Shexian/Liu, Yujiang, (2003), in Journal der Staatsanwaltschaft.

564 Nach Maßgabe der „Auslegung zur Verordnung über die Beilegung von Arbeitsstreitigkeiten im Betrieb“, Laobu Fa (1993), Nr,244, Zhonghua Renmin Gongheguo Qiye Laodong Zhengyi Chuli Tiaoli Ruogan Wenti Jieshi

2.1 Prinzipien der Schlichtung

In der Literatur werden die Prinzipien der Schlichtung von Arbeitsstreitigkeiten im Schiedsausschuss wie folgt zusammengefasst:[565]

(1) Prinzip der endgültigen Entscheidung: Nach § 30 VBAB hat der Schiedsspruch eine rechtlich bindende Wirkung, wenn die Betroffenen nicht innerhalb von 15 Tagen ab Erhalt des Schiedsspruchs Klage beim Volksgericht erheben.

(2) Das Prinzip des Vorrangs der Beilegung vor der Schlichtung: Nach §§ 27, 28 VBAB soll eine Streitigkeit zunächst vom Schiedsausschuss beigelegt werden. Wenn beide Parteien übereinstimmen, kann der Schiedsausschuss einen Beilegungsspruch anfertigen. Ansonsten soll der Ausschuss die Streitigkeit rechtzeitig schlichten.

(3) Prinzip der Unbefangenheit: Personen, die mit den Parteien in gerader Linie verwandt oder verschwägert sind oder auf andere Art und Weise in einem Interessenkonflikt stehen, sollten nach § 35 VBAB nicht an einem Schiedsverfahren mitwirken.

(4) Verjährungsprinzip: Gemäß § 23 VBAB ist die Beschwerde schriftlich beim Schiedsausschuss innerhalb von sechs Monaten ab dem Tag einzulegen, an dem der Betroffene von der Verletzung seiner Rechte Kenntnis erlangt hat oder die Verletzung kennen musste. Die Verjährungsfrist wird im Falle höherer Gewalt oder bei anderen rechtfertigenden Gründen gehemmt. Der Schiedsausschuss muss sich auch mit diesem Fall befassen.

2.2 Verfahren

Das Schiedsverfahren umfasst den Antrag sowie die Annahme, Vorbereitung, Verhandlung und Beendigung des Schiedsverfahrens. (1) Antrag und Annahme: Gemäß § 24 f. VBAB soll der Betroffene einen schriftlichen Schiedsantrag vorlegen. Der Schiedsausschuss soll über die Annahme des Falles innerhalb von sieben Tagen nach Eingang des Antrags entscheiden. (2) Vorbereitung: Innerhalb von sieben Tagen nach der Annahme wird dem Antragsgegner eine Kopie des Antrags zugestellt, und eine Schiedskammer wird eingerichtet. Wird ein Schiedsantrag abgelehnt, sollen die Gründe angegeben werden. (3) Verhandlung: Die Schiedskammer soll zunächst versuchen, die Streitigkeit beizulegen und entsprechend dem Freiwilligkeitsprinzip auf eine Übereinstimmung beider Sei-

565 Vgl. Zhang, Jingping (Hrsg.), (2007), S. 285.

ten hinzuwirken. Bei Übereinstimmung der Parteien wird eine Beilegungsurkunde angefertigt, die ab dem Tag der Zustellung Wirksamkeit entfaltet. In diesem Fall darf der Betroffene keine gerichtliche Klage erheben. Wenn eine Übereinkunft scheitert oder eine der Parteien vor der Zustellung ihre Zustimmung zur Beilegung der Streitigkeit zurücknehmen will, soll die Schiedskammer die Streitigkeit in angemessener Frist schlichten. (4) Beendigung des Verfahrens: Nach dem Mehrheitsprinzip (§ 29 VBAB) wird ein Schiedsspruch schriftlich erlassen, dem auch ein etwa abweichendes Minderheitsvotum beigefügt sein kann.

Die Betroffenen sind gemäß § 30 VBAB an den Schiedsspruch gebunden. Wenn sie sich dem Schiedsspruch nicht unterwerfen wollen, können sie innerhalb von 15 Tagen ab Erhalt des Schiedsspruchs eine Klage beim Volksgericht erheben. Wird innerhalb dieser Frist keine Klage erhoben, hat der Schiedsspruch rechtlich bindende Wirkung.

3. Widerspruch und das gerichtliche Verfahren

Die gerichtlichen Verfahren zur Beilegung sozialversicherungsrechtlicher Streitigkeiten umfassen das zivilrechtliche Verfahren (bei der Abteilung für zivilrechtliche Angelegenheiten des Volksgerichts)[566] und das verwaltungsrechtliche Verfahren (bei der Abteilung für verwaltungsrechtliche Angelegenheiten).[567] Bei Streitigkeiten zwischen gleichgestellten Subjekten ohne weisungsabhängige Beschäftigungsverhältnis kann der Betroffene unmittelbar eine zivilrechtliche Klage erheben. Bei Streitigkeiten zwischen Parteien mit Beschäftigungsverhältnis muss vor dem zivilrechtlichen Verfahren ein Schlichtungsverfahren eingeleitet werden. Ohne Schiedsverfahren wird der Fall nicht vom Volksgericht angenommen. Heutzutage richtet sich eine Klage im arbeitsrechtlichen Bereich nach dem „Gesetz der VR China über den Zivilprozess“[568], und i.d.R. ist die Abtei-

566 § 83 Arbeitsgesetz. Nach dem Gerichtsverfassungsgesetz der VR China sind innerhalb eines Gerichtshofs auf den verschiedenen Ebenen Abteilungen für zivilrechtliche, strafrechtliche und wirtschaftliche Angelegenheiten eingerichtet. „Fayuan Zuzhi Fa, verabschiedet von der 24. Sitzung des ständigen Ausschusses des 10. Nationalen Volkskongresses der VR China am 31.10.2006. Vorsitzende-VO: Nr.59. Dieses Gesetz trifft ab dem 1.1.2007 in Kraft.

567 § 3 Verwaltungsprozessgesetz der VR.China. „Xingzheng Susong Fa“, verabschiedet von der 2. Sitzung des 7. Nationalen Volkskongresses der VR China am 4.4.1989. Vorsitzende-VO: Nr.16.

568 „Zhonghua Renmin Gongheguo Xingzheng Susong Fa“, verabschiedet von der 30. Sitzung des ständigen Ausschusses des 10. Nationalen Volkskongresses der VR China am 28.10.2007. Vorsitzende-VO: Nr.75. Dieses Gesetz tritt ab dem 1.4.2008 in Kraft.

lung für zivilrechtliche Angelegenheiten im Volksgericht auf den verschiedenen Ebenen dafür zuständig.[569]

Darüber hinaus gibt es Fälle zwischen einzelnen Versicherten oder Arbeitgebereinheiten und Sozialversicherungsorganen oder der zuständigen Behörde für Arbeit und Soziale Sicherheit, die nach den „Maßnahmen zur Beilegung der verwaltungsrechtlichen Streitigkeiten im Bereich der Sozialversicherung" (MBSBS) und entsprechend dem Sozialversicherungsgesetz durch Prüfung (*Fu Cha*), Widerspruch (*Fu Yi*) und verwaltungsrechtliche Klage gelöst werden.

3.1 Prüfung und Verfahren

In den in § 6 MBSBS angeführten Fällen können natürliche oder juristische Personen oder sonstige Organisationen einen Prüfungsantrag bei dem zuständigen Sozialversicherungsorgan stellen, das einen konkreten Verwaltungsakt erlässt. Innerhalb von 20 Tagen nach Eingang des Antrags ergeht ein Bescheid über die Bestätigung oder Änderung des Verwaltungsaktes. Wenn der Adressat des Verwaltungsaktes diesen Bescheid nicht akzeptieren will oder ihn nicht innerhalb des gesetzlichen Zeitraums erhält, kann er unmittelbar einen Widerspruch bei der zuständigen Behörde einlegen. Gemäß § 13 Abs. 2 MBSBS wird das Prüfungsverfahren eingestellt, wenn der Adressat während des Verfahrens einen Widerspruch einlegt.

3.2 Widerspruch und Verfahren

Nach § 6 MBSBS können einzelne Versicherte und juristische Personen oder sonstige Organisationen einen Widerspruch bei der zuständigen Behörde für Arbeit und Soziale Sicherheit einlegen, wenn sie der Ansicht sind,

(1) das Sozialversicherungsorgan habe die Registrierung, Änderung oder Annullierung von Eintragungen nicht dem Gesetz entsprechend vorgenommen;

(2) das Sozialversicherungsorgan habe die Beitragsbemessungsgrenze der Sozialversicherung nicht der Regelung entsprechend überprüft;

(3) das Sozialversicherungsorgan habe die Angaben über Beitragszahlungen nicht der Regelung entsprechend protokolliert oder die Einsicht in die Beitragsprotokolle abgelehnt;

---

569 Dazu die „Mitteilung des Höchsten Volksgerichts über das Problem der Annahme von Arbeitsstreitigkeiten", Fafa (1993), Nr.29. (Zuigao Renmin Fayuan guanyu Laodong Zhengyi Anjian Shouli Wenti De Tongzhi).

(4) das Sozialversicherungsorgan habe gesetzeswidrig Gebühren erhoben oder die Erfüllung von Verpflichtungen gefordert;

(5) das Sozialversicherungsorgan habe das Leistungsniveau irrtümlich falsch bestimmt;

(6) das Sozialversicherungsorgan habe die Leistung nicht dem Gesetz entsprechend erbracht oder die Leistungserbringung gesetzeswidrig abgebrochen;

(7) das Sozialversicherungsorgan habe gesetzeswidrig das Leistungsniveau nicht erhöht;

(8) das Sozialversicherungsorgan habe gesetzeswidrig das Sozialversicherungsverhältnis nicht geändert oder fortgesetzt;

(9) ein Verwaltungsakt[570] des Sozialversicherungsorgans habe ihre Rechte oder Interessen verletzt.

Nach dem Gesetz der VR China über den Widerspruch ist ein Widerspruch grundsätzlich bei der nächsthöheren Behörde einzulegen. Nach § 8 MBSBS kann ein Überprüfungsantrag unmittelbar bei der für das Sozialversicherungsorgan verantwortlichen Behörde vorgenommen werden. Die für den Widerspruch zuständige Behörde hat die Gesetzmäßigkeit und Angemessenheit des konkreten Verwaltungsaktes zu überprüfen. Gemäß dem Prinzip der einmaligen Überprüfung[571] darf der Betroffene nach einem Widerspruch und dem Erlass eines wirksamen Überprüfungsbescheids nicht mehr mit Bezug auf denselben Sachverhalt einen erneuten Antrag stellen, sondern kann danach nur noch Klage erheben. Nach § 7 des Gesetzes der VR China über den Widerspruch i.V.m. § 7 MBSBS kann ein Überprüfungsantrag mit Bezug auf einen konkreten Verwaltungsakt auch entsprechend der allgemeinen Regelungen von staatlichen Organisationen und lokalen Regelungen, aufgrund derer der konkrete Verwaltungsakt erlassen

570 Nach § 2 Verwaltungsklagengesetz der V.R. China kann ein Bürger, eine juristische Person oder sonstige Organisation nur mit Bezug auf einen konkreten Verwaltungsakt eine verwaltungsrechtliche Klage erheben. Die konkreten Verwaltungsakte, gegen die der Rechtsweg eröffnet ist, sind auch in § 11 aufgelistet. Der konkrete Verwaltungsakt ist anders als der Verwaltungsakt im deutschen Verwaltungsrecht definiert. Der konkrete Verwaltungsakt bezieht sich auf eine Verwaltungsentscheidung oder Maßnahme, die auf eine bestimmte Person oder Sache gerichtet ist und die Rechte und Verpflichtungen beider Seiten im verwaltungsrechtlichen Verhältnis mit rechtlich bindender Wirkung konkretisiert. Vgl. Jiang, Ming´an (Hrsg.), (2008), S. 223ff.; Zhang, Zhengzhao (Hrsg.), (2008), S. 135.; H. Maurer, (2009), S. 212.

571 Vgl. Zhang, Jingping (Hrsg.), (2007), S. 289.;Jiang, Ming´an (Hrsg.), (2008), S. 421ff.

wurde, bei der zuständigen Behörde gestellt werden. Die Gesetzmäßigkeit der Rechtsverordnungen des Staatsrates und deren Ministerien und Ausschüsse und der lokalen Satzungen dürfen nicht bei einem Widerspruch überprüft werden.[572].

Der Betroffene kann innerhalb von 60 Tagen ab dem Tag, an dem der konkrete Verwaltungsakt erlassen wurde, bei der zuständigen Behörde für Arbeit und Soziale Sicherheit mündlich oder schriftlich eine Entscheidungsprüfung beantragen.[573] Innerhalb von 5 Tagen nach Eingang des Antrags solle die Streitigkeit von der Behörde überprüft werden, und die Behörde über die Annahme entscheiden.[574] Nach den allgemeinen Grundsätzen des Verwaltungsverfahrens wird der konkrete Verwaltungsakt in der Behörde noch einmal überprüft. Die Vollziehung des Verwaltungsaktes ist während des Verfahrens nicht gehemmt.[575] Ein Überprüfungsbescheid ergeht i.d.R. innerhalb von 60 Tagen. Innerhalb von 15 Tagen muss nach Bekanntgabe des Bescheids Klage erhoben werden, wenn der Betroffene sich dem Bescheid nicht unterwerfen will.[576] Nach § 37 Verwaltungsklagengesetz der V.R.China ist die Entscheidungsprüfung nicht Voraussetzung für die Klageerhebung, denn dem Betroffenen soll möglichst schnell der Rechtsweg offenstehen.[577]

Gemäß § 28 des Gesetzes der VR China über den Widerspruch kann die zuständige Behörde in dem Überprüfungsbescheid einen Verwaltungsakt bestätigen, aufheben, ändern oder als rechtswidrig feststellen. In den letzten zwei Fällen kann die Behörde der ursprünglichen Stelle auferlegen, in einem bestimmten Zeitraum einen neuen Verwaltungsakt zu erlassen. Nach § 29 dieses Gesetzes und § 4f. des Staatshaftungsgesetzes[578] soll die Behörde einen Beschluss über Schadensersatz erlassen, wenn der konkrete Verwaltungsakt einen tatsächlichen Schaden verursacht hat und als rechtswidrig festgestellt wird.

3.3 Die verwaltungsrechtliche Klage

Für die öffentlich-rechtlichen Streitigkeiten in der Sozialversicherung ist auch der Rechtsweg zu den Verwaltungsgerichten eröffnet. In Orientierung an § 11

572 Zu den Rechtsverordnungen und Satzungen s. O. Normenhierarchie.
573 §9 MBSBS i.V.m. §§ 9,11,22 „Widerspruchsgesetz der VR China".
574 §15 MBSBS i.V.m. § 17ff. „Widerspruchsgesetz der VR China".
575 Dazu vgl. Zhao, Xiangsheng, (1994), 3.; Zhang, Yiyao/Shen, Jun, (2003), 04.
576 § 19 „Widerspruchsgesetz der V.R.China".
577 Vgl. Ying, Songnian (Hrsg.), (2007), S. 489.; Ye, Bifeng (Hrsg.), (2008), S. 297.
578 „Guojia Peichang Fa", verabschiedet in der 7. Sitzung des ständigen Ausschusses des 8. Nationalen Volkskongresses der VR China am 12.5.1994. Vorsitzende-VO: Nr.29. Dieses Gesetz ist ab dem 1.1.1995 in Kraft.

Verwaltungsklagengesetz der V.R.China sowie § 6 MBSBS können in der chinesischen sozialen Krankenversicherung die Klagen u.a. gegen folgende konkrete Verwaltungsakte erhoben: (1) belastende Verwaltungsakte, z.B. Geldstrafe für die Arbeitgebereinheit nach § 84 SVG, Entzug der Erlaubnis von zugelassenen Krankenhäusern als Leistungserbringer (§ 87 SVG), Auflösung des medizinischen Dienstleistungsvertrags; (2) verwaltungsrechtliche Zwangsmaßnahmen, z.B. Beschlagnahme gesetzwidrig erlangter Gewinne bei zweckentfremdeten Sozialversicherungsfonds (§ 88 SVG); (3) Ablehnung der Erlaubniserteilung als Leistungserbringer. (4) Ablehnung oder fehlerhafte Ausführung der rechtlich gebotenen Maßnahmen, z.B. gesetzeswidrige Verpflichtung zur Teilnahme an der Sozialversicherung, gesetzeswidrige Einzahlung der Versicherungsbeiträge ins Finanzkonto, nicht rechtzeitige Auszahlung der Krankheitskosten an die Krankenhäuser (§ 89 SVG).

Für das Gerichtsverfahren über eine Verwaltungsklage gelten die folgenden Prinzipien: (1) Unabhängigkeit der rechtsprechenden Gewalt[579] (2) Prinzip der Überprüfung der Rechtmäßigkeit eines konkreten Verwaltungsaktes [580] (3) Kammerprinzip:[581] Es bedarf keines vereinfachten Verfahrens wie im zivilrechtlichen Verfahren i.S.v. § 142 des „Gesetzes der VR China über den Zivilprozess“[582]. (4) Prinzip der gleichberechtigten Stellung der Verwaltungsbehörde und des Adressaten des Verwaltungsaktes[583] (5) Prinzip der Vollziehbarkeit des Verwaltungsaktes. Während des verwaltungsrechtlichen Verfahrens wird die Vollziehung des konkreten Verwaltungsaktes nicht gehemmt.[584]

Nach dem Gesetz über den Verwaltungsprozess ist eine Klage innerhalb von drei Monaten bzw. 15 Tagen ab dem Tag bei dem zuständigen Volksgericht einzulegen, ab dem der Adressat von dem konkreten Verwaltungsakt Kenntnis erlangt oder an dem er den Widerspruchsbescheid erhält, den er nicht akzeptieren will. Eine verwaltungsrechtliche Klage wird im chinesischen System von zwei Überprüfungsinstanzen erledigt. [585] Außerdem gibt es gemäß § 63f. des Verwaltungsklagengesetzes der V.R. China ein Kontrollsystem hinsichtlich des

579 § 3 Gesetz der VR China über den Verwaltungsprozess.
580 § 5 Gesetz der VR China über den Verwaltungsprozess.
581 § 5 Gesetz der VR China über den Verwaltungsprozess.
582 „Zhonghua Renmin Gonghe Guo Minshi Susong Fa“, verabschiedet in der 30. Sitzung des ständigen Ausschusses des 7. Nationalen Volkskongresses der VR China am 28.10.2007. Vorsitzende-VO: Nr.75. Dieses Gesetz ist ab dem 1.4.2008 in Kraft.
583 § 7 Gesetz der VR China über den Verwaltungsprozess.
584 § 44 Gesetz der VR China über den Verwaltungsprozess.
585 § 5 Gesetz der VR China über den Verwaltungsprozess.

Urteils (*Shenpan Jiandu Chengxu*): Der Präsident des nächsthöheren Volksgerichts kann wegen eines Urteils sowie eines Beschlusses mit Rechtswirkung einen Revisionsantrag beim Entscheidungsausschuss stellen, wenn er meint, dass das Urteil bzw. der Beschluss gegen Gesetze, Rechtsverordnungen oder andere Regelungen verstößt. Das Volksgericht der oberen Instanzen kann unter diesen Umständen das ursprüngliche Gericht auffordern, über den Fall erneut zu verhandeln. Die Staatsanwaltschaft kann auch dagegen ein Rechtsmittel einloegen.

In § 79 der „Auslegung des obersten Volksgerichts zur die Durchführung des Gesetzes der VR China über den Verwaltungsprozess“[586] i.V.m. §§ 92ff. des „Gesetzes der VR China über den Zivilprozess“ ist auch ein Verfahren der vorläufigen Vollstreckung (*Xianyu Zhixing Chengxu*) vorgesehen: Auf Antrag einer Partei kann das Volksgericht eine einstweilige Anordnung erlassen, wenn der konkrete Verwaltungsakt oder die Entscheidung des Volksgerichts wegen des Erfordernisses einer Handlung der anderen Partei oder aus anderen Gründen möglicherweise nicht vollzogen werden kann. Das Volksgericht ist auch befugt, im Notfall ohne Antrag einer Partei eine Maßnahme zu erlassen. Im Bereich der sozialen Krankenversicherung kann auf Antrag des Klägers das Gericht eine Anordnung der vorläufigen Vollstreckung erlassen, wenn der Versicherte gegen das Sozialversicherungsorgan eine verwaltungsrechtliche Klage auf medizinische Leistung erhebt. Wenn sich der Klagegegner dieser Anordnung der Eigentumsgarantie bzw. der vorläufigen Vollstreckung nicht unterwerfen will, kann er dagegen einen Rechtsbehelf einlegen. Während des Überprüfungsverfahrens ist die Vollziehung der Anordnung nicht gehemmt. [587] Ähnlich wie beim Widerspruch kann der Adressat des konkreten Verwaltungsaktes einen Antrag auf Schadensersatz gegenüber der zuständigen Behörde stellen, wenn der konkrete Verwaltungsakt einen tatsächlichen Schaden verursacht hat und als rechtswidrig festgestellt wird.[588]

---

586 §79 „Auslegung des obersten Volksgerichts zur Durchführung des Gesetzes der VR China über den Verwaltungsprozeß“, erlassen von der 1452.Sitzung des Verhandlungsausschusses des obersten Volksgerichts am 24.9.2008, Fashi (2008), Nr. 13. Diese Auslegung ist seit dem 1.1.2009 in Kraft. (Zuigao Renmin Fayuan Guanyu Zhixing Zhonghua Renmin Gongheguo Xingzheng Susong Fa Ruogan Wenti De Jieshi). Das Verfahren der vorläufigen Vollstreckung ist nicht ausdrücklich im Gesetz über den Verwaltungsprozess vorgesehen. Gemäß § 79 der Auslegung dieses Gesetzes kann das Volksgericht im Verfahren über eine verwaltungsrechtliche Klage auch die entsprechenden zivilprozessualen Regelungen anwenden.

587 § 99 Gesetzes der VR China über den Zivilprozess.

588 §§ 4ff. Staatshaftungsgesetz.

4. Probleme und Vorschläge

Das System der Beilegung von sozialversicherungsrechtlichen Streitigkeiten ist in China aus historischen Gründen und wegen der unterschiedlichen Entwicklung der Gesetzgebung seit langem in das System der Beilegung von Arbeitsstreitigkeiten eingeordnet.[589] Mit der Vertiefung der Sozialversicherungsreform sind immer wieder Nachteile dieses Systems deutlich geworden. Der Bedarf an spezifischer Gesetzgebung und einer fachlich spezialisierten Einrichtung zur Streitigkeitsbeilegung gehören zu den dringenden Problemen.[590]

4.1 Fehlende Gesetzgebung

Die Kritik an der Gesetzgebung zur Streitigkeitsbeilegung im sozialversicherungsrechtlichen Bereich konzentriert sich zunächst auf die uneinheitliche staatliche Regulierung – zur Zeit ist in China noch kein Gesetz über die Sozialversicherung verabschiedet. Die einschlägigen Angelegenheiten sind in anderen Gesetzen nur in Grundzügen geregelt. Wegen „Gesetzgebungsvakuum" in diesem Bereich können viele Streitigkeiten nur aufgrund von Rechtsverordnungen, Satzungen und sogar aufgrund von „amtlichen Papiere mit rotem Kopf" (*Hongtou Wenjian*)[591] beigelegt werden.[592] Ebenfalls stellen ungeklärte rechtliche Verantwortlichkeiten, uneffektive Strafen und unklare Rechtspflichten Hindernisse für die Beilegung sozialversicherungsrechtlicher Streitigkeiten dar. Die Rückständigkeit der Gesetzgebung macht die sozialversicherungsrechtlichen Streitigkeiten abhängig vom System der Arbeitsstreitigkeiten.[593] Nach der Reform wird das

589 Vgl. Dai, Daqing (Hrsg.), (2003), S. 155.; Dong, Baohua, (2001), 3.

590 Vgl. Guo, Chengwei/ Wang, Guangbin, (2003), S. 410f.

591 „Amtlichen Papiere mit rotem Kopf" (Hongtou Wenjian) ist keine juristische Bezeichnung. Die normativen Dokumente (außerhalb Rechtsverordnung oder Satzung), die von exekutiven Organen auf verschiedene Ebene (meistens die zentrale Regierung) erlassen werden, sind wegen ihrem Titel in roter Farbe häufig vom Volk als „Hongtou Wenjian" genannt. Solche Papiere beziehen sich speziell auf unbestimmte Personengruppe und Organe und stellen gewissermaßen eine Verbindlichkeit der Rechte und Pflichten der Bürger dar.

592 Vgl. Gu, Chenghui, Untersuchungsbericht: „Laodong Zhengyi Huajie Zhi Liangfa, Hexie Shehui oujian Zhi Shandao", (Das gute Gesetz zur Beilegung der Arbeitsstreitigkeiten, der richtige Weg zum Aufbau der harmonischen Gesellschaft), http://www.hpldj.gov.cn:7005/hpldj/listCategoryContents.do?categoryId=1274701&contentId=11233601. Sowie Bericht: „Jiangxi Shouli Laodongzhe Zhuanggao Yongren Danwei Yiliao Jiufen An Shimo", (Die erste Klage von Arbeitnehmern gegen Einheiten in Angelegenheiten der sozialen Krankenversicherung in der Provinz Jiangxi), http://jxncls.findlaw.cn/lawyer/jdal/d4531.html.

593 Vgl. Zeng, Xianshu (Hrsg.), (1995), S.255. Bericht der Agentur des Neuen China am 28.8.2000: „Long Yifei Jiaoshou Tichu Woguo Shebao Falv Zhidu Cunzai Si

Sozialversicherungsorgan als öffentliche Einheit von der zuständigen Behörde für Arbeit und Soziale Sicherheit getrennt.[594] Die Streitigkeiten entstehen dann häufig zwischen Versicherten sowie Begünstigten und dem Sozialversicherungsorgan. Anders als das Arbeitsverhältnis zwischen Arbeitnehmer und Arbeitgebereinheit wird diese Beziehung als vom Gesetz festgelegte wirtschaftliche Beziehung angesehen. Mit Errichtung und Vervollkommnung eines neuen Sozialversicherungssystems wird dann auch ein selbständiges Streitbeilegungssystem der Sozialversicherung in China geschaffen.[595]

4.2 Aufbau einer besonderen Sozialgerichtsbarkeit

Ein weiteres erhebliches Problem im chinesischen System der Erledigung sozialversicherungsrechtlicher Streitigkeiten ist die unklare Kompetenzverteilung zwischen den Abteilungen des Volksgerichts und die daraus resultierende Ablehnung von Rechtsfällen. Z.B. ist nach der „Vorläufigen Verordnung zur Zahlung des Sozialversicherungsbeitrags“[596] und nach § 63 Abs. 1 SVG das Finanzorgan verpflichtet, den Beitrag für einen bestimmten Zeitraum zu zahlen oder nachzuzahlen, wenn die Arbeitgebereinheit den Sozialversicherungsbeitrag nicht oder nicht in ausreichender Summe zahlt. Der Arbeitnehmer hat aufgrund dieser Rechtsvorschriften aber keinen unmittelbaren Anspruch auf Beitragszahlung durch seine Einheit. Solche Fälle wurden durch § 7 Abs. 1 der „Auslegung des obersten Gerichtshofs zur Anwendung der Vorschriften über die Verhandlung von Arbeitsstreitigkeiten“ vom arbeitsrechtlichen Rechtsschutz ausgenommen, und der Betroffene darf lediglich durch Beschwerde bei der zuständigen Behörde und beim Sozialversicherungsorgan um Hilfe nachsuchen bzw. mittelbaren Rechtsschutz durch einen Verwaltungsprozess gegen den Beschluss der Behörde oder gegen das Sozialversicherungsorgan anstrengen. Der Rechtsschutz wird dadurch künstlich erschwert.

Gemäß § 88 Abs. 3 des Sozialversicherungsgesetzes kann der einzelne Versicherte einen Gerichtsprozess anstrengen, wenn er in Fragen der Zahlung des Sozialversicherungsbeitrags mit seiner Einheit nicht übereinstimmt. Fraglich ist

---

Fangmian Quexian“, (Prof. Long Yifei weist auf vier Nachteile des chinesischen Sozialversicherungssystems hin).http://www.cmr.com.cn/SubjectChannel/law/active/famt-1.htm#3

594 Siehe oben – Sozialversicherungsorgan.

595 Vgl. Dai, Daqing (Hrsg.), (2003), S.156.

596 „Shehui Baoxianfei Zhengjiao Zanxing Tiaoli“, verabschiedet vom Staatsrat am 14.1.1999.VO-Nr. 259.

aber, welche Abteilung des Volksgerichts unter diesen Umständen für die Verhandlung geeignet ist?[597]

Bei der Frage, ob in China künftig eine selbständige Sozialgerichtsbarkeit wie in Deutschland oder zumindest eine Abteilung für arbeits- und sozialrechtliche Streitigkeiten im Volksgericht aufgebaut wird, stimmen die verschiedenen Rechtswissenschaftler darin überein, dass die Errichtung eines speziellen Justizorgans einen effektiven Rechtsschutz der sozialrechtlichen Rechte und rechtlich geschützten Interessen der Individuen ermöglichen würde und dass auf diese Art und Weise den Besonderheiten und der Komplexität der einschlägigen Streitigkeiten in der Gerichtsverhandlung Rechnung getragen werden könnte.[598] Dies würde natürlich eine spezialisierte Ausbildung der Richter, eine Verbesserung des Ernennungssystems für ehrenamtliche Richter und ein entsprechend entwickeltes Bewusstsein in der Bevölkerung voraussetzen.[599] Es bleibt zu hoffen, dass dieses Vorhaben mit dem Erlass des Sozialversicherungsgesetzes der VR China vorangetrieben und schließlich verwirklicht wird.

597 Vgl. Chen, Mo, (2004), 10; Fu, Mingsheng, (2003), 5.3.2004; Guo, Zhen, (2008), http://www.sdjnlss.gov.cn/Contents/ArticleShow.asp?ArticleID=954

598 Vgl. den Sitzungsvortrag von Long, Yifei: „Wanshan Woguo De Shehui Baozhang Falv Zhidu“ im ständigen Ausschuß des Nationalen Volkskongresses am 28.8.2000. (Vervollständigung des Systems der chinesischen Sozialversicherung).

599 Vgl. Lai, Daqing (Hrsg.), S. 156f.

Vierter Teil: Strukturvergleich der chinesischen Sozialkrankenversicherung mit der deutschen gesetzlichen Krankenversicherung

In Deutschland existiert die heute im Fünften Buch des Sozialgesetzbuchs (SBG V)[600] geregelte gesetzliche Krankenversicherung (GKV) schon fast 130 Jahre. Das GKV-System als ältester Zweig der Sozialversicherung[601] entstand damals als Teil der Bismarckschen Sozialgesetzgebung. Nach dem Aufbau des Sozialversicherungssystems in der Bismarckschen Zeit wurde das deutsche Beispiel für viele andere Staaten zum Vorbild.[602]

Die soziale Krankenversicherung in der VR China im heutigen Sinne geht auf das Arbeitsgesetz betreffend die Krankenversicherung der Arbeiter vom 5.7.1994 zurück.[603] Das neue Sozialversicherungsgesetz wurde nach langjähriger Vorbereitung[604] am 28.10.2010 vom Nationalen Volkskongress verabschiedet. Die Entwicklung der chinesischen Sozialkrankenversicherung wird von einem deutschen Wissenschaftler folgendermaßen kommentiert: China „schickte sich an, im Zeitraffer weniger Jahre eine Entwicklung nachzuholen, für die man in Deutschland weit über 100 Jahre gebraucht hatte".[605]

Trotz vieler Unterschiede in verschiedenen Hinsichten zwischen der deutschen GKV und der chinesischen Sozialkrankenversicherung bestehen auch erkennbare Gemeinsamkeiten. Beim Aufbau des Sozialversicherungssystems in China sollte man heutzutage einerseits die Vorteile der ausländischen Rechtsinstitutionen anerkennen, aber andererseits aufgrund der nationalen kulturellen und sozialen Bedingungen Schritt für Schritt ein selbständiges Modell in Anpassung an die speziellen Erfordernisse Chinas entwickeln. In diesem Kontext haben ausländische Systeme sozialer Sicherheit – hier diejenigen für die Gesundheitsversorgung – die Funktion von Modellen, aus deren praktischer Erprobung – ähnlich wie bei den unterschiedlichen regionalen Modelle innerhalb der VR China – gelernt werden kann. Für den dafür nötigen Vergleich muss man, gerade weil es auch immer um die jeweiligen rechtlichen, wirtschaftlichen und kulturellen Zusammenhänge geht, in denen sich diese Modelle zu bewähren haben, sehr in die Details gehen – so wie es in den bisherigen Kapiteln für die chinesische soziale

600 Das SGB V ist am 20.12.1988 verabschiedet worden und seit 1.1.1989 in Kraft. BGBl.IS.2477.

601 Vgl. S. Muckel, (2009), S.56.

602 Vgl. Eichenhofer, (2007), S.20.

603 S. Anm. 2.

604 Vgl. oben - das Sozialversicherungsgesetz.

605 Vgl. J.P. Bank, (2003), S.453.

Krankenversicherung unternommen wurde. Eine solche vergleichende Detailbetrachtung der deutschen GKV kann hier nicht geleistet werden. Mit dem folgenden primär auf der Ebene von Strukturen und Grundentscheidungen verbleibenden Vergleich soll vielmehr versucht werden auszuloten, inwieweit sich der Blick auf die deutsche GKV für künftige sozialpolitische Diskussionen in China lohnen dürfte. Gerade weil – nicht zufällig[606] – das deutsche System der Sozialversicherung in mancher Hinsicht ähnliche Züge aufweist wie das chinesische, liegt dessen vergleichende Betrachtung näher als etwa diejenige staatlich organisierter steuerfinanzierter Gesundheitssysteme. Aus der Außenperspektive auf die chinesische soziale Krankenversicherung, wie sie sich entwickelt hat und mit der Verabschiedung des Sozialversicherungsgesetzes weiterentwickeln dürfte, hat die nun folgende vergleichende Betrachtung von Strukturen in der gleichen Gliederung wie bei der Detailbetrachtung in den vorherigen Kapiteln auch die Funktion eines zusammenfassenden Überblicks.

1. Die Ausgangslagen und Grundentscheidung in Deutschland und China für die Einführung einer sozialen Krankenversicherung

In historischer Hinsicht ist die Gemeinsamkeit der Einführung eines Sozialkrankenversicherungssystems in Deutschland und China die Notwendigkeit der Krankenversicherung als Teil der existentiellen Absicherung der Arbeiter und ihrer Familien. Politischer Hintergrund in den beiden Ländern war neben der sozialen Zielsetzung als solcher die Notwendigkeit, das „explosive" Potential unversorgter Massen zu mildern. Die Auswahl des Versicherungsmodells hängt von den jeweiligen kulturellen Traditionen ab. Auf der Basis der geschichtlichen sowie politischen Hintergründe und kulturellen Bezüge der beiden Länder soll der nachfolgende Rechtsvergleich vorgenommen werden:

1.1 Zur Notwendigkeit der Einführung einer sozialen Krankenversicherung

Die Errichtung des Sozialversicherungssystems in Deutschland war an wirtschaftliche, soziale und ideengeschichtliche Voraussetzungen gebunden, welche sich in vielen Staaten nachweisen lassen:[607]Das GKV-System entstand in der Bismarck´schen Zeit mit Beginn der Industrialisierung und dem Verlust alter Strukturen auf dem Lande. Das heutige China ist mit einer vergleichbaren wirtschaftlichen und sozialen Entwicklung konfrontiert, wie sie in Europa bzw. in Deutschland im 19. Jahrhundert anzutreffen war: In China entstand das Grund-

606 Dazu vgl. Lin, Jia, (2005),S.123. J.P.Bank, (2003),S.172.
607 Vgl. Eichenhofer, (2007), S.15.

krankenversicherungssystem mit Beginn der Wirtschaftsreformen und der Notwendigkeit, die Unternehmen weitgehend von der bisherigen Last sozialer Absicherung ihrer Beschäftigten zu befreien und ebenfalls der Auflösung traditioneller Versorgungsstrukturen auf dem Lande. Die mittlerweile aufgebaute chinesische Sozialkrankenversicherung entspricht in der Grundkonstruktion dem gesetzlichen Krankenversicherungssystem in Deutschland, natürlich mit chinesischen Besonderheiten.

1.1.1 Die Entstehung und Entwicklung der GKV in Deutschland

Deutschland gilt als der erste Vorläufer, der die als Sozialversicherung ausgestaltete gesetzliche Krankenversicherung einführte. Entsprechende wirtschaftliche Bedingungen waren die Voraussetzung für die Errichtung der Sozialversicherung und ihre Verbreitung in den Preußischen Staaten sowie in Deutschland.[608] Die industrielle Revolution und ein bis dahin beispielloser Wirtschaftsboom im Rahmen eines entfesselten Kapitalismus vollzogen sich im Vorfeld der Kaiserlichen Botschaft nach der Reichsgründung von 1871.

Aufgrund der Aufhebung der Erbuntertänigkeit der Bauern und der Einführung der Gewerbefreiheit und Freizügigkeit[609] rang die in die Städte drängende ländliche Bevölkerung um die Arbeitsplätze in den gerade erst entstehenden industriellen Ballungsgebieten, z.B. im Großraum Berlin und im Ruhrgebiet. Die niedrigen Löhne infolge des starken Wettbewerbs führten aber zu Armut und Not der Arbeitnehmer, die ihren Lebensunterhalt für sich und ihre Familien nicht sicherstellen, geschweige denn die Kosten für Kranke, Alte, Opfer von Arbeitsunfällen oder Waisen tragen konnten. Besonders unter dem Einfluss von Karl Marx und Friedrich Engels entstand die Arbeiterbewegung als Reaktion auf die Verschlechterung der Lebenslagen. In Europa wurde in der Mitte des 19. Jahrhunderts eine staatliche und rechtliche Ordnung von größerer Gleichheit und sozialer Gerechtigkeit gefordert.[610]

Die Bismarck´sche Sozialpolitik und Gesetzgebung war eine Reaktion auf die gesellschaftlichen Veränderungen und die Arbeiterbewegung. Ansätze für eine gesundheitliche Besserstellung der Arbeiter wurden in der Preußischen Gewer-

608 Vgl. W. Fischer, in Zacher (hrsg.),(1978), S.91.; V. Hentschel, (1983), S.13ff; P.A. Köhler, in Zacher (hrsg.), (1979), S.19ff.; Eichenhofer, (2007), S.15.

609 Vgl. Preußische Reformgesetzgebung von 1807 bis 1810, Edikt vom 7. September 1811 und Gewerbeordnung vom 17. Januar 1845, Preußisches Freizügigkeitsgesetz vom 21. Mai1860, zitiert aus Gitter/Schmitt, (2001), S.7.

610 Vgl. Eichenhofer, (2007), S.18.

beordnung vom 17. Januar 1845[611] verwirklicht: Die Krankenkassen waren danach für Fabrikarbeitnehmer eingerichtet. Bis 1876 war die Hälfte der Arbeitnehmer gegen Krankheit versichert.[612] Die gesetzliche Krankenversicherung wurde schließlich eingeleitet durch die berühmte Kaiserliche Botschaft vom 17. 11. 1881[613], in der zunächst am 15. 6. 1883 das Gesetz betreffend die Krankenversicherung der Arbeiter (RGBl. S. 73) erlassen wurde. Dieses Gesetz wird auch als „Geburtsurkunde der GKV" angesehen.[614]

Nach Errichtung des GKV-Systems waren zunächst nur Industriearbeiter sowie im Handel Beschäftigte in die Sozialkrankenversicherung einbezogen. Nach Maßgabe der danach erlassenen Reichsversicherungsverordnung (RVO) vom 19. 7.1911[615] wurden weitere Kreise der Bevölkerung in den Schutz der Sozialversicherung einbezogen. Dieses bis heute noch geltende Gesetz wird auch als Grundstein für eine Ausweitung des versicherten Personenkreises angesehen.[616]

Das durch die Bismarcksche Gesetzgebung errichtete GKV-System zielte auf die Beseitigung der „sozialen Begleiterscheinungen ungezügelten Wirtschaftswachstums".[617] In der Literatur werden die Gründe, aus denen Deutschland als erster Staat ein Sozialversicherungssystem schuf, zusammengefasst:[618] Erstens sollte die politische Stabilität des neuen Reiches garantiert werden, denn das Gemeinwesen war damals innerlich ungefestigt, und die Konflikte mit den innenpolitischen Gegnern mussten entspannt werden. Mit der langfristigen und stabilen Entwicklung der Sozialversicherung sollte die Industriearbeiterschaft als Grundlage des Staates und der sozialen Sicherheit gewonnen werden. Denn Bismarck betrachtete die Sozialpolitik primär als Instrument zur Abwehr der Gewerkschaftsbewegungen und der Sozialdemokratie.[619] Auch fehlte in Deutschland eine bürgerliche revolutionäre Tradition wie in anderen europäischen Ländern. Die Modernisierungen des 19. Jahrhunderts wurden vom Staat

611 „Allgemeine Gewerbeordnung vom 17. Januar 1845" in der Gesetzessammlung für die königlich-preussischen Staaten (1845).

612 Peters, (1978), S.46.

613 Die Kaiserliche Botschaft ist vollständig abgedruckt in ZSR 1981, 730 ff.

614 Vgl. I. Ebsen, in v. Maydell/Ruland/Becker (hrsg.), S.681.

615 In RGBl., S.509

616 I. Ebsen, in v. Maydell/Ruland/Becker (hrsg.), S.682.

617 Vgl. J.P.Bank, (2003), S.454.

618 Vgl. dazu, Stollleis, in Zacher (hrsg.), (1979), S.387ff.; Vgl. Eichenhofer, (2007), S.20.

619 Vgl. Nipperdey, (1993), S.335ff.; Rohwer/Kahlmann, ZSR 1981, S.657ff.; Stolleis, (1980), S.155ff. sowie I. Ebsen, in v. Maydell/Ruland/Becker (hrsg.), S.681.

als Garantem der bestehenden sozialen und wirtschaftlichen Ordnung durch eine „Reform von oben" durchgesetzt.

1.1.2 Vergleichende Betrachtung der chinesischen Ausgangslagen bei der Öffnung zu einem Marktsystem

Im heutigen China sind vergleichbare wirtschaftliche und soziale Umstände eingetreten. Wie oben beschrieben, entstand seit dem Aufbau eines sozialistischen Marktwirtschaftssystems in den 90er Jahren durch die Industrialisierung und die damit einhergehenden gesellschaftlichen und sozialen Veränderungen die Notwendigkeit, die soziale Sicherung und die soziokulturelle Integration der Bevölkerung zunehmend durch staatliches Handeln auf eine neue Basis zu stellen.[620]

Ähnlich wie im Deutschland des 19. Jahrhunderts verursachten die Reformpolitik zur Befreiung der ländlichen Bevölkerung durch das Familienverantwortungssystem[621] und die Beschäftigungsdiskriminierung beim Vorbehalt des Systems der Haushaltsregistrierung große soziale Probleme: Die Wanderarbeitnehmer drängen mit großer Geschwindigkeit aus unentwickelten ländlichen Regionen in die „Arbeit und Brot versprechenden städtischen Ballungsgebiete".[622] Laut dem Blaubuch des Staatsinstitutes für Geisteswissenschaft (Zhongguo Shehui Kexueyuan) von 2010[623] konzentriert sich die Beschäftigung der Wanderarbeiter auf die arbeitsintensiven Industrien (z.B. Hoch- und Tiefbau sowie Bergbauindustrie). Die industriellen Arbeitnehmer in den östlichen und südlichen Küstengebieten sind in großem Maße Wanderarbeiter. Diese werden immer wieder mit schwierigen Lebens- und Arbeitsbedingungen konfrontiert. Die meisten von ihnen haben wegen der unterschiedlichen Behandlung bei Sozialleistungen auch nicht an der Krankenversicherung teilgenommen. Die Anzahl der Arbeits- und Sozialversicherungsstreitigkeiten hat sich in den letzten zehn Jahren sehr schnell erhöht. In der ersten Hälfte des Jahres 2009 erreichte die Zahl der vom Volksgericht angenommenen Arbeitsfälle 170 000. Im Vergleich zum letzten Jahr ist die Zahl der Fälle damit um 30% gestiegen. In den östlichen und südlichen Provinzen beläuft sich der Anstieg auf 150%.[624] Die meisten Streitigkeiten entstehen zwischen Wanderarbeitern und deren Arbeitgebern. Da-

620 S. o - Reform und Entwicklung (1993 bis heute).
621 S. o - Definition des Begriffs Wanderarbeiter (Nongmingong).
622 Vgl. J.P.Bank, (2003), S.454.
623 Staatsinstitut für Geisteswissenschaft , (2009), S.7f.
624 Die Statistik ist zitiert aus dem Blaubuch : Staatsinstitut für Geisteswissenschaft , (2009), S.7f.

bei hat sich seit der stärkeren Einbeziehung der Wanderarbeitnehmer in die rechtlichen Strukturen der Sozialversicherung der Schwerpunkt des Rechtsschutzes dieser Personen vom Streit um vorenthaltenen Arbeitslohn auf Fragen der Sozialversicherung verlegt.

Mit den radikalen Umwälzungen der chinesischen Wirtschaftsreform und der Veränderung der Gesellschaftsschichten entstand eine scharfe soziale Differenzierung. Seit der Vertiefung der Reform- und Öffnungspolitik und der Etablierung des Marktwirtschaftssystems weist China trotz des wirtschaftlichen Aufstiegs eine dramatische Einkommensdisparität zwischen Armen und Reichen auf.[625] Nach der amtlichen Statistik von 2006[626] wies der Gini-Koeffizient eine städtische Einkommensdifferenz von 0,4% auf, und überschritt die Obergrenze des Rationalwertes.[627] Eine andere Statistik zeigt, dass 20% der städtischen Bevolkerung mit niedrigem Einkommen zur Zeit nur 2,75% des gesamten Einkommens aller Einwohner erzielen, während 20% der Bevölkerung mit höherem Einkommen über fast 60% des gesamten Einkommens verfügen.[628] Mit der Vergrößerung der Einkommensunterschiede haben sich die sozialen Konflikte und Widersprüche immer mehr zugespitzt: Rechte und Interessen der ärmeren Bevölkerungsschichten wurden für lange Zeit beeinträchtigt. Bestehen zwischen verschiedenen Gesellschaftsschichten so starke Gegensätze, können heftige Konflikte „unausweichlich beim ersten Anstoß sofort ausbrechen“.[629]

Vor diesem Hintergrund sahen sich die verantwortlichen politischen Kräfte – die Kommunistische Partei und die Staatsführung – zur Ergreifung sozialpolitischer

---

625 Vgl. Li, Ning/Xu, Aihua/Liu, Ting/Gong, Shijun, (2008), S. 14.

626 S. die gesamte Sozialuntersuchung der stätischen Einwohner von 2006 und die amtliche Statistik des staatlichen Amtes für Statistik von 2006.

627 Bei der Betrachtung des GINI-Koeffizienten, also der Verteilung des Einkommens innerhalb einer Volkswirtschaft, zeigen sich enorme Einkommensunterschiede. Ein Koeffizient von 1,0 zeigt dabei die absolute Ungleichverteilung und 0,0 die absolute Gleichverteilung an. Der Rationalwert liegt bei bei 0,2-0,4. Ein Wert über 0,40 bedeutet einen ungleichen Einkommens- und Verteilungsunterschied. In den meisten entwickIten Ländern beträgt der GINI-Koeffizient 0,24-0,36. Im Jahr 2008 erreicht der Koeffizient in China nach amtlicher Statistik 0,469. Vgl. Li, Hualing, (2006), Zeitungsbericht in Neujournal Beijing (Xinjing Bao) vom 7.2.2006.

628 Zitiert aus „Beurteilung zur derzeitigen Einkommensstruktur der städtischen Einwohner in China“, veröffentlicht vom Staatsausschuss für Reform und Entwicklung am 5.2.2006. (Dui Zhongguo Chengshi Jumin Shouru Fenpei Zhuangkuang De Zongti Panduan)

629 Vgl. „Ziben De Aoman Yu Canku De Xianshi“, in „Nanfang Renwu Zhoukan “vom 12.3.2006 („Arroganz des Kapitals und grausame Realität“ in „ Südliche Wochenschrift des Peronals “) sowie Li, Ning/Xu, Aihua/Liu, Ting/Gong, Shijun, (2008), S.15.

Maßnahmen veranlasst. Durch die Errichtung des Sozialkrankenversicherungssystems für Arbeitnehmer (1998), für die ländliche Bevöllkerung (2003) sowie für die Einwohner in Städten und Kreisen (2007) sind in China fast alle Bevölkerungskreise schrittweise in die soziale Krankenversicherung einbezogen worden. Das Sozialversicherungssystem wird in der Literatur bildhaft als „erster wichtiger Stab eines sozialen Korsetts“ für die chinesische Wirtschaftsentwicklung beschrieben.[630]

1.2 Modell der Sozialkrankenversicherung

Seit Errichtung des GKV- Systems hat Deutschland das Modell der staatlich unterstützten Selbstvorsorge[631] angewendet, das später von Westeuropa, Amerika und Japan zum Vorbild genommen wurde. Chinas gegenwärtiges System beruht hauptsächlich auf dem deutschen Modell und auch teilweise auf dem Kapitaldeckungsverfahren.[632] Die Auswahl des sozialen Krankenversicherungsmodells ist in beiden Ländern eng mit den jeweiligen Wirtschaftssystemen, dem Entwicklungsniveau und der kulturellen und historischen Tradition verbunden.

1.2.1 Das Modell der GKV in Deutschland

Das GKV-System wurde im Preußischen Königreich sowie in Deutschland durch die von der Regierung ausgehende Sozialversicherungsgesetzgebung verwirklicht.[633] Das Ziel bestand darin, die Existenzgrundlage der Staatsbürger zu sichern, d.h. den Lebensunterhalt bei Krankheit und die Gesundheitsversorgung der Versicherten zu gewährleisten.[634] Der Deckungsgrad ist heute umfangreich und umfasst nach §§ 5ff. SGB V die Personen mit Versicherungspflicht, die freiwillig Versicherten und Versicherungsberechtigte aller Branchen. Die Finanzierung der gesetzlichen Krankenversicherung erfolgt überwiegend über Beiträge der Versicherten, die ungefähr je zur Hälfte vom Arbeitgeber und vom Ar-

---

630 Vgl. J.P.Bank, (2003), S.454.

631 Über die vier Modelle der Sozialkrankenversicherung s. Anm.91.

632 Yang, Yiyong, (2005), S.103.

633 z.B. die oben genannte Allgemeine Gewerbeordnung vom 17. Januar 1845, die Kaiserliche Botschaft vom 17. 11. 1881, die Reichsversicherungsverordnung vom 19. 7.1911 und die Sozialversicherungsgesetzgebung nach dem Zweiten Weltkrieg: Gesundheits-Reformgesetz vom 20.12.1988 (GRG; BGBl. I S. 2477), Gesundheitsstrukturgesetz vom 21.12.1992 (GSG; BGBl. I S. 2266), Erstes und Zweites Gesetz zur Neuordnung von Selbstverwaltung und Eigenverantwortung in der gesetzlichen Krankenversicherung (BGBl. I S. 1518 bzw. S. 1520) und Gesetz zur Stärkung des Wettbewerbs in der gesetzlichen Krankenversicherung vom 26.03.2007 usw.

634 Vgl. Beck/Kingreen, (2008), S. 2f.

beitnehmer getragen werden. Daneben gewährt die Regierung finanzielle Zuschüsse.[635]

Wie oben erläutert, ist der Aufbau des GKV-Systems im 19. Jahrhundert im Zusammenhang mit den damaligen Wirtschaftsbedingungen, insbesondere der Industrialisierung, und der dadurch verursachten Massenwanderung zu verstehen. Außerdem spielte die Veränderung der Gesellschaftsstruktur eine bedeutende Rolle: Die Familie, die zuvor als ein alle Generationen umfassender Solidarverband den Schutz der Lebensvoraussetzungen übernahm, wurde durch die Eltern und Kinder umschließende Kleinfamilie abgelöst.[636] Die Verkleinerung der Familie und die Dezentralisierung der Beziehung der Familienmitglieder haben dazu geführt, dass die Schutz- und Versorgungsfunktion der Familie nur noch abgeschwächt wahrgenommen werden kann. In einem Industrieland sollte die Lebenssicherung vom Staat sowie von der Gesellschaft getragen werden.[637]

Aus soziologischer Sicht haben auch die in der Gesellschaft vorherrschenden Wertvorstellungen einen maßgeblichen Einfluss auf die soziale Sicherung in einem Land. Als ein nicht entwickeltes Industrieland hat Deutschland im 19. Jahrhundert erstmals in der Welt ein Sozialkrankenversicherungssystem etabliert, während in den Vereinigten Staaten ein Gesundheitsprogramm mit Sicherung der meisten Bürger erst etwa hundert Jahre später, nämlich Anfang 2010, durchgesetzt wurde. Für diese unterschiedliche Entwicklung spielen auch die Unterschiede hinsichtlich kultureller Tradition und des Wertesystems zwischen den beiden Ländern eine Rolle: Die Vorstellung von einem mächtigen und für die Bürger sorgenden Staat war damals in Deutschland weit verbreitet. Auch hatten Eingriffe des Staates in die Wirtschaft und eine gewisse partiarchalische Verantwortung der Arbeitgeber für ihre Arbeitnehmer Traqdition.[638] Im Gegensatz dazu sind die USA stets ein Land gewesen, in dem Liberalismus und Individualismus dominierten. Der Empfang von Wohlfahrtsleistungen des Staates wird als Zeichen von Misserfolg angesehen und führt zu sozialer Abwertung.[639] Auch dies war Ursache dafür, dass in den USA kein vollständiges Sozialversicherungssystem etabliert wurde.

635 § 249 Abs. 1 SGB V.
636 Eichenhofer, (2007), S.16.
637 Vgl. Zheng, Gongcheng, (2007), S.202.; Tang, Wenhui/ Wang, Hongren, (1993), S.27ff.
638 Vgl. Zheng, Gongcheng, (2008), S.128.
639 Dazu vgl. Zheng, Gongcheng, (2008), S.89.

1.2.2 Rechtsvergleich und Bewertung

Nach Gründung des neuen China 1949 wurde in den 50er Jahren ein System der staatlichen Sozialversicherung in Anpassung an das damalige Planwirtschaftssystem errichtet, welches sich am Vorbild der ehemaligen Sowjetunion orientierte. Das System wurde mit Einführung der Reform- und Öffnungspolitik 1978 und insbesondere mit dem Aufbau des sozialistischen Marktwirtschaftssystems 1993 reformiert.[640] Heute hat sich China unter Berücksichtigung der Wirtschaftsbedingungen und der Tradition für das deutsche Modell, verbunden mit dem Modell des Kapitalansparverfahrens aus Singapur entschieden.

Die Auswahl des Sozialversicherungsmodells entspricht dem chinesischen sozialistischen Marktwirtschaftssystem. In einem Marktwirtschaftssystem ist der Einzelne mit mehr Risiken konfrontiert als unter dem Planwirtschaftsystem. In der Epoche der Planwirtschaft war die Gesundheits-, Wohnungs- und Rentenversorgung der städtischen Arbeitnehmer in Öffentlichen Einheiten und Staats- und Kollektivbetrieben trotz niedrigeren Einkommens i.d.R. gewährleistet. Auf dem Land war die Bevölkerung in den kollektiven Einheiten beschäftigt, und die Produktionsgüter wurden einheitlich verteilt. Das individuelle Lebensrisiko unter diesem System wurde finanziell zunächst vom Kollektiv getragen. Der Staat übernahm eine zusätzliche Verantwortung.[641] Die rasche ökonomische Entwicklung unter dem Marktwirtschaftssystem kann einerseits die Beschäftigungsrate sowie das Einkommen der Arbeitnehmer erhöhen, aber andererseits die soziale Ungleichheit nicht beseitigen und sogar neue Gerechtigkeitsprobleme verursachen.[642] Die im Wettbewerb stehenden Unternehmen können nicht umfassend für ihre Arbeitnehmer verantwortlich sein. Der Staat unter der sozialistischen Marktwirtschaft muss für einen sozialen Ausgleich sorgen, damit Einkommen und Vermögen möglichst gerecht verteilt werden. Die Bürger müssen grundsätzlich gegen die größten Lebensrisiken, etwa Arbeitslosigkeit oder Krankheit, abgesichert werden. Das Modell der staatlich unterstützten Selbstvorsorge ist vor diesem Hintergrund die beste Wahl für China.

Im Gegensatz zum Sozialversicherungsmodell wird im Kapitalansparverfahren die Eigenverantwortung der Versicherten sowie ihrer Familien betont. Danach

640 S. oben - Wandlungsprozess und Entwicklungsschritte des chinesischen Gesundheitswesens und des Krankenversicherungsrechts.

641 Vgl. Zheng, Gongcheng, (2008), S.202.

642 Vgl. Zhang, Yu/Zhang, Chen, (2009), 6.; Li, Changlin/Lu, Li, (1999),3; Li, Changlin, (2004), 2.

sind alle Arbeitnehmer gesetzlich verpflichtet, Geld auf einem bestimmten Individual- sowie Familienkonto anzusparen, welches dann für zukünftige Krankenkosten ausgezahlt wird.[643]

China hat eine lange feudalistische Geschichte von über 2000 Jahren. Die Lebensabrsicherung durch Familien ist ein wichtiges Element der chinesischen Tradition, insbesondere auf dem Land.[644] Während das Sozialversicherungsmodell Elemente der modernen Marktwirtschaft aufweist, dürfte das Kapitalansparsfahren Traditionen der östlichen Kulturen reflektieren.[645] Obwohl in Städten und Kreisen zwei unabhängige Grundkrankenversicherungssysteme (für Arbeitnehmer und für Einwohner) errichtet sind und das individuelle Konto des Arbeitnehmers die Funktion der Familienmitversicherung nicht mehr erfüllt, spielt das Familienkonto im neuen Kooperationsgesundheitssystem nach wie vor eine wichtige Rolle bei der Absicherung der Versicherten und ihrer Familienmitglieder.[646]

2. Die Strukturen der Versicherungssystems

Vergleicht man die deutschen Regelungen mit dem chinesischen Sozialversicherungsgesetz und den Rechtsverordnungen über die Sozialkrankenversicherung, so fällt zunächst auf, dass die meisten Regelungen viele Ähnlichkeiten und Gemeinsamkeiten aufweisen, obwohl es auch große, von der wirtschaftlichen Lage abhängige Unterschiede (z.B. beim Beitragssatz und beim Leistungsniveau) gibt. Ich möchte mich deswegen mit den ausgewählten Problemkreisen beschäftigen, die vom Grundverständnis der Sozialversicherung und der Rechtstechnik sowie dem Rechtssystem geprägt sind.

2.1 Versicherter Personenkreis

2.1.1 Versicherter Personenkreis der GKV

Das GKV-System begann als Arbeitnehmerversicherung.[647] Dann hat sich in der weiteren Entwicklung der versicherte Personenkreis in einem einheitlichen System ausgeweitet. Zur Zeit sind in Deutschland insbesondere Arbeitnehmer (Arbeiter und Angestellte), Bezieher von Arbeitslosengeld I und II, Landwirte,

643 S. oben - Sach- und Dienstleistungsprinzip.
644 Li, Guangyong, (2002), S.1.
645 Vgl. Yang, Yiyong, (2005), S.103.
646 S. oben - Das individuelle Konto und der Solidarfonds.
647 Vgl.o. - Die Entstehung und Entwicklung der GKV in Deutschland

Künstler, Rehabilitanden, behinderte Menschen in Sondereinrichtungen, Studierende und Praktikanten sowie Leistungsbezieher der Rentenversicherung gemäß § 5 SGB V nach dem Prinzip der Pflichtmitgliedschaft pflichtversichert. In § 9 SGB V ist für verschiedene Personengruppen die Versicherungsberechtigung geregelt. Im Prinzip kann jeder, der nicht pflichtversichert ist, zu Beginn des Erwerbslebens entscheiden, der GKV beizutreten. Der Ehegatte, der Lebenspartner und die Kinder der GKV-Versicherten sowie die Kinder von familienversicherten Kindern sind, wenn sie nicht selbst pflichtversichert sind bis zu einer bestimmten Einkommensgrenze beitragsfrei mitversichert (sog. Familienversicherung, § 10 SGB V). Versicherungsfrei sind gemäß § 6 SGB V Beamte sowie Empfänger von Leistungen der Beamtenversorgung, Richter, Soldaten, Geistliche der Religionsgemeinschaften, Personen mit geringfügiger Beschäftigung und diejenigen Arbeitnehmer, deren regelmäßiges Jahresarbeitsentgelt die gesetzlich festgesetzte Jahresarbeitsentgeltgrenze übersteigt und in drei aufeinanderfolgenden Kalenderjahren überstiegen hat, weil jene Personen vom Gesetzgeber nicht als schutzbedürftig angesehen werden bzw. sie in einem anderen System gegen Krankheiten versichert sind. Z.B. kommt den Beamten bei Krankheit ein Anspruch auf Fortzahlung der Bezüge und auf staatliche Beihilfe oder Heilfürsorge zu.

Nach der Statistik sind heute ca. 90% der Bevölkerung in der GKV als Pflichtversicherte oder freiwillig Versicherte versichert. Wenn die Personengruppen der privatversicherten Selbständigen und der Beamten sowie die Sozialempfänger der Krankenhilfe des SGB XII[648] hinzugenommen werden, erreicht der Deckungsgrad der Krankenversicherung fast 100% der Bevölkerung.[649]

2.1.2 Rechtsvergleich und Bewertung

Seit der Errichtung des Grundkrankenversicherungssystems für Arbeitnehmer in Städten und Kreisen Ende des letzten Jahrhunderts weist die chinesische amtliche Statistik eine erhebliche Erweiterung der versicherten Personenkreise auf: Die Zahl der versicherten Arbeitnehmer belief sich 1999 auf ca. 6 Mio., und stieg im Jahr 2000 auf über 43. Mio. Seit Ende 2008 sind 20,28 Mio. Arbeit-

648 An die Stelle des vorherigen Bundessozialhilfegesetzes getreten durch das Gesetz zur Einordnung des Sozialhilferechts in das Sozialgesetzbuch vom 27. Dezember 2003 (BGBl. I S. 3022).

649 Zitiert aus J.P.Bank, (2003), S.457.

nehmer im Grundkrankenversicherungssystem versichert.[650] Die Krankenversicherung für Einwohner in Städten und Kreisen hat ebenfalls seit ihrer Einführung im Jahre 2007 eine erhebliche Zunahme der Anzahl der versicherten Personen zu verzeichnen: Bis Ende 2008 erreichte die Zahl der versicherten Einwohner in Städten und Kreisen 318 Mio. In „dem staatlichen Ausführungsplan der Menschenrechte 2009-2010“ wird darauf hingewiesen, dass sich das Planungsziel der Krankenversicherung für Einwohner in Städten und Kreisen bis zum Jahr 2010 auf über 400 Mio. Versicherte beläuft.[651] Bis jetzt hat das neue Kooperationsgesundheitssystem fast alle Kreise (einschließlich der Stadtbezirke) der ländlichen Bevölkerung erfasst. Die Zahl der versicherten Personen beträgt 833 Mio. Insgesamt berechnet, nehmen zur Zeit 1,13 Milliarden Menschen an einem der Systeme der Grundkrankenversicherung teil.[652]

Vor etwa sieben Jahren zweifelte ein deutscher Beobachter noch am Entwicklungstempo der chinesischen Grundkrankenversicherung und meinte, „[...] von der Größe der Aufgabe ist es nicht absehbar, wie lange die VR China noch benötigen wird, um eine umfassende Einbeziehung des ganzen Volkes zu erreichen.“[653] Die aktuelle Statistik zeigt, dass die VR China durch Errichtung der verschiedenen Krankenversicherungssysteme einen erheblichen Erfolg beim Einbezug der Bevölkerung in das Sozialversicherungssystem erzielt hat.

Im Vergleich zu den deutschen Regelungen über die Versicherten der GKV ist die chinesische Grundkrankenversicherung besonders durch verschiedene Systeme für unterschiedliche Personengruppen mit unterschiedlichen strukturellen Merkmalen gekennzeichnet: In China werden drei unabhängige Sozialversicherungssysteme schrittweise errichtet. Jeder Bürger ist nach seinem Status in einem bestimmten System versichert oder versicherungsberechtigt.[654]Angesichts der unterschiedlichen wirtschaftlichen Umstände der versicherten Personen und der erheblichen ökonomischen und sozialen Unterschiede in Städten und auf

650 Über die Zahlen s. B.Hutt, in GTZ-Materialie, 2001, und die Homepage des Ministeriums für Arbeitskräfte und Soziale Sicherheit.

651 Vgl. „Guojia Renquan Xingdong Jihua 2009-2010“, veröffentlicht vom Nachrichtenbüro des Staatsrates am 13.4.2009.

652 Die Zahl der chinesischen Einwohner beträgt 1,32 Milliarden. Zitiert aus Zeitungsbericht in Journal der Jugend (Zhongguo Qingnian Bao) vom 14.4.2009: „Yibao Canbao Renshu Yidadao 13,2 Yi“ (Die Zahl der Teilnehmer an der Grundkrankenversicherung stieg auf 1,13 Milliarden.)

653 Vgl. J.P.Bank, (2003), S.463.

654 S.o.- Zweiter Teil Die drei Systeme der Sozialkrankenversicherung.

dem Land ist das chinesische Konzept für längere Zeit unverzichtbar und wird nun auch im SVG kodifiziert.[655]

Allerdings sind Einzelheiten in China im Vergleich zum deutschen GKV-System erst sehr grob geregelt – viele unterschiedliche Angelegenheiten werden „über einen Leisten geschlagen“, was unvermeidlich zur Ungleichbehandlung verschiedener Personenkreise führt. Ein Beispiel dafür ist, dass aufgrund des Fehlens einer einheitlichen Sozialversicherungsnummer und aufgrund des Fehlens einer Regelung über den Vor- und Nachrang einzelner Tatbestände der Versicherungspflicht und -berechtigung bestimmte Personen in verschiedenen Standorten in mehr als einem Versicherungssystem versichert sind.[656] Aufgrund unterschiedlicher lokaler Regelungen ergeben sich dann heikle Fragen der Berechnung der Beitragszahlungsdauer sowie der Beitragshöhe und der Erbringung der medizinischen Leistungen sowie der Erstattung der Krankheitskosten.

Diese zwei Probleme sollten künftig bei der Ausarbeitung und Änderung der einschlägigen Gesetze und Regierungsvorschriften schwerpunktmäßig berücksichtigt werden.

2.2 Sozialversicherung mit Solidarausgleich und Arbeitgeberbeträgen

2.2.1 Finanzierung der GKV

Der weit überwiegende Anteil der Einnahmen der deutschen GKV stammt aus Beiträgen von Arbeitnehmern und deren Arbeitgeber. Der staatliche Zuschuss ist zwar wichtig, spielt aber doch eine untergeordnete Rolle.[657] Gemäß §§ 249 Abs. 1, 220, 241 SGB V werden die Beiträge der versicherungspflichtigen Arbeitnehmer grundsätzlich bis zur Bemessungsgrenze nach einem gesetzlich festgesetzten Verhältnis nach dem beitragspflichtigen Arbeitsentgelt berechnet und bis auf einen allein von den Versicherten zu tragenden eigenen Beitrag von 0,9 % der beitragspflichtigen Einnahmen je zur Hälfte vom Arbeitgeber und vom Arbeitnehmer getragen. Der durchschnittliche Beitragssatz in der GKV lag im Sommer 2007 bei über 14 %.[658]

Andere Personen, z.B. Rentner, geringfügig Beschäftigte und Beschäftigte in Privathaushalten, werden durch Sonderregelungen bei der Beitragszahlung be-

655 S. §19 SVG.
656 S. Oben - 3.2.4.3 „Vernetzung“ mit anderen Versicherungssystemen.
657 Vgl. §§ 220, 251 SGBV.
658 Zitiert aus S.Muckel, (2009), S.112.

vorzugt.[659] Gemäß §§ 271ff. SGB V fließen alle Beiträge in den Gesundheitsfonds, der durch die Neuregelungen des Gesetzes zur Stärkung des Wettbewerbs in der gesetzlichen Krankenversicherung vom 26.03.2007[660] als Sondervermögen beim Bundesversicherungsamt errichtet wurde. Aufgrund der Selbstverwaltung der Leistungsträger werden auch der Zusatzbeitrag, der Finanzausgleich unter den Krankenkassen, die Bundesgarantie für die Zahlungsfähigkeit und andere Institutionen gesetzlich festgesetzt.[661]

2.2.2 Rechtsvergleich und Bewertung

Das originäre chinesische gemischte Finanzierungsmodell von Solidarfonds und individuellem Kapitalansparverfahren steht zu dem einheitlich vom Versicherungsprinzip und Solidarprinzip geprägten deutschen System der GKV in deutlichem Kontrast. Die Vorteile und Nachteile des chinesischen Systems wurden oben bereits ausführlich dargestellt, weshalb an dieser Stelle darauf nicht noch einmal eingegangen werden soll. Worauf hier noch hinzuweisen wäre, ist dass die individuellen Konten wohl eigentlich Mittel zum Zwangssparen, aber keine Versicherungen sind.

Ähnlich wie die deutsche GKV ist das soziale Krankenversicherungsystem in China darauf angelegt, alle Schutzbedürftigen einzubeziehen: In der Grundkrankenversicherung für Arbeitnehmer in Städten und Kreisen beruht der Solidarausgleich auf dem gleichen von dem Einkommen abhägingen Beitragssatz für unterschiedliche Krankheitsrisiken. Für die anderen zwei Krankenversicherungssysteme zahlen Versicherte einheitliche Beiträge. Hier realisiert sich das Solidarprinzip zum einen durch die gleichen Beiträge für unterschiedliche Risiken und zum anderen durch die staatlichen Subventionen in diese Systeme. Insbesondere in der Einwohnerversicherung und der Versicherung auf dem Lande sind alle Versicherten freiwillige Versicherte. Der Anreiz sich in diesen Systemen zu versichern, ergibt sich auch aus den Staatzuschüssen.

Die Beitragszahlung bestimmter Personengruppen ist in beiden Ländern nicht unproblematisch. Das gilt etwa für die Ehepartner und Kinder der Pflichtversicherten in der deutschen Familienversicherung und die Bevorzugung der Rentner in den beiden Ländern.

---

659 Vgl. § 249 a und b SGB V

660 BGBl I S. 378.

661 Vgl. §§ 242 Abs. 1, 265 ff. SGB V u. Art. 120 Abs. 1 Satz 4 GG.

(1) Dies würde sich durch die für Deutschland diskutierte Einführung einer Kopfpauschale für jeden erwachsenen gesetzlich Versicherten ändern. Kinder könnten dennoch nach allen diskutierten Modellen der Kopfpauschale beitragsfrei an der GKV teilnehmen.

(2) In Deutschland sind seit den 1980er Jahren im Rahmen einer Stufenlösung die Rentner mit der Hälfte des Arbeitnehmerbeitragssatzes an der GKV beteiligt worden. Die andere Hälfte des Beitragssatzes wird von der gesetzlichen Rentenversicherung getragen.[662] Der Rest der für die Krankenversicherung der Rentner erforderlichen Mittel wird durch den Beitragssatz der erwerbstätigen Bevölkerung gedeckt.[663] Allerdings müssen die Rentner gemäß § 5 Abs. 1 Nr. 11 SGB V seit der erstmaligen Aufnahme einer Erwerbstätigkeit bis zur Stellung des Rentenantrags mindestens zu 90% der zweiten Hälfte dieses Zeitraums Mitglied der GKV oder familienversichert gewesen sein.

In China sind die Rentner gemäß § 27 SVG sowie Nr. 6 Abs. 3 BSEGA beitragsfrei in der Grundkrankenversicherung versichert. Diese Bevorzugung ist aber wegen der starken finanziellen Belastung kaum in großem Umfang durchzusetzen: Erstens ist es schwierig, die Rentner in den insolventen Unternehmen sowie in den wirtschaftlich schlecht gestellten Unternehmen in das Krankenversicherungssystem einzubeziehen.[664] Zweitens nimmt der finanzielle Druck auf die Versicherungsfonds durch die Vergreisung der Gesellschaft und die Zunahme der Anzahl der pensionierten Arbeitnehmer ständig zu. Diese Lösung wird daher vermutlich nicht lange Bestand haben.[665]

Nach den derzeitigen lokalen Maßnahmen und der Politik der zentralen Regierung spielen die staatlichen Zuschüsse auf verschiedenen Ebenen eine wichtige Rolle bei der Teilnahme der Rentner an der Krankenversicherung. In der Mitteilung des Ministeriums für Arbeitskräfte und soziale Sicherheit, des Finanzministeriums, des Kontrollministeriums und des Kontrollausschusses zum staatlichen Eigentum vom 27.5.2009[666] wird darauf hingewiesen, dass durch den zentralen

662 Vgl. § 249a SGB V.

663 Der Anteil des Zuschlags liegt bei mehr als 50% der gesamten Mittel. Vgl. J.P.Bank, (2003), S. 490.

664 Vgl. Zeitungsbericht in China Journal der Jugend (Zhongguo Qingnian Bao) vom 14.4.2009: „Yibao Canbao Renshu Yidadao 13,2 Yi" (Die Zahl der Teilnehmer an der Grundkrankenversicherung stieg auf 1,13 Milliarden.)

665 Vgl. Zhu, Min/Wang, Delei, (2006), 10.

666 „Guanyu Tuoshan Jiejue Guanbi Pochan Guoyou Qiye Tuixiu Renyuan Deng Yiliao Baozhang Youguan Wenti De Tongzhi", erlassen vom Ministerium für Arbeitskräfte und Soziale Sicherheit, Finanzministerium, Ausschuß für Staatseigentum und Ministe

Haushalt in den nächsten zwei Jahren für die Teilnahme der Rentner in insolventen Staatsunternehmen an der Grundkrankenversicherung ein einmaliger Zuschlag gewährt werden soll. Die lokalen Regierungen sind danach selbständig für die betroffenen Angelegenheiten verantwortlich. Ausgemacht scheint indes aber, dass die lokalen Regierungen auch sehr schnell an ihre finanziellen Grenzen stoßen werden. Wahrscheinlich ist das deutsche Finanzierungsmodell mit der Beitragsbeteiligung der versicherten Rentner eine bessere Lösung.

2.3 Leistungen

2.3.1 Leistungen der GKV

In Deutschland haben die GKV-Versicherten gem. § 11 Abs. 1 SGB V (vgl. § 21 Abs. 1 SGB I) einen umfassenden, aber auf das Wirtschaftliche begrenzten Anspruch auf Leistungen zur Verhütung von Krankheiten und deren Verschlimmerung sowie zur Empfängnisverhütung, bei Sterilisation und bei Schwangerschaftsabbruch, zur Früherkennung von Krankheiten und zur Behandlung einer Krankheit. Im Übrigen gibt die Krankenversicherung den Versicherten einen Anspruch auf medizinische und ergänzende Leistungen zur Rehabilitation, die notwendig sind, um eine Behinderung oder Pflegebedürftigkeit abzuwenden, zu beseitigen, auszugleichen, ihre Verschlimmerung zu verhüten oder ihre Folgen zu mildern.[667] Aufgrund der Selbstverwaltung der Krankenkassen[668] können die Krankenkassen in ihren Satzungen Ansprüche auf Zusatzleistungen vorsehen, wenn und soweit eine gesetzliche Ermächtigung hierzu besteht. Das ist aber nur in geringem Umfang der Fall. Als Entgeltersatz ist der Anspruch der Stammversicherten auf Krankengeld in § 44 Abs. 1 SGB V vorgesehen.

Die Leistungen der GKV werden nach dem Sach- und Dienstleistungsprinzip gewährt, das aber im SGB V durch zahlreiche Ausnahmen modifiziert wird. Ausnahmen sind z.B. die Kostenerstattung in Notfällen oder bei zu Unrecht abgelehnten Leistungen (§ 13 Abs. 3 SGB V) und das Wahlrecht der Versicherten zwischen Kostenerstattung und Sach- und Dienstleistungen (§ 13 Abs. 2 SGB V). Gemäß § 38 SGB V sind Sozialleistungen Pflichtleistungen, soweit nicht nach den besonderen Regelungen den Leistungsträgern Ermessen eingeräumt

---

rium für Disziplinaufsicht am 5.8.2009, Renshebu Fa (2009), Nr.52. (Mitteilung über Krankenversicherung der Rentner in insolventen Staatsunternehmen)

667 § 11 Abs. 2 SGB V.

668 S. unten - Leistungserbringungsrecht in Deutschland.

wurde. Nach dem Wirtschaftlichkeitsgebot i.S.v. § 12 SGB V müssen die Leistungen ausreichend, zweckmäßig und wirtschaftlich sein und dürfen das Maß des Notwendigen nicht überschreiten. Ob eine Leistung dem Wirtschaftlichkeitsgebot entspricht, ist im Einzelfall vollumfänglich vom Gericht zu überprüfen.[669]

Nicht alle medizinischen Kosten werden von den Krankenkassen getragen. Der Versicherte muss bei einer Reihe von im GKV-Modernisierungsgesetz[670] vorgesehenen Leistungen einen eigenen Kostenbeitrag in Form einer Zuzahlung leisten. Um den Versicherten vor übermäßigen Zuzahlungen zu schützen, ist eine Belastungsgrenze im § 62 SGB V vorgesehen. Die Belastungsgrenze beträgt grundsätzlich 2% der jährlichen Bruttoeinnahmen zum Lebensunterhalt. Bei chronisch Kranken, die wegen einer schwerwiegenden Erkrankung in Dauerbehandlung sind, beträgt die Belastungsgrenze 1%, also mindestens fünf Euro, und höchstens zehn Euro.

2.3.2 Rechtsvergleich und Bewertung

Aus wirtschaftlichen Gründen und Gründen des Standes der medizinischen Infrastruktur bestehen die meisten Unterschiede zwischen der deutschen GKV und dem chinesischen Grundkrankenversicherungssystem im Leistungsbereich. Wichtig beim Rechtsvergleich sind vor allem der institutionelle Aufbau und die rechtstechnischen Fragen.

2.3.2.1 Die Festlegung des Leistungskatalogs

Bei der Schaffung eines Systems der Sozialkrankenversicherung in China war zunächst das Augenmerk darauf gerichtet, in möglichst kurzer Zeit ein Versicherungsnetz mit Beteiligung aller Bürger zu errichten.[671] Angesichts der dualen „Stadt-Land-Struktur" und erheblicher lokaler Differenzen kam von Anfang an ein System mit „weiter Deckung und einem Basisversicherungsniveau" in Betracht.[672]

Die Leistungsansprüche in beiden Ländern lassen sich im Einzelnen vergleichen: In Deutschland werden die Kosten bei Mutterschaft von der GKV getragen, während die Kosten in China von der Geburtsversicherung i.S.v. § 53ff. SVG

669 BSGE 17, 79, 84.
670 BGBl. I 2190, Geltung ab 01.01.2004.
671 Vgl. Gu,Xin, (2008), S.106ff.; J.P.Bank, (2003), S.490.
672 Vgl. Sun, Jianfu (hrsg.),(2007), S.67 ; Geng, Zhongping, (2004),S.230.

übernommen werden. Die durch Arbeitsunfall und Berufskrankheiten verursachten Kosten werden in beiden Ländern von der Unfallversicherung übernommen. Ähnlichkeiten gibt es auch hinsichtlich der Kosten, die bei Aufenthalten im Ausland entstehen.[673] Nur in Deutschland geht der zivilrechtliche Anspruch des Geschädigten auf die Krankenversicherung über, soweit diese Aufwendungen für die Krankenbehandlung getätigt hat.[674] In China sind die von einem Dritten gezahlten Kosten von der Grundkrankenversicherung ausgeschlossen.[675]

Anders als in der GKV, wo in § 11 Abs. 1 SGB V eine zusammenfassende Darstellung der Leistungsarten enthalten ist, werden im Grundkrankenversicherungssystem für Arbeitnehmer in Städten und Kreisen die nicht und teilweise vom Solidarfonds zu erstattenden Leistungskataloge aufgelistet.[676] Allgemein gesagt, werden in China nur die Kosten für ambulante und stationäre Diagnose und Behandlung von der Grundkrankenversicherung getragen – und zwar jeweils durch Solidarfonds und individuelle Konten. Die Leistungen zur Verhütung von Krankheiten und zur Verhütung der Verschlimmerung von Krankheiten sowie zur Empfängnisverhütung, bei Sterilisation und bei Schwangerschaftsabbruch, zur Früherkennung von Krankheiten sowie medizinische und ergänzende Leistungen zur Rehabilitation sind nicht darin eingeschlossen. Im Einzelnen gibt es auch Unterschiede: z.B. werden die Pflege- und Verpflegungsgebühren in der stationären Behandlung, die in China vom Patienten selbst getragen werden, in Deutschland von den Krankenkassen gezahlt. Die Gebühren für Kulturveranstaltungen sind in beiden Leistungskatalogen ausgeschlossen. Im Gegensatz zum chinesischen System ist in der GKV noch eine Zuzahlung für Medikamente und Klinikaufenthalte für maximal 28 Tage im Kalendarjahr vorgesehen: Dafür zahlt jeder Versicherte ab Vollendung des 18. Lebensjahres 10 Euro pro Tag.[677] Zur Kontrolle der stationären Kosten und zur Stärkung der Selbstverantwortung der Versicherten hat die chinesische Regierung eine andere Maßnahme getroffen, nämlich die Festlegung einer Auszahlungsmindestgrenze und -höchstgrenze der Solidarfonds.[678]

673 S. § 26 Nr. 1ff. SVG u. §§ 16, 49 SGB V.
674 §§ 115 ff. SGB X.
675 § 26 Nr. 3 SVG.
676 S. Oben zweiter Teil 1.3.2.1 Die nicht zu erstattenden Leistungskataloge u. 1.1.1.3 Nicht-Zahlung aus Sozialversicherungsfonds trotz Beschäftigungsverhältnis.
677 Nach der neuen Reglung seit 1.1.2004.
678 Nr. 3 Abs. 2 BSEGA.

Die Leistungen der Krankenversicherung für Einwohner in Städten und Kreisen und des Gesundheitssystems der ländlichen Bevölkerung sind grundsätzlich auf die Kosten für stationäre und ambulante Behandlung nur schwererer Krankheiten beschränkt.[679] Die Behandlungen von Infektionskrankheiten und regional bedingten Krankheiten stellen einen Schwerpunkt im Leistungsumfang für ländliche Einwohner dar. Im Vergleich zur Grundkrankenversicherung für Arbeitnehmer haben die lokalen Regierungen bei der Festlegung des konkreten Leistungsstandards einen größeren Ermessensspielraum.[680]

Im Übrigen ist in China eine Arzneimittelliste der Grundkrankenversicherung durch die „Vorläufigen Verwaltungsmethoden der Positivliste der Grundkrankenversicherung für Arbeitnehmer in Städten und Kreisen" vom 12.5.1999[681] und durch das „Staatliche Arzneimittelverzeichnis der Grundkrankenversicherung"[682] festgeschrieben. Die Arzneimittel im Rahmen der Grundkrankenversicherung sollen streng nach diesem Verzeichnis verordnet und erstattet werden.[683] In Deutschland fehlt bis jetzt eine vergleichbare Positivliste. Der Gesetzgeber hat den Bundesausschuss der Ärzte und Krankenkassen damit betraut, einen Festbetrag für die Arzneimittel der GKV festzulegen. Verordnet der Arzt ein Arzneimittel mit gleichwertiger Wirkung, dessen Preis über dem Festbetrag liegt, muss die Differenz vom Versicherten selbst getragen werden. Die Vertreter der Krankenkassen und der Mehrheit der Ärzteschaft sind sich trotzdem darin einig, dass es künftig noch der Erstellung einer Positivliste als Steuerungsinstrument der GKV bedarf.[684]

2.3.2.2 Leistungsprinzipien

Ähnlich wie in Deutschland werden die medizinischen Leistungen in China trotz erhöhter Krankenkostenbeteiligung der Versicherten grundsätzlich nach dem Sach- und Dienstleistungsprinzip erbracht (außer im neuen Kooperationsgesundheitssystem auf dem Land[685]). Das Wirtschaftlichkeitsgebot im deutschen

679 S. Nr. 1 Abs. 2, Nr. 5 Abs. 18 BVGL.

680 S. § 24 SVG, Nr. 1 Abs. 2 MLGESK u. Zweiter Teil Leistungen.

681 „Chengzhen Zhigong Jiben Yiliao Baoxian Yongyao Fanwei Guanli Zanxing Banfa", erlassen vom Ministerium für Arbeit und Soziale Sicherheit u.a. am 12.5.1999, Laoshebu Fa (1999), Nr. 15.

682 S. Anm.295.

683 S. o. - Der Umfang der Medikamente.

684 Vgl. J.P.Bank, (2003), S.467f.

685 Dazu vgl. Zweiter Teil Auszahlung der Krankheitskosten.u. Die teilweise zu erstattenden Leistungskataloge.

Leistungsrecht hat im Prinzip des Basis-Leistungsniveaus in der chinesischen Grundkrankenversicherung eine Entsprechung: Nach § 3 SVG ist die Sozialversicherung nach dem Prinzip des BasisLeistungsniveaus aufzubauen. Das Niveau der Sozialversicherung muss der sozioökonomischen Entwicklung der Gesellschaft entsprechen.[686]

Ähnlich wie in Deutschland, wo die Anspruchsberechtigung im Einzelfall durch die Sozialgerichte überprüft wird,[687] ist dies in China gemäß § 83 Abs. 2 SVG durch Widerspruchsverfahren und verwaltungsrechtliche Klage zu verwirklichen.[688] Angesichts der medizinischen Fachfragen in den betroffenen Streitigkeiten wäre es besser, diese von einer besonderen Organisation mit Fachwissen beurteilen zu lassen. Der Aufbau einer besonderen Sozialgerichtsbarkeit und eines Ärzteauschusses könnte der künftigen Reformrichtung entsprechen.

2.4 Leistungserbringung

Sowohl die deutsche GKV als auch die chinesische Grundkrankenversicherung für Arbeitnehmer und Einwohner in Städten und Kreisen ist wesentlich durch das Sachleistungsprinzip geprägt. Da die Krankenversicherungsträger nicht über die erforderlichen sachlichen und personellen Mittel verfügen, um die von ihnen geschuldeten Naturalleistungen selbst zu erbringen, werden die Leistungen sowohl in Deutschland als auch in China nach dem gemeinsamen Prinzip des leistungsrechtlichen Dreiecks von niedergelassenen Krankenhäusern, Apotheken, Ärzten sowie Heil- und Hilfsmittellieferanten erbracht. Der Unterschied besteht darin, dass die Aufgabe der Versicherungsträger in Deutschland durch miteinander konkurrierende Krankenkassen erbracht wird. In China ist das Sozialversicherungsorgan als der zuständigen Behörde für Arbeit und soziale Sicherheit angehörige öffentliche Einheit dafür verantwortlich.

2.4.1 Leistungserbringungsrecht in Deutschland

In Deutschland entsteht zwischen Sozialleistungsträgern, Versicherten und Leistungserbringern grundsätzlich eine Dreiecksbeziehung: Die Krankenkassen gewähren den bei ihnen versicherten Personen aufgrund der gegen sie gerichteten Ansprüche gemäß §§ 27ff. SGB V Krankenbehandlung, die durch die zugelassenen Leistungserbringer erbracht wird. Die Leistungserbringer wiederum haben

686 S. oben - Prinzip des Basis-Leistungsniveaus.
687 BSGE 17, 79, 84.
688 S. oben - Dritter Teil Widerspruch und das gerichtliche Verfahren.

nach dem für die Vertragsärzte geltenden § 87b. SGB V und nach entsprechenden Vorschriften für andere Leistungserbringer gegen die Krankenkasse einen Anspruch auf Vergütung.[689] Nimmt man die Kassenärztlichen bzw. Kassenzahnärztlichen Vereinigungen i.S.v. § 77 SGB V in dieses Verhältnis hinzu, wird die Dreiecksbeziehung zu einer Vierecksbeziehung.[690]

Gemäß §§ 77, 95 Abs. 3 SGB V sind die sog. Vertrags(zahn)ärzte (früher: Kassenärzte) Zwangsmitglieder der Kassen(zahn)ärztlichen Vereinigungen. Die Kassenärztlichen Vereinigungen wachen im Rahmen der vertragsärztlichen Versorgung über die Erfüllung der Pflichten ihrer Mitglieder und nehmen ihre Rechte wahr. Eine weitere wichtige Aufgabe der Vereinigungen ist der Abschluss von Mantelverträgen auf Bundesebene und von Gesamtverträgen auf Landesebene.[691] Außerdem erhalten die Kassenärztlichen Vereinigungen die ärztliche Vergütung als Gesamtvergütung von den Krankenkassen und verteilen diese dann an die Ärzte.[692]

Die Krankenkassen sind gemäß §§ 4 Abs. 1 SGB V, 29 Abs. 1 SGB IV rechtsfähige Körperschaften des öffentlichen Rechts mit Selbstverwaltung. Allerdings ist fast alles, was für sie wichtig ist, durch Gesetz geregelt. Die heute für die Ebene des Bundes durch Art. 87 Abs. 2 GG festgeschriebene soziale Selbstverwaltung[693] hat eine lange Tradition. Schon in der Weimarer Zeit wurde die gemeinsame Selbstverwaltung von Ärzten und Krankenkassen geschaffen,[694] was dazu führte, dass Krankenkassen kaum noch eigene ambulante Behandlung mit eigenen angestellten Ärzten erbringen durften.[695]

Der Trend in Deutschland geht zu relativ wenigen und großen miteinander konkurrierenden Krankenkassen als Versicherungsträger. Die aktuelle Statistik zeigt, dass die Anzahl der gesetzlichen Krankenkassen stetig sinkt. Am 1. Oktober 2007 gab es nur noch 236 Kassen.[696] Nach § 173 Abs. 2 SGB V können die Versicherungspflichtigen und -berechtigten zwischen mehreren Krankenkassen

689 Dazu vgl. I. Ebsen, in v. Maydell/Ruland/Becker (hrsg.), (2008), S.725ff.; Gitter/Schmitt, (2001), S.87.; S. Muckel, (2009), S. 105.
690 S. Muckel, (2009), S. 105.
691 § 83 Abs.1 S.1, 87 Abs.1, 83 Abs.1 SGB V.
692 § 85 SGB V.
693 Vgl. S. Muckel, (2002), S.118. ; Axer, in Schnapp (hrsg.), (2001), S. 115.
694 I. Ebsen, in v. Maydell/Ruland/Becker (hrsg.), (2008), S.682ff.
695 S. Dazu Hansen/Eisig/Leibfried, (1981); Tennstedt, (1977), S.125ff.
696 Quelle: Haufe.de

wählen. Die regionalen, betrieblichen und berufsständischen Kriterien spielen keine wichtige Rolle mehr.[697]

2.4.2 Rechtsvergleich und Bewertung

Die grundsätzlichen Beziehungen zwischen Sozialleistungsträgern, Leistungserbringern und Versicherten der chinesischen Grundkrankenversicherung weisen viele Gemeinsamkeiten mit dem deutschen GKV-System auf (das gemeinsame Prinzip des leistungsrechtlichen Dreiecks). Da die daraus entstehenden Rechtsverhältnisse deswegen auch zu den vergleichbaren Bereichen gehören, könnten die deutsche Sozialrechtstheorie sowie viele aktuelle methodische Beispiele zur Lösung der in China existierenden Probleme beitragen. Dies wurde oben bereits erläutert, weshalb an dieser Stelle nicht noch einmal ausführlich darauf eingegangen werden soll.[698]

Der erhebliche Unterschied zwischen den beiden Systemen besteht im Wesen der Sozialleistungsträger und den darin verankerten Beziehungen zu den Leistungserbringern.

Zunächst lässt sich feststellen, dass der Aufbau des Grundkrankenversicherungssystems von Anfang an von der chinesischen regierenden Partei und der zentralen Regierung vorangetrieben und durchgeführt wurde. Die Rechtsnatur des Sozialversicherungsorgans als öffentliche Einheit ist in BSEGA und SVG festgeschrieben, und das Aufkommen der Verwaltungs- und Betriebskosten des Sozialversicherungsorgans wird von der Finanzbehörde garantiert.[699] Die meisten Krankenhäuser und Kliniken sind auch unter dem Planwirtschaftssystem vom Staat errichtet worden, und gehören zu den öffentlichen Einheiten.[700] Obwohl der Sinn eines solchen „Übermaßes an Bürokratie" zu bezweifeln ist, und das Risiko einer überdimensionalen Belastung der öffentlichen Haushalte besteht,[701] ist die Reform gesetzlich festgelegter und institutionalisierter Institutio-

697 Z.B. hat sich die See-Krankenkasse, die bisher für die Versicherung der Seeleute zuständig war, auf Beschluss der Vertreterversammlung aufgelöst und ist in die Deutsche Rentenversicherung Knappschaft-Bahn-See eingegliedert worden (Änderung des § 165 Abs. 4 SGB V). Durch die Neuregelungen des GKV-WSG ist die Deutsche Rentenversicherung Knappschaft-Bahn-See bereits zum 1. April 2007 grundsätzlich für alle Mitglieder der gesetzlichen Krankenkassen geöffnet worden (§ 173 Abs. 2 Nr. 4a SGB V).

698 S. oben - der zweite Teil Vertrag der medizinischen Dienstleistungen u. dritter Teil.

699 Vgl. Nr. 4 Abs. 2 BSEGA u. § 69 SVG.

700 S. oben - Abrechnung zwischen Sozialversicherungsorgan und Leistungserbringer.

701 J.P.Bank, (2003), S.494, 492.

nen schwierig. Hier stellt sich die Frage, ob das deutsche Selbstverwaltungsmodell Vorbild sein und sogar von China übernommen werden kann. Bisher käme niemand auf die Idee, den deutschen Wettbewerb der Krankenkassen um Versicherte kopieren zu wollen. Meiner Ansicht nach entspricht aber die Autonomisierung der Sozialversicherungsträger sowie die Einführung eines Wettbewerbssystems der langfristigen Ausrichtung der chinesischen Gesundheitsreform. Aber aus historischen sowie traditionellen und struktuellen Gründen ist dies in kurzer Zeit kaum zu verwirklichen.

Um die Selbstverwaltung im chinesischen Sozialversicherungswesen zu verwirklichen, bedarf es auch einer wirksamen Kontrolle des Staates. Dabei müsste diese Konstruktion der Selbstverwaltung „den chinesischen Gegebenheiten angepasst werden", und dieser Adaptionsprozess könnte sehr lange dauern.[702]

In Deutschland werden gemäß §§ 107 ff. SGB V regelmäßig auf Verbandsebene, also zwischen den Verbänden der Krankenkassen und denen der Leistungserbringer, Rahmenverträge abgeschlossen, die durch Verträge mit einzelnen Leistungserbringern (Zulassungen) ergänzt werden. In China wird das Modell der staatlichen Auftragsvergabe angewandt.[703]

Die Erweiterung der versicherten Personenkreise und die Verstärkung von Versicherungsbewusstsein und Versicherungsinitiative gehören zu den aktuellen Aufgaben der chinesischen Gesundheitsreform.[704] Durch die Erfüllung dieser Aufgaben kann eine solide Grundlage für die spätere Organisationsreform geschaffen werden.

2.5 Verwaltungsverfahren und Rechtsschutz

Das deutsche GKV-System ist im Wesentlichen durch staatliche Administration mit den historisch entwickelten Strukturen des Verwaltungsverfahrens und des öffentlich-rechtlichen Rechtsschutzes gekennzeichnet. Für den sozialrechtlichen Rechtsschutz in Deutschland gibt es eine neben den Verwaltungsgerichten stehende Sozialgerichtsbarkeit, die im Bereich der sozialen Krankenversicherung umfassend zuständig ist, einschließlich und Wettbewerbsstreitigkeiten unter

702 U.Becker/B.Darimont, (2005), http://www.mpg.de/bilderBerichteDokumente/dokumentation/jahrbuch/2005/sozialrecht/forschungsSchwerpunkt2/index.html.

703 S. o.- Die Abrechnung zwischen dem Sozialversicherungsorgan und den Leistungserbringern.

704 Vgl. Zheng, Gongcheng, (2004), S.428.

Kassen und für Streitigkeiten zwischen diesen und den Leistungserbringern (BGH ,SGb 2001, 138) ist.

Die aktuellen Verfahrens- und Rechtsschutzstrukturen in China befinden sich in einer noch nicht abgeschlossenen Entwicklung. Beim Aufbau eines vervollkommneten Sozialversicherungssystems kann man die vorteilhaften deutschen Rechtsinstitutionen – beispielsweise die Zweckmäßigkeitsprüfung des sozialrechtlichen Verwaltungsaktes, Schutz der Sozialdaten u.ä.- erlernen und für sich verwerten.

3. Zwischenergebnis

Das soziale Krankenversicherungsrecht in der Bundesrepublik Deutschland und dasjenige in der Volksrepublik China weisen insofern einerseits große Gemeinsamkeiten auf, als Sach- und Dienstleistungsprinzip und beiderseitige Beitragszahlung relativ weitgehend übereinstimmen. Andererseits sind viele Aspekte auch äußerst unterschiedlich gestaltet, z.B. das Finanzierungsmodell und die Eigenschaft der Leistungsträger. An dem erfolgreichen deutschen Gesundheitssystem mit über hundert Jahren Erfahrung orientierten sich bislang schon viele Staaten. Die deutsche Gesetzgebung und die Reformerfahrungen in den letzten Jahren können wertvolle Erfahrungen für die Begründung des sozialen Krankenversicherungssystems in China liefern.

Fünfter Teil: Résumé

Die ursprüngliche arbeitsrechtliche Ausrichtung der staatlichen Krankenversicherung in China wurde aufgegeben. Die chinesische Gesundheitsreform in den neunziger Jahren zielte zunächst darauf ab, das ehemalige Erstattungssystem der Krankenkosten durch öffentliche Mittel und die Arbeitsschutzkrankenversorgung umzuwandeln. Die Statistik der Grundkrankenversicherung für Arbeitnehmer in Städten und Kreisen macht ohne Zweifel deutlich, dass „ganz unbestritten Unvergleichliches" in der bisherigen kurzen Zeitspanne geleistet worden ist.[705] Durch die zwangsweise Durchsetzung der betroffenen Gesetze und Rechtsverordnungen sind inzwischen über 100 Mio. Arbeitnehmer gegen das Krankheitsrisiko versichert. Die Reform beinbehaltet ebenso den Umbau der an den Versicherungsansprüchen ausgerichteten gesundheitlichen Versorgungslandschaft, z.B. die Trennung von Krankenhäusern und Apotheken, die Formulierung der staatlichen Arzneimittelkataloge, die Einführung der Rezeptgebühren u.ä.

Das Ziel eines Sozialkrankenversicherungssystems mit Beteiligung aller Bürger soll erreicht werden. Arbeitnehmer aus aufgelösten, insolventen oder wirtschaftlich schlecht gestellten Unternehmen, Studierende, Arbeitnehmer in nichtöffentlichen Unternehmen und flexible Beschäftigte werden schrittweise in die Grundkrankenversicherung für Arbeitnehmer und für Einwohner in Städten und Kreisen einbezogen. Für die ländlichen Einwohner ist seit 2002 das Kooperationsgesundheitssystem wieder das entscheidende Versicherungssystem. Das Kooperationsgesundheitssystem wurde ursprünglich in den fünfzigen Jahren organisiert und spielte während eines ziemlich langen Zeitraums eine große Rolle bei der Sicherstellung der primären Gesundheitsversorgung.

Mit Hilfe der „Troika" – d.h. der Grundkrankenversicherung für Abeitnehmer und für Einwohner in Städten und Kreisen und des neuen Kooperationsgesundheitssystems auf dem Land – bemüht sich China, ein Gesundheitsversorgungsnetz mit umfassender Abdeckung zu errichten und das Ziel einer Krankenversicherung für alle Bürger zu erreichen.

Aus der vorstehenden Darstellung und Untersuchung lassen sich die folgenden Merkmale der Entwicklung des chinesischen Sozialkrankenversicherungswesens zusammenfassen:

---

705 J.P.Bank, (2003), S.461.

- Erstens befindet sich die chinesische soziale Krankenversicherung in einem noch lange nicht abgeschlossenen Prozess als Ausdruck des Standes der allgemeinen chinesischen Entwicklung. Angesichts der großen Unterschiede in der personellen und sachlichen Abdeckung sowie starken regionalen Differenzen und begrenzten wirtschaftlichen Leistungsfähigkeit des Staates ist im Prinzip ein Versicherungssystem mit einer umfassenden Volksversicherung und Begrenzung des Leistungsniveaus auf eine Basisabsicherung verwirklicht.

- Zweitens haben die zahlreichen Konzepte der zentralen KP Chinas und die Rechtsverordnungen der zuständigen Verwaltungsbehörden eine politische Priorität. Das zeigt einerseits die Entschlossenheit der verantwortlichen chinesischen Politiker hinsichtlich einer zügigen Errichtung des Krankenversicherungssystems, andererseits jedoch auch den rückständigen Gesetzgebungszustand des Sozialversicherungswesens. Das Sozialversicherungsgesetz ist nach mehr als 10 Jahren des Debattierens endlich verabschiedet worden, obgleich das Gesetz lediglich einen Beitrag zur Festlegung eines allgemeinen Rahmens für die Verwirklichung eines Sozialversicherungssystems liefert.

- Drittenss wird die Gesundheitsreform zuerst anhand unterschiedlicher Modelle in einigen ausgewählten Pilotgebieten durchgeführt. Aufgrund der dort gesammelten Erfahrungen soll dann das neue Modell in weiteren vergleichbaren Regionen umgesetzt werden. Dieses Vorgehen entspricht den gegenwärtigen ungleichmäßigen Entwicklungsständen in China. Idee, Pilotprojekt, Strategiepapier, Festlegung, Umsetzung, Bewertung, Umbau, Rückbau oder Popularisierung – das ist der unvermeidliche Prozess einer institutionellen Reform.

- Viertens wird das Krankenversicherungssystem nach unterschiedlicher Haushaltsregistrierung der Bevölkerung künstlich aufgeteilt. Es entstehen immer mehr aktuelle Herausforderungen durch die Zunahme der Mobilität der Arbeitskräfte. Transformation und Konvergenz zwischen den verschiedenen Systemen gehören zu den künftigen Reformaufgaben.

- Fünftens können unter der Voraussetzung der sozialversicherungsrechtlichen Rahmengesetzgebung in den jeweiligen Planungsgebieten weitere ausfüllende Bestimmungen erlassen werden, wodurch das unterschiedliche regionale Entwicklungsniveau berücksichtigt werden kann. Dies führt aber zur institutionellen Zersplitterung und zur Fondsplanung auf einer relativ niedrigen Ebene. Die daraus resultierende Ungleichbehandlung der verschiedenen Versicherten bei der

Beitragszahlung und bei der Erbringung der Leistungen wird in vieler Hinsicht kritisiert.

- Sechstens fehlt in China ein unabhängiges Beilegungssystem für die sozialversicherungsrechtlichen Streitigkeiten. Mit dem Aufbau des Sozialversicherungssystems und der Vertiefung der Gesundheitsreform werden aller Voraussicht nach vermehrt sozialversicherungsrechtliche Streitigkeiten auftauchen. Ein geeignetes Beilegungssystem, das im Einklang mit den chinesischen nationalen Bedingungen steht, ist deshalb zwingend erforderlich.

Die chinesische Sozialkrankenversicherung folgt im Vergleich zur deutschen gesetzlichen Krankenversicherung ähnlichen Regelungsmechanismen. Das orientiert sich bei der Bestimmung seiner Versicherungsfälle an den typischen Wechselfällen des Lebens und bietet den versicherten Personen existenziellen Schutz in solchen Fallkonstellationen.[706] Diese Orientierung ergibt sich aus den Ähnlichkeiten hinsichtlich der sozialen und ökonomischen Bedingungen und der kulturellen Traditionen. Im Ergebnis bleibt festzuhalten, dass die in Deutschland im Zusammenhang mit dem System der GKV gesammelten Erfahrungen auch für China von Bedeutung sein können.

706 Vgl. G. Schneider, (2003), S.277.

Anhang I

Verzeichnis der Gesetze und Vorschriften im Bezug auf Sozialkrankenversicherungsrecht der VR China

I. Gesetze

1. Verfassung der VR China, beschlossen von der 5. Sitzung des 5. Nationalen Volkskongresses am 4.12.1982, revidiert durch den Verfassungsänderungsbeschluss auf der 1. Sitzung des 7. Nationalen Volkskongresses am 12. 4.1988, den Verfassungsänderungsbeschluss auf der 1. Sitzung des 8. Nationalen Volkskongresses am 29.3.1993, den Verfassungsänderungsbeschluss auf der 2. Sitzung des 9. Nationalen Volkskongresses am 15. 3.1999 und den Verfassungsänderungsbeschluss auf der 2. Sitzung des 10. Nationalen Volkskongresses am 14.3.2004.

中华人民共和国宪法，1982 年 12 月 4 日第五届全国人民代表大会第五次会议通过，1982 年 12 月 4 日全国人民代表大会公告公布施行。根据 1988 年 4 月 12 日第七届全国人民代表大会第一次会议通过的《中华人民共和国宪法修正案》、1993 年 3 月 29 日第八届全国人民代表大会第一次会议通过的《中华人民共和国宪法修正案》、1999 年 3 月 15 日第九届全国人民代表大会第二次会议通过的《中华人民共和国宪法修正案》和 2004 年 3 月 14 日第十届全国人民代表大会第二次会议通过的《中华人民共和国宪法修正案》修正。

2. Das gemeinsame Konzept vom Politischen Konsultativkonferenz des Chinesischen Volkes, verabschiedet vom 1. Politischen Konsultativkonferenz des Chinesischen Volkes am 29.9.1949.
中国人民政治协商会议共同纲领，1949 年 9 月 29 日中国人民政治协商会议第一届全体会议通过。

3. Arbeitsgesetz der VR China, verabschiedet und veröffentlicht auf der 8. Sitzung des 8. Ständigen Ausschusses des Nationalen Volkskongresses am 5.7.1994, in Kraft getreten am 1.1.1995.Vorsitzende-VO Nr. 28.
中华人民共和国劳动法，第八届全国人民代表大会常务委员会第八次会议 1994 年 7 月 5 日通过并于同日公布，自 1995 年 1 月 1 日起施行。中华人民共和国主席令第二十八号。

4. Arbeitsvertragsgesetz der VR China, verabschiedet und veröffentlicht auf der 28. Sitzung des 10. Ständigen Ausschusses des Nationalen Volkskongresses am 29.6.2007, in Kraft getreten am 1.1.2008.Vorsitzende-VO Nr. 65.

中华人民共和国劳动合同法，第十届全国人民代表大会常务委员会第二十八次会议 2007 年 6 月 29 日通过并于同日公布，自 2008 年 1 月 1 日起施行。中华人民共和国主席令第六十五号。

5. Arztgesetz der V.R.China, verabschiedet von der dritten Sitzung des 9. Nationalen Volkskongresses am 26.6.1998, Vorsitzende-Nr.15.
中华人民共和国执业医师法，中华人民共和国第九届全国人民代表大会常务委员会第三次会议 1998 年 6 月 26 日通过，中华人民共和国主席令（第 5 号）。

6. Allgemeine Grundsätze des Zivilrechts der Volksrepublik China, verabschiedet von der vierten Sitzung des 6. Nationalen Volkskongresses am 12.4.1986, Vorsitzende-Vo-Nr.37.

中华人民共和国民法通则，中华人民共和国第六届全国人民代表大会第四次会议 1986 年 4 月 12 日通过，中华人民共和国主席令（第 37 号）。

7. Widerspruchsgesetz der V.R.China, erlassen von der 9. Sitzung des 9. Nationalen Volkskongresses am 29.4.1994, 9.Vorsitzende-Vo-Nr.16.

中华人民共和国行政复议法，1999 年 4 月 29 日第九届全国人民代表大会常务委员会第九次会议通过，中华人民共和国主席令 (第 16 号)。

8. Verwaltungsklagengesetz der V.R.China, erlassen von der 2. Sitzung des 7. Nationalen Volkskongresses am 4.4.1989, Vorsitzende-Vo-Nr.16.
中华人民共和国行政诉讼法，中华人民共和国第七届全国人民 代表大会常务委员会第二次会议于 1989 年 4 月 4 日通过，中华人民共和国主席令 (第 16 号)。

9. Vertragsgesetz der V.R. China, verabschiedet von der zweiten Sitzung des 9. Nationalen Volkskongresses am 15.3.1993, Vorsitzende-Vo-Nr.15.
中华人民共和国合同法，中华人民共和国第九届全国人民代表大会第二次会议于 1999 年 3 月 15 日通过，中华人民共和国主席令（九届第 15 号）。

10. Gesetz zur deliktischen Verantwortung der V.R.China, verabschiedet von der 12. Sitzung des 11. Ständigen Ausschusses des nationalen Volkskongresses, Vorsitzende-Vo-Nr.21.
中华人民共和国侵权责任法，中华人民共和国第十一届全国人民代表大会常务委员会第十二次会议 2009 年 12 月 26 日通过，中华人民共和国主席令（第 21 号）。

11. Staatshaftungsgesetz der V.R. China, verabschiedet von der 7. Sitzung des Ständigen Ausschusses von dem 8. Nationalen Volkskongress der VR China am 12.5.1994. Vorsitzende-VO: Nr.23. Dieses Gesetz trifft ab 1.1.1995 in Kraft.

中华人民共和国国家赔偿法，中华人民共和国第八届全国人民代表大会常务委员会第七次会议 1994 年 5 月 12 日通过，中华人民共和国主席令（第 29 号），1995 年 1 月 1 日起施行。

12. Gesetz der VR China über Zivilprozeß, verabschiedet von der 30. Sitzung des ständigen Ausschusses von dem 7. Nationalen Volkskongress der VR China am 28.10.2007. Vorsitzende-VO: Nr.75. Dieses Gesetz trifft ab 1.4.2008 in Kraft.

中华人民共和国民事诉讼法，中华人民共和国第十届全国人民代表大会常务委员会第三十次会议于 2007 年 10 月 28 日通过，中华人民共和国主席令（第 75 号），自 2008 年 4 月 1 日起施行。

II. Rechtsverordnungen

1. Amendement des Ministeriums für Arbeit zur Durchführung der Arbeitsversicherungsvordnung, erlassen vom Ministerium für Arbeit am 26.1.1953.

劳动保险条例实施细则修正草案，劳动部 1953 年 1 月 26 日颁布。

2. Beschluss des Staatsrats über die Errichtung eines einheitlichen Grundrentenversicherungssystems für Beschäftigte in Unternehmen, erlassen vom Staatsrat am 16.7.1997, Guofa (1997), Nr.26.

关于建立统一的企业职工基本养老保险制度的决定，国务院 1997 年 7 月 16 日颁布，国发（1997），26 号。

3. Beschluss des Staatsrats über die Errichtung eines Grundkrankenversicherungssystems für Arbeitnehmer in Städten und Kreisen, erlassen vom Staatsrat am 14.12. 1998, Guofa（1998）, Nr.44.

关于建立城镇职工基本医疗保险制度的决定，国务院 1998 年 12 月 14 日颁布，国发（1997），第 26 号。

4. Beschluss des Staatsrats über die Errichtung eines einheitlichen Grundrentenversicherungssystems für Beschäftigte in Unternehmen, erlassen vom Staatsrat am 16.7.1997, Guofa (1997), Nr.26.

关于建立统一的企业职工基本养老保险的制度的规定，国务院 1997 年 7 月 16 日颁布，国发（1997），第 26 号。

5. Beschluß des Staatsrates über die Vertiefung der Bodenverwaltungsreform, erlassen vom Staatsrat am 21.10.2004, Guofa (2004), Nr.28.

关于深化改革严格土地管理的决定，国务院 2004 年 10 月 21 日颁布，国发（2004）28 号。

6. Verordnung über die Unfallversicherung, verabschiedet und veröffentlicht auf der 5. Sitzung des Ständigen Ausschusses vom Staatsrat am 16.4.2003, in Kraft getreten am 1.1.2004. Staatsrat-VO Nr.375.

工伤保险条例，国务院第 5 次常务会议 2003 年 4 月 16 日通过并公布，2004 年 1 月 1 日起施行。中华人民共和国国务院令第 375 号。

7. Verordnung über die Arbeitslosenversicherung, verabschiedet und veröffentlicht auf der 11. Sitzung des Ständigen Ausschusses vom Staatsrat am 16.12.1998, in Kraft getreten am 16.12.1998. Staatsrat-VO Nr.258.

失业保险条例，国务院第 11 次常务会议 1998 年 12 月 16 日通过并公布，自发布之日起起施行。中华人民共和国国务院令第 258 号。

8. Verordnung der Arbeitsversicherung der VR China, erlassen von damaligen Staatsrat am 26.2.1951, geändert am 2.1.1953. (aufgehoben)

中华人民共和国劳动保险条例，政务院 1951 年 2 月 26 日颁布，1953 年 1 月 2 日修订。（已作废）

9. Verordnung über den Umgang mit ärztlichen Kunstfehlern, erlassen vom Staatsrat am 20.2.2002, VO-Nr. 351.

医疗事故处理条例，国务院第 55 次常务会议 2002 年 2 月 20 日通过，中华人民共和国国务院令第 351 号。

10. Verordnung über das Verfahren zur Ausarbeitung von Rechtsverordnungen, erlassen vom Staatsrat am 16.11.2001. VO-Nr.321.

行政法规制定程序条例，国务院 2001 年 11 月 16 日颁布，中华人民共和国国务院令 第 321 号。

11. Vorläufige Maßnahme über die Verwaltung der zugelassenen medizinischen Einrichtungen der Grundkrankenversicherung für Arbeitnehmer in Städten und Kreisen, erlassen vom Ministerium für Arbeit und soziale Sicherheit am 11.5.1999, (1999) Nr.14.

城镇职工基本医疗保险定点医疗机构管理暂行办法，劳动与社会保障部 1999 年 5 月 11 日颁布，（1999），第 14 号。

12. Vorläufige Maßnahme über die Verwaltung der zugelassnenen Einzelhandelsapotheken der Grundkrankenversicherung für Arbeitnehmer in Städten und Kreisen, erlassen vom Ministerium für Arbeit und soziale Sicherheit am 11.5.1999, (1999) Nr. 16.

城镇职工基本医疗保险定点零售药店管理暂行办法，劳动与社会保障部 1999 年 5 月 11 日颁布，（1999），第 16 号。

13. Vorläufige Maßnahmen über das Arzneimittelverzeichnis für Arbeitnehmer in Städten und Kreisen, erlassen vom Ministerium für Arbeit und soziale Sicherheit, (1999) Nr. 15.

城镇职工基本医疗保险用药暂行管理办法，劳动与社会保障部 1999 年 5 月 12 日颁布，（1999），第 15 号。

14. Richtlinien zur Krankenbehandlung und -vorbeugung durch öffentliche Mittel von Beamten und denjeniegen in öffentlichen Einheiten, erlassen von damaligen Staatsrat am 27.6.1952.(aufgehoben)

国家工作人员实行公费医疗预防的指示，政务院 1952 年 6 月 27 日颁布。（已作废）

15. Richtlinien des Staatsrates für ein Grundkrankenversicherungssystem für Einwöhner in Städten und Kreisen, erlassen vom Staatsrat am 10.7.2007, Guo Fa Ban (2007), Nr.20.

国务院关于开展城镇居民基本医疗保险试点的指导意见，国务院 2007 年 7 月 10 日，国发（2007），第 20 号。

16. Vorläufige Maßnahmen über Leistungen der Beamten in Volksregierungen im Krankheitsfall, erlassen von damaligen Staatsrat am 14.3.1952. (aufgehoben)

各级人民政府工作人员在患病期间待遇暂行办法, 政务院 1952 年 3 月 14 日颁布。（已作废）

17. Meinungen zur Festlegung der Behandlungskataloge, medizinischen Einrichtungen und Zahlungsmaßstäbe der Grundkrankenversicherung für Arbeitnehmer in Städten und Kreisen, erlassen vom Ministerium für Arbeit und soziale Sicherheit am30.6.1999, (1999), Nr.22.

关于确定城镇职工基本医疗保险诊疗项目、服务设施范围和支付标准的意见，劳动与社会保障部 1999 年 6 月 30 日颁布，（1999），第 22 号。

18. Meinungen über den Krankenzuschuß für staatliche Beamte, erlassen vom Staatsrat am 29.4.2000, (2000), Nr.45.

关于施行国家公务员医疗补助的意见，国务院 2000 年 4 月 29 日颁布，（2000），第 45 号。

19. Meinungen zu Verwaltung der Behandlungskataloge für Arbeitnehmer in Städten und Kreisen, erlassen vom Ministerium für Arbeit und soziale Versicherung am 24.12.1999, (1999) Nr.22.

关于城镇职工基本医疗保险诊疗项目管理的意见，劳动与社会保障部 1999 年 12 月 24 日颁布，（1999），第 22 号。

20. Meinungen über die Errichtung eines neuen Kooperationsgesundheitssystems auf dem Land, erlassen vom Gesundheits-, Finanz, und Agrarministerium am 10.1.2003, Guoban Fa (2003), Nr.3.

关于建立新型农村合作医疗保险制度的意见，卫生部、财政部和农业部 2003 年 1 月 10 日联合颁发，国发（2003），第 3 号。

21. Mitteilung über den Geburtsurlaub der Beamtinnen, erlassen vom Staatsrat am 26.4.1955.

(aufgehoben)

关于女工作人员生育产假的通知，国务院 1955 年 4 月 26 日颁布。（已作废）

22. Mitteilung vom Ministerium für Arbeitskräfte und Soziale Sicherheit über die Berufsausbildung und Sozialversicherung der Landwirte ohne Bodenstück, übermittelt vom Staatsrat am 10.4.2006, Guofa Ban (2006), Nr.29.

关于做好被征地农民就业培训和社会保障工作的指导意见，国务院办公厅 2006 年 4 月 10 日转发，国发（2006），第 29 号。

23. Verordnung zu den Finanzangelegenheiten des Sozialversicherungsfonds, erlassen vom Finanzministerium und Ministerium für Arbeit und Soziale Sicherheit am 15.6.1999, Caishe Zi (1990), Nr.60.

社会保险基金财务制度, 财政部、劳动与社会保障部 1999 年 6 月 15 日颁布，财社字（1990），第 60 号。

24. Vorläufige Verwaltungsmaßnahmen zur Investition des Sozialversicherungsfonds, erlassen vom Finanzministerium und Ministerium für Arbeit und Soziale Sicherheit am 13.12.2001, VO-Nr.12.

全国社会保障基金投资管理暂行办法，财政部、劳动与社会保障部 2001 年 12 月 31 日颁布，第 12 号令。

25. Regelung über das Beilegungverfahren bei Arbeitsstreitigkeiten, erlassen vom Arbeitsministerium am 16.1.1950. (aufgehoben)

关于劳动争议解决程序的规定，劳动部 1950 年 1 月 16 日颁布。（已作废）

26. Regelung zu den Fristen der medizinischen Leistungen der Arbeitnehmer in Betrieben wegen Krankheit oder Verletzung vom Nicht-Unfall, erlassen vom Ministerium für Arbeit am 1.12.1994, (1994), VO-Nr.479.

企业职工患病或非因公负伤医疗期规定，劳动与社会保障部 1994 年 12 月 1 日颁布，劳社部发（1994），第 479 号。

27. Meinungen über Verwaltungsverstärkung der Kostenberechnung der Grundkrankenversicherung für Arbeitnehmer in Städten und Kreisen, erlassen vom Ministerium für Arbeit und Soziale Sicherheit am 29.6.1999, (1999), VO-Nr.23.

加强城镇职工基本医疗保险费用结算管理的意见，劳动与社会保障部 1999 年 6 月 29 日颁发，劳社部发（1999），第 23 号。

28. Meinungen zur Verwaltung der medizinischen Leistungen von Grundkrankenversicherung für Einwöhner in Städten und Kreisen, erlassen vom Ministerium für Arbeit und soziale Sicherheit am 10.10.2007, Laoshe Bu Fa (2007), Nr.40.

关于城镇居民基本医疗保险医疗服务管理的意见，劳动与社会保障部 2007 年 10 月 10 日颁布，劳社部发（2007），第 40 号。

29. Meinungen zur Durchführung, Verwaltung und Dienstleistung der Grundkrankenversicherung für Einwöhner in Städten und Kreisen, erlassen von Ministerium für Arbeit und Soziale Sicherheit am 4.9.2007, Guofa (2007), Nr.20.

城镇居民基本医疗保险经办管理服务意见，劳动与社会保障部 2007 年 9 月 4 日颁布，国发（2007），第 20 号。

30 . Mitteilung über die Verbesserung der Krankenversicherungsverwaltung durch öffentliche Mittel, verabschiedet vom Gesundheits- und Finanzministerium am 27.10.1965. (aufgehoben)

关于改进公费医疗管理问题的通知，卫生部、财政部 1965 年 10 月 27 日联合颁发。（已作废）

Mitteilung über die Verbesserung der Arbeitskrankenversicherung, verabschiedet vom Arbeitsministerium und All-China Föderation der Gewerkschaft am 15.4.1966. (aufgehoben)

关于改进企业职工劳保医疗制度几个问题的通知，劳动部、中华总工会 1966 年 4 月 15 日颁发。（已作废）

Vorläufige Regelung über Dauer und Unterhaltszuschlag der Auszubildenden, erlassen vom Staatsrat am 6.11.1957. (aufgehoben)

关于国营、公私合营、合作社营、个体经营的企业和事业单位的学徒的学习期限和生活补贴的暂行规定，国务院 1957 年 11 月 6 日颁布（已作废）

Meinungen zur Finanzreform in Staatsbetrieben (Entwurf), ausgearbeitet vom Finanzministerium 1969.

关于国营企业财务工作中几项制度的改革意见（草案），财政部 1969 年制定。

34. Meinungen zur Durchführung des Arbeitsgesetzes, Meinungen zur Durchführung der Arbeitsgesetzeserlässe von dem ehemaligen Arbeitsministerium am 4.8.1995 , Nr. 309.

关于贯彻执行《中华人民共和国劳动法》若干问题的意见，劳动部 1995 年 8 月 4 日颁布，第 309 号。

35. Regelung der Unterhaltsleistung im Krankheitsfall der Beamten und Beschäftigten in öffentlichen Einheiten, verabschiedet vom Staatsrat am 6.4.1981. Guofa (1981), Nr.52. (aufgehoben)

国家机关工作人员病假期间生活待遇的规定，国务院 1981 年 4 月 6 日颁布。国发（1981），第 52 号。（已作废）

36. Richtlinien über Fragenlösung der institutionellen Reform der Grundkrankenversicherung, erlassen vom Ministerium für Arbeit und Soziale Sicherheit am 16.9.2002, (2002), VO-Nr.8.

关于妥善解决医疗保险制度改革有关问题的指导意见，劳动与社会保障部 2002 年 9 月 16 日，（2002），第 8 号。

37. Mitteilung über Regulierung des Pensionsstandards der Soldaten, Milizsoldaten, Zivilbediensteten, Beamten, Beschäftigten in öffentlichen Einheiten im Dienstunfall- oder Kriegsop-

fer, verabschiedet vom Gesundheits- und Finanzministerium am 1.8.1979. (79) Caishi Nr.9. Minfa (1979), Nr.2. (aufgehoben)

关于调整军人、机关工作人员、参战民兵、民工牺牲、病故抚恤金标准的通知，卫生部、财政部 1979 年 8 月 1 日颁发。(79) 财事字 190 号。(已作废)

38. Mitteilung über Regulierung des einmaligen Pensionsstandards der Soldaten, Milizsoldaten, Zivilbediensteten, Beamten, Beschäftigten in öffentlichen Einheiten im Dienstunfall- oder Kriegsopfer, erlassen vom Gesundheitsministerium und Finanzministerium am 27.3.1986, Min (1986) You Nr.6. (Aufgehoben)

关于调整军人、机关工作人员、参战民兵、民工因公牺牲、病故一次抚恤金标准的通知，卫生部、财政部 1986 年 3 月 27 日颁发。民（1986）优 6 号。(已作废)

39.Vorläufige Regelung über Unterhaltszuschlag für hinterbliebene Beamten und Beschäftigte in öffentlichen Einheiten mit finanziellen Schwierigkeiten, erlassen vom Gesundheitsministerium und Finanzministerium am 13.2.1980, Min Fa (1980), Nr.5. (Aufgehoben)

国家机关、事业单位工作人员死亡后遗属生活困难补助暂行规定，卫生部、财政部 1980 年 2 月 13 日颁发。民发（1980）年 5 号。(已作废)

40.Vorläufige Verordnung über die Zahlung des Sozialversicherungsbeitrags, erlassen vom Staatsrat am 22.1.1999, VO-Nr.259.

社会保险费征缴暂行条例，国务院 1999 年 1 月 22 日发布施行，国务院令第 259 号。

41.Meinungen über die Gesundheitsreform der Arbeitnehmer in Pilotregionen, ausgearbeitet vom Staatsauschuss für institutionelle Reform, Finanz-, Arbeits-, und Gesundheitsministerium, gehnemigt vom Staatsrat am 14.4.1994. Guoban Fa （1994）, Nr.51.

关于职工医疗制度改革的试点意见，国家体改委、财政部、劳动部、卫生部共同制定，国务院 1994 年 4 月 14 日批准执行。国办发（1994），第 51 号。

42 . Meinungen über die Erweiterung der Pilotregionen für die Gesundheitsreform für Arbeitnehmer in Städten und Kreisen, ausgearbeitet vom Staatsauschuß für institutionelle Reform, Finanz-, Arbeits-, und Gesundheitsministerium, genehmigt vom Staatsrat am 22.4.1996. Guoban Fa (1994), Nr.51.

关于职工医疗保障制度改革扩大试点的意见，国家体改委、财政部、劳动部、卫生部共同制定，国务院 1996 年 4 月 22 日批准执行。国办发（1994），第 51 号。

43.Beschluss des Staatsrates über die Lottoverwaltung, erlassen vom Staatsrat am 4.5.2009, VO-Nr.554.

彩票管理条例，国务院 2009 年 5 月 4 日颁布，国务院令第 554 号。

44. Mitteilung des Finanzministeriums und des Ministeriums für Arbeit und Soziale Sicherheit über die zusätzliche Krankenversicherung in Betrieben,Caishe (2002), Nr.18.

关于企业补充医疗保险有关问题的通知, 财政部和劳动部 1998 年 9 月 20 日颁布，财社 (2002)，第 18 号。

45. (Mitteilung über Erweiterung der Wanderarbeiter an der Grundkrankenversicherung), erlassen vom Ministerium für Arbeit und Soziale Sicherheit am 16.5.2006, Laoshebu Fa（2006）, Nr.11.

关于开展农民工参加医疗保险专项扩面行动的通知, 劳动和社会保障部 2006 年 5 月 16 日颁发，劳社部发（2006），第 11 号。

46.Konzept in Pilotregionen für die Grundkrankenversicherung für Einwohner in Städten und Kreisen, ausgearbeitet vom Ministerium für Arbeit und soziale Sicherheit, Gesundheitsministerium und Ausschuß für Reform und Entwicklung, 2007.

城镇居民基本医疗保险制度试点方案，人力资源与社会保障部，卫生部、国家发改委 2009 年联合制定。

47.Verordnung über den Unterhalt der „Fünf Garantien-Familien“ auf dem Land, erlassen vom Staatsrat am 23.1.1994, VO-Nr.141.

农村五保户供养工作条例，国务院 1994 年 1 月 23 日颁发，国务院令第 141 号。

48.Regelungen der Zusammensetzung des Arbeitslohnes, erlassen vom Statistikamt am 1.1.1990. VO-Nr.1.

关于工资总额组成的规定，国家统计局 1990 年 1 月 1 日，第一号令发布。

49. Richtlinien über die Verbesserung des Pilotprojektes des Kooperationsgesundheitssystems auf dem Land, erlassen vom Staatsrat am 13.1.2004. Guoban Fa（2004）, Nr.3.

关于进一步做好新型农村合作医疗试点工作的指导意见，国务院 2004 年 1 月 13 日颁发，国办发（2004），第 3 号。

50. Richtlinien über Studierende in der Grundkrankenversicherung für Einwohner in Städten und Kreisen, erlassen vom Staatsrat am am 25.10.2008, Guofa Ban (2008), Nr.119.

关于将大学生纳入城镇居民基本医疗保险试点范围的指导意见，国务院 2008 年 10 月 25 日颁布，国办发（2008），119 号。

51. Richtlinien zur Planung der ambulanten Krankenkosten von Grundkrankenversicherung für Einwohner in Städten und Kreisen, erlassen von den Ministerien für Finanz, Arbeitskräfte und Soziale Sicherhiet und Gesundheit am 3.8.2009, Renshebu Fa (2009), Nr.66.

关于开展城镇居民基本医疗保险门诊统筹的指导意见，人力资源与社会保障部 2009 年 8 月 3 日颁布，人社部发（2009），第 66 号。

52. Regelung des Schiedsauschusses für Arbeitsstreitigkeiten, erlassen vom Ministerium für Arbeit am 18.10.1993, Laobu Fa (1993), Nr. 276.

劳动争议仲裁委员会办案规则，劳动部 1993 年 10 月 18 日颁布，劳部发（1993），第 276 号。

53. Verordnung zur Beilegung von Arbeitsstreitigkeiten im Betrieb der VR China, erlassen vom Staatsrat am 6.7.1993, VO-Nr.117.

中华人民共和国企业劳动争议处理条例，国务院 1993 年 7 月 6 日颁布，国务院令第 117 号。

54.Maßnahmen zur Beilegung der verwaltungsrechtlichen Streitigkeiten im Bereich der Sozialversicherung, erlassen vom Ministerium für Arbeit und Soziale Sicherheit am 8.5.2001, VO-Nr. 13.

社会保险行政争议处理办法，劳动与社会保障部 2001 年 5 月 8 日颁布，国务院令第 13 号。

55.Konzept in Pilotregionen zur Grundkrankenversicherung für Einwohner in Städten und Kreisen, ausgearbeitet vom Ministerium für Arbeit und soziale Sicherheit, Gesundheitsministerium und Staatsausschuss für Reform und Entwicklung, 2007.

城镇居民基本医疗保险制度试点方案，劳动与社会保障部，卫生部与国家发展与改革委员会 2007 年制定。

56.Beschluß über die weite Verstärkung der Gesundheitsarbeit auf dem Land, erlassen von der zentralen KP Chinas und Staatsrat am 30.10.2002. Zhongfa（2002）, Nr.13.

关于进一步加强农村卫生工作的决定，中共中央、国务院 2002 年 10 月 30 日颁布。中发（2002），第 13 号。

57. Meinungen über die Vertiefung der Reform des Medizin- und Arzneisystem der Zentralen Komunistischen Partei Chinas und des Staatsrates.

中共中央国务院关于深化医药卫生体制改革的意见，中共中央、国务院 2009 年 3 月 17 日发布。

58. Meinungen über die Errichtung eines neuen Kooperationsgesundheitssystems auf dem Land, erlassen vom Staatsrat am 16.1.2003, Guofa Ban(2003), Nr.3.

关于建立新型农村合作医疗制度的意见，国务院 2003 年 1 月 16 日颁布，国发办（2003），第 3 号。

59. Verordnung über den Unterhalt der ‚Fünf Garantien'-Familien auf dem Land, erlassen vom Staatsrat am 11.1.2006, VO-Nr.456. Diese Verordnung tritt ab dem 1.3.2006 in Kraft.

农村五保户供养工作条例，国务院 2006 年 1 月 11 日颁布，国务院令第 456 号，该条例 2006 年 3 月 1 日起执行。

60. Mitteilung des Ministeriums für Arbeitskräfte und soziale Versicherung über Berufsausbildung und Sozialversicherung der ländlichen Bevölkerung ohne Bodenstück, erlassen vom Staatsrat vom 17.4.2006. Guofaban, 2006, Nr.26.

关于做好被征地农民就业培训和社会保障工作指导意见，国务院 2006 年 4 月 17 日颁布，国办发（2006）29 号。

61. Meinungen über die Festigung und Verstärkung des neuen Kooperationsgesundheitssystems auf dem Land, erlassen von den Ministerien für Gesundheit, zivile Angelegenheiten, Finanz und Landwirtschaft und Amt für chinesische Medizin am 2.7.2009,Weinong Werifa (2009), Nr.68.

关于巩固和发展新型农村合作医疗制度的意见，卫生部、民政部、财政部、农业部和中医药局 2009 年 7 月 2 日颁布，卫农卫发（2009）68 号。

62. Richtlinien des Staatsrates über die Errichtung eines neuen sozialen Rentenversicherungspilotes auf dem Land, erlassen vom Staatsrat am , Guofa (2009), Nr.32.

关于开展新型农村社会养老保险试点的指导意见，国务院 2009 年 9 月 1 日颁布，国发（2009）32 号。

63. Mitteilung über Krankenversicherung der Rentner in insolventen Staatsunternehmen, erlassen vom Ministerium für Arbeitskräfte und Soziale Sicherheit, Finanzministerium, Ausschuß für Staatseigentum und Ministerium für Disziplinaufsicht am 5.8.2009, Renshebu Fa (2009), Nr.52.

关于妥善解决关闭破产国有企业退休人员等医疗保障有关问题的通知，人力资源与社会保障部、财政部、国资委和监察部 2009 年 8 月 5 日联合颁发，人社部发（2009），第 52 号。

III．Internationale Verträge und Abkommen

1. Covenant on Economic, Social and Cultural Rights, verabschiedet auf der 21. Generalversammlung der Vereinten Nationen am 16.12.1966, genehmigt auf der 20. Sitzung des 9. Ständigen Ausschusses des Nationalen Volkskongresses am 27.10.1997.

经济、社会、文化权利国际公约，第 21 届联合国大会 1966 年 12 月 16 日通过。第九届全国人民代表大会常务委员会第二十次会议 1997 年 10 月 27 日批准签署。

2. Social Security (Seafarers) Convention, verabschiedet von der Allgemeinen Konferenz der Internationalen Arbeitsorganisation (The General Conference of the International Labour Organization) am 10.9.1987.

海员社会保障公约，国际劳工组织全体大会于 1987 年 10 月 9 日通过。

3. Social Security (Minimum Standards) Convention, verabschiedet von der 35. Sitzung von Versammlung der internationalen Organisation für Arbeiter am 28.6.1952.

社会保障（最低标准）公约，国际劳工局理事会 1952 年 6 月 28 日通过。

IV．Auslegung von Gesetzen

1. Antwort auf Zahlungsfrist der Sozialversicherungsbeiträge in den Konkursunternehmen mit Sozialversicherungssystem, erlassen vom höchsten Volksgericht am 12.11.1996. Fafu（1996）, Nr.17.

关于施行社会保险的企业破产后各种社会保险统筹应缴纳到合适的批复，最高人民法院 1996 年 11 月 12 日颁布，法复（1996），第 17 号。

2. Mitteilung des Höchsten Volksgerichts über das Problem der Annahme von Arbeitsstreitigkeiten, Fafa (1993), Nr.29.

关于劳动争议案件受理问题的通知，最高人民法院 1993 年 10 月 20 日颁布，法发（1993），第 29 号。

3. Auslegung des obersten Volksgerichts über Durchführung des Gesetzes der VR China zum Verwaltungsprozess, erlassen von der 1452. Sitzung vom Verhandlungsausschuß des obersten Volksgerichts am 8.9.2008, Fashi (2008), Nr.13.

最高人民法院关于适用《中华人民共和国民事诉讼法》执行程序若干问题的解释，最高人民法院审判委员会第 1452 次会议 2008 年 9 月 8 日通过，法释（2008），第 13 号。

V. Satzung und andere Vorschriften

1. Mustersatzung für landwirtschaftliche Produktionsgenossenschaften höherer Stufe, erlassen auf der 3. Sitzung des 1. Nationalen Volkskongresses am 30.06.1956. (aufgehoben)

高级农业合作社示范章程，第一次全国人民代表大会第三次会议 1956 年 6 月 30 日颁布。（已作废）

2. Satzung des Versicherungsausschchuß von gegenseitiger Hilfe für Arbeitnehmer.

中国职工保险互助会章程。

3. Der staatliche Ausführungsplan der Menschenrechte 2009-2010, veröffentlicht vom Nachrichtsbüro des Staatsrates am 13.4.2009.

国家人权行动计划，国务院新闻办公室 2009 年 4 月 13 日发布。

4. Beschluß von Aufbau des sozialistischen Marktswirtschaftssystems, erlassen von 3. Plenarsitzung des 14. Zentralkomitees der Kommunistischen Partei Chinas am 14.11.1993.

关于建立社会主义市场经济若干问题的决定，中国共产党第十四届中央委员会第三次全体会议 1993 年 11 月 14 日通过。

VI. Lokale Regelungen

1. Regelung der Grundkrankenversicherung in der Stadt Beijing, erlassen vom Stadtsrat Beijing am 20.2.2001 VO-Nr.68, revidiert durch VO-Nr. 158.

北京市基本医疗保险规定，北京市人民政府 2001 年 2 月 20 日颁布，北京市人民政府第 68 号令，经第 158 号令修改。

2. Mitteilung der Stadt Anyang zur Regulierung des beitragspflichten Richtmaßstabs der Arbeitnehmer in Städten und Kreisen im Jahr 2007, erlassen vom Sozialversicherungszentrum der Stadt Anyang am 30.4.2007.

安阳市关于调整 2007 缴费年度城镇职工基本医疗保险缴费基数的通知，安阳市社保中心 2007 年 4 月 30 日颁布。

3. Veröffentlichung des Amtes für Arbeit und Soziale Sicherheit in Shanghai über Berechnungsmaßnahmen des Krankengeldes, erlassen vom Amt für Arbeit und Soziale Sicherheit in Shanghai, (2000), Nr.14.

上海市劳动和社会保障局关于病假工资计算的公告，上海市劳动和社会保障局 2004 年 11 月 1 日颁布，沪劳保保发（2000）14 号。

4. Vier Durchführungsmaßnahmen des Amtes für Arbeit in Chengdu der zusätzlichen Rentenversicherung und Krankenversicherung für Arbeitnehmer, Chengbanfa (1999), Nr.83.

成都市劳动局关于职工补充养老保险和补充医疗保险等四个实施办法，成都市人民政府 1999 年 9 月 6 日颁布，成办发（1999）83 号。

5. Vorläufige Maßnahmen zum Krankenkostenzuschlag von hoher Summe in Beijing, erlassen von Volksregierung der Stadt Beijing am 20.2.2001, Jing Laoshe Yifa (2001), Nr.18.

北京市大额医疗费用互助暂行办法，北京市人民政府 2001 年 2 月 20 日，京劳社医发（2001）18 号。

6. Regelung für Zahlung des Arbeitslohns in der Stadt Beijing, erlassen von der Volksregierung Beijing am 23.12.2003, VO-Nr.142.

北京市工资支付规定，北京市人民政府 2003 年 12 月 23 日颁布，北京市人民政府令(第 142 号)。

7. Verordnung über Zahlung des Arbeitslohns der Provinz Jiangsu, erlassen von dem ständigen Ausschuß der 12. Sitzung des 10. Volkskongresses Jiangsu am 22.10.2004.

江苏省工资支付条例，第十届江苏省人民代表大会常务委员会第 12 次会议 2004 年 10 月 22 日通过并颁布。

8. Meinungen über Vervollkommung der Grundkrankenversicherung in Provinz Hainan, erlassen von der Volksregierung Hainan, Qiongfu Ban (1996), VO-Nr.27.

关于完善我省医疗保险实施办法意见，海南省人民政府颁布，琼府办（1996）， 政府令第 27 号。

9. Grundkrankenversicherung der Stadt Shanghai für Arbeitnehmer in Städten und Kreisen, erlassen von Volksregierung Shanghai am 20.10.2000, Zhengfuling Nr.92.

上海市基本医疗保险办法，上海市人民政府 2000 年 10 月 20 日颁布，政府令第 92 号。

10. Abrechnungsmaßnahmen der Kosten der sozialen Krankenversicherung der Stadt Shenzhen, erlassen vom Amt der Stadt Shenzhen für Arbeit und Soziale Sicherheit am 2.4.2008, Shenlao Shegui (2008), Nr.7.

深圳市社会医疗保险费用结算办法，深圳市劳动与社会保障局 2008 年 4 月 2 日颁布，深劳社规（2008），第 7 号。

11. Vorläufige Maßnahmen der Krankenbeihilfe von Staatsbeamten in der Stadt Guiyang, Volksregierung der Stadt Guiyang VO-Nr. 92.

贵阳市国家公务员医疗补助暂行办法，贵阳市人民政府 2006 年 11 月 22 日颁布，贵阳市政府令（2006），第 92 号。

12. Maßnahmen zur Teilnahme der Arbeitnehmer an der Krankenversicherung in der Stadt Yancheng, erlassen von der Volksregierung der Stadt Yancheng am 17.3.2009, Yanzheng Fa (2009), Nr.68.

盐城市职工医疗保险办法，盐城市人民政府 2009 年 3 月 17 日颁布，盐政发（2009），第 68 号。

13. Maßnahmen der Grundkrankenversicherung für Einwohner in Städten und Kreisen in der Stadt Shanghai (Probe), erlassen von der Volksregierung der Stadt Shanghai am 8.12.2007, Hufu Fa (2007), Nr.44.

上海市城镇居民基本医疗保险试行办法，上海市人民政府 2007 年 12 月 8 日颁布，沪府发（2007）44 号。

14. Vorläufige Maßnahmen der Krankenversicherung für Einwohner in Städten und Kreisen in der Stadt Xi´an, erlassen von der Volksregierung der Stadt Xi´an am 22.10.2007, Shizheng Fa (2007), Nr. 141.

西安市城镇居民基本医疗保险暂行办法, 西安市人民政府 2007 年 10 月 22 日颁布，市政发（2007）141 号。

15. Mitteilung über die Teilnahme an Grundkrankenversicherung von Schülerinen und Schülern sowie Jugendlichen auf diejenigen in Kindergarten, Grundschulen, Mittelschulen, Oberschulen und anderen besonderen Schulen, erlassen vom Amt von Hexi Stadtbezirk für Arbeit und Soziale Sicherheit am , Jinxi Laozi (2008), Nr.51.

关于学生儿童参加城镇居民基本医疗保险有关问题的通知，天津市劳动和社会保障局 2008 年 3 月 7 日颁布，津劳社局发（2008）51 号。

16. Maßgaben von Durchführungsmaßnahmen von Teilnahme der Studierenden in Hangzhou an der Grundkrankenversicherung für Einwohner in Städten und Kreisen, erlassen von der Volksregierung der Stadt Hangzhou am 11.8.2009, Hangzheng Ban (2009), Nr.10.

在杭高校大学生参加城镇居民基本医疗保险实施办法（试行），杭州市人民政府 2009 年 8 月 11 日颁布，杭政办 （2009）10 号。

17. Richtlinien der Volksregierung Guangxi über Pilotprojekte der Grundkrankenversicherung für Einwohner in Städten und Kreisen, erlassen von Volksegierung der Provinz Guangxi am 30.9.2007, Guizheng Fa (2007), Nr.37.

关于开展城镇居民基本医疗保险试点的指导意见，广西壮族自治区人民政府 2007 年 9 月 30 日颁布，桂政发（2007）37 号。

18. Durchführungsmaßnahmen der Stadt Guangzhou über Grundkrankenversicherung für Einwohner in Städten und Kreisen (Probe), erlassen von Volksregierung der Stadt Guangzhou am , Suifu Ban (2008), Nr.22.

广州市城镇居民基本医疗保险试行办法，广州市人民政府 2008 年 5 月 13 日颁布，穗府办（2008）22 号。

19. Meinungen der Volksregierung Beijing über Errichtung des Krankenversicherungssystems der schwereren Krankheiten für Einwohner ohne Beschäftigung innerhals der Arbeitsjahreszeit, erlassen von der Volksregierung Beijing am 6.6.2008, Jingzheng Fa (2008), Nr.24.

北京市人民政府关于建立北京市城镇劳动年龄内无业居民大病医疗保险制度的实施意见，北京市人民政府 2008 年 6 月 6 日，京政发（2008），第 24 号。

20. Maßnahmen der Stadt Shanghai von Grundkrankenversicherung für Einwohner in Städten und Kreisen (Probe), erlassen von Volksregierung der Stadt Shanghai am 8.12.2007, Hufu Fa (2007), Nr.44.

上海市城镇居民基本医疗保险试行办法，上海市人民政府 2007 年 12 月 8 日颁布，沪府发（2007），第 44 号。

21. Durchführungsmaßnahmen von Bezirk Zengdu der Stadt Suizhou zur Grundkrankenversicherung für Einwohner in Städten und Kreisen, erlassen vom Bezirk Zengdu der Stadt Suizhou für Arbeit und Soziale Sicherheit am 7.5.2008, Zengzheng Fa (2008), Nr.19.

随州市城镇居民基本医疗保险实施办法，随州市曾都区劳动与社会保障局 2008 年 5 月 7 日颁布，曾政发（2008），第 19 号。

22. Vorläufige Bestimmungen über die ambulante Krankenkostenerstattung von an Versicherung für schwerere Krankheiten versicherten Älteren als Einwohnern in Städten und Kreisen, erlassen von Amt für Arbeit und soziale Sicherheit Beijing am 29.12.2008, Jingzheng Fa (2008), Nr.11.

关于已参加大病医疗保险的城镇居民老年人门诊医疗费用报销暂行办法，北京市劳动与社会保障局 2008 年 12 月 29 日，京政发（2008），第 11 号。

23. Mitteilung über die Teilnahme der pensionierten Arbeitnehmer in den insolventen Unternehmen sowie diejenigen in schlechter wirtschaftlicher Lage, erlassen von der Volksregierung der Provinz Shanxi am 28.8.2009, Jinzhengba Fa (2009), Nr.113

关于确有困难的关闭破产企业退休人员和困难企业职工参加城镇居民医疗保险的通知，山西省人民政府 2009 年 8 月 28 日颁布，晋政办发（2009），第 113 号。

24. Vorläufige Maßnahmen zur Teilnahme der pensionierten Arbeitnehmer in den der Stadt angehörigen Unternehmen in schlechter wirtschaftlicher Lage, erlassen von der Volksregierung Kaifengder am 7.7.2008, Bianzheng (2008), Nr.59.

开封市市属困难企业退休人员参加参加基本医疗保险暂行办法，开封市人民政府 2008 年 7 月 7 日颁布，汴政（2008）59 号。

25. Meinungen der Provinz Guangzhou über die Vervollkommnung der Grundkrankenversicherungspolitik und –verwaltung, erlassen vom Amt für Arbeit und Soziale Sicherheit am 23.2.2009, Yuelaoshe Fa (2009), Nr.11.

关于进一步完善基本医疗保险政策和规范管理有关问题的意见，广东省劳动与社会保障厅 2009 年 2 月 23 日颁布，粤劳社发（2009），第 11 号。

26. Errichtung von Wohlfahrtsfonds der medizinischen Hilfe für Kinder mit schweren Krankheiten in Notfamilien im ganzen Provinzgebiet (Probe), erlassen vom Amt für zivile Angele-

genheiten der Provinz Jiangxi und Philanthropische Gemeinsamausschuß der Provinz Shangxi am 26.5.2009.

关于在全省建立城乡居民困难家庭儿童大病救助慈善基金的实施意见（试行），江西省民政厅和慈善总会 2009 年 5 月 26 日，赣民发（2009），第 10 号。

27. Vorläufige Maßnahmen der Stadt Qingdao von Grundkrankenversicherung für Einwöhner in Städten und Kreisen, erlassen von der Volksregierung Qingdao am 17.5.2007, Shizhengfa Ling, Nr.191.

青岛市城镇居民基本医疗保险暂行办法，青岛市人民政府 2007 年 5 月 17 日，市政发令，第 191 号。

28. Mitteilung über die Übertragung des Verhältnisses der Grundkrankenversicherung für Arbeitnehmer in Städten und Kreisen, erlassen von Amt der Provinz Fujian für Arbeit und Soziale Sicherheit am 24.8.2009, Minren Shewen (2009), Nr.29.

关于福建省城镇职工基本医疗保险关系转移衔接有关问题的通知，福建省劳动与社会保障厅 2009 年 8 月 24 日颁布，闵人社文（2009），第 29 号。

29. Durchführungsmaßnahmen der Großgemeinde Dahongqi über die Errichtung eines neuen Kooperationsgesundheitssystems, Dahong Zhengfa (2005), Nr.2.

大红旗镇建立新型农村合作医疗制度实施方案，大红政发（2005），第 2 号。

30. Durchführungsmaßnahmen des neuen Kooperationsgesundheitssystems in Qingxian Kreis (Probe) , erlassen von der Volksregierung Qingxian am 26.12.2006, Qingzheng (2006), Nr.92.

青县新型农村合作医疗制度实施方案（试行），青县人民政府 2006 年 12 月 26 日颁布，青政（2006），第 92 号。

31. Mitteilung der Volksregierung Xinxiang über die Grundkrankenversicherung der Arbeitnehmer in Städten und Kreisen, erlassen von der Volksregierung der Stadt Xinxiang, Xinzheng Wen (2003),Nr.104.

新乡市人民政府关于进一步完善城镇职工基本医疗保险制度有关问题的通知, 新乡市人民政府 2003 年 6 月 23 日颁布，新政文 (2003), 第 104 号。

32. Maßnahmen über die kostenlose Teilnahme aller Bürger an der Krankenversicherung (Probe), erlassen von der Volksregierung vom Kreis Shenmu am 09.02.2009, Shenzheng Fa (2009), Nr.3.

神木县全民免费医疗实施办法（试行），神木县人民政府 2009 年 2 月 9 日颁布，神政发（2009），第 3 号。

Anhang II

Sozialversicherungsgesetz der VR China

Verabschiedet von der 17. Sitzung des Ständigen Ausschusses des nationalen 11. Volkskongresses am 28.10.2010. Dieses Gesetz trifft am 1.7.2011 in Kraft.Vorsitzende-VO Nr. 35

Inhaltsübersicht

1. Kapitel: Allgemeine Regeln

§ 1 Um die sozialversicherungsrechtlichen Verhältnisse zu regeln, die legalen Rechte und Interessen der am Sozialversicherungsrecht beteiligten Personen zu schützen, allen Bürger den Entwicklungsfortschritt zukommen zu lassen, und die soziale Harmonie und Stabilität zu fördern, wird aufgrund der Verfassung dieses Gesetz erlassen.

§ 2 Der Staat schafft eine Grundrentenversicherung, Grundkrankenversicherung, Unfallversicherung, Arbeitslosenversicherung, Geburtsversicherung und andere Sozialversicherung, um das Recht der Bürger zu garantieren, im Alter, in Krankheitsfällen oder bei Arbeitsunfähigkeit, Arbeitslosigkeit und Geburt dem Gesetz gemäß vom Staat und Gesellschaft die materielle Unterstützung zu erlangen.

§ 3 Die Sozialversicherung muß nach den Prinzipien der umfassenden und grundlegenden Versicherung, auf verschiedenen Ebenen und auf Dauer aufgebaut werden. Das Niveau der Sozialversicherung muß dem Niveau der sozioökonomischen Entwicklung der Gesellschaft entsprechen.

§ 4 Arbeitgebereinheiten und Arbeitnehmer innerhalb der VR China haben nach diesem Gesetz Sozialversicherungsgebühren zu zahlen. Sie haben das Recht, die Registrierung von Beitragszahlungen und rechtlichen Interessen der einzelnen Versicherten einzusehen und zu überprüfen. Sie können sich auch von den Sozialversicherungsorganen beraten lassen.

Der einzelne Versicherte erhält nach diesem Gesetz Leistungen der Sozialversicherung, und hat das Recht, die Beitragszahlung der Arbeitgebereinheit zu überwachen.

§ 5 Die Volksregierungen über Kreisebene sollen die Angelegenheiten der Sozialversicherung in den volkswirtschaftlichen und gesellschaftlichen Entwicklungsplan aufnehmen.

Der Staat bringt die Mittel für den Sozialversicherungsfonds durch verschiedene Kanäle auf. Die Volksregierungen über der städtischen Administration sollen die Angelegenheiten der Sozialversicherung mit den notwendigen Geldmitteln unterstützen.

Der Staat unterstützt das Sozialversicherungswesen durch Steuervorteile.

§ 6 Der Staat soll den Sozialversicherungsfonds streng überwachen.

Der Staatsrat und die Volksregierungen in den Provinzen, autonomen Gebieten und regierungsunmittelbaren Städten (PAS-Volksregierungen) sollen die Institutionen des Sozialversicherungsfonds errichten und vervollkommnen, um die Sicherheit und Effektivität des Betriebs des Sozialversicherungsfonds zu garantieren.

Die Volksregierungen über Kreisebene sollen Maßnahmen ergreifen, um die Beteiligung aller Teile der Gesellschaft an der Überwachung der Sozialversicherung zu fördern.

§ 7 Die zuständigen Behörden für Sozialversicherung im Staatsrat sind verantwortlich für die Verwaltung der Sozialversicherung im ganzen Land. Die anderen Behörden im Staatsrat sind in ihrem jeweiligen Zuständigkeitsbereich verantwortlich für die Sozialversicherung.

Die zuständigen Behörden für Sozialversicherung in den Volksregierungen über Kreisebene sind verantwortlich für die Verwaltung der Sozialversicherung in den jeweiligen Verwaltungsregionen.

§ 8 Die Sozialversicherungsorgane stellen im Sozialversicherungsbereich Dienstleistungen bereit, und sind verantwortlich für die Registerierung der Sozialversicherung und rechtlichen Interessen der einzelnen Versicherten und die Leistungserbringung.

§ 9 Der Gewerkschaftsverband schützt dem Gesetz gemäß die legalen Rechte und Interessen der Arbeitnehmer. Der Gewerkschaftsverband hat das Recht, sich an der Lösung der wesentlichen sozialversicherungsrechtlichen Probleme zu beteiligen und die Angelegenheiten der Sozialversicherung, welche die Rechte und Interessen der Arbeitnehmer betreffen, zu überwachen.

2. Kapitel: Grundrentenversicherung

§ 10 Die Arbeitnehmer sollen an der Grundrentenversicherung teilnehmen. Arbeitgeber und Arbeitnehmer zahlen gemeinsam den Grundrentenversicherungbeitrag.

Einzelgewerbehaushalte ohne Angestellten und Teilzeit-Arbeitnehmer können an der Grundrentenversicherung teilnehmen und zahlen den Grundrentenversicherungsbeitrag selbst.

Die Teilnahme an der Sozialversicherung von Beamten und Bediensteten im Sinne des Beamtengesetzes wird vom Staatsrat geregelt.

§ 11 Die Geldmittel der Grundrentenversicherung setzen sich aus den sozialen Fonds und den individuellen Konten zusammen.

Die Grundrentenversicherungsfonds setzen sich aus Zahlungsbeiträgen der Arbeitgeber und der Arbeitnehmer und aus Subventionen der Regierung zusammen.

§ 12 Die Arbeitgebereinheit soll den Grundrentenversicherungbeitrag nach dem vom Staat vorgeschriebenen Verhältnis der Gesamtlohnsumme der Arbeitnehmer zahlen.

Die Arbeitnehmer sollen den Grundrentenversicherungbeitrag nach dem vom Staat vorgeschriebenen Verhältnis ihrer Lohnsumme zahlen. Der Zahlungsbetrag wird auf dem individuellen Konto verbucht.

Einzelgewerbehaushalte ohne Angestellten und Teilzeit-Arbeitnehmer, die an der Sozialversicherung teilnehmen, sollen den Grundrentenversicherungbeitrag nach dem vom Staat vorgeschriebenen Verhältnis zahlen. Der Zahlungsbetrag wird nach den Regelungen jeweils auf die sozialen Fonds und das individuelle Konto verbucht.

§ 13 Die Zahlung des Grundrentenversicherungsbeitrags von Angestellten in Staatsunternehmen und öffentlich-rechtlichen Einheiten wird nach der Bezugsdauer von der Regierung übernommen, bevor sie an der Grundrentenversicherung teilnehmen.

Fehlen dem Grundrentenversicherungsfonds die Mittel, subventioniert der Staat.

§ 14 Das auf dem individuellen Konto eingezahlte Rentengeld darf nicht vorher abgehoben werden. Jährlich wird der Zinssatz nach den derzeitigen Bankzinsen und dem derzeitigen Preisindex festgelegt und von der Zinssteuer befreit. Stirbt der Angestellte, kann die restliche Summe des Rentengeldes im individuellen Konto vererbt werden.

§ 15 Die Grundrente setzt sich aus Renten aus den Solidarfonds und aus individuellen Konten zusammen. Die Höhe der Grundrente wird nach der zusammengerechneten Beitragszahlungsdauer, dem Beitragseinkommen, dem durchschnittlichen lokalen Einkommensstandard, der Höhe des individuellen Kontos der einzelnen Versicherten, der durchschnittlichen Lebensdauer der Einwohner in Städten und Kreisen und anderen Faktoren festgesetzt.

§ 16 Die an der Grundrentenversicherung teilnehmenden Einzelpersonen können das Grundrentengeld monatlich abheben, wenn sie das gesetzliche Rentenalter erreicht und schon 15 Jahre den Beitrag gezahlt haben.

Der an der Grundrentenversicherung teilnehmende Versicherte, der das gesetzliche Rentenalter erreicht und weniger als 15 Jahre den Beitrag gezahlt hat, kann den bis zu 15 Jahre bezahlten und erst dann eine monatliche Rente abheben. Er kann auch an die neue Sozialrentenversicherung für die ländliche Bevölkerung oder die Sozialrentenversicherung für Einwohner in Städten und Kreisen übertragen werden, und die von dem Staatsrat festgesetzten Leistungen erhalten.

§ 17 Bei nicht durch die Arbeit bedingten Krankheiten oder Tod der Versicherten können die Hinterbliebenen den Beerdigungszuschuß und finanzielle Hinterbliebenenunterstützung erhalten. Der Beitrag kann von den Grundrentenversicherungsfonds gezahlt werden. Der an der Grundrentenversicherung teilnehmende Versicherte, der das vom Staat festgesetzte Jahresminimum für den Erhalt des Grundrentengeldes noch nicht erreicht hat, erhält im Krankheitsfalle bzw. bei Eintritt der vollen Arbeitsunfähigkeit den Krankenzuschuß. Der Beitrag wird von den Grundrentenversicherungsfonds gezahlt.

§ 18 Der Staat ist verantwortlich für die Mechanismen des Grundrentenversicherungsfonds. Entsprechend der durchschnittlichen Lohnentwicklung der Arbeitnehmer, der Preissteigerung und der Leistungsfähigkeit der Grundrentenversicherungsfonds steigt die Höhe der Grundversicherung.

§ 19 Das Grundrentenversicherungsverhältnis der in anderen Regionen Beschäftigten wird nach einem Wechsel des Beschäftigungsortes verlegt. Tritt der Versicherte in den Ruhestand, wird der Grundrentenversicherungsbeitrag nach den jeweiligen regionalen Grundversicherungsmaßstäben und nach der Bezugsdauer am Beitragszahlungsort in Abschnitten berechnet und am Ruhestandsort einheitlich gezahlt. Die konkreten Maßnahmen werden vom Staatsrat festgelegt.

§ 20 Die neue soziale Rentenversicherung für ländliche Einwohner wird vom Staat errichtet und vervollkommnet.

Die neue soziale Rentenversicherung für ländliche Einwohner setzt sich aus Beiträgen der Versicherten und Zuschuß der Kollektiven und Staat zusammen.

§ 21 Die Leistung der neuen sozialen Rentenversicherung für ländliche Einwohner setzt sich aus Grundrente und Rente aus individellen Konten zusammen.

Die Versicherten der neuen sozialen Rentenversicherung für ländliche Einwohner können den staatlichen Regelungen entsprechend die monatliche Leistungen abheben.

§ 22 Der Staat errichtet und vervollkommnet Schritt für Schritt das Grundrentenversicherungssystem der Einwohner in Städten und Kreisen. Die Volksregierungen in den Provinzen, autonomen Gebieten und regierungsunmittelbaren Städten können den regionalen Umständen entsprechend die Grundrentenversicherung für Einwohner in Städten und Kreisen und die neue soziale Rentenversicherung für ländliche Einwohner zusammen durchführen.

3. Kapitel: Grundkrankenversicherung

§ 23 Arbeitnehmer soll an der Grundkrankenversicherung für Arbeitnehmer teilnehmen. Der Grundkrankenversicherungsbeitrag wird gemeinsam von den Arbeitgebereinheiten und dem Arbeitnehmer gezahlt.

§ 24 Die neue Kooperationskrankenversicherung auf dem Land wird vom Staat errichtet und vervollkommnet.

Die Durchführungsmaßnahmen wird vom Staatsrat festgelegt.

§ 25 Das Krankenversicherungssystem für Einwohner in Städten und Kreisen wird vom Staat errichtet.

Das Krankenversicherungssystem für Einwohner in Städten und Kreisen setzt sich aus Familienzahlungen und Regierungssubventionen zusammen.

Der von Familien gezahlte Anteil wird für diejenigen Teile der Bevölkerung, die am Existenzminimum leben, für die arbeitsunfähigen Behinderten und für die über 60-Jährigen in den Familien mit niedrigen Einkommen von der Regierung subventioniert.

§ 26 Die Maßstäbe der Krankenversicherung für Einwohner in Städten und Kreisen und der neuen Kooperationskrankenversicherung auf dem Land werden nach der staatlichen Reglungen festgelegt.

§ 27 Pensionierte Arbeitnehmer, deren Gesamtzahlung innerhalb der vom Staat festgelegten Frist erbracht wird, genießen die vom Staat festgesetzte Grundkrankenversicherung ohne Beitragszahlung. Erreicht es nicht die vom Staat festgelegte Frist, kann der Arbeitnehmer den Beitrag bis dieser Frist zahlen.

§ 28 Die Aufwendungen für die der Grundkrankenversicherung entsprechenden Arzneimittelkataloge, für Diagnostik und für medizinische Dienstleistungseinrichtungen sowie für Notdienst- und Rettungsleistungen werden von den Grundkrankenversicherungsfonds gezahlt.

§ 29 Die Krankenkosten der Versicherten, die vom Grundkrankenversicherungsfonds getragen werden, werden unmittelbar von den Sozialversichrungsorganen mit medizinischen Einrichtungen und Apotheken abgerechnet.

Die zuständigen Behörden für Soziale Sicherheit und Gesundheit sollen ein Abrechnungssystem für die im anderen Gebiet entstandenen Krankenkosten errichten, was die Leistungerbringung der Grundkrankenversicherung für Versicherte erleichtert.

§ 30 Die folgenden Krankenkosten werden nicht aus den Grundkrankenversicherungsfonds gezahlt:

(1) die Kosten, die vom Unfallversicherungsfonds gezahlt werden,

(2) die Kosten, die vom Geburtsversicherungsfonds gezahlt werden;
(3) die von einem Dritten zu tragenden Kosten;
(4) die bei einem Auslandsaufenthalt entstandenen Kosten.

Wenn der Dritte die Zahlung der von ihm zu tragenden medizinischen Kosten verweigert, oder der Dritte nicht zu bestimmen ist, sollen sie vom Krankenversicherungsfonds im Voraus bezahlt werden. Nach der Zahlung hat die zuständige Behörde gegenüber dem Dritten das Recht auf Ersatzzahlung.

§ 31 Die Sozialversicherungsorgane können zur Leistungserbringung innerhalb der Sozialversicherung mit medizinischen Einrichtungen und Apotheken entsprechende Serviceverträge abschließen.

Die medizinischen Einrichtungen sollen den versicherten Personen angemessene und notwendige medizinische Behandlung zukommen lassen und die legalen Rechte und Interessen der versicherten Personen schützen.

§ 32 Das Grundkrankenversicherungsverhältnis der in anderen Regionen arbeitenden Beschäftigten wird nach einem Wechsel des Beschäftigungsortes verlegt. Die Bezugsdauer wird akkumuliert berechnet.

4. Kapitel: Unfallversicherung

§ 33 Die Arbeitnehmer sollen an der Unfallversicherung teilnehmen. Die Arbeitgebereinheit zahlt den Unfallversicherungsbeitrag. Die Arbeitnehmer zahlen keinen Unfallversicherungsbeitrag.

§ 34 Der Staat legt entsprechend dem Unfallrisiko der verschiedenen Branchen differenzierte Beiträge für die Branchen und entsprechend der Situation der Unfallversicherungsbeitragsverwendung und der Unfallquote innerhalb jeder Branche einige Beitragsstufen fest. Die differenzierten Beiträge und die Beitragsstufen werden von den Verwaltungsbehörden für die Sozialversicherung des Staatsrates festgelegt. Nachdem sie vom Staatsrat genehmigt wurden, werden sie veröffentlicht und durchgeführt.

Die Sozialversicherungsorgane legen entsprechend der Verwendung der Unfallversicherungsbeiträge der Arbeitgebereinheiten und entsprechend der Prozentsätze der Unfälle innerhalb der Branchen einen Beitragssatz für die Einheit fest.

§ 35 Die Arbeitgebereinheit soll entsprechend der Gesamtlohnsumme ihrer Arbeitnehmer und entsprechend der von den Sozialversicherungsorganen festgelegten Beitragsstufen den Unfallversicherungsbeitrag zahlen.

§ 36 Die Arbeitnehmer, die einen durch ihre Beschäftigung bedingten Unfallschaden oder eine Berufskrankheit erleiden und bei denen das Vorliegen eines Arbeitsunfalls festgestellt wird, erhalten Leistungen für die Unfallbehandlung. Im Falle von Arbeitsunfähigkeit erhalten die Arbeitnehmer für Behinderte vorgesehene Leistungen..

Die Feststellung von Arbeitsunfall und Krankheit und die Begutachtung der Arbeitsfähigkeit sollen einfach und unkompliziert erfolgen.

§ 37 Folgende Konstellationen gelten nicht als Arbeitsunfall:

(1) durch vorsätzliche Straftaten bedingte Krankheiten;
(2) Verletzungen aufgrund von Trunkenheit und Drogen;
(3) Selbstverletzung oder Selbstmord;
(4) Andere Konstellationen nach Gesetzen und Rechtsverordnung.

§ 38 Folgende Kosten, die aufgrund eines Arbeitsunfalls entstehen, sind aus dem Unfallversicherungsfonds zu bezahlen:

(1) Krankenkosten und Rehabilitationskosten;
(2) Kosten für die Essenszulage im Krankenhaus nach den betroffenen Regelungen;
(3) Kosten für Fahrt, Essen und Übernachtung außerhalb der einheitlich planenden Gebiete;
(4) Kosten für die Ausstattung mit Hilfsmitteln;der einmalige Behindertenzuschuss und die monatlichen Behindertenzuwendungen nach den staatlichen Regelungen;
(5) die vom Komitee zur Begutachtung der Arbeitsfähigkeit festgelegten Kosten zur Lebenspflege;
(6) die einmalige Behindertenbeihilfe und Behindertenbeihilfe für Behinderten zwischen 1 bis 4 Grad;
(7) die einmalige Unterstützung für Krankenbehandlung und ein Behinderungsarbeitszuschuß, wenn der Arbeitsvertrag aufgelöst oder beendet wird.
(8) die Hinterbliebenen können bei Tod des Arbeitnehmers aufgrund eines Arbeitsunfalls einen Bestattungskostenzuschuß, im Falle der Unterhaltsberechtigung der Hinterbliebenen eine Hinterbliebenenrente sowie ein einmaliges Sterbegeld erhalten;
(9) die Kosten für die Begutachtung der Arbeitsfähigkeit.

§ 39 Folgende aufgrund eines Arbeitsunfalls entstandene Kosten werden von den Arbeitgebereinheiten gezahlt:

(1) Gehalt und Wohlfahrtsleistung während der Zeit der Arbeitsunfallbehandlung;
(2) monatliche Behindertenbeihilfe für Behinderten im 5 und 6 Grad;
(3) einmaliger Behinderungsarbeitszuschuß, wenn der Arbeitsvertrag aufgelöst oder beendet wird.

§ 40 Wenn der verunfallte Arbeitnehmer die Voraussetzungen der Grundrentenversicherung erfüllt, wird die Zahlung der Unfall- und Behindertenzuwendungen eingestellt, und der Arbeitnehmer genießt die Grundrentenversicherung. Liegen die Leistungen der Grundrentenversicherung unter den Leistungen der Behindertenzuwendung, wird der Differenzbetrag durch den Unfallversicherungsfonds ergänzt.

§ 41 Wenn das zuständige Organ den Unfallversicherungsbeitrag nicht dem Gesetz entsprechend bezahlt, wird dadurch die Behandlung des einzelnen Versicherten durch die Grundunfallversicherung nicht beeinflußt. Die Krankenkosten werden bei einem Arbeitsunfall von der

Arbeitgebereinheit gezahlt. Wenn die Arbeitgebereinheit die Zahlung ablehnt, kann der Beitrag aus dem Unfallversicherungsfonds im Voraus gezahlt werden.

Der aus dem Unfallversicherungsfonds im Voraus gezahlte Unfallversicherungsbeitrag soll von der Arbeitgebereinheit zurückgezahlt werden. Wenn die Arbeitgebereinheit den Beitrag nicht zurückzahlt, kann das Sozialversicherungsorgan nach dem Verfahren gemäß § 63 dieses Gesetzes Erstattung verlangen.

§ 42 Wenn der Arbeitsunfall von einem Dritten verursacht wird und der Dritte die Zahlung der von ihm zu tragenden medizinischen Kosten verweigert, oder der Dritte nicht zu bestimmen ist, sollen sie vom Unfallversicherungsfonds im Voraus bezahlt werden. Nach der Zahlung hat die zuständige Behörde gegenüber dem Dritten das Recht auf Ersatzzahlung.

§ 43 Wenn einer der folgenden Umstände beim verunfallten Arbeitnehmer eintritt, sind die Leistungen der Unfallversicherung einzustellen:

(1) Die Voraussetzungen zum Erhalt der Leistungen liegen nicht mehr vor;
(2) Die Annahme der Begutachtung über die Arbeitsfähigkeit wird verweigert;
(3) Die Krankenbehandlung wird verweigert;

5. Kapitel: Arbeitslosenversicherung

§ 44 Der Arbeitnehmer soll an der Arbeitslosenversicherung teilnehmen. Die Arbeitsversicherungsbeiträge werden von der Arbeitgebereinheit und den Arbeitnehmern gemeinsam gezahlt.

§ 45 Unter den folgenden Voraussetzungen kann ein Arbeitnehmer Arbeitslosenversicherungsgeld aus den Arbeitslosenversicherungsfonds beziehen:

(1) Arbeitgebereinheit und Arbeitnehmer haben gemäß den Bestimmungen schon mindestens ein Jahr den Arbeitslosenversicherungsbeitrag gezahlt;
(2) die Beschäftigung ist unfreiwillig unterbrochen worden;
(3) die Arbeitslosigkeit wurde gemeldet und es besteht Bereitschaft zur Arbeitsaufnahme.

§ 46 Wurden vor Eintritt der Arbeitslosigkeit in einem Zeitraum von insgesamt mindestens einem bis weniger als fünf Jahren Beiträge entrichtet, kann maximal zwölf Monate lang ununterbrochen Arbeitslosengeld bezogen werden. Wurden in einem Zeitraum von insgesamt mindestens fünf und weniger als zehn Jahren Beiträge gezahlt oder beläuft sich der Zeitraum der Beitragszahlung auf mehr als 10 Jahre, kann bis zu 24 Monate lang Arbeitslosengeld bezogen werden. Bei erneuter Arbeitslosigkeit nach erfolgter Wiederbeschäftigung wird der Beitragszeitraum neu berechnet. Die Bezugsfrist für das Arbeitslosengeld kann mit der noch übrigen Zeit aus der vorherigen Arbeitslosigkeit zusammengerechnet werden. Sie darf aber 24 Monate nicht überschreiten.

§ 47 Die Höhe des Arbeitslosengeldes wird von den PAS-Volksregierungen festgelegt. Das Arbeitslosengeld darf nicht unter dem Existenzminimum der Bürger in Städten und Kreisen liegen.

§ 48 Nimmt ein Arbeitsloser während des Bezugs von Arbeitslosengeld an der Grundkrankenversicherung der Arbeitnehmer teil,können die Leistungen der Grundkrankenversicherung erhalten.

Der Grundkrankenversicherungsbeitrag, der vom Arbeitslosen gezahlt werden soll, wird aus dem Arbeitslosenversicherungsfonds abgezogen.

§ 49 Verstirbt ein Arbeitsloser während des Bezugs von Arbeitslosengeld, kann gemäß den lokalen Bestimmungen, die für aktive Arbeitnehmer gelten, den Familienangehörigen ein einmaliger Bestattungskostenzuschuss und Hinterbliebenenrente gewährt werden.

Erfüllt jemand im Falle des Todes gleichzeitig die Voraussetzungen für den einmaligen Bestattungskostenzuschuss der Grundrentenversicherung, der Arbeitsunfallversicherung und der Arbeitslosenversicherung, können die Hinterbliebenen nur einen davon wählen.

§ 50 Die Arbeitgebereinheit hat für den Arbeitslosen eine Bescheinigung über die Beendigung oder Auflösung des Arbeitsverhältnisses auszustellen und die Arbeitslosenliste ab Beendigung oder Auflösung des Arbeitsverhältnisses rechtzeitig beim Sozialversicherungsorgan zur Eintragung in die Akten einzureichen.

Die Arbeitslosen sollen sich rechtzeitig mit der von der Arbeitgebereinheit ausgestellten Bescheinigung über die Beendigung oder Auflösung des Arbeitsverhältnisses bei den festgelegten öffentlich-rechtlichen Berufsberatungsorganen arbeitslos melden.

Die Arbeitslosen erledigen mit der Bescheinigung über die Arbeitslosenmeldung und dem persönlichen Ausweis die Formalitäten für den Bezug des Arbeitslosenversicherungsgeldes. Die Bezugsdauer des Arbeitslosenversicherungsgeldes wird ab dem Tag der Arbeitslosmeldung berechnet.

§ 51 Tritt einer der folgenden Umstände während des Bezug des Arbeitslosengelds ein, sind der Bezug des Arbeitslosengeldes und andere Versicherungsbehandlungen einzustellen:

(1) Wiederbeschäftigung;
(2) Ableisten des Wehrdienstes;
(3) Abwanderung ins Ausland;
(4) Erhalt von Leistungen aus der Rentenversicherung;
(5) grundloses Ablehnen einer angemessenen Arbeit oder einer Ausbildung, die entsprechend den lokalen Bestimmungen von den Arbeitsvermittlungsbehörden, die von den für Arbeit und soziale Sicherung zuständigen Behörden festgelegt werden, vermittelt wurde.

§ 52 Wenn der Versicherte in einem anderen Planungsgebiet arbeitet, folgt ihm das Arbeitslosenversicherungsverhältnis. Die Bezugsdauer wird insgesamt berechnet.

6. Kapitel: Geburtsversicherung

§ 53 Der Arbeitnehmer soll nach den staatlichen Regelungen an der Geburtsversicherung teilnehmen. Der Geburtsversicherungsbeitrag wird von der Arbeitgebereinheit gezahlt. Der Arbeitnehmer zahlt keinen Geburtsversicherungsbeitrag.

§ 54 Zahlt die Arbeitgebereinheit schon den Geburtsversicherungsbeitrag, genießen ihre Arbeitnehmer und deren Ehepartner die Geburtsversicherung. Der Beitrag wird aus dem Geburtsversicherungsfonds bezogen.

Die Leistungen der Geburtsversicherung umfassen den Geburtszuschuß und die Geburtskrankenkosten.

§ 55 Die Krankenkosten der Geburt umfassen folgende Posten:

(1) die Krankenkosten bei der Geburt;

(2) die Krankenkosten bei der Ein-Kind-Politik;

(3) andere in Gesetzen und Rechtsverordnungen vorgeschriebene Kosten.

§ 56 In den folgenden Fällen kann der Arbeitnehmer den Geburtszuschuß erhalten:

(1) wenn eine Arbeitnehmerin nach den staatlichen Regelungen im Schwangerschafts- und Wochenbetturlaub ist;
(2) wenn eine Arbeitnehmerin nach den staatlichen Regelungen im Operationsurlaub der Ein-Kind-Politik ist;
(3) bei anderen in Gesetzen und Rechtsverordnungen vorgeschriebenen Umständen.
Der Geburtszuschuß wird entsprechend der durchschnittlichen Lohnsumme im letzten Jahr der Arbeitgebereinheit gewährt.

7. Kapitel: Finanzierung des Sozialversicherungsbeitrags

§ 57 Die Arbeitgebereinheiten sollen innerhalb von 30 Tagen ab dem Eröffnungstag mit Geschäftsbescheinigung, Eintragungsurkunde oder Einheitsstempel bei den lokalen Sozialversicherungsorganen einen Antrag stellen und sich für die Sozialversicherung melden. Die Sozialversicherungsorgane sollen die Dokumente innerhalb von 15 Tagen ab dem Tag des Eingangs des Antrags überprüfen und den Ausweis zum Sozialversicherungsantrag erteilen.

Bei Änderung der Meldung zur Sozialversicherung und Beendigung der Arbeitgebereinheit sollen sich die Arbeitgebereinheiten innerhalb von 30 Tagen ab dem Beendigungs- oder Änderungsstag bei den lokalen Sozialversicherungsorganen für die Sozialversicherung abmelden und die entsprechenden Tatsachen ändern.

Die zuständigen Behörden der Industrie-, Handels-, Sozialwohlfahrts-, Organe- und Stellenverwaltung sollen die Sozialversicherungsorgane rechtzeitig über die Eröffnung und Auflösung der Arbeitgebereinheiten informieren. Die Organe für öffentliche Sicherheit sollen die Sozialversicherungsorgane rechtzeitig über Geburt, Tod von Einzelpersonen sowie Anmeldung, Auszug und Abmeldung von Haushalten (Hukou, d.h. Haushaltsregistrierung) usw. informieren.

§ 58 Die Arbeitgebereinheit soll innerhalb von 30 Tagen ab dem Tag der Einstellung der Arbeitnehmer diese bei den Sozialversicherungsorganen melden. Unterlässt die Arbeitgebereinheit die Meldung zur Sozialversicherung, legt das Finanzierungsorgan der Sozialversicherung den von ihr zu zahlenden Sozialversicherungsbeitrag fest.

Die freiwillig an der Sozialversicherung teilnehmenden Privatbetriebe ohne Angestellte und Teilzeit-Arbeitnehmer sollen bei den Sozialversicherungsorganen einen Antrag auf Meldung für die Sozialversicherung stellen.

Der Staat führt die einheitliche persönliche Sozialversicherungsnummer im ganzen Land ein. Die persönliche Sozialversicherungsnummer ist dieselbe wie die des Personalausweises.

§ 59 Die Volksregierungen über Kreisebene sollen bei der Finanzierung des Sozialversicherungsbeitrags mitarbeiten.

Die Finanzierungsorgane und -methoden werden vom Staatsrat geregelt.

§ 60 Der Sozialversicherungsbeitrag soll von der Arbeitgebereinheit selbst gemeldet und rechtzeitig und in ausreichender Summe gezahlt werden. Die Zahlung darf außer im Falle höherer Gewalt und im Falle anderer rechtlicher Umstände nicht aufgeschoben, reduziert oder ausgesetzt werden. Der von den Arbeitnehmern zu zahlende Sozialversicherungsbeitrag wird stellvertretend von der Arbeitgebereinheit vom Lohn abgezogen und entrichtet. Die Arbeitgebereinheit soll ihre Arbeitnehmer monatlich ausführlich über die Zahlungen des Sozialversicherungsbeitrags informieren.

Privatbetriebe ohne Angestellte und Teilzeit-Arbeitnehmer können sich direkt bei den Finanzierungsorganen melden und den Sozialversicherungsbeitrag zahlen.

§ 61 Das Finanzierungsorgan soll die Sozialversicherungsbeiträge gesetzmäßig, rechtzeitig und in ausreichender Summe sammeln, und die Arbeitgebereinheiten und den Versicherten darüber informieren.

§ 62 Meldet die Arbeitgebereinheit nicht gemäß den Regelungen den zu zahlenden Sozialversicherungsbeitrag, legt das Finanzierungsorgan die zu zahlende Summe in Höhe von 110% der Beitragssumme der letzten Monate fest. Nachdem die Arbeitgebereinheit die Formalitäten für die Meldung nachgeholt hat, wird der Beitrag von den Sozialversicherungsorganen gemäß den Regelungen berechnet.

§ 63 Zahlt die Arbeitgebereinheit den Sozialversicherungsbeitrag nicht oder nicht in ausreichender Summe, ist das Finanzierungsorgan verpflichtet, den Beitrag in einem begrenzten Zeitraum zu zahlen oder nachzuzahlen.

Wenn die Arbeitgebereinheit den Sozialversicherungsbeitrag nicht innerhalb der festgelegten Zeit zahlt oder die Beitragszahlung nicht nachholt, kann das Finanzierungsorgan deren Konto bei der Bank und anderen Finanzinstituten überprüfen, und das Organ kann auch bei der zuständigen Behörde über die Kreisebene einen Antrag zur Überweisung der Sozialversicherungsbeiträge stellen und die Bank und andere Finanzinstitute über die Überweisung schriftlich benachrichtigen. Ist die Restsumme auf dem Konto der Arbeitgebereinheit niedriger als der zu zahlende Sozialversicherungsbeitrag, kann das Finanzierungsorgan von der Arbeitgebereinheit eine Bürgschaft anfordern und einen Zahlungsvertrag mit einer Stundung des Beitrags vereinbaren.

Wenn die Arbeitgebereinheit den Sozialversicherungsbeitrag nicht in ausreichender Summe zahlt und keine Bürgschaft leistet, kann das Finanzierungsorgan der Sozialversicherung einen Antrag beim Volksgericht stellen, gerichtet darauf, ihr Eigentum im Wert des zu zahlenden Sozialversicherungsbeitrags zurückzuhalten und amtlich zu versiegeln, um eine Auktion abzuhalten und den Sozialversicherungsbeitrag dadurch abzutragen.

8. Kapitel: Sozialversicherungsfonds

§ 64 Die Sozialversicherungsfonds bestehen aus Grundrentenversicherungsfonds, Grundkrankenversicherungsfonds, Arbeitsunfallversicherungsfonds, Arbeitslosenversicherungsfonds und Geburtsversicherungsfonds. Für die verschiedenen Sozialversicherungsfonds werden ihren Kategorien entsprechend getrennte Konten eröffnet und berechnet. Die Berechnung der Sozialversicherungsfonds folgt der staatlichen einheitlichen Buchhaltungsordnung.

Die Grundrentenversicherungsfonds werden im ganzen Land geplant; Die anderen Fonds werden schrittweise durch die Provinzen geplant. Die Zeitfolge und die einzelnen Planungsschritte werden vom Staatsrat geregelt.

§ 65 Die Ausgeglichenheit von Einnahmen und Ausgaben der Sozialversicherungsfonds wird durch ein Budget verwirklicht.

Die Volksregierungen über den Kreisen sollen einen Zuschuß gewähren, wenn die Einnahmen niedriger als die Ausgaben sind.

§ 66 Die Sozialversicherungsfonds sollen das Budget gemäß den Planungsebenen errichten. Das Budget der Sozialversicherungsfonds wird jeweils den Sozialversicherungskategorien entsprechend ausgearbeitet.

§ 67 Die Aufstellung, Überprüfung und Genehmigung des Budget- und Bilanzentwurfs der Sozialversicherungsfonds werden nach Gesetzen und Regelungen des Staatsrates.

§ 68 Die Sozialversicherungsfonds werden auf ein spezielles Finanzkonto eingezahlt. Die konkreten Verwaltungsmethoden werden vom Staatsrat geregelt.

§ 69 Unter Sicherheitsvorkehrungen wird mit den Sozialversicherungsfonds entsprechend den betreffenden Regelungen des Staatsrates investiert, um seinen Wert zu garantieren und aufzuwerten.
Der Sozialversicherungsfonds darf nicht zweckfremdet investiert und verwendet werden, um einen anderen Regierungshaushalt auszugleichen, Büroräume zu bauen oder zu renovieren oder Personalkosten, Betriebskosten, Verwaltungskosten zu zahlen. Er darf auch nicht entgegen den Gesetzen und Rechtsverordnungen für andere Zwecke verwendet werden.

§ 70 Die Sozialversicherungsorgane sollen regelmäßig die Einnahmen, Ausgaben, Überschuß und Gewinn der Sozialversicherungsfonds veröffentlichen.

§ 71 Der Fonds zur sozialen Sicherheit wird vom Staat errichtet. Der Fonds besteht aus dem Staathaushalt und den anderen vom Staatsrat genehmigten Mitteln. Der Fonds wird für Ergänzung und Angleichung der Ausgaben der sozialen Sicherheit verwendet. Der staatliche Fonds zur sozialen Sicherheit wird von der zuständigen Behörde investiert und verwaltet, um seinen Wert unter Sicherheitsvorkehrungen zu garantieren und aufzuwerten.

Die Einnahmen, Ausgaben, Verwaltung, Investition und Betrieb des staatlichen Fonds zur sozialen Sicherheit werden regelmäßig veröffentlicht werden. Die Finanzbehörde des Staatsrates, die Behörde für Sozialversicherung und das Rechnungsamt überwachen die Einnahmen, Ausgaben, Verwaltung, Investition und Betrieb des staatlichen Fonds zur sozialen Sicherheit.

9. Kapitel: Sozialversicherungsorgane

§ 72 Die Sozialversicherungsorgane werden in den Planungsgebieten errichtet. Das Sozialversicherungsorgan kann seinen Arbeitsbedürfnissen entsprechend mit Genehmigung der lokalen zuständigen Behörden für Sozialversicherung und für Organe- und Stellenverwaltung im eigenen Planungsgebiet Zweigstellen und ein Bedienungsnetz errichten.

Die Personalkosten der Sozialversicherungsorgane und die Grundbetriebs- und Verwaltungskosten der Sozialversicherung werden von den Finanzorganen im selben Rang nach den staatlichen Regelungen garantiert

§ 73 Die Sozialversicherungsorgane sollen Geschäfts-, Finanz-, Sicherheits- und Risikoverwaltungsvorschriften ausarbeiten und perfektionieren.

Die Sozialversicherungsorgane sollen die Sozialversicherungsbehandlung rechtzeitig und in ausreichender Summe zahlen.

§ 74 Die Sozialversicherungsorgane sollen durch Geschäftsabwicklung und statistischen Verfahren und Untersuchung die Statistik über Sozialversicherung ins Kenntnis nehmen Die betroffenen Einheiten und die Versicherten sollen rechtzeitig und wahrheitsgetreu berichten.

Die Sozialversicherungsorgane sollen für die an der Sozialversicherung beteiligten Arbeitgebereinheiten die Sozialversicherungsunterlagen und die Unterlagen über die Beitragszahlung rechtzeitig, umfassend und richtig zu den Akten legen und die Akten, die Originalbeantragungsbescheinigung und die Buchhaltungsbescheinigung über die Beitragszahlung angemessen und sorgsam behandeln.

Die Sozialversicherungsorgane sollen Unterlagen über die persönliche Zahlung, den Bezug des Sozialversicherungsgeldes und andere Informationen über die Sozialversicherten rechtzeitig, umfassend und richtig zu den Akten legen und die Registerliste über persönliche Rechte und Interessen kostenlos regelmäßig an den Sozialversicherten senden.

Arbeitgebereinheit und Arbeitnehmer können kostenlos bei den Sozialversicherungsorganen die Registrierung von Beitragszahlung und Bezug des Sozialversicherungsgeldes einsehen und überprüfen. Sie können sich von den Sozialversicherungsorganen beraten lassen.

§ 75 Das Informationssystem der Sozialversicherung im ganzen Land wird staatlich einheitlich geplant und von den Volksregierungen über Kreisebene nach dem Prinzip der Rangverantwortung gemeinsam errichtet.

10. Kapitel: Aufsicht der Sozialversicherung

§ 78 Die ständigen Ausschüsse des Volkskongresses auf den verschiedenen Ebenen sollen die Berichte der Volksregierung des selben Ranges über die Einnahmen, Ausgaben,Verwaltung und Betrieb des Sozialversicherungsfonds anhören und überprüfen, die Überwachung und Kontrolle über die Durchführung dieses Gesetzes organisieren und gesetzesmäßig die Aufsicht ausüben.

§ 77 Die zuständigen Behörden für Sozialversicherung in den Volksregierungen über Kreisebene sollen die Arbeitgebereinheit und die Versicherten bezüglich der Einhaltung von sozialversicherungsrechtlichen Gesetzen und Rechtsverordnungen überwachen und kontrollieren.

Bei der Kontrolle durch die zuständigen Behörden für Sozialversicherung sind die kontrollierten Arbeitgebereinheiten und Arbeitnehmer verpflichtet, wahrheitsgetreu die betroffenen Dokumente einzureichen. Sie dürfen die Kontrolle nicht ablehnen, die Organe betrügen oder die Dokumente verheimlichen.

§ 78 Jedes Organ und jeder Bürger hat das Recht, bei Verstößen gegen Gesetz und Rechtsverordnung der Sozialversicherung bei der zuständigen Behörde Beschwerde einzureichen.

Die zuständige Behörde für Sozialversicherung, das Bezugsorgan der Sozialversicherungsfonds, das Sozialversicherungsorgan und das Finanz- sowie Rechnungsorgan sollen die Anzeigen in ihren Verantwortungsbereichen rechtzeitig überprüfen, bearbeiten und beantworten. Bei nicht in ihrem Verantwortungsbereich liegenden Anzeigen haben sie diese rechtzeitig an die zuständigen Behörden weiterzuleiten.

§ 78 Die Finanzorgane und Rechnungsorgane kontrollieren nach ihren jeweiligen Verantwortungen die Einnahmen, Ausgaben und die Verwaltung der Sozialversicherungsfonds.

§ 79 Die zuständigen Behörden für Sozialversicherung überwachen und kontrollieren die Einnahme, Ausgabe, Verwaltung, Investition und den Betrieb der Sozialversicherungsfonds. Entstehen Probleme bei der Verwaltung der Sozialversicherungsfonds, sollen die zuständigen Behörden für Sozialversicherung Vorschläge zur Berichtigung und Verbesserung machen, gesetzmäßig eine Entscheidung treffen oder den zuständigen Behörden eine Problemlösung vorschlagen. Die Überprüfungszeugnisse der Sozialversicherungsfonds sollen innerhalb eines bestimmten Zeitraums veröffentlicht werden.

Bei der Überwachung und Kontrolle können die zuständigen Behörden für Sozialversicherung die folgenden Maßnahmen ergreifen:

(1) die betroffenen Dokumente über Einnahme, Verwaltung und Investition der Sozialversicherungsfonds nachsehen, notieren und kopieren. Die Dokumente, die verlegt, versteckt oder vernichtet werden können, werden zur sicheren Aufbewahrung versiegelt.
(2) bei den betroffenen Arbeitgebereinheiten und einzelnen Versicherten nachfragen und untersuchen, und sie über die betroffenen Fragen aufklären und den Ausweis vorzeigen.
(3) zu verhindern, dass die Mittel des Sozialversicherungsfonds zweckentfremdet werden.

§ 80 Die Volksregierungen in den Planungsgebieten sollen einen aus Vertretern der Arbeitgebereinheiten, der Arbeitnehmer, Gewerkschaften, Juristen und Aktuaren zusammengesetzten Überwachungsausschuß für Sozialversicherung errichten, der die Einnahmen, Ausgaben und den Investitionsbetrieb der Sozialversicherungsfonds kennt und analysiert, die Sozialversicherungsorgane berät, Vorschläge unterbreitet und die gesellschaftliche Überwachung durchführt.

Die Sozialversicherungsorgane sollen vierteljährlich dem Überwachungsausschuß für Sozialversicherung über die Einnahmen, Ausgaben und den Investitionsbetrieb der Sozialversicherungsfonds berichten. Der Überwachungsausschuß für Sozialversicherung kann eine Buchhalterfirma einstellen, die jährlich eine spezielle Rechnungsüberprüfung hinsichtlich der Einnahmen, Ausgaben und des Investitionsbetriebs der Sozialversicherungsfonds vornimmt. Die Ergebnisse sollen veröffentlicht werden.

Der Überwachungsausschuß für Sozialversicherung kann einen Vorschlag machen, wenn es Probleme bei den Einnahmen, Ausgaben, der Verwaltung und Investition des Sozialversicherungsfonds gibt. Er kann auch bei gesetzeswidrigem Vorgehen des Sozialversicherungsorgans und deren Mitarbeitern der zuständigen Behörde eine Strafempfehlung schreiben.

§ 81 Die Behörde für Soziale Sicherheit und anderen zuständigen Behörden, das Sozialversicherungsorgan und das Organ für Einziehung der Sozialversicherungsbeiträge und deren Mitarbeiter sollen die Daten der Arbeitergebereinheiten und einzelnen Versicherten gesetzesmäßig vertraulich behandeln, und dürfen die in keiner Form offenlegen.

§ 82 Jedes Organ und jeder Bürger hat das Recht, bei Verstößen gegen Gesetz und Rechtsverordnung der Sozialversicherung bei der zuständigen Behörde Beschwerde einzureichen.

Die zuständige Behörde für Sozialversicherung, das Bezugsorgan der Sozialversicherungsfonds, das Sozialversicherungsorgan und das Finanz- sowie Rechnungsorgan sollen die Anzeigen in ihren Verantwortungsbereichen rechtzeitig überprüfen, bearbeiten und beantworten. Bei nicht in ihrem Verantwortungsbereich liegenden Anzeigen haben sie diese rechtzeitig an die zuständigen Behörden weiterzuleiten. Die zuständige Behörde soll es rechtzeitig bearbeiten, und darf ihre Verantwortung nicht an andere Behörden weitergeben.

§ 83 Die Arbeitgebereinheit und der einzelne Versicherte können einen Widerspruch einlegen oder ein verwaltungsrechtliches Verfahren gesetzesmäßig einleiten, wenn sie der Ansicht sind, dass ihre rechtlichen Interessen durch die zuständige Behörde für die Einziehung der Sozialversicherungsbeiträge verletzt sind.

Der einzelne Versicherte kann bei gesetzeswidriger Eintragung der Sozialversicherung, Überprüfung der Sozialversicherungsbeiträge, Zahlung des Sozialversicherungsgeldes, Übertragung und Verbindung des Sozialversicherungsverhältnisses oder anderer Verletzungen seiner sozialversicherungsrechtlichen Rechte und Interessen einen Verwaltungswiderspruch einlegen oder einen Verwaltungsprozeß anstrengen.

Kommt es zu sozialversicherungsrechtlichen Streitigkeiten zwischen Arbeitgebereinheit und einzelnen Versicherten, kann der Versicherte einen Schiedsspruch beantragen oder einen Verwaltungsprozeß anstrengen. Der Versicherte kann auch die zuständige Behörde oder das Finanzierungsorgan der Sozialversicherung auffordern, dies dem Gesetz entsprechend zu erledigen.

11. Kapitel: Rechtliche Verantwortung

§ 84 Wenn eine Arbeitgebereinheit die Meldung zur Sozialversicherung unterlässt, verpflichtet die zuständige Behörde der Sozialversicherung die Arbeitgebereinheit, die Meldung innerhalb eines bestimmten Zeitraums nachzuholen bzw. zu berichtigen. Erfolgt die Nachholung bzw. Berichtigung nicht innerhalb dieses Zeitraums, wird eine Geldstrafe auferlegt, die mindestens die Summe des zu zahlenden Sozialversicherungsbeitrags beträgt, aber nicht mehr als das Dreifache dieser Summe. Den Hauptverantwortlichen und anderen direkt verantwortlichen Personen wird eine Geldstrafe auferlegt, die über 500 Yuan aber unter 3000 Yuan liegt.

§ 85 Weigert sich die Arbeitgebereinheit, eine Bescheinigung über die Beendigung oder Auflösung eines Arbeitsverhältnisses auszustellen, ist das Arbeitsvertragsgesetz anzuwenden.

§ 86 Wenn die Arbeitgebereinheit den Sozialversicherungsbeitrag nicht rechtzeitig oder nicht vollständig zahlt, ist die zuständige Behörde verpflichtet, in einem bestimmten Zeitraum alle Rückstände nachzuzahlen. Von dem Tag an, an dem die Arbeitgebereinheit im Rückstand ist, werden Verzugszinsen von täglich 0.05% berechnet. Denjenigen, die in diesem Zeitraum noch nicht zahlen, wird eine Geldstrafe auferlegt, die mindestens das Doppelte des zu zahlenden Sozialversicherungsbeitrags aber nicht mehr als das Fünffache dieses Betrags beträgt.

§ 87 Im Falle von Betrug, Bescheinigungsfälschung oder Einsatz anderer illegaler Mittel zum Erhalt von Sozialversicherungsgeld ist die zuständige Behörde der Sozialversicherung verpflichtet, das dem betroffenen Sozialversicherungsorgan, medizinischen Einrichtung und Apotheke auf diese Art erlangte Sozialversicherungsgeld zurückzuzahlen und eine Geldstrafe in Höhe von mindestens dem Doppelten der erschlichenen Summe aber nicht mehr als dem Fünffachen dieser Summe zu zahlen. Die Bedienungsverträge der Sozialversicherungsorgane erlöschen. Den Hauptverantwortlichen und anderen direkt verantwortlichen Personen mit Berufseignung werden die Ausweise entzogen.

§ 88 Wenn die Sozialversicherungsfonds zweckentfremdet werden, verpflichten die zuständigen Behörden der Sozialversicherung die Finanzierungsorgane und Rechnungsorgane, Regreß zu nehmen. Die unrechtmäßig erzielten Gewinne werden beschlagnahmt. Gegenüber den Hauptverantwortlichen und anderen direkt verantwortlichen Personen werden Strafen verhängt.

§ 89 Wenn Angestellte in Sozialversicherungsorganen eine der folgenden Handlungen vornehmen, verpflichtet die zuständige Behörde der Sozialversicherung sie, in einem bestimmten

Zeitraum eine Richtigstellung vorzunehmen. Wird durch die Handlung eines Sozialversicherungsfonds, einer Arbeitgebereinheit oder eines einzelnen Versicherten ein Schaden verursacht, ist derjenige zum Ersatz des Schadens verpflichtet. Den Hauptverantwortlichen und anderen direkt verantwortlichen Personen werden Strafen auferlegt. Es handelt sich um folgende Handlungsweisen:

(1) die Teilnahme an der Sozialversicherung nicht gemäß den Regelungen der rechtlichen Amtspflicht ausführen;
(2) die Sozialversicherungsfonds nicht gemäß den Regelungen auf das Finanzkonto einzahlen;
(3) das Sozialversicherungsgeld veruntreuen oder nicht rechtzeitig auszahlen;
(4) die Registrierungsunterlagen und andere Daten bezüglich der Zahlung und des Bezugs der Sozialversicherungsleistungen verlieren oder verfälschen;
(5) keine Verschwiegenheit bewahren hinsichtlich der Daten der Sozialversicherung und Informationen über die Versicherten;
(6) andere Verstöße gegen sozialversicherungsrechtliche Gesetze und Rechtsverordnungen.

§ 90 Wenn die Finanzierungsorgane der Sozialversicherung die Grundzahl und Beitragsquote des Sozialversicherungsgeldes unbefugt abändern und dadurch niedrigere oder höhere Zahlungen verursachen, verpflichtet die zuständige Behörde der Sozialversicherung, den zuwenig gezahlten Beitrag nachzuzahlen oder den zuviel gezahlten Beitrag zurückzuzahlen. Gegenüber den Hauptverantwortlichen und anderen direkt verantwortlichen Personen werden Strafen verhängt.

§ 91 Wenn die Sozialversicherungsfonds gegen dieses Gesetz zweckentfremdet werden, verpflichten die zuständigen Behörde der Sozialversicherung, die Finanzierungsorgane und Rechnungsorgane, Regreß zu nehmen. Die unrechtmäßig erzielten Gewinne werden beschlagnahmt. Gegenüber den Hauptverantwortlichen und anderen direkt verantwortlichen Personen werden Strafen verhängt.

§ 92 Die Behörde für Soziale Sicherheit und die anderen zuständigen Behörden, das Sozialversicherungsorgan und das Organ für Einziehung der Sozialversicherungsbeiträge und deren Mitarbeiter sollen die Daten der Arbeitergebereinheiten und der einzelnen Versicherten gesetzesmäßig vertraulich behandeln, und dürfen sie in keiner Form offenlegen. Bei Offenlegung der betroffenen Daten der Einheiten und deren Versicherten werden den Hauptverantwortlichen und anderen direkt verantwortlichen Personen Strafen auferlegt. Wird durch die Handlung einer Arbeitgebereinheit oder eines einzelne Versicherten ein Schaden verursacht, ist derjenige zum Ersatz des Schadens verpflichtet.

§ 93 Gegenüber den Beamten, die bei der Verwaltung und Kontrolle der Sozialversicherung ihr Amt missbrauchen, Diensthandlungen unterlassen oder einen Betrug begehen, werden Strafen verhängt.

§ 94 Wenn eine Straftat begangen wird und gleichzeitig ein Verstoß gegen dieses Gesetz vorliegt, wird dieser strafrechtlich verfolgt.

12. Kapitel: Ergänzende Regeln

§ 95 Die Einwohner auf dem Land, die in Städten und Kreisen arbeiten, nehmen gemäß diesem Gesetz an der Sozialversicherung teil.

§ 96 Wird der kollektive Grund und Boden enteignet, sollen die Sozialversicherungsbeiträge den betroffenen ländlichen Einwohnern in ausreichender Summe gewährt werden. Die ländlichen Einwohner sollen nach den Reglungen des Staatsrates in das betroffene Sozialversicherungssystem einbezogen werden.

§ 97 Die in China beschäftigten ausländischen Arbeitnehmer sollen nach diesem Gesetz an der Sozialversicherung teilnehmen.

§ 98 Dieses Gesetz tritt am 1.7.2011 in Kraft.

Frankfurter Abhandlungen zum Sozialrecht

Herausgegeben von
Ingwer Ebsen, Astrid Wallrabenstein und Ulrich Wenner

In der Reihe "Rechtswissenschaft" der EUROPÄISCHEN HOCHSCHULSCHRIFTEN sind bereits erschienen:

Gudrun Doering-Striening: Die Versagung von Opferentschädigungsleistungen gemäß § 2 Abs. 1 OEG. Zugleich ein Beitrag über Handhabung und Bedeutung von § 2 Abs. 1 OEG in der Praxis. EHS II, Band 657. 1988.

Ernst-Peter Gerhardt: Integrative Erziehung behinderter und nichtbehinderter Kinder im Kindergarten – rechtlicher Rahmen und Finanzierung. EHS II, Band 947. 1990.

Anne Breuer: Antidiskriminierungsgesetzgebung – Chancen oder Irrweg? Zur Verfassungsmäßigkeit und Geeignetheit gesetzgeberischer Maßnahmen zur Förderung der Gleichberechtigung. EHS II, Band 1112. 1991.

Michael von Savigny: Die Gesundheitsfürsorge im Strafvollzug unter besonderer Berücksichtigung der Gefangenen im freien Beschäftigungsverhältnis. EHS II, Band 1254. 1992.

Bernd Schieferstein: Die Wahrnehmung überörtlicher Sozialhilfeaufgaben durch höhere Kommunalverbände – am Beispiel des Landeswohlfahrtsverbandes Hessen. EHS II, Band 1294. 1992.

Band 1 Theresia Degener: Das ambulante Pflegerechtsverhältnis als Modell eines Sozialrechtsverhältnisses. 1994.

Band 2 Martina Keil-Löw: Die Kündigung des Versorgungsvertrags eines Plankrankenhauses nach § 110 SGB V. Suche nach einem wirksamen Instrument zur Steuerung der Krankenhauskapazität. 1994.

Band 3 Thomas Stöhr: Reform der einkommensteuerlichen Behandlung von Alterseinkünften. 1998.

Band 4 Martin Gegenwart: Die sozialrechtliche Stellung des Asylbewerbers in Frankreich und Deutschland. 1998.

Band 5 Frank Ehmann: Verwaltungsakte mit Dauerwirkung im Sozialhilferecht. 1999.

Band 6 Georg Karuth: Kindererziehungszeiten in der gesetzlichen Rentenversicherung. Verfassungsmäßigkeit der subsidiären Anrechnungsmethode. 2000.

Band 7 Angela Busse: Die medizinische Rehabilitation geistig und psychisch Behinderter. Zur Dogmatik medizinischer Rehabilitationsleistungen im Recht der finalen Sozialversicherungsträger. 2000.

Band 8 Knut Hinrichs: Selbstbeschaffung im Jugendhilferecht. Zur Aktualität fürsorgerechtlicher Grundsätze in der Jugendhilfe. 2003.

Band 9 Jürgen Fenn: Verfassungsfragen der Beitragsgestaltung in der gewerblichen Unfallversicherung. Gefahrtarif und DDR-Altlasten als Gleichheitsproblem. 2006.

Band 10 Olaf Dziallas: Das neuseeländische Accident Compensation Scheme. Haftungsersetzung durch Volksunfallversicherung. 2006.

Band 11 Jeannine Anton-Dyck: Stufenweise Wiedereingliederung nach § 28 SGB IX, § 74 SGB V. 2011.

Band 12 Yu Lou: Die soziale Krankenversicherung in der Volksrepublik China. Im Vergleich zu der deutschen Krankenversicherung. 2011.

www.peterlang.de

FSC
www.fsc.org
MIX
Papier | Fördert gute Waldnutzung
FSC® C083411

Kolibri 360 GmbH
Ferdinand-Jühlke-Straße 7
99095 Erfurt, Deutschland
produktsicherheit@kolibri360.de